Hans-Dieter Otto

Leidenschaft und Irrtum

44 berühmte Paare und das Ende ihrer Liebe

area

Hans-Dieter Otto: Leidenschaft und Irrtum

Einbandgestaltung: Bille Fuchs, Köln
Einbandabbildungen:
Friedrich der Große und seine Gemahlin Elisabeth Christine,
Holzstich nach einer Zeichnung von Menzel;
picture-alliance/akg-images
Prinzessin Diana und Prinz Charles, Foto, 1981; picture-alliance/dpa
Richard Burton und Elizabeth Taylor, Foto, 1963; picture-alliance/dpa
Arthur Miller und Marilyn Monroe, Foto, 1960;
picture-alliance/dpa/dpaweb
Sofia und Leo Tolstoi, Foto, undatiert; picture-alliance/dpa
Romy Schneider und Harry Meyen, Fotomontage; picture-alliance/dpa
Satz und Layout: Roland Poferl Print-Design, Köln

Printed in Slovakia
ISBN-13 978-3-89996-400-4
ISBN-10 3-89996-400-4

www.area-verlag.de

Hans-Dieter Otto

Leidenschaft und Irrtum

Allen Frauen gewidmet, deren Liebe
und Leidenschaft ein Irrtum war und
die noch immer – oder schon wieder –
unglücklich lieben und leiden.

»Hekaton sagt: ›Ich will dir einen Liebeszauber zeigen, ohne irgendeine Droge, ohne irgendwelche Kräuter, ohne den Zaubergesang irgendeiner Giftmischerin: Si vis amari, ama! Wenn du geliebt werden willst, liebe!‹«

Seneca

Inhalt

Inhalt

Liebe hört auf keine Lehre

Vorwort

Ich ging, du standst und sahst zur Erden, / Und sahst mir nach mit nassem Blick: / Und doch, welch Glück, geliebt zu werden! / Und lieben, Götter, welch ein Glück!« Als der 27-jährige Johann Wolfgang von Goethe im Herbst 1776 die letzten vier Zeilen seines Gedichts *Willkommen und Abschied* niederschreibt, ist er wieder einmal voller Liebe und Glück. Die Zeilen lassen jedoch ebenso erahnen, dass auch Kummer und Leid das liebende Herz überfallen können, wenn die Liebe nicht glücklich ist, unerfüllt bleibt oder scheitert. Von solchen Fällen berichtet dieses Buch.

In den kurzen Feuilletons geht es um die gescheiterte Liebe bekannter Paare aus Geschichte und Politik, Dichtung, Philosophie, Musik und Malerei, aus Film und Theater und dem öffentlichen Leben. Im Vordergrund stehen dabei meist die Frauen. Sie sind es, aus deren Erleben und Fühlen die Geschichten ihrer unglücklichen Liebesverhältnisse erzählt werden. In ihren Porträts spiegeln sich die Irrungen und Wirrungen ihrer Liebe.

Natürlich eröffnen sich dabei auch tiefe Einblicke in das Seelenleben der Männer, und auch ihre Lebensbilder leuchten farbig auf. Das gilt insbesondere dann, wenn der Mann es ist, dessen Liebe nicht erwidert wird, oder wenn mehrere unerfüllte Liebesbeziehungen das Leben eines Mannes bestimmen, wie das zum Beispiel bei Goethe der Fall gewesen ist.

Eine ganze Reihe von Liebesbeziehungen ist überhaupt nur bekannt geworden, weil der männliche Partner eine berühmte Persönlichkeit war, dem es die Frauen verdanken, dass ihre Namen nicht der Vergessenheit anheim gefallen sind, im Gegenteil sogar ebenfalls berühmt geworden sind. Goethe ist ein Paradebeispiel dafür. Über seine Geliebte Charlotte von Stein ist gesagt worden, ihr Leben gliedere sich in drei Teile: vor Goethe, mit Goethe, nach Goethe.

Aber es gibt auch die umgekehrten Fälle, in denen wir von der Existenz unglücklich liebender Männer wahrscheinlich nie etwas erfahren hätten, wenn die Frauen nicht so berühmt gewesen wären. Diese Frauen begegnen uns in der Geschichte, zum Beispiel Elizabeth I. von England, in der Dichtung, etwa Annette von Droste-Hülshoff, sowie auch anderswo.

Seltener sind die Liebespaare, bei denen beide Partner schon zum Zeitpunkt ihres Zusammentreffens berühmt sind. Marilyn Monroe und Arthur Miller gehören dazu, Lola Montez und Ludwig I. von Bayern und natürlich Kleopatra und Caesar und Marcus Antonius. Aber wer immer in den Fallstudien auftaucht, sie alle verbindet eines: Sie bieten einen vielfältigen Ausblick auf die Historie verschiedenster Epochen, in denen die unglücklich Liebenden sich als Kinder ihrer Zeit begegnen.

Ein buntes Kaleidoskop unglücklich Liebender breitet sich aus und zeigt über Jahrhunderte und Grenzen hinweg die schicksalhaften, zum Teil schrecklichen Irrtümer, denen die Liebe aus den verschiedensten Gründen unterliegen kann. Sei es, dass der liebende Partner erkennt, dass seine Liebe nicht erwidert wird, und er somit vergeblich und ohne Erfüllung liebt, sei es, dass beiden bewusst wird, dass sie doch nicht füreinander bestimmt sind. Häufig ist es ein anderer –

Mann oder Frau –, der plötzlich in eine Ehe oder ein ähnliches, auch gleichgeschlechtliches Verhältnis einbricht und wie ein Blitz eine neue Liebe entflammt. Die alte Liebe erkaltet und lässt den Partner in Tränen und Schmerz zurück. Wie viele berühmte Menschen nicht nur unserer Zeit gibt es, die mehrere Ehen eingegangen sind, denen immer wieder die »große Liebe« begegnet ist. Und immer bleibt ein »Irrtum« zurück, wenn sie vorüber ist.

Auch in unseren Tagen herrscht in vielen Beziehungen zwischen Mann und Frau der Gedanke vor, den Partner glücklich machen zu müssen. Wenn ich mich für die Befindlichkeit des anderen verantwortlicher fühle als für mein eigenes Wohlergehen und Lebensglück, ist das eine gute Basis für beiderseitiges dauerhaftes Glück? In früheren Jahrhunderten entsprach es dem Rollenbild der Frau, allein deshalb für den Mann da zu sein, um ihn glücklich zu machen und Kinder zu gebären. Sie selbst war oft genug unglücklich und verzweifelt – an einigen ausgewählten Frauenporträts wird dies besonders deutlich.

Aber was ist überhaupt Glück? Seit Tausenden von Jahren lehren uns die Philosophen, dass nicht die Ereignisse auf uns einwirken oder uns unglücklich machen, sondern unsere Interpretation dieser Ereignisse. Menschliches Glück ist selten dauerhaft. Es kommt, wie Benjamin Franklin gesagt hat, nicht so sehr durch große, seltene Glücksfälle zustande, sondern durch viele kleine Erfolgserlebnisse im Alltag. Das gilt ganz besonders für die Liebe zwischen Mann und Frau.

Beide erleben die Liebe sicherlich unterschiedlich. Eine Volksweisheit sagt, die Frau gibt Sex, um Liebe zu bekommen, während der Mann Liebe gibt, um Sex zu bekommen. Doch beide kann die Leidenschaft überkommen wie ein Rausch, wie eine Droge. Meist liebt der eine mehr als der andere. Überschreitet diese Hingabe alle Grenzen, wird die Liebe krankhaft. Auch für derartige pathologische Liebesbeziehungen lassen sich in diesem Buch Beispiele finden. Sogar für perverse. Der Marquis de Sade möchte auch seine eigene Frau peitschen. Sie lässt dies zu, um ihren geliebten Mann nicht zu verlieren, und findet schließlich sogar Gefallen daran. Und Oskar Kokoschka vergnügt sich mit einer lebensgroßen, vollständig angekleideten Puppe und lebt ein Jahr mit ihr zusammen. Sie sieht seiner Geliebten Alma Mahler ähnlich, die ihn verlassen hat.

Häufig sind die »fremden Mächte« stärker als die eigene Liebe. Sie muss vor den äußeren Umständen und Gegebenheiten kapitulieren. Die gewaltsame Trennung ist vielleicht das größte Unglück für ein liebendes Paar.

Schon die griechische Mythologie und Sagenwelt kennt Fälle, in denen Leidenschaft und Irrtum zweier liebender Geschöpfe zum Unglück führen. Der tragische Mythos von Orpheus und Eurydike ist bereits seit dem sechsten vorchristlichen Jahrhundert bekannt und in den Hymnen von Vergil und Ovid festgehalten. Orpheus ist der Sohn Apolls und der Muse Kalliope. Als wundervoller Sänger bezaubert er mit seinem Saitenspiel auch die Baumnymphe Eurydike. Sie betört ihn mit ihren elfenhaften Reizen, und so werden sie schnell ein Paar. Aber kaum sind sie Mann und Frau, wird Eurydike von einer giftigen Natter gebissen. Sie stirbt, und Orpheus kann den Tod seiner geliebten Frau nicht fassen. Er bricht in den Orkus auf, um sie zurückzuholen. Sein lieblicher Gesang öffnet ihm alle Pforten der Unterwelt. »Es weinten die blutlosen Schatten ringsum«, berichtet Ovid in seinen Metamorphosen. Auch Persephone, die Göttin der Unterwelt, hört sein Lied und lässt sich erweichen. Eurydike darf zurück ins Reich der Lebenden. Bedingung ist, dass ihr Mann »niemals zurückwende den Blick«. Eurydike glaubt, dass sie ihren Geliebten endlich und nun für immer wiederhat. Doch Orpheus verliert sie ein zweites Mal. »Von Lust, sie zu sehen, ergriffen, schaut er voll Liebe sich um: Und sofort sinkt jene hinunter, streckt ihre Arme nach ihm, zu umfangen, umfangen zu werden.« Aus übergroßer Sehnsucht und heißem Verlangen, sein Weib zu sehen und zu berühren, konnte er es nicht über sich bringen, das Tageslicht abzuwarten. Einsam und verzweifelt kehrt er zurück.

Manchmal enden Liebschaften tragisch, manchmal bleibt nur der gemeinsame Tod als Ausweg. »Der Liebe leichte Schwingen trugen mich, kein steinern Bollwerk kann der Liebe wehren. Und Liebe wagt, was Liebe irgend kann«, lässt William Shakespeare in der 1595 geschriebenen, unsterblichen Tragödie Romeo und Julia seinen Romeo Montague sagen. Dieser ist zu Tode erschrocken, als er erfährt, welchen Namen das Mädchen trägt, das er soeben geküsst hat: Julia Capulet. Beide Adelshäuser Veronas sind zutiefst verfeindet. Der Kinder reine und sinnenfrohe Liebe ist eigentlich verboten. Aber sie sind ihr ausgeliefert, wagen sie dennoch und büßen mit ihrem Leben. Sie heiraten heimlich und müssen fliehen. Zwietracht und Gewalt holen beide ein. Alle Widerstände kommen von außen und sind unüberwindbar. Als der junge Romeo seine 14-jährige Geliebte in der Gruft der Capulets findet, weiß er nicht, dass sie nur scheinbar tot ist. Ein schrecklicher Irrtum. Da er ohne sie nicht leben kann, tötet er sich. Julia erwacht und findet den leblosen Romeo neben sich. Daraufhin nimmt auch sie sich das Leben.

Auch im realen Leben ist der Selbstmord für viele Liebende der letzte Ausweg. Der anfängliche Glaube an ein lebenslanges Glück weicht der bitteren Erkenntnis, dass die gemeinsame Liebe keine Chance mehr hat. Am 21. November 1811 schießt der Dichter Heinrich von Kleist am Wannsee in Berlin seiner an Unterleibskrebs erkrankten Geliebten Henriette Vogel eine Kugel in die Brust und sich selbst anschließend in den Kopf. Lachend und glücklich haben beide dieses Ende vorbereitet und sogar die Kosten für die Beerdigung im Voraus bezahlt.

Manchmal geht auch nur einer der liebenden Partner in den Tod, weil er Unheil und Verhängnis einer gestrandeten Liebe nicht länger ertragen kann oder weil der ersehnte Partner unerreichbar geworden ist und der Liebestraum sich nicht erfüllt.

Die amerikanische, 1932 in Sardinien geborene Filmschauspielerin Pier Angeli wirkt nicht nur zerbrechlich, sie ist es auch. Angeli spielt neben Stars wie Paul Newman und Danny Kay und verliebt sich in James Dean, der ihre Liebe ebenso heftig erwidert. Aber Angelis herrschsüchtige Mutter verbietet eine Heirat und verkuppelt sie stattdessen mit einem italienischen Schnulzensänger. Die Ehe gerät zum Desaster. Pier Angelis Herz ist gebrochen, James Dean bleibt ihre große Liebe. Sie kommt darüber nicht hinweg und bringt sich am 10. September 1971 in ihrer Wohnung in Beverly Hills mit Schlaftabletten um.

Kann eine Frau es ertragen, wenn alle drei Männer, die sie in ihrem Leben geliebt hat, sich ihr durch Selbstmord entziehen? Die blonde, löwenmähnige Sängerin und Schauspielerin Dalida, in jungen Jahren zur Miss Ägypten gekürt, kann es nicht und zerbricht daran. Auch der Welterfolg ihres Schlagers *Am Tag, als der Regen kam* kann ihr nicht über Depressionen und Schuldgefühle hinweghelfen. 1967 hatte sich ihr Ehemann, ein italienischer Sänger, erschossen. Und auch die beiden nächsten Männer, die sie liebt, verliert sie durch Freitod. »Das Leben ist mir unerträglich geworden, vergebt mir.« Das ist Dalidas letzter Satz. Sie schreibt ihn nieder, kurz bevor sie am 3. Mai 1987 in ihrer Pariser Wohnung im Künstlerviertel Montmartre ihrem Leben mit einer Überdosis Schlaftabletten ein Ende setzt.

Auch unter prominenten Persönlichkeiten finden wir Fälle, in denen zwar Amors Pfeil getroffen hat, der ersehnte Partner aber dennoch unerreichbar bleibt. Der Traum von einem gemeinsamen glücklichen Zusammenleben lässt sich nicht verwirklichen.

Als der 26-jährige Dichter Friedrich Hölderlin im Frühjahr 1796 im Haushalt des Frankfurter Kaufmanns Gontard eine Stelle als Hauslehrer antritt, entwickelt sich schnell ein inniges Verhältnis zu Gontards Ehefrau Susette. Sie wird Hölderlins große Liebe, als *Diotima* macht er sie unsterblich. Aber es gibt nur einen einzigen Sommer vollkommenen Glücks für die beiden. Kurz darauf kommt es zum Zerwürfnis mit Gontard, und Hölderlin erhält Hausverbot. Nun sind nur noch heimliche Treffen möglich. Hölderlin hält diese Anspannung nicht aus, er will Susette ganz. Doch sie will ihre Kinder nicht verlassen. Und wovon sollten sie leben? Hölderlin ist mittellos. So kommt es zur endgültigen Trennung. Hölderlin, der später unheilbar geisteskrank wird, kann seine Geliebte von da an nur noch in seinen Gedichten und Hymnen erreichen und bleibt ihr auf diese Weise auf ewig verbunden.

Auch im Leben von Thomas Jefferson, von 1801 bis 1809 dritter Präsident der USA und Übervater der amerikanischen Geschichte, gibt es eine große, ganz und gar heimliche

Liebe. Als dem 1743 in Virginia geborenen Juristen 1776 vom Kongress die Aufgabe übertragen wird, die Unabhängigkeitserklärung auszuarbeiten, lebt er auf seiner Residenz in Monticello noch in glücklicher Ehe mit seiner Frau Martha. Nach ihrem Tod im Jahr 1782 fühlt er sich einsam und allein. Einige Jahre später, vermutlich 1788, verliebt sich der 45-jährige Jefferson in seine 15 Jahre alte dunkelhäutige Sklavin Sally Hemings. Dies geschieht in Paris, wohin er mit seinen beiden Töchtern für zwei Jahre aufgebrochen ist. Sally reist als Kindermädchen mit und erhält dafür zwei Dollar monatlich. Das bildhübsche Mädchen ist sein Eigentum, und er kann frei über sie verfügen. Erst 1808 wird vom Kongress ein Sklavenverbot erlassen. Sally hat keine tiefschwarze Hautfarbe, sondern ist annähernd hellhäutig. Langes, schwarzes Haar fällt bis auf ihren Rücken, und braune Augen und ein voller, sinnlicher Mund verleihen ihrem Gesicht Ausdruckskraft. Sallys Anmut und Liebreiz und ihr wohlgeformter, frühreifer Körper betören Jefferson. Er kann nicht widerstehen, nimmt Sally zu sich ins Bett und zeugt ein Kind mit ihr. Die sexuelle Lust paart sich bald mit aufrichtiger Liebe. Das heimliche Liebesverhältnis wird in Monticello fortgesetzt, und Jefferson zeugt mit Sally ein Kind nach dem anderen, mindestens sechs, vielleicht auch sieben. Er verfügt in seinem Testament, dass allen nach seinem Tod die Freiheit gegeben werden soll. Für Sally gilt das allerdings nicht. Jefferson vermeidet zu seinen Lebzeiten alles, was auf seine Vaterschaft und sein Verhältnis hindeuten könnte. Doch er hält Sally die Treue. Im September 1802 erscheint zwar in Richmond in einer Zeitung ein Artikel, der behauptet, der Präsident habe eine schwarze Sklavin namens Sally als Konkubine, doch Jefferson äußert sich nicht dazu, sondern schweigt die Sache tot. Gäbe er sein Verhältnis zu, würde das einen riesigen Skandal auslösen, der sogar seinen Rücktritt zur Folge haben könnte. Eine Heirat ist ausgeschlossen, und so ist seine neue Partnerin für ihn unerreichbar, obwohl sie auf seiner Residenz als Haushälterin stets in seiner Nähe ist. Zweihundert Jahre bleibt die Affäre im Dunkeln. Erst 1998 beweist eine DNA-Analyse eindeutig, dass in den Adern der Hemings-Nachkommen Jefferson-Blut fließt.

Ähnlich den Liebesverhältnissen, in denen ein Partner aus vielfältigen Gründen für den Liebenden unerreichbar bleibt, sind die Fälle, in denen er das geliebte Wesen zwar erreicht, später aber auf ein weiteres Zusammenleben verzichten muss. Die Ursachen dafür können sowohl in den Personen selbst liegen als auch in den äußeren Umständen, denen sie ausgesetzt sind. Auch über solche Fälle berichtet dieses Buch.

Eduard Mörike ist erst 18 und als Dichter noch völlig unbekannt, als er sich in die zauberhafte, wunderschöne Maria Mayer verliebt, die zeit seines Lebens seine große Liebe bleiben sollte. Die Verbindung ist nur von kurzer Dauer, doch in seinem Herzen währt sie ewig. Nachdem Maria plötzlich spurlos verschwunden war und später zu Mörike zurückkehrte, wies er sie aus moralischen Gründen ab. Es zerriss ihm das Herz, aber er verzichtete auf sie. »Doch weh! O weh!«, schrieb er. »Was soll mir dieser Blick? Sie küsst mich zwischen Lieben noch und Hassen, sie kehrt sich ab und kehrt mir nie zurück.«

Auch wenn die Liebe noch so leidenschaftlich ist und das liebende Paar glaubt, sie würde für ein ganzes Leben halten: Es kommt vor, dass sie erkaltet und nicht von Dauer ist. Recht häufig ist es die neue Liebe zu einem anderen Partner, die die alte verdrängt und auslöscht.

Als klassisches Beispiel dafür gilt der Mythos von Medea und Jason, den der griechische Dichter Euripides um 450 vor Christus erstmals als Drama gestaltete. Jason ist mit seinen Argonauten an der Küste von Kolchis gelandet, um das Goldene Vlies des Königs Aietes zu rauben. Dieses Fell eines geflügelten goldenen Widders gilt als größter Schatz Griechenlands. Der König hat eine bildhübsche und sehr kluge Tochter mit dem Namen Medea. Sie ist unverheiratet, weil sie eine Priesterin der Hekate, der Göttin der Unterwelt, ist. Von dieser hat sie gelernt, Tränke zu mischen, die unüberwindliche Kraft verleihen. Als Medea Jason zum ersten Mal gegenübersteht, wird sie schmerzlich und für alle Zeit von Amors Pfeil getroffen. Mithilfe von Medeas Zaubertrank besiegt Jason eine Horde mordlustiger Ungeheuer und gelangt in den Besitz des Goldenen Vlieses. Er ist so hingerissen von der schönen Jungfrau, dass er sie heiratet. In die Heimat zurückgekehrt, lebt er zehn Jahre mit ihr zusammen und zeugt mehrere Kinder. Aber dann verliebt sich Jason in Glauke, die hinreißende Tochter des Korintherkönigs Kreon. Er kann an nichts anderes mehr denken und ist bereit, für Glauke alles aufzugeben. Jason will seine Ehe auflösen und Medea fortschicken. »Wir gehören für immer zusammen«, sagt Medea. »Wenn das abgrundtiefe Unglück mein Los sein soll, dann soll es auch dein Los sein.« Sie schickt Glauke ein Hochzeitsgewand. Als diese es angezogen hat, geht es in Flammen auf, und die Braut kommt darin um. Und dann begeht die leidenschaftlich Liebende eine grauenvolle Tat: Sie mordet in rasendem Schmerz über Jasons Untreue alle Kinder, die sie ihrem Mann geboren hat, damit er fortan ohne Freude ist auf dieser Welt.

Das Scheitern einer Liebe, ihre Lust, ihre Leidenschaft und ihr Irrtum, hat in den verschiedenen Zeitaltern häufig die gleichen Ursachen. Viele Beispiele zeigen, dass der, der von der Ehe nur die Fortsetzung der berauschenden Tage des ersten Verliebtseins erwartet, bitter enttäuscht wird. Heftige Verliebtheit ist keine Garantie für eine glückliche Ehe, meist schwindet die leidenschaftliche Verzückung im Trott des Alltags. Liebe braucht Zeit zum Wachsen.

In einigen der ausgewählten Lebensbildern ist es so, dass sich der eine oder gar beide am Anfang der Beziehung einfach hingerissen oder körperlich stark angezogen fühlen. Doch das lodernde Strohfeuer ist bald heruntergebrannt, man wird einander schnell überdrüssig, weil gemeinsame Interessen und Wertvorstellungen fehlen oder einfach Rücksichtnahme und Freundlichkeit, gegenseitiger Respekt und ein harmonisches Sicheinstellen auf die Gewohnheiten des anderen.

Und dann gibt es die Fälle, in denen er sie »wahnsinnig« liebt oder sie »ganz verrückt nach ihm« ist. In den »Liebeswehen« wird alle Vernunft über Bord geworfen, Ehepartner, Familie, Freunde, Beruf, alles wird unbesonnen und rücksichtslos aufs Spiel gesetzt wegen einer leidenschaftlichen Liaison, wegen einer »blind« machenden Liebe. Übrig bleibt meist ein Scherbenhaufen.

Sexuell frustrierte Ehefrauen oder Ehemänner suchen oft bei anderen, was sie bei ihrem Partner nicht finden. Oder sie suchen einfach nach Beweisen, dass sie noch begehrenswert sind. Berühmte Persönlichkeiten sind davon nicht ausgenommen. Untreue und Ehebruch, damit endet häufig eine Liebe, die einmal als tiefe Leidenschaft begonnen hat. Die Schilderung einer ganzen Reihe solcher Lebensbilder wird das verdeutlichen.

Agatha Christie trifft 1912 auf einem Ball einen Piloten und heiratet ihn zwei Jahre später. Sie ist erst 24, aber dennoch sicher, dass die gegenseitige große Leidenschaft und Liebe bis an ihr Lebensende halten wird. Umso größer ist der Schock, als ihr Mann Archibald sich 1926 von ihr trennt, weil er sich in eine andere Frau verliebt hat. Agatha Christie bleibt elf Tage unauffindbar. Nachdem ihr leerer Wagen an einem Straßengraben gefunden wird, glaubt man, sie habe sich aus Kummer das Leben genommen. Aber sie überwindet die Krise und heiratet einige Zeit später einen Archäologen, mit dem sie viele große Reisen unternimmt.

Als Alma Mahler, eine der faszinierendsten Frauen im Wien des beginnenden 20. Jahrhunderts, den 20 Jahre älteren Dirigenten und Komponisten Gustav Mahler heiratet, muss sie ihre Träume, selbst als Musikerin Karriere zu machen, begraben. Denn ihr Mann macht ihr unmissverständlich klar, dass sie künftig nur eine einzige Aufgabe hat: ihn glücklich zu machen. Während einer Konzertreise lernt sie in einem Hotel einen 27-jährigen jungen Mann mit blauen Augen und blonden Haaren kennen, den Architekten Walter Gropius. Sie verlieben sich und schlafen miteinander. Als Gustav Mahler von dem Ehebruch seiner Frau erfährt, gerät er in eine schwere seelische Krise und muss bei Sigmund Freud psychotherapeutischen Rat einholen. Er spricht erst mit Gropius und dann mit Alma und bittet sie, sich zu entscheiden. Sie entscheidet sich für ihren Mann, und Gustav Mahler geleitet den abgewiesenen Liebhaber aus dem Haus. Dennoch kommt es danach noch zu mehreren intimen Begegnungen zwischen Alma Mahler und Walter Gropius, einmal sogar im Orientexpress. Der schwer kranke Gustav kann seine 10. Sinfonie nicht mehr beenden. Auf der Partitur schreibt er an den Rand: »Für dich leben, für dich sterben, Almschi.« Nach seinem Tode im Mai 1911 hat Alma zunächst eine leidenschaftliche und gewalttätige Liebesbeziehung mit dem 25-jährigen Maler Oskar Kokoschka. Zwei exzentrische und narzisstische Persönlichkeiten verlieben sich ineinander. Die sieben Jahre ältere Alma wird Oskars Modell, seine Geliebte und seine Muse. Bald glaubt der mittellose Künstler, ohne sie nicht mehr leben zu können, und entwickelt sich zum eifersüchtigen Tyrannen. Er verprügelt sie so heftig, dass sie das Kind, das sie von ihm erwartet, verliert. Daraufhin verstößt sie ihn 1914 und heiratet 1916 Walter Gropius, der als Leutnant an der Schlacht um Verdun teilnimmt. Doch schon 1917, als ihr Mann noch an der Front ist, beginnt Alma ein Verhältnis mit dem zehn Jahre jüngeren Dichter Franz Werfel. Nach der Scheidung von Gropius heiratet sie ihn im Jahr 1919. Der Ehemann ihrer Tochter Anna, der Komponist Ernst Křenek, schreibt in seinen Memoiren: »Sie machte ihr Schlafzimmer zu einer Art schickem Durchgangslager für Berühmtheiten auf den Gebieten der schönen Künste.«

Die einzelnen Porträts veranschaulichen besonders die reichhaltigen Beziehungswelten der Frauen. Die ganze Vielfalt der möglichen erotischen, sexuellen, seelischen und sozialen Erfahrungen, Sehnsüchte und Leiden und Freuden tritt in den geschilderten Beziehungen zu Tage. Es sind keineswegs immer monogame Zweierbeziehungen, die sich eines Tages als Irrtum erweisen und aus denen ein Partner ausbricht. Wir treffen auch auf Frauen, die ihr Glück in vielschichtigen Dreiecksverhältnissen suchen, Scheinehen eingehen, in ihrer sexuellen Identität mehrdeutig sind oder gleichgeschlechtliche Bindungen bevorzugen. Meistens bleibt dann ein unglücklich Liebender »auf der Strecke«.

Thomas Manns Tochter Erika heiratet 1926 überraschend Gustav Gründgens, doch es handelt sich um eine Scheinehe.

Gründgens ist homosexuell, und Erika Mann fühlt sich zu Frauen hingezogen. Noch während der Hochzeitsreise schreibt sie an ihre lesbische Geliebte Pamela Wedekind, sie solle doch ganz schnell zu ihr kommen. Sie erinnert sie daran, dass sie doch erst vor einem Monat im selben Hotel abgestiegen waren und sich als Herr und Frau Wedekind eingetragen hatten. 1930 beginnt sie eine leidenschaftliche Affäre mit der schönen schweizerischen Schriftstellerin Annemarie Schwarzenbach. Zu dieser Zeit ist Erika Mann mit der Schauspielerin Therese Giese liiert.

Auch die Ehe der englischen Schriftstellerin Daphne du Maurier mit Tommy Browning, aus der sogar zwei Kinder hervorgehen, hindert sie nicht daran, lesbische Beziehungen mit anderen Frauen einzugehen. Vor allem mit Gertrude Lawrence, die die Hauptrollen in Mauriers Theaterstücken spielt, verbindet sie eine leidenschaftliche Liebe.

Die französische Schriftstellerin Sidonie-Gabrielle Colette ist ebenfalls bisexuell. Sie verkehrt mit Männern, gehört aber seit 1906 auch lesbischen Zirkeln an. Sie ist mit der Missy genannten Marquise Mathilde de Morny liiert und trägt Armbänder, auf denen eingraviert ist: »Ich gehöre Missy.« Am 3. Januar 1907 tritt sie mit ihr zusammen im Moulin Rouge auf. Am Ende der Vorstellung küssen sich die beiden Frauen leidenschaftlich auf der Bühne. Es kommt zu einem Tumult, die Polizei muss einschreiten, und weitere Aufführungen werden untersagt. Colette hat weitere leidenschaftliche Affären sowohl mit Frauen als auch mit Männern. »Ein weibliches Paar kann lange und glücklich zusammenleben«, schreibt sie. »Aber wenn sich in die Person einer der beiden Frauen ein, wie ich es nenne, nachgemachter Mann einschleicht, dann wird das Zusammenleben traurig.«

Die 44 Feuilletons sind von unterschiedlicher Länge. Dort, wo die Liebesbeziehungen gut dokumentiert sind und genügend Material vorhanden ist, das auch Details nicht vorenthält, sind die Porträts umfangreicher. Sind dagegen weder Biographien noch Briefe oder Tagebücher überliefert, müssen sie sich mit kurzen Skizzen begnügen. In jedem Fall halten sie sich an Tatsachen. Persönliche Schlussfolgerungen und Festlegungen finden sich nur dort, wo sich mehrere Biographen über dieselbe Situation unterschiedlich geäußert haben. Nicht selten sind über bekannte Liebespaare Anekdoten entstanden, haben sich um bedeutende Frauen Legenden gebildet. So gilt Kleopatra als Inbegriff weiblicher Schönheit und Verführungskunst. Aber sind Caesar und später auch Marcus Antonius ihr wirklich deshalb erlegen? Und ist Xanthippe, die Ehefrau des Philosophen Sokrates, tatsächlich ein derart streitsüchtiges und zänkisches Weib gewesen, wie ihr übler Leumund es will? Vielleicht war die Beziehung, aus der immerhin drei Söhne hervorgegangen sind, gar nicht so unglücklich, und Xanthippe ist schon in der Antike nur deshalb zur »Hölle auf Erden« für einen Mann gemacht worden, damit die Weisheit des Sokrates umso klarer und unerschütterlicher erstrahlen konnte.

Den Leser erwartet eine Fülle von Informationen. Die 44 Lebensbilder sind nach den Namen der Frauen alphabetisch geordnet. In der interessanten Mixtur, die durch dieses Schema entsteht, können menschlich und zeitlich sehr verschiedene Figuren zufällig nebeneinander stehen, was nicht eines gewissen Reizes entbehrt.

Immer aber ist es die Liebe, die unglückliche oder unerfüllte, zum Scheitern verurteilte Liebe, die alle Personen unterschiedlichster Epochen und verschiedenster Charaktere miteinander verbindet. Diese Sammlung von Liebesporträts macht deutlich, was der deutsche Dramatiker Friedrich Hahn so ausgedrückt hat:

Liebe hört auf keine Lehre,
weiß im Leben nicht ein noch aus.
Wenn's nicht eben die Liebe wäre,
sie sperrten sie ins Irrenhaus.

Die Liebe bringt nicht nur Glück, sondern auch Leiden und Schmerz. Sie ist ein schöner Engel, wie Adalbert Stifter gesagt hat, aber oft ein schöner Todesengel für das betrogene Herz. »Liebe ist«, schreibt Franz Kafka an Milena Jesenká, »dass du mir das Messer bist, mit dem ich in mir wühle.« Ohne die Irrungen und Wirrungen der Liebe wäre das Leben nur halb so aufregend und vielleicht auch nur halb so schön. Goethe hat vermutlich Recht, wenn er in seinen epigrammatischen Schriften bekennt:

Wer nicht mehr liebt
und nicht mehr irrt,
der lasse sich begraben!

Das berühmteste Liebespaar des Mittelalters

Héloise Abaelard und Pierre Abaelard
(1113–1142)

Er ist ein echter Bretone, impulsiv und ungestüm. Im Jahr 1079 in La Pallet östlich von Nantes in der Bretagne, der wilden und an Heiden und Mooren so reichen Halbinsel im Nordwesten Frankreichs, geboren, wird Pierre Abaelard nicht nur wegen seiner Lehren und Schriften in die Geschichte eingehen, sondern auch wegen seiner leidenschaftlichen und tragischen Liebe zu einem blutjungen Mädchen.

Als er gegenüber seinem Vater Berengar auf die Rechte des Erstgeborenen verzichtet, das Erbe seinen Brüdern überlässt und in Frankreich von einem berühmten Lehrer zum anderen zieht, um sich in der Dialektik auszubilden, weiß er noch nichts von den Freuden der Liebe, die ihn erwarten. Aber auch nichts von deren Qualen. Er beginnt seine Studien unter Roscelin von Compiègne und kommt schließlich zu Wilhelm von Champeaux, dem Vorsteher der Kathedralschule in Paris.

Mit 23 Jahren lehrt Abaelard bereits selbst Dialektik in Melun und Corbeil und dann nach einigen Jahren, die er wegen einer Krankheit in der Heimat zubringen muss, auch in Paris. Er studiert Theologie und wirkt ab 1113 mit größtem Erfolg als Lehrer der Dialektik und Theologie an der Kathedralschule in Paris. Er vermag seine Gedanken sehr bildkräftig zu äußern und mitreißende Reden zu halten. Die Studenten strömen in Scharen in seine Vorlesungen.

Nebenbei unterrichtet er auch im Haus des Kanonikers Fulbert. Und dort entscheidet sich sein Schicksal. Fulberts ungewöhnlich schöne und geistreiche 16-jährige Nichte Héloise wird seine Schülerin. Sie sitzen in ihrer Studierstube zusammen und senken ihre Köpfe über kluge Schriften. Eines Tages schauen sie sich tief in die Augen. Der 22 Jahre ältere und welterfahrene Lehrer verliebt sich Hals über Kopf in das Mädchen. Aber es ist nicht ihre außergewöhnliche Schönheit allein, die ihn bezaubert. Er ist begeistert von ihrer Bildung und Intelligenz. Héloise beherrscht Latein und Griechisch ebenso perfekt wie Hebräisch und diskutiert mit ihm über philosophische Fragen derart aufgeschlossen und klug, dass Abaelard voller Bewunderung und Respekt ist. Er tut alles, um ihr ein guter Lehrer zu sein und ihr Wissen zu mehren. Zunächst bewegt sich seine Liebe auf geistiger Ebene.

Aber dann flammt der Wunsch auf, dieses herrliche junge Geschöpf ganz zu besitzen. Wollüstige Gedanken rauben ihm fast die Besinnung, als sie seine tiefen Blicke erwidert. »Ich kann gehen, wohin ich will«, bekennt er, »immer tanzen die lockenden Bilder vor meinen Augen. Sogar mitten im Hochamt drängen sich diese wollüstigen Fantasiegebilde vor und fangen meine arme Seele ganz und gar.«

Zunächst bleibt es bei Küssen und Zärtlichkeiten. Dann wird er forscher und streichelt ihre festen kleinen Brüste. Héloise ist völlig verwirrt und überwältigt von der ihr bisher verborgen gebliebenen Sinnenlust, die durch die geistige Verwandtschaft zu Abaelard noch gesteigert wird. Sie versucht, sich den immer intensiveren Berührungen und immer drängenderen Umarmungen zu entziehen und den Lehrer abzuweisen. Dieser jedoch drückt sie gewaltsam nieder und macht sie mit Drohungen und Schlägen gefügig. An einem Ostersonntag vergewaltigt er sie im leeren Speisesaal eines Klosters mehrmals und verführt sie zu den unzüchtigsten Handlungen. Welche Wonne! Sie gerät in Ekstase, gibt jeden Widerstand auf und lässt bereitwillig alles geschehen, was der Mann mit ihr macht oder von ihr fordert, berauscht von dem in ihr entfachten Feuer.

»Während des Unterrichts hatten wir vollauf Zeit für unsere Liebe«, schreibt Abaelard später. »Die Bücher lagen offen da, Frage und Antwort drängten sich auf, wenn die Liebe das bevorzugte Thema war, und der Küsse waren mehr als der Sprüche. Meine Hand hatte oft mehr an ihrem Busen zu suchen als im Buch, und statt in den wissenschaftlichen Textbüchern zu lesen, lasen wir sehnsuchtsvoll eins in des anderen Augen. In unserer Gier genossen wir jede Abstufung des Liebens. Wir bereicherten unser Liebesspiel mit allen Reizen, welche die Erfinderlust ersonnen. Wir hatten solche Freuden bis dahin nicht gekostet und genossen sie nun unersättlich in glühender Hingabe.«

Sie vergessen alles um sich herum, bedenken auch nicht, dass es strafbar ist, wenn der Lehrer mit der ihm anvertrauten Schülerin schläft. Die hemmungslosen Vereinigungen bleiben nicht ohne Folgen. Héloise wird schwanger. Als Pierre Abaelard gewahr wird, dass die junge Frau nicht nur nach seiner starken Männlichkeit verlangt, sondern ihn immer inniger liebt und bewundert, bringt er sie zu seiner Schwester in die Bretagne. Hier gebiert Héloise einen Knaben. Sie gibt ihm den bedeutungsvollen Namen Astrolabius. Sind es nicht die Sterne, die ihr Schicksal bestimmen, ist ihr Sohn nicht ein Sternenkind?

Abaelard ist bereit, Héloise zu heiraten. Er stellt nur eine Bedingung: Damit er in seiner geistlichen Laufbahn keine Schwierigkeiten bekommt, muss die Ehe auf jeden Fall geheim bleiben. Fulbert gibt seine Zustimmung, und so werden Héloise und Pierre Abaelard in aller Heimlichkeit vermählt.

Niemand soll erfahren, dass sie Mann und Frau sind. Das kann am besten gelingen, wenn sie in aller Zurückgezogenheit leben. Pierre bringt seine Frau in das Benediktinerinnen-Kloster Argenteuil bei Paris, wo sie einst erzogen wurde. Der Onkel hegt den Verdacht, der Ehemann wolle seine Nichte auf diese Weise loswerden. Die Schmach, die seiner Nichte angetan worden ist, hat er noch nicht verwunden, er sinnt auf Rache.

»Seine Erbitterung wurde so stark«, schreibt Abaelard, »dass er mein Verderben beschloss. Mein Diener ließ sich bestechen und führte seine Knechte eines Nachts in meine Kammer. Und nun nahmen sie an mir Rache, so grausam und beschämend, dass die Welt erstarrte: Sie schnitten mir von meinem Leib die Organe ab, mit denen ich sie gekränkt hatte.«

Unglaublich und kaum vorstellbar – Abaelard wird entmannt. Er verliert sein Glied und seine Hoden und erleidet allergrößte Schmerzen, nicht nur körperlich. Unbarmherziger und unwiderruflicher kann man ein Liebespaar kaum trennen.

Abaelard bleibt nun nichts anderes übrig, als ebenfalls in ein Kloster zu gehen. Er tritt 1119 in das Kloster St. Denis ein, legt das Mönchsgelübde ab und empfängt die Priesterweihe. Man weist ihm ein Landhaus zu, die »Cella«, wo er alsbald seine Vorlesungen wieder aufnimmt und theologische Streitschriften verfasst. Die sind seinen vielen Feinden

Pierre Abaelard führt seine Gattin Héloise in das Kloster Paraklet als Äbtissin ein. Federlithographie, 1863.

ein Dorn im Auge. Sie beschuldigen ihn beim Erzbischof von Reims der Ketzerei. Auf der Synode von Soissons wird Pierre Abaelard 1121 dazu verurteilt, seine ketzerische Abhandlung selbst ins Feuer zu werfen. Nach kurzer Haft erlaubt man ihm, sich in eine Einöde zurückzuziehen.

In der Wildnis von Quinsey in der Champagne baut er sich eine Klause und das Bethaus »Parakletum«. Es dauert nicht lange, da kommen seine Schüler zu ihm und lassen sich dort in Hütten und Zelten nieder. Ihr Lehrer und Meister verfasst weitere Schriften der Ethik und der Methodenlehre, insbesondere dargestellt in seinem Werk *Sic et non*, »Ja und nein«, und wird zum kritischsten, geistreichsten und wirkungsvollsten Schriftsteller und bedeutendsten Philosophen des 12. Jahrhunderts. Die scholastische Methode zur Auffindung der Wahrheit ist nach seiner Meinung nicht der Glaube, sondern das logische Einsehen, Disputieren und Argumentieren.

Aber er lebt in ständiger Angst vor einer neuen Synode gegen ihn. Deshalb verlässt er das »Parakletum« und nimmt die Wahl zum Abt des Gildasiusklosters in Rhuys in der Bretagne an. Als er durch den Briefwechsel mit Héloise erfährt, dass das Kloster in Argenteuil aufgelöst wird, schenkt er ihr und den übrigen Nonnen das »Parakletum«. Héloise macht daraus ein neues Kloster, das sie bald als Äbtissin zu hoher Blüte bringt.

Die erhalten gebliebenen Liebesbriefe, die sich beide in dieser Zeit schreiben, sind die schönsten des Mittelalters, wenngleich immer wieder Zweifel an ihrer Echtheit laut geworden sind.

»Ihrem Herrn, ja vielmehr Vater; ihrem Gatten, vielmehr Bruder«, antwortet Héloise auf Abaelards ersten Brief in kunstvollem Latein, »seine Magd, nein, seine Tochter; seine Gattin, nein, seine Schwester ihrem Abaelard … Da ich den Brief sogleich schon dem Briefkopf nach als den Euren betrachtete, begann ich ihn umso leidenschaftlicher zu lesen, je lieber ich den Verfasser selbst umarmen mag, damit mich der, dessen Nähe ich verlor, wenigstens mit Worten – sozusagen seinem Abbild – erquicke.«

Sie beklagt sich, dass er ihr nie geschrieben habe. Sollte es doch keine »echte« Liebe gewesen sein?, fragt sie besorgt.

»Mein Schuldner bist Du umso mehr, als ich Dich allezeit – wie aller Welt offenbar ist – mit grenzenloser Liebe umfasst habe. Du weißt es, Geliebter, und alle Welt weiß es, wie viel ich in Dir verloren habe und mit welch jammervollem Schmerz jener allgemein bekannte höchste Verrat mich mir selbst und Dir zugleich entriss und dass mir aus der Art und Weise des Verlustes ein unvergleichlich viel größerer Schmerz erwächst als aus dem Unglück selbst.«

Und dann gesteht sie ihm erneut ihre Liebe und ihre tiefe Sehnsucht.

»Meine Liebe schlug um in solchen Wahnsinn«, schreibt sie, »dass sie sich selbst das, was sie einzig begehrte, raubte ohne Hoffnung auf Wiedererlangung, … um zu zeigen, dass Du allein Herr meines Leibes und meiner Seele seiest. Nichts habe ich je bei Dir gesucht – Gott weiß es – als Dich selbst: Dich schlechthin begehrte ich, nicht das, was Dein war … Nicht meine Lust und meinen Willen suchte ich zu befriedigen, sondern den Deinen, das weißt Du wohl. Mag Dir der Name Gattin heiliger und ehrbarer erscheinen, mir selbst war allezeit reizender die Bezeichnung ›Geliebte‹ oder gar – verarg es mir nicht – Deine ›Konkubine‹, Deine ›Dirne‹. Je tiefer ich mich um Deinetwillen erniedrigte, desto mehr wollte ich dadurch Gnade bei Dir finden.«

Sie schließt ihren Brief:

»Gott rufe ich als Zeugen: Wollte mich heute der Kaiser, der Herr der Welt, der Ehre seines Ehebetts würdigen und mir zusichern, für immer über die ganze Welt gebieten zu können, für süßer und würdiger achtete ich's, Deine Buhlerin zu heißen als seine Kaiserin ... Lebe wohl, Du mein Ein und Alles!«

Pierre Abaelard ist auch in seinem Kloster nicht sicher. Die Schande der verübten Notzucht und der Entmannung ist überall bekannt geworden. Die Mönche wollen ihn vergiften, ein andermal erwürgen. Er flieht an einen unbekannten Ort und schreibt dort eine Biographie über sich und sein bewegtes Leben.

1136 kehrt er nach Paris zurück und verkündet dort erneut seine Lehren. Sein Einfluss wird so bedeutend, dass sein schärfster Widersacher, der Mystiker Bernhard von Clairvaux, seine Verurteilung als Ketzer verlangt. »Der Abt Pierre Abaelard erschüttert mit seinen Lehren die Autorität und fördert die Zweifel!«, klagt er an. »Mit seiner destruktiven Skeptik schadet er dem Glauben.« Auf der Synode von Sens, die nur Abaelards Schriften verurteilt, nicht ihn selbst, wird Abaelard 1140 aufgefordert, einige Seiten seiner Abhandlungen zu widerrufen. Doch er denkt gar nicht daran und verlässt mit seinen Anhängern die Synode. Er wendet sich an den Papst und verfasst eine Verteidigungsschrift zu seinen verurteilten Thesen.

In einem Brief an Héloise versucht er, auch sie von seiner Rechtgläubigkeit zu überzeugen. Er äußert sich auch über das traurige Schicksal, das ihrer Liebe widerfahren ist. Was geschehen sei, gehe als Strafe Gottes schon in Ordnung, meint er. Man habe es doch zu weit getrieben damals im Speisesaal des Klosters.

»Du weißt es noch«, schreibt er, »was ich bei diesem Besuch in meiner gierigen Unbeherrschtheit mit Dir begangen, in einer Ecke des Refektoriums ... Du erinnerst Dich noch, welch schändliche Dinge wir an diesem ehrwürdigen Ort trieben ... Brauche ich Dich an die Buhlereien und hässlichen Besudelungen zu erinnern, die wir vor unserer Eheschließung uns zuschulden kommen ließen? ... Der vorrübergehende Schmerz meiner Verwundung, der sollte eine ausreichende Strafe sein für meine schweren Verbrechen? ... Ich ging sogar so weit, Dich durch Drohungen und Schläge gefügig zu machen, wenn Du nicht mithalten wolltest, wenn Du Dich zur Wehr setztest, soweit es Deine schwachen Kräfte zuließen, und wenn Du, das schwache Weib, mich batest, einmal zu verzichten. Die Glut meiner Gier hatte mich mit dir geradezu zusammengeschmiedet, ich dachte nicht mehr an Gott, ich dachte nicht mehr an mein besseres Selbst, so tief untergetaucht war ich in den armseligen Genüssen, die zu schmutzig sind, als dass ich sie ohne Erröten auch nur nennen kann.«

Und dann versucht er, Héloise zu trösten, die das tragische Scheitern ihrer Liebe, ihr Unglück, das ihr höchst ungerecht vorkommt, immer noch nicht fassen kann. Nie mehr wird sie mit ihrem Geliebten zusammen sein können.

Jeden Tag denke sie daran, schreibt sie ihm, wie es mit ihm gewesen sei, selbst in der Messe. Auf all das muss sie nun für immer verzichten. Er antwortet ihr:

»Und so war es Gottes gnädige Fügung, den schnöden Verrat Deines Oheims zuzulassen. Um in vielem anderen wachsen zu können, musste ich das eine Organ verlieren, in dem meine Schuld ihren Hauptsitz hatte und meine Gier ihren Ursprung. Ein Glied allein hatte an uns gesündigt, war es nicht gerecht, dass dies Glied das Strafgericht traf, dass es in seinem Leiden gutmachte, was es in seinen Freuden begangen hatte? Das Messer, das meinen Leib traf, befreite auch die Seele von dem Schmutz, in den ich geradezu versunken war ... Gottes Gnade hat mich beraubt, mich erlöst von diesen verächtlichen Organen – sie heißen einfach Schamglieder, weil man sie mit ihrem eigentlichen Namen nicht nennen kann –, dass Gott mich von ihnen erlöst hat, das bedeutet doch nur, er hat den Lasterschmutz beseitigt, um so die Sittlichkeit zu retten.«

Abaelard ist entschlossen, den Papst persönlich aufzusuchen. Auf seiner Reise kommt er aber nur bis Lyon. Hier erfährt er, dass Innozenz II. ihn zu Stillschweigen, Klosterhaft und Verbrennung seiner Schriften verurteilt hat. Jetzt ist er bereit, sich der kirchlichen Autorität zu unterwerfen. Er begibt sich ins Kloster Cluny zu Bernhard von Clairvaux und versöhnt sich mit ihm. Daraufhin erlaubt ihm der Papst, »die noch übrigen Tage seines Lebens in Cluny« zu verbringen.

Am 21. April 1142 stirbt Pierre Abaelard im Alter von 63 Jahren im Cluniazenserkloster St. Marcel-sur-Saône bei Chalon. Begraben wird er in seinem »Parakletum«. Es dauert noch 22 Jahre, bis er dort wieder mit Héloise vereinigt wird. Als sie am 16. Mai 1164 stirbt, bringt man ihre Leiche ebenfalls dorthin und begräbt sie in derselben Gruft. Später legt man beide Gebeine sogar in denselben Sarg. Im Jahr 1817 werden sie nach Paris überführt, wo sie in der Südwestecke des Friedhofs Père Lachaise ihre letzte Ruhestätte finden.

Auf dem Grab, das heute noch von Besuchern aus aller Welt aufgesucht wird, ist die Inschrift zu lesen: »Gallorum Socrates«, »Sokrates der Gallier«. Es hätte auch darauf stehen können: »Sie konnten zueinander nicht kommen, das Wasser war viel zu tief.«

»Lösch mir die Augen aus: ich kann dich sehn …«

Lou Andreas-Salomé und Rainer Maria Rilke (1897–1900)

Ursprünglich heißt sie Louise Salomé. Als Tochter eines russischen, von den französischen Hugenotten abstammenden Generals und einer deutschen Mutter kommt sie am 12. Februar 1861 in Sankt Petersburg zur Welt. Ihre Kindheit ist wohl behütet, der Vater ist in sie vernarrt. Ihre älteren Brüder registrieren schon früh, dass sie sich wenig mädchenhaft benimmt und sich nichts sagen lässt. Sie will nicht eingesegnet werden und wendet sich stattdessen Henrik Gillot zu, einem Prediger, der sie ein eigenständiges Denken lehrt und sie Lou nennt. Sie behält diesen Namen bei.

Als sie 17 ist, macht Gillot ihr einen Heiratsantrag. Sie ist entsetzt, scheut vor jeder Erotik und körperlicher Berührung zurück und flüchtet nach Zürich, dem einzigen Ort, wo Frauen zu dieser Zeit studieren können. Dort schreibt sie sich für Theologie, Philosophie und Kunstgeschichte ein, gibt aber schon nach zwei Semestern auf, geht nach Berlin und versucht hier, ihren Weg als freie Schriftstellerin zu machen. Sie schreibt Gedichte, Erzählungen und ihren ersten Roman und schließt sich zum Gedankenaustausch intellektuellen, avantgardistischen Gesprächskreisen an, die von Männern dominiert werden. Sie steht in Verbindung mit Gerhart Hauptmann, Hugo von Hofmannsthal und Frank Wedekind.

Die attraktive Lou erhält manches Kompliment und Angebot, aber sie schlägt alle aus. Der Philosoph Paul Rée verliebt sich ebenso in sie wie Friedrich Nietzsche, der vergeblich um ihre Hand anhält. Denn Lou will keine Bindung an die Familie und Unterordnung unter einen Mann, sie will frei sein. Die geistige Leistungsfähigkeit wird gesteigert, glaubt sie, wenn sie auf jede Fleischeslust verzichtet. Also ist Erotik für sie tabu.

Dennoch heiratet sie 1887 Friedrich Carl Andreas, einen Professor für westasiatische Sprachen. Die Ehe bleibt kinderlos: Sexualität spielt keine Rolle, es handelt sich um eine rein geistige Verbindung. Erkenntnis bleibt für Lou weiterhin das höchste Lebensziel. Sie schreibt ein Buch über Nietzsche und mehrere Erzählungen, die Lou Andreas-Salomé, wie sie sich jetzt nennt, bekannt machen.

Als sie im April 1897 längere Zeit in München weilt, wohin es um die Jahrhundertwende viele freie Geister aus aller Welt zieht, bemüht sich ein junger, noch völlig unbekannter Dichter namens Maria Rilke mit großer Ehrerbietung vergeblich um eine Audienz bei ihr. Er will ihr seine Gedichte zeigen. Aber sie sind mittelmäßig und unreif, die leeren Sprachschablonen gleichen der poetischen Dutzendware dieser Jahre und lassen noch nichts erkennen von Rilkes späterer, unvergleichlicher Poesie. Den ersten Gedichtband mit dem Titel *Leben und Lieder* zieht er sogar aus dem Buchhandel zurück.

An einem Theaterabend Mitte Mai wird Rilke der 36-jährigen Lou vorgestellt. Es ist Liebe auf den ersten Blick, jedenfalls für den schmächtigen, knabenhaften, 15 Jahre jüngeren Rilke. Mit seinem schwärmenden Liebesgeflüster gelingt es ihm, die sexuell völlig unerfahrene Frau in seinen Bann zu ziehen. Schon nach wenigen Tagen hält er sie in seinen Ar-

Lou Andreas-Salomé. Foto, undatiert.

men und tauscht Küsse mit ihr aus. Staunend erfährt Lou, als sie mit ihm schläft, dass der Geist durch die Erfüllung sinnlicher Begierden ganz und gar nicht blockiert wird, im Gegenteil. Sie gibt sich ihm hin und genießt die Freuden und das Feuer der körperlichen Liebe. Zärtlich nennt sie den jun-

Rainer Maria Rilke. Foto, 1906.

gen, ihr ganz ergebenen Dichter »Rainer«, und er behält diesen Namen von da an bei.

Rilke sieht in ihr die mütterliche Frau, die er in fast mystischer Huldigung geradezu anbetet. »Durch Dich will ich die

Welt sehen«, schreibt er ihr Anfang Juni desselben Jahres, »denn dann sehe ich nicht die Welt, sondern immer nur Dich, Dich, Dich! … Ich hab Dich nie anders gesehen, als so, dass ich hätte beten mögen zu Dir. Ich hab dich nie anders gehört, als so, dass ich hätte glauben mögen an Dich. Ich hab Dich nie anders ersehnt, als so, dass ich hätte leiden mögen um Dich. Ich hab Dich nie anders begehrt, als so, dass ich hätte knien dürfen vor Dir.«

Was hier noch schwülstig und inbrünstig klingt, weicht bald einer zarten, feinfühligen Lyrik mit virtuos ausgebildetem Reimvermögen. Aus seinem *Stundenbuch*, an dem er arbeitet, schickt er ihr im Sommer 1897 diese Verse:

»Lösch mir die Augen aus: ich kann dich sehn,
wirf mir die Ohren zu: ich kann dich hören,
und ohne Füße kann ich zu dir gehn,
und ohne Mund noch kann ich dich beschwören.
Brich mir die Arme ab, ich fasse dich
mit meinem Herzen wie mit meiner Hand,
halt mir das Herz zu, und mein Hirn wird schlagen,
und wirfst du in mein Hirn den Brand,
so werd ich dich auf meinem Blute tragen.«

Am 14. Juni ziehen beide zusammen mit Lous Freundin Frieda von Bülow in das ländliche Wolfratshausen und verbringen dort den Sommer, zeitweise in Gesellschaft von Lous Ehemann Friedrich Carl Andreas und noch weiterer Freunde. Als Lou im Herbst nach Berlin zurückkehrt, begleitet Rilke sie und nimmt sich in Wilmersdorf ein Zimmer. Nicht nur wegen der sexuellen Freuden mit Lou, sondern vor allem wegen der geistigen Nähe und Verwandtschaft ist er sich sicher: diese Frau oder keine! Er hofft auf Scheidung und ein anschließend glückliches Zusammenleben mit seiner Angebeteten.

Rilke besucht Vorlesungen, Museen, Ausstellungen und Theater und unternimmt alle Anstrengungen, sich Lous innerer Überlegenheit zu nähern. Um in ihrer Nähe zu sein, gibt er im Juli 1898 sein Zimmer auf und bezieht die Villa »Waldfrieden« in Schmargendorf, die bis zum Herbst 1900 sein fester Wohnsitz bleibt. Lou schreibt darüber in ihren Lebenserinnerungen: »Rainer teilte ganz unsere bescheidene Existenz am Schmargendorfer Waldrande bei Berlin, wo in wenigen Minuten der Wald in Richtung Paulsborn führte, vorbei an zutraulichen Rehen, die uns in die Manteltaschen schnupperten, während wir uns barfuß ergingen – was mein Mann uns gelehrt hatte.«

Rainer Maria Rilke schreibt Liebeslyrik für seine Lou, gibt die Sammlung *Dir zur Feier* aber nie heraus.

»Ich bin Dir wie ein Vorbereiten
und lächle leise, wenn Du irrst;
ich weiß, dass Du aus Einsamkeiten
dem großen Glück entgegenschreiten
und meine Hände finden wirst.«

1899 erscheinen die Bände *Mir zur Feier* und *Die weiße Fürstin.* Seit längerer Zeit ist eine Russlandreise geplant. Am 25. April machen sich Rainer Maria und Lou endlich auf den Weg nach Moskau und Petersburg, begleitet von Friedrich Carl Andreas. Der große Tolstoi empfängt sie, und Rilke lernt auch einige bekannte Maler kennen. Russland beeindruckt ihn ungeheuer. Er beschließt zusammen mit Lou, sich durch gemeinsame systematische Studien gründlich auf eine zweite Russlandreise vorzubereiten.

Nach der Rückkehr mieten sie sich für einige Wochen auf dem Sommersitz der gemeinsamen Freundin Frieda von Bülow in Meiningen ein. Sie stürzen sich mit Feuereifer in die Arbeit, als gelte es, sich für ein schwieriges Examen zu wappnen: Sprache, Kunstgeschichte, Literatur und vieles mehr, das ihnen hilft, das großartige Land und seine Menschen näher zu erforschen.

Am 7. Mai 1900 startet die zweite, längere Reise, die auch den Süden des Landes einbezieht. Diesmal bleibt Lous Ehemann zu Hause, die beiden Liebenden können ihr Glück ungestört genießen. Allein im heiligen Kiew bleiben sie 14 Tage. Die Frömmigkeit des Volkes überwältigt Rilke, die Eindrücke von Kunst und Geschichte prägen ihn nachhaltig. Sie besuchen den Bauerndichter Spiridon Droschin, dessen Lyrik Rilke schon übersetzt und veröffentlicht hat.

»Mit diesen Tagen«, schreibt Rilke in einem Brief, »tun wir einen großen Schritt auf das Herz Russlands zu, nach dessen Schlägen wir schon lange hinhorchen im Gefühl, dass dort die richtigen Taktmaße sind auch für unser Leben.« Das Russlandmotiv begleitet ihn bis in die späteren Jahre, in denen die *Duineser Elegien* und die *Sonette an Orpheus* vollendet werden. In St. Petersburg trennt sich Lou für einige Wochen von Rilke, um Verwandte in Finnland zu besuchen. Er kann die Trennung von seiner Geliebten kaum ertragen und fleht sie an, so rasch wie möglich zurückzukehren. Am 22. August 1900 begeben sie sich wieder gemeinsam nach Berlin.

Dann beendet Lou das Liebesverhältnis ganz plötzlich. Tief im Innern hat Rilke gespürt, dass ihre gemeinsame Zeit nach drei Jahren vorüber ist. Aber als Lou ihm zu verstehen gibt, sie müssten sich sofort trennen, trifft ihn das hart. Verzweifelt hält er ihren Abschiedsbrief in den Händen, der ihm die Gründe erklärt. Lou will frei sein und schaffen und schreiben, ihren großen Wissensdurst stillen. Schon zu tief ist sie in die Liebe zu Rilke verstrickt, nun ist es genug. Außerdem will sie ihren Ehemann nicht opfern, der ihr den äußeren Frieden gibt, den sie braucht, um neue geistige Erfahrungen zu machen.

»Und weiß nun sehr klar«, schreibt sie am 21. Februar 1901 an Rilke, »und rufe Dir zu: gehe denselben Weg Deinem dunklen Gott entgegen! Er kann, was ich nicht mehr tun kann an Dir …« Sie lösen sich voneinander und geloben, sich auch nicht mehr zu schreiben, »es sei denn in der Stunde höchster Not«.

Rilke wendet sich dem Künstlerkreis von Worpswede zu, wo er auch seine zukünftige Ehefrau Clara Westhoff kennen lernt. Die Ehe wird nicht glücklich. »Es fällt niemandem ein«, schreibt er am 17. August 1901, wenige Monate nach seiner Hochzeit, in einem Brief an einen Freund, »von einem einzelnen zu verlangen, dass er ›glücklich‹ sei – heiratet aber einer, so ist man sehr erstaunt, wenn er es nicht ist.«

Und dem jungen Dichter Franz Xaver Kappus vertraut er an: »Liebhaben von Mensch zu Mensch: das ist vielleicht das Schwerste, was uns aufgegeben ist, das Äußerste, die letzte Probe und Prüfung …«

Zweieinhalb Jahre hält er sich an die Vereinbarung mit Lou, dann schreiben sie sich wieder und bleiben freundschaftlich und geistig verbunden. Er berichtet ihr von seinen Arbeiten und Plänen.

»O Lou«, teilt er ihr am 8. August 1903 mit, »in einem Gedicht, das mir gelingt, ist viel mehr Wirklichkeit als in jeder

Beziehung oder Zuneigung, die ich fühle; wo ich schaffe, bin ich wahr … Ich habe Geduld für Jahrhunderte in mir und will leben, als wäre meine Zeit sehr groß. Ich will mich sammeln aus allen Zerstreuungen …«

Er überarbeitet die schon 1899 entstandene Urfassung des *Cornet* und gibt ihn 1906 heraus. Aber nur 50 Exemplare können abgesetzt werden. Erst als der Text 1912 in der Insel-Bücherei wieder aufgenommen wird, beginnt sein unvergleichlicher Siegeszug. Heute sind über eine Million Exemplare verkauft.

Lou lernt in den folgenden Jahren Sigmund Freud kennen und wird seine Schülerin. Mit all ihrer Schaffenslust und ihrem Erkenntnisdrang widmet sie sich nun ganz der Psychoanalyse. Sie eröffnet in Göttingen eine Praxis und betreibt sie bis zu ihrem Tode am 5. Februar 1937. Rilke stirbt schon elf Jahre vor ihr, am 29. Dezember 1926, an Leukämie. Er hat seine innig geliebte Lou nie wiedergesehen.

Die Studentin der Philosophie und ihr Professor

Hannah Arendt und Martin Heidegger (1925–1928)

Schon in der Jugend gilt ihr besonderes Interesse der Philosophie. Hannah Arendt, als Jüdin am 14. Oktober 1906 in Linden bei Hannover geboren, jedoch in Königsberg aufgewachsen, liest schon mit 14 Jahren Kants Kritik der reinen Vernunft und die klassischen griechischen Texte im Original. 1924 beginnt sie in Marburg mit dem Studium der Philosophie und Theologie. Die Vorlesungen enttäuschen sie jedoch sehr. Die Professoren leiern langweilig ihre Referate herunter, sie bieten nichts Neues und lehren über das Denken statt das Denken selbst. Eine Ausnahme gibt es: Martin Heidegger. In Freiburg Schüler von Edmund Husserl, ist er zum führenden Vertreter der deutschen Existenzphilosophie avanciert. Zwar hat der 35-Jährige zu dieser Zeit noch nicht viel publiziert – gerade ist sein Buch *Sein und Zeit* erschienen –, aber seine Vorlesungen sind berühmt. Auch Hannah Arendt sitzt im Hörsaal und lauscht wie berauscht seinen mitreißenden Vorträgen. Mit ihrem Bubikopf und ihrem schönen Gesicht mit den dunklen, einsam wirkenden Augen fällt sie dem Professor alsbald auf. Er beobachtet sie intensiv, zwei Monate lang. Dann lädt er sie im Februar 1925 in sein Büro ein. Die hübsche Studentin übt einen starken erotischen Reiz auf ihn aus. Und auch Hannah fühlt sich un-

Hannah Arendt. Foto, 1927.

widerstehlich zu ihm hingezogen. Sie verliebt sich spontan in den 17 Jahre älteren verheirateten Mann, der intellektuell eine so große Offenbarung für sie ist.

Heidegger nutzt diese Ergebenheit aus, er verführt sie. Für Hannah sind es die ersten sexuellen Kontakte mit einem Mann. Sie fühlt sich wie im siebenten Himmel und sieht in ihrem Professor den Mann ihres Lebens, mit dem sie für immer zusammenleben möchte. Beide hören begeistert Bach und Beethoven, lesen gemeinsam Rilke und Thomas Mann.

Er schreibt ihr Gedichte und schwülstige Liebesbriefe. »Das Dämonische hat mich getroffen«, heißt es da. »Das stille Beten Deiner lieben Hände und Deine leuchtende Stirn behüten es in fraulicher Verklärung. Noch nie ist mir so etwas geschehen.«

Diese Zeilen täuschen. Hannah merkt nicht, wie sie mehr und mehr von ihm beherrscht wird. Sie deutet seinen egozentrischen, fast skrupellosen Drang als Wunsch, sie zu beschützen. Heidegger ist sehr darauf bedacht, dass sein Liebesverhältnis verborgen bleibt. Nichts davon darf an die Öffentlichkeit dringen. Er möchte seine Ehe und seine Karriere nicht riskieren, einen Skandal auf jeden Fall vermeiden. Deshalb treffen sie sich heimlich. Wenn er allein ist und die Situation für ein intimes Beisammensein günstig ist, bestellt er seine Studentin mit einem ausgeklügelten Signalsystem zu sich. Sie lieben sich im Verborgenen.

Es hat den Anschein, als sei sie ihm hörig. Noch immer hofft sie, dass der Geliebte sich scheiden lässt, um nur mit ihr zu leben. Aber Heidegger denkt gar nicht daran, seine Ehe, aus der zwei Söhne hervorgegangen sind, aufzugeben. Als ihm die Affäre mit Hannah zu riskant wird, bedrängt er sie, Marburg zu verlassen. Sie gehorcht und geht nach Heidel-

Martin Heidegger. Foto, um 1933.

berg, um bei Karl Jaspers über den »Liebesbegriff bei Augustin« zu promovieren. Sie verrät Heidegger nicht, wo sie wohnt. Vielleicht dämmert ihr zum ersten Mal, dass er sie nur benutzt. Sie beginnt, gegen ihre Liebe anzukämpfen.

Heidegger gelingt es über einen mit Hannah befreundeten Studenten, ihre Adresse ausfindig zu machen. Er schreibt ihr, und sie kann nicht anders, als zu antworten. Aber sie darf ihm nur schreiben, wenn er sie darum bittet, nicht, wenn sie möchte. Diese »Briefe auf Befehl«, wie sie sie später nennt, zeigen deutlich, dass sie nicht die Kraft hat, von diesem Mann loszukommen. Mit ihren 22 Jahren ist sie dem »Fuchs« nicht gewachsen. Sie treffen sich heimlich in der Schweiz, und sie gibt sich ihm erneut hin. Hannah bewundert ihn noch immer. Erst 20 Jahre später sieht sie in ihm einen Menschen, »der notorisch immer und überall lügt, wo er nur kann«.

Als Martin Heidegger im Sommer 1928 den Höhepunkt seiner Universitätskarriere erreicht hat, belastet ihn die ständige Gefahr sehr, dass das Liebesverhältnis zu seiner ehemaligen Studentin publik wird. Er entscheidet sich daher dafür, das Verhältnis zu beenden, und schreibt Hannah Arendt einen Abschiedsbrief.

Sie antwortet ihm: »Ich liebe Dich wie am ersten Tag – das weißt Du und das habe ich immer gewusst … Und wenn Gott es gibt, werd ich Dich besser lieben nach dem Tod.«

Hannah Arendt bezieht eine Wohnung in Berlin und versucht zu vergessen. Voller Eifer stürzt sie sich in die Arbeit und beginnt mit Forschungen zur deutschen Romantik. Ihre Studien über Rahel Varnhagen, die erst 1959 veröffentlicht werden, zeigen die Nähe zu ihrem Lehrer. Aber es ist »eine Nähe in der größten Ferne«.

Nah ist sie ihm nur noch in der Erinnerung.

Im September 1929 heiratet sie Günther Stern, einen Studenten Heideggers, der später unter dem Namen Günther Anders bekannt wird. Das geschieht nur, um über Heidegger hinwegzukommen. »Ich war, als ich aus Marburg fortging, fest entschlossen, nie mehr einen Mann zu lieben«, schreibt sie später, »und habe dann später geheiratet, irgendwie ganz gleich wen, ohne zu lieben, weil ich ja nichts für mich erwartete.« Als sie 1933 nach kurzer Inhaftierung durch die Gestapo vor den Nazis nach Paris flieht, ist das das Ende ihrer Ehe, die 1937 geschieden wird.

Wiederholt schreibt Hannah an Heidegger, ohne jedoch eine Antwort zu erhalten. Aber als sie wissen will, ob es wahr sei, dass er Juden von seinen Seminaren ausschließe und jüdische Kollegen an der Universität nicht grüße, schreibt er wütend zurück und zählt alle Gefälligkeiten auf, die er Juden gegenüber erbracht habe, obwohl dies für seine Arbeit keineswegs förderlich gewesen sei. Fast jedermann in Deutschland weiß, dass Heidegger offen mit den Nationalsozialisten sympathisiert. Schon 1933 ist er in die NSDAP eingetreten, von der er den »Neubeginn des deutschen Schicksals« erwartet. Er hat bei denen eine politische Heimat gefunden, die Hannah verfolgen.

1935 besucht sie Palästina. Dann lernt sie 1936 in Paris, wo sie als Sozialarbeiterin für verschiedene jüdische Organisationen tätig ist, den Studenten Heinrich Blücher kennen. Er ist Flüchtling wie sie, ein Proletarier und Kommunist, der für den Spartakusbund gekämpft hat. Sie heiratet ihn 1940 und emigriert mit ihm und der Mutter 1941 in die USA und engagiert sich im Exil für den Zionismus. Nach dem Krieg wird sie dort Cheflektorin in einem Verlag.

1946 schreibt Hannah Arendt einen Artikel über Heidegger und behauptet darin, er habe seinem Lehrer und Freund Husserl, dem er den Lehrstuhl in Freiburg verdanke, den Zutritt zur Fakultät verwehrt, weil er Jude war. Und zu Karl Jaspers, dem sie ein Leben lang verbunden bleibt und den sie 1949 in Basel besucht, sagt sie über Heidegger: »Was Sie Unreinheit nennen, würde ich Charakterlosigkeit nennen, aber in dem Sinne, dass er buchstäblich keinen hat.«

Dennoch reist sie nach Freiburg weiter und lässt Heidegger den Namen des Hotels wissen, in dem sie abgestiegen ist. Er kommt noch am selben Abend, nicht als Philosoph, sondern als gebrochener alter Mann, obwohl er erst 61 ist. Bösartige Verleumdungen und Anschuldigungen haben ihre Spuren hinterlassen. Von 1945 bis 1951 darf er an Universitäten nicht lehren, ein Jahr später wird er in den Ruhestand versetzt. Ein öffentliches Schuldbekenntnis hat er stets verweigert.

»Wir haben, scheint mir, zum ersten Mal in unserem Leben miteinander gesprochen«, erzählt Hannah Arendt später über diesen Abend. Ein paar Tage danach stellt er ihr seine Frau Elfriede vor, die er 1916 geheiratet hat. Sie ist Hannah ausgesprochen unsympathisch. Sie ist davon überzeugt, dass Heidegger die falsche Frau geheiratet und sein Leben damit verpfuscht hat. »Die Frau, fürchte ich«, schreibt sie über diese Begegnung, »wird so lange ich lebe bereit sein, alle Juden zu ersäufen. Sie ist leider einfach mordsdämlich.« Heidegger empfindet dagegen diese Gespräche zu dritt als späte Versöhnung und glaubt, dass beide Frauen durch ihre gemeinsame Liebe zu ihm verbunden sind.

Nun beginnt ein neues Kapitel in der Beziehung zwischen Hannah Arendt und Martin Heidegger und damit ein reger Briefwechsel. Die meisten Briefe aus den Jahren 1925 bis 1975 werden erst 1999 in Deutschland veröffentlicht. Nachdem Hannah 1951 die amerikanische Staatsbürgerschaft angenommen hat, wird sie Heideggers aufopfernde Agentin in den USA und tut alles, um ihn von seiner NS-Vergangenheit reinzuwaschen.

1955 erscheint in der Bundesrepublik ihr Hauptwerk *Elemente und Ursprünge totalitärer Herrschaft.* Es liegt in allen Buchhandlungen aus, als sie im gleichen Jahr erneut nach Deutschland kommt. Sie ist zu einer internationalen Berühmtheit geworden und erhält 1959 den Lessingpreis der Stadt Hamburg. Vielleicht hat sie Heidegger diesmal nicht eingeladen, weil der Inhalt des Buches ihm ganz und gar nicht gefällt – auch wenn er ihr den Ruhm gönnt.

Auch als sie 1961 wieder in Basel bei Jaspers ist, erhält sie auf ihre Nachricht keine Antwort. Ihre Berichterstattung über den Eichmann-Prozess behagt Heidegger nicht, obwohl sie den Massenmörder rein philosophisch beurteilt. Sie prägt das Wort von der »Banalität des Bösen«. Ihr Buch *Eichmann in Jerusalem* erregt weltweites Aufsehen. In den Jahren 1963 bis 67 erhält sie einen Lehrstuhl an der Universität von Chicago. Auch ihre 1970 erscheinende Studie *Macht und Gewalt* erreicht hohe Verkaufszahlen.

Heidegger meldet sich erst 1966 wieder bei ihr mit einem Glückwunsch zu ihrem 60. Geburtstag. 1967 besucht sie ihn und ihre Familie in Deutschland erneut, und ihr einstiger und einziger Geliebter verfasst neue Gedichte für sie. Im Frühjahr 1969 sucht sie ihn zusammen mit ihrem Mann Heinrich Blücher noch einmal auf. Aber ein Gespräch über ihre unterschiedlichen politischen und philosophischen Standpunkte findet nicht mehr statt. Heidegger geht es gesundheitlich und finanziell nicht gut, er muss alle seine Manuskripte verkaufen.

Es ist das letzte Mal, dass sie sich sehen. Hannah Arendt stirbt am 4. Dezember 1975 in New York nach einem zweiten Herzinfarkt. Den 1974 erfolgten Beginn der auf 100 Bände angelegten Gesamtausgabe des Philosophen hat sie noch erlebt. Martin Heidegger folgt ihr nur wenige Monate später nach. Er stirbt am 28. Mai 1976 im Alter von 87 Jahren in Freiburg.

Skandal in Athen

Aspasia und Perikles
(445 v. Chr.–429 v. Chr.)

Perikles, der Spross einer reichen und vornehmen Familie, ist in Athen zum ersten Mann des Staates aufgestiegen und wird zum berühmtesten Staatsmann der Epoche. Athen hat die meisten der griechischen Stadtstaaten und die Inseln der Ägäis unter seinen Einfluss gebracht. Perikles ist ein herausragender Politiker mit Augenmaß und Überzeugungskraft, der das Volk gewinnt, indem er eine Art Wohlfahrtsstaat errichtet und die Idee der Demokratie durchsetzt.

Nachdem die Athener ihn in das Amt des Strategen gewählt haben, führt er epochale Neuerungen ein. Staatsämter werden von nun an bezahlt, so dass jeder, auch der Ärmste, ein derartiges Amt bekleiden kann, wenn er sich politisch dazu eignet. Auch das Schauspielgeld wird eingeführt, das den armen Athenern den kostenlosen Besuch der Theateraufführungen ermöglicht. Athen wird zur Festung ausgebaut. Die von Xerxes gebrandschatzte Stadt wird neu errichtet. Wo man hinschaut, wird in den Straßen gearbeitet. Ganze Wohnviertel glänzen neu in prächtigem Marmor, und die Akropolis ist eine einzige Baustelle. An die Stelle der klobigen Burg treten steinerne Tempel, Säulen, Treppen und Statuen.

Innerhalb weniger Jahre werden die Propyläen gebaut, der Parthenontempel und das Odeon, das neue große Musiktheater. Fremdarbeiter aus der halben Welt stehen überall auf den Gerüsten und schaffen zusammen mit den griechischen Baumeistern ein neues, strahlendes Athen. Unaufhörlich erteilt Perikles neue Aufträge. Geniale Künstler kommen in die Stadt, Phidias, Polyklet und Iktinos, der Erbauer des Parthenon. Die Schauspielkunst blüht auf. Aischylos und Sophokles lassen sich ebenso in der Stadt nieder und schreiben große Tragödien und Komödien wie Euripides und Aristophanes. Athen erreicht einen Höhepunkt geistiger und staatlicher Blüte, der später das »Goldene Perikleische Zeitalter« genannt wird.

Auch die Liebe kommt nicht zu kurz. Um jungen, unverheirateten Männern und fremden Reisenden die Möglichkeit zu bieten, mit einer Frau intim zu sein und die Griechen vielleicht auch von der weit verbreiteten Knabenliebe abzubringen, ist der weise Gesetzgeber Solon auf die Idee gekommen, Bordelle einzurichten. Die meisten der rechtlosen Dirnen kommen aus dem Sklavenstand. Einige von ihnen jedoch bringen es in Athen zu einem gewissen Wohlstand und werden zu Gefährtinnen bedeutender Männer.

Eine dieser Hetären (griechisch für »Gefährtin«) ist Aspasia. Sie ist als junges Mädchen zusammen mit ihrem Vater aus der kleinasiatischen Stadt Milet nach Athen gekommen und bezaubert die Athener bald durch ihre außergewöhnliche Schönheit und durch ihren sprühenden Geist. Innerhalb kürzester Zeit wird sie zur berühmtesten Frau der Stadt. Ihre Verführungskünste, die sie auch an andere Mädchen weitergibt, sind bemerkenswert. Schon nach kurzer Zeit unterhält sie ein eigenes Bordell, in dem fast alle wichtigen Männer Athens ein und aus gehen.

So auch Perikles. Er hat von dem unerhörten Erfolg dieser Hetäre im Dienste der Liebesgöttin Aphrodite gehört und ist von ihr begeistert, als er das erste Mal mit ihr schläft. Diese Frau kennt alle Finessen des Liebesspiels. Sie verbindet »das Streben nach ernster Sittlichkeit mit der raffiniertesten Kunst der Wollust«, wie es in einer alten Quelle heißt.

Perikles, der Erotik sehr zugetan, kennt auch die sieben »Weisheiten der Aspasia«. Das sind Vorträge, die Aspasia vor fast 2500 Jahren vor jungen Mädchen gehalten hat, um sie in die Kunst der Liebe einzuweihen. Das Ideal des griechischen Menschen besteht darin, an Leib und Seele schön zu sein. Deshalb gibt Aspasia ihren Schülerinnen konkrete Hinweise für die Beseitigung kleinerer Schönheitsfehler.

»Euer junger, formschöner Leib ist die kostbarste Mitgift der Götter«, erklärt sie ihnen. »Deshalb müsst ihr euch sorgfältig und gewissenhaft jedes Haar am Leibe ausziehen oder ausziehen lassen, das an Stellen wächst, die nach der Göttin Willen unbehaart zu sein haben … Nur Achselhöhlen und Venusberg haben nach dem Geheiß Aphrodites die Frisur zu tragen. Die verschiedenen Enthaarungsmittel kennt ihr. Ich ziehe dem Gebrauch des zeitraubenden Zängleins und der glimmenden Nussschalen, die leicht Brandwunden hervorrufen, die Anwendung des Pechpflasters vor.«

Der weibliche Körper dürfe nicht so schlank sein, dass der Mann bei der Umarmung die Knochen spüre, warnt sie ihre Zuhörerinnen. Ebenmäßig solle die Figur sein, nur die Körperteile, zu denen das Männerauge zuerst blicke, die Brüste und das Gesäß, dürften eine gewisse Fülle aufweisen. Wird das Gesäß zu dick oder auch der Bauch, rät Aspasia der Frau zu Massagen oder Seilspringen, »bis ihr der Atem vergeht«.

Sie empfiehlt nachdrücklich den Gang zum Brunnen mit der Amphore auf dem Kopf. Auch kleine Busen würden schön wirken und des Mannes Auge in Versuchung führen, meint sie, wenn sie »hoch auf gewölbtem Brustkorb« sitzen. Eine allzu üppige Entwicklung müsse tunlichst verhindert werden, was durch »Niederbinden der Brüste während des Schlafs« geschehen könne. Sind sie dagegen zu klein, empfiehlt Aspasia regelmäßiges Auflegen von Senfpflastern oder das Schlagen der Brüste mit frischen Birkenruten. Auch das Begießen mit kaltem Wasser nach dem lauwarmen Morgenbade oder das Kitzeln der Brustwarzen mit einer Feder sei wichtig für die Formerhaltung des »kostbaren Juwels eures Leibes«.

Vom Schminken hält sie nicht viel, weil dies langfristig die Gesichtshaut schädige und auch unsicher im Liebesspiel mache, weil die Hetäre immer befürchten müsse, nach intensiven Liebkosungen verfärbt und lächerlich auszusehen und dadurch weniger begehrenswert zu sein. Auch Sonnenbräunung sei nicht gut, dagegen würde regelmäßiges Bürsten und Striegeln der Haut gut tun, dies verleihe die erwünschte seidige Glätte. Am besten sei sizilianischer Bimsstein und nachfolgendes Einreiben mit Olivenöl.

Perikles ist hingerissen von dieser Frau und beginnt, sie innig zu lieben. Immer wieder trifft er sie, erfreut sich an ihren Liebeskünsten und lässt sich in der Praxis vorführen, was Aspasia ihren jungen Schülerinnen über die verschiedenen Stellungen beim Beischlaf erklärt. Liebeskunst habe nichts mit Akrobatik zu tun, lehrt sie, und zeigt den Mädchen, wie viele Zärtlichkeiten es gibt, die dem Mann gut tun und nicht die sexuelle Vereinigung zum Ziel haben.

»Der Genussfähigkeit des Mannes sind nur durch seinen Geist und nicht durch die Stärke seines Phallus Grenzen gezogen«, verkündet sie. Es gebe keine impotenten Männer, sondern nur ungeschickte Frauen. Und sie rät den Schülerinnen, sich so teuer wie möglich zu verkaufen. »Vom Geld, das der Geizige in seiner Truhe behält, hat der Staat keinen Vorteil.«

Perikles bewundert Aspasias Fähigkeiten in der körperlichen Liebe ebenso wie ihre Schönheit und ihre politische Klugheit. Sie ist zweifelsohne eine der geistreichsten und aufgeklärtesten Frauen ihrer Zeit. Da er sich von seiner ersten Frau, mit der er sich überhaupt nicht verstand, hat scheiden lassen, beschäftigt ihn immer mehr der Gedanke, diese begehrenswerte Hetäre zu heiraten. Er hat viele Frauen, mit denen er sein Bett teilt, aber diese Frau ist etwas Besonderes! Mit ihr kann er sogar über Politik und Strategie reden, sie versteht es, ihn immer wieder zu inspirieren und all seine Begierden zu stillen. Er hat den Wunsch, sein Leben ausschließlich mit Aspasia zu teilen – die vielen anderen käuflichen Mädchen braucht er nicht mehr. Er nimmt Aspasia zu sich in sein Haus und schenkt ihr all seine Aufmerksamkeit und Zärtlichkeit. Immer häufiger holt er sich Rat bei ihr.

Auch Aspasia beginnt, Perikles zu lieben und nur noch für ihn da zu sein. Er ist zwar 20 Jahre älter, aber das stört sie nicht, im Gegenteil. Er ist ein schöner Mann, groß und schlank, mit einem edlen, ebenmäßigen Gesicht, umkränzt von einem Vollbart, wie er damals in vornehmen Kreisen Mode ist. Seine Nase ist »griechisch«, Stirn und Nasenrücken sind auf einer Linie. Meist trägt er einen lässig nach hinten geschobenen Topfhelm mit Augenschlitzen. Der Abguss einer solchen Büste des Perikles steht heute im Pergamon-Museum in Berlin, ebenso eine Statue der Aspasia.

Wäre es nicht die Erfüllung für Aspasia, Gattin dieses großen Staatsmanns zu sein? Alles scheint darauf hinauszulaufen. Das goldene Zeitalter Athens scheint gekrönt zu werden

Aspasia und Perikles. Holzstich, um 1880.

von dem großen Glück seines Lenkers und dessen hübscher Konkubine.

Die Komödiendichter, allen voran Aristophanes, sind die ersten, die über den liebestollen »Alleinherrscher« und seine verführerische, einflussreiche »Bettgefährtin« zu spotten beginnen. Und als Perikles von seiner Geliebten ein Sohn geboren wird und der Herrscher diesen neben seinen beiden Söhnen aus erster Ehe offiziell als Erben und Bürger Athens anerkennt, kocht die Volksseele über. Welch ein Skandal, der erste Mann des Staates im Bann einer Hetäre! Sie ist eine Hure, schreit das Volk, eine Hexe, die den Herrscher bezirzt und ihn hörig gemacht hat. Er ist nur noch ein Spielball ihrer persönlichen Interessen. Möglicherweise ist sie sogar vom Feind geschickt, um den Untergang Griechenlands herbeizuführen! Es heißt, Aspasia führe im Hause des Perikles einen Salon, in dem Dichter und Philosophen verkehren. Auch Sokrates sei dort mehrfach gesehen worden. Viele hübsche, liebeskundige Frauen würden sich dort zu den Männern gesellen, und Perikles selbst würden dort immer neue Buhlerinnen zugeführt! »Das ist Kuppelei und Gotteslästerung dazu!«, zürnt das Volk und bringt Aspasia im Jahr 432 v. Chr. wegen staatsschädigenden Verhaltens vor Gericht. Eine Frau habe im politischen Leben nichts zu suchen, meint die Anklage, die Aspasia schließlich sogar vorwirft, sie habe Perikles zum Krieg gegen Samos überredet, weil ihre Vaterstadt Milet mit Samos im Streit lag. Und am Ausbruch des Peloponnesischen Krieges mit Sparta sei sie auch schuld!

Eine durchaus ernste Sache also, dieser Prozess. Der Geschichtsschreiber Plutarch fällt allerdings ein positiveres Urteil, wenn er schreibt: »Die einen behaupteten, Perikles habe Aspasia nur wegen ihrer Weisheit und politischen Einsicht umworben, denn auch Sokrates besuchte sie zuweilen mit seinen Schülern, und ihre Freunde brachten oft die eigenen Gattinnen zu ihr, damit sie ihr zuhören konnten … Und doch war es offensichtlich nicht nur dies, sondern vielmehr echte Liebe, was Perikles zu Aspasia hinzog.«

Perikles selbst denkt an den Prozess gegen die berühmte Hetäre Phryne, die ebenfalls wegen Gottlosigkeit vor Gericht gestanden hatte. Als die Waage sich damals zu ihren Ungunsten zu neigen begann, entschied ihr Verteidiger den Urteilsspruch der Richter sofort, indem er auf Phryne zuging, die Schulterspangen ihres Kleides löste, so dass sie mit nackten Brüsten dastand, und fragte, ob ein solches Geschöpf der Götter gottlos sein könne. Die Richter wagten nicht, die »Verkünderin der Aphrodite« zu verurteilen. Ähnliches plant auch Perikles im Prozess gegen Aspasia, ohne sie allerdings in gleicher Weise zu entblößen.

Er übernimmt selbst ihre Verteidigung, bricht vor der großen Versammlung in einer bewegenden Rede in Tränen aus und muss schließlich seinen ganzen Einfluss aufwenden, um einen Freispruch mangels Beweises zu erreichen. Und auch in dem gegen ihn selbst eingeleiteten Prozess wegen Unterschlagung wird er nicht verurteilt. Doch sein Ansehen ist nun erheblich beschädigt. Perikles wagt es nicht, Aspasia zu ehelichen. Ihr Traum bleibt unerfüllt. Nachdem ihn die Athener abgewählt haben, stirbt Perikles 429 v. Chr. an der Pest. Aspasia geht nach seinem Tod eine Verbindung mit dem Schafhändler Lysikles ein. Wann und wie sie gestorben ist, ist nicht überliefert.

»Ich bin verliebt, bin so verliebt!«

Lida Baarova und Joseph Goebbels (1936–1938)

Der Propagandaminister des Deutschen Reiches und Gauleiter von Berlin, Dr. Joseph Goebbels, hat ein ausgeprägtes, starkes Triebleben. Sein Geschlechtstrieb ist geradezu krankhaft gesteigert, er ist ein Erotomane, ein »Liebeswahnsinniger«. Mit seiner erregend dunklen Stimme kann er brillant und geistreich erzählen, seine Intelligenz und sein bestechender Charme machen Eindruck auf die Frauen. Sie finden ihn trotz seines Klumpfußes und seines nicht gerade schönen Gesichts sehr attraktiv. Und er besitzt Macht und Einfluss, ist einer von Hitlers engsten Vertrauten.

Zugleich ist er Schirmherr des deutschen Films und kommt mit vielen Stars und Sternchen zusammen. Er kann fast jede Frau haben, die er will, hat beinahe freie Auswahl unter den Mädchen von Film und Theater. Und sind sie ihm einmal nicht gleich zu Willen, schreckt er auch vor Erpressungen nicht zurück. Sein Staatssekretär Hanke stellt später eine Liste von 36 Sekretärinnen und Film- und Theaterschauspielerinnen zusammen, die in intimen Beziehungen zu dem Minister standen und auch bereit sind, das vor Gericht zu beschwören. Im Volksmund nennt man ihn nach der Stätte seines diesbezüglichen Wirkens, dem Filmgelände in der Nähe von Potsdam, den »Bock von Babelsberg«. Immer wieder sucht er hektisch nach Liebesabenteuern, gedrängt von einem ungestillten sexuellen Verlangen. Der Ruhelose will nichts versäumen, in den ersten Jahren seiner Zeit als Minister genießt er das Leben in vollen Zügen.

Und das alles geschieht, obwohl Goebbels schon seit einigen Jahren mit Magda Goebbels verheiratet ist. Sie gebiert ihm sechs Kinder, fast jedes Jahr eins, das erste im September 1932. Dazu kommen noch zwei Fehlgeburten. »Joseph braucht nur mein Schlafzimmer zu betreten«, hat sie einmal gegenüber ihrer Schwägerin geäußert, »und schon bekomme ich noch ein Kind.«

Magda Goebbels hat bereits eine gescheiterte Ehe mit dem Industriellen Quandt hinter sich, aus der ein Sohn hervorging, und war nebenher, ähnlich wie Goebbels, erotisch sehr aktiv. Bei der Verlobung verspricht Goebbels ihr keine absolute eheliche Treue, weil er weiß, dass er ein solches Versprechen gar nicht halten könnte. Er sagt es ihr in aller Offenheit, und sie akzeptiert unter der Voraussetzung, die gleichen Rechte für sich in Anspruch nehmen zu können. Sie soll für ihn die »Königin seines Lebens« sein, die Mutter seiner Kinder und die Kameradin im Kampf. Hinter dem nach heutigen Anschauungen recht modernen Lebensbund steht mehr als Sex und Liebe, die beide zweifellos miteinander verbunden hat: die Förderung des gemeinsamen Ziels, das sie in Hitler und seinem Nationalsozialismus sehen.

Trotzdem kommt es 1938 zu einer schweren Ehekrise, die den Minister beinahe zu Fall bringt und sein Verhältnis zu Hitler für einige Zeit trübt. Schuld daran ist eine blutjunge, bildschöne Filmschauspielerin, dunkelhaarig und mit südländischem Teint, anschmiegsam und hingebungsvoll, genau der Typ, der Goebbels' Frauenideal entspricht. Sie heißt Lida Baarova und kommt ausgerechnet aus der Tschechoslowakei, dem Land, wo Hitler im März 1938 einmarschieren wird. Sie ist 1914 in Prag geboren und trägt eigentlich den Namen Babkova, der jedoch der anvisierten Filmkarriere nicht zuträglich ist. Die UFA verpflichtet sie vom Prager Nationaltheater nach Berlin und dreht mit ihr und ihrem Partner Gustav Fröhlich 1934 den Film *Barcarole.* Er wird 1935 mit großem Erfolg uraufgeführt, und Lida Baarova avanciert im Deutschen Reich schnell zum Star.

Als Goebbels im Dezember 1934 während der Dreharbeiten in Babelsberg auf sie aufmerksam wird, ist sie gerade zwanzig Jahre alt und vollkommen unpolitisch. Bald erhält sie, wiederum neben Gustav Fröhlich, eine neue Hauptrolle in dem Film *Stunde der Versuchung.* Zum ersten Mal erwähnt Goebbels sie im Juni 1936 in seinem Tagebuch. Der Film sei der »übliche Schmarren«, schreibt er, aber die »Barova« spiele gut. Noch schreibt er ihren Namen mit einem a ebenso falsch wie den von Fröhlich (ohne h), aber er hat bereits Feuer gefangen.

Die sich anbahnende Beziehung wird dadurch begünstigt, dass Lida Baarova auf der Havelinsel Schwanenwerder in unmittelbarer Nähe der Villa des Propagandaministers wohnt. Kurz vor den olympischen Sommerspielen 1936 hat Gustav Fröhlich das herrschaftliche, zwölf Zimmer umfassende Haus mit eigenem Bootsanlegeplatz gekauft und ist dort zusammen mit Lida Baarova, seiner Geliebten, eingezogen. Goebbels besichtigt die Villa und wird ein häufiger Gast. Man unternimmt gemeinsam Bootspartien zum Schwielowsee. Sein Interesse an der reizvollen jungen Frau wird immer deutlicher. Mit ihrem slawisch-dunklen Aussehen verkörpert sie äußerlich genau das Gegenteil von der blonden Magda und entspricht so gar nicht dem vom Regime propagierten Prototyp der deutschen Frau. Aber das kümmert den Minister wenig. Und auch Lida beginnt, sich dem wichtigsten Mann des deutschen Films zuzuwenden.

Als Goebbels im September 1936 zum »Reichsparteitag der Ehre« nach Nürnberg abreist, sucht er nach einer Möglichkeit, die gerade zur Kur im mondänen böhmischen Franzensbad weilende Lida dorthin zu bekommen. Er lässt am 9. September den Baarova-Film *Der Verräter* in Nürnberg uraufführen, lädt die beiden anderen Hauptdarsteller Irene von Meyendorff und Willy Birgel zur Premiere ein und hat so einen Grund, auch Lida Baarova nach Nürnberg zu holen. Er stellt sie Hitler vor und bittet sie nach der erfolgreichen Filmpremiere zu einem Empfang mit künstlerischen Darbietungen neben sich in seine Loge. Als das Orchester den damals sehr beliebten Schlager »Ich bin verliebt, bin so verliebt« spielt, flüstert Goebbels ihr ins Ohr: »Ich auch!« In sein Tagebuch schreibt er: »Ein Wunder ist geschehen!«

Schon am nächsten Tag begegnen sie sich aus einem anderen gesellschaftlichen Anlass wieder. Goebbels nutzt die Gelegenheit, Lida Baarova zu einer »beruflichen Aussprache« ins Nebenzimmer zu bitten und sich mit ihr über ihre Zukunftspläne zu unterhalten. In 20 Minuten muss er auf dem Parteitag eine Rede halten. Lida ist überrascht, dass er sich so kurz vorher Zeit für sie nimmt. Aber Goebbels winkt ab und erweckt in ihr den Eindruck, als gäbe es nichts Wichtigeres auf der Welt als sie. Wenige Minuten vor Beginn seiner Rede nimmt er sie in die Arme und küsst sie stürmisch. Während sie ihm die Schminke von den Lippen wischt, beteuert er: »Ich werde während meiner Rede die Armbanduhr abnehmen, damit du weißt, dass ich an dich denke. Auch wenn ich mit meinem Taschentuch die Lippen abtrockne, soll dies ein Liebeszeichen für dich sein.« Er tut es tatsächlich und wirft dabei immer einen Blick auf die ganz vorn unter der Prominenz sitzende Lida. Sie ist entzückt und nun ebenfalls verliebt.

Von nun an sind die beiden unzertrennlich. Sie treffen sich in Berlin fast jeden Tag in Lidas kleiner Wohnung am Kurfürstendamm oder in anderen, für intime Begegnungen vorbereiteten Appartements oder Pavillons. Es wird schnell klar, dass

Lida Baarova. Foto, 1936.

ihre Beziehung mehr ist als ein bloßes sexuelles Techtelmechtel. Beide gestehen sich ihre tiefe, aufrichtige Liebe. Als Goebbels erkennt, dass er von der jungen Frau um seiner selbst willen geliebt wird, verfällt er ihr ganz und gar.

Lida Baarova zieht aus Gustav Fröhlichs Villa aus und trennt sich von ihm, nachdem er sie in der Nähe seines Hau-

Joseph Goebbels. Foto, undatiert.

ses in einer verfänglichen Situation mit dem Propagandaminister angetroffen hat. »Nun weiß ich ja Bescheid!«, schreit er Goebbels an und schlägt ihm die Wagentür vor der Nase zu. Ob er ihn während der Dreharbeiten zu dem Film *Patrioten* im Frühsommer 1937 wirklich geohrfeigt hat, wie es der Berliner Klatsch und einige Biographen wissen wollen, ist nicht belegt. Es gibt dazu keine Aussagen der Beteiligten, und in der deutschen Presse wird der »Baarova-Skandal« totgeschwiegen. Die Liebe zwischen Lida und Joseph ist allerdings bald stadtbekannt. Auch ausländische Zeitungen berichten darüber.

Lida Baarova wird immer häufiger zum Tee oder zu Abendgesellschaften in die Villa des Ministers eingeladen. Ihre Filmkarriere geht durch seine Protektion immer steiler aufwärts. Nun ist auch Magda Goebbels klar, dass es sich hier nicht um einen der vielen Seitensprünge ihres Mannes handelt, sondern um ein ernsthaftes Liebesverhältnis. Ihr Mann macht auch gar kein Hehl mehr daraus. Er zeigt sich bei offiziellen Anlässen stolz und ungeniert mit dem Filmstar in der Berliner Öffentlichkeit. Sogar bei der Premiere von Leni Riefenstahls Olympia-Film, zu der sich die braune Prominenz fast vollständig einfindet, erscheint er mit Lida Baarova an seiner Seite.

In diesen Monaten kommt es auf Betreiben von Goebbels zu einer großen Verhaftungs- und Terrorwelle gegen die jüdische Bevölkerung. Jüdisches Vermögen, das 5000 Reichsmark übersteigt, muss künftig angezeigt werden. Damit will Goebbels den jüdischen Einfluss in der Wirtschaft endgültig brechen. Am 10. Juni 1938 hetzt er 300 Polizeioffiziere dazu auf, »Berlin judenrein zu machen«.

In seiner Rede zur Sonnenwendfeier am 21. Juni im Olympiastadion hetzt er gegen die Juden in Berlin. »Was wollen die hier?«, ruft er aus. »Sie sollen dahin gehen, woher sie gekommen sind, und sie sollen uns nicht noch weiter lästig fallen!« Es kommt zu antisemitischen Pogromen und Plünderungen in der Stadt, jüdische Geschäfte werden beschmiert. Die Auslandspresse prangert die Ausschreitungen an. Das stört weder Goebbels noch Hitler, der schon mit der nächsten Etappe seines Expansionsplans beschäftigt ist, der Zerschlagung der Tschechoslowakei. Er billigt Goebbels Vorgehen ausdrücklich.

Im August wird allen jüdischen Ärzten die Approbation entzogen. Außerdem müssen alle Juden »zur besseren Erkennung« Zwangsvornamen führen, Sarah für Frauen und Israel für Männer. Sie werden nicht nur im Pass eingetragen, sondern müssen auch auf Firmenschildern von Rechtsanwaltspraxen erscheinen. Goebbels hat keinerlei Skrupel, sich auf Kosten von Juden persönlich zu bereichern. Der Eigentümer des 9600 Quadratmeter großen Seegrundstücks Inselstraße 12–14 auf Schwanenwerder wird im März 1938 genötigt, es zum Spottpreis von 117 500 Reichsmark »an die Reichshauptstadt Berlin« zu verkaufen. Tatsächlicher Erwerber ist der »Reichsminister Dr. Goebbels«.

Im Sommer 1938 zieht Goebbels aus seiner Schwanenwerder Villa aus und verbringt abseits der großen Politik die meiste Zeit mit seiner Geliebten in einem idyllischen Blockhaus inmitten eines Waldes nördlich von Berlin. Nun offenbart er Magda auch die ganze Tragweite seiner Beziehung zu der jungen Filmschauspielerin und schlägt ihr ernsthaft eine Ehe zu dritt vor. Es kommt zu einer Aussprache zwischen den beiden Frauen. Magda scheint in diesen Wochen tatsächlich bereit gewesen zu sein, sich mit einem Dreiecksverhältnis abzufinden. Ein Grund dafür ist auch, dass sie inzwischen selbst ein Verhältnis mit Karl Hanke, dem Staatssekretär und Vertrauten ihres Mannes, hat, der sie sogar heiraten will.

Aber Lida denkt anders darüber. Sie will ihren Joseph jetzt ganz. Es geht ihr nicht um seine politische Macht, um Glanz und Gloria. Sie liebt ihn aufrichtig und möchte mit ihm in einem schmucken Haus irgendwo im Böhmerwald als Ehepaar glücklich sein. Sie würde weiter für Film und Theater arbeiten, und der so talentierte Joseph könnte dort als freier Schriftsteller arbeiten. Sie spricht mit ihm darüber, versucht ihn zu überreden, auf alles andere zu verzichten, um ihr gemeinsames Glück zu retten. Sie hält ihm die königliche Romanze vor Augen, die sich gerade in England ereignet und die ganze Welt beeindruckt hat. König Edward VIII. wollte 1936, gerade auf dem Thron, seine große Liebe heiraten, die Amerikanerin Wallis Warfield-Simpson, was ihm jedoch verweigert wurde. Er entschied sich nicht für die Pflicht, sondern für die Liebe, und verzichtete auf den Thron. Warum sollte Ähnliches nicht auch für sie und Joseph möglich sein? Lida Baarova glaubt fest daran, dass er sie heiraten und ihr gemeinsames Glück fest und dauerhaft sein wird.

Auch Goebbels Entschluss steht fest. Er will sich umgehend scheiden lassen. Das möchte auch Magda, sie gibt ihrer Ehe keine Chance mehr. Der Minister will tatsächlich das Opfer bringen: Er ist bereit, aus Hitlers Kabinett auszuscheiden, der großen Politik Lebewohl zu sagen und Lida, die er zärtlich »Liduschka« nennt, zu heiraten. Angesichts der Verehrung und hohen Bewunderung, die er für Hitler und seine Sache hegt, und auch wegen Hitlers ehrlicher Anerkennung für Goebbels erfolgreiche Arbeit ist dies eine bemerkenswerte, unglaubliche Entscheidung.

Aber eben dieser Mann, der bei dem Zustandekommen der Ehe zwischen Magda und Joseph – nicht nur als Trauzeuge – eine besondere Rolle spielte, muss auch in die von den Eheleuten gewollte Scheidung einwilligen. Als Magda am 15. August 1938 Hitler auf dem »Berghof« aufsucht, ihm Hankes Liste von Goebbels Liebschaften zeigt und ihn in die Einzelheiten ihrer zerrütteten Ehe einweiht, ist Hitler außer sich. Er tobt und verbietet die Scheidung, denn er weiß genau, dass er sich keinen peinlichen Skandal leisten kann.

Als er Goebbels am nächsten Tag zu sich zitiert und dieser während einer »sehr langen und ernsten Unterredung« erklärt, er sei bereit, sein Ministeramt sofort niederzulegen und den Posten eines deutschen Botschafters in Tokio zu übernehmen, als Ehegatte von Lida Baarova, befiehlt ihm Hitler kategorisch, sich »aus staatspolitischen Gründen« sofort von der Tschechin zu trennen. Er nimmt seinen Minister in die Pflicht und macht ihm unmissverständlich klar, dass seine politische Karriere zu Ende ist, wenn er sich von Magda scheiden lässt. Hitler verordnet dem Ehepaar ein Stillhalteabkommen von einem Jahr, in dem Goebbels Lida Baarova nicht sehen darf. Wenn sie nach Ablauf dieses Jahres noch genauso dächten, würde er letztlich einer Scheidung zustimmen.

Goebbels ist »tief erschüttert« und »ganz benommen«, wie er in seinem Tagebuch schreibt. »Aber die Pflicht steht über allem. Und ihr muss man in den schwersten Stunden gehorchen. Außer ihr ist alles wankend und wandelbar. Also werde ich mich ihr beugen. Ganz und ohne Klage.«

Lida Baarova wird zum Polizeipräsidenten Graf Helldorf bestellt, der ihr empfiehlt, Berlin aus Sicherheitsgründen sofort zu verlassen. Sie verlangt, den Propagandaminister wenigstens vorher noch einmal sprechen zu dürfen. Per Blitzgespräch mit dem »Berghof« holt Helldorf dafür Hitlers Erlaubnis ein. Dieser stimmt unter der Bedingung zu, dass Göring neben Goebbels steht und mithört, was dieser seiner Geliebten am Telefon mitteilt.

»Liduschka«, sagt er zärtlich, »wir müssen tapfer sein und unsere Pflicht tun.« Und als Lida nur noch weint, beendet er das Gespräch mit den letzten Worten, die sie von ihm hört: »Werde kein böser Mensch durch das Leid, das dir nun angetan wird, und bleib, wie du bist. Lebe wohl.«

Seinem Tagebuch vertraut er an: »Aber ich bleibe hart, wenn mir das Herz auch zu brechen droht. Und nun fängt ein neues Leben an. Ein hartes, grausames, nur der Pflicht ergebenes. Die Jugend ist nun zu Ende.«

Die folgenden Tage verbringt er mit Aussprachen mit Hitler und Magda. Er verlebt, wie er schreibt, die schwerste Zeit seines Lebens. Er schlafe nur noch mit starken Mitteln und esse tagelang nichts. Sein Herz sei »todwund«. Noch zieht er nicht in die Villa auf Schwanenwerder zurück. Nicht einmal das Weihnachtsfest 1938 verbringen die Eheleute zusammen. Aber von seinem Recht, seine Kinder zu sehen, macht Goebbels in der »Waffenstillstandsphase« regelmäßig Gebrauch.

Unverhofft sieht er Lida Baarova noch einmal, als er mit seinem Mercedes über den Kurfürstendamm fährt. Lida folgt ihm mit ihrem Škoda. Er biegt in eine Nebenstraße ein und lässt anhalten. Sie kommt neben ihm zum Stehen. Lange sehen sie sich an, ohne ein Wort zu sprechen. Dann fährt er langsam davon. Er hält das Versprechen, das er Hitler gegeben hat. Politisch ist er zwar angeschlagen und moralisch auf dem Tiefpunkt, aber er überlebt die Krise und kehrt schon im Sommer 1939 während der Salzburger Festspiele zu seiner Frau Magda zurück. Nachdem beide festgestellt haben, dass sie eben doch zueinander gehören, gibt Hitler dem Paar erneut seinen Segen. Zu Kriegsende, als die Rote Armee schon in den Straßen

Berlins kämpft, vergiftet Magda im Führerbunker ihre Kinder. Dann scheidet das Ehepaar nach Hitlers Selbstmord ebenfalls freiwillig und gemeinsam aus dem Leben.

Lida Baarovas Karriere in Deutschland ist nach der Trennung von Goebbels beendet. Sie verliert die Hauptrolle in dem bevorstehenden Film. Der bereits abgedrehte Streifen *Preußische Liebesgeschichte* wird verboten, weil er auf Betreiben des Ministers verschlüsselt ihrer beider Liebesgeschichte erzählt. Unter dem Titel *Liebeslegende* kommt der Film erst 1950 in die Kinos.

Als der Film *Der Spieler* nach dem Roman von Dostojewski Ende Oktober 1938 im Gloria-Palast am Kurfürstendamm uraufgeführt wird, ertönen Buhrufe im ausverkauften Saal. Bestellte Krawallmacher rufen: »Raus, Ministerhure, raus!« Damit ist der Film durchgefallen und wird sofort abgesetzt. Lida erleidet einen Nervenzusammenbruch. Die Gestapo bewacht sie rund um die Uhr.

Aus Angst vor Enthüllungen über den Skandal untersagt Hitler ihr durch seinen Adjutanten Schaub die Ausreise ins Ausland. Aber im Winter 1938/39 gelingt ihr mithilfe eines Freundes die Flucht nach Prag. Kurz darauf, am 15. März 1939, rollen deutsche Panzer ins »Reichsprotektorat Böhmen und Mähren«. Lida bleibt in Prag und arbeitet sechs weitere Jahre mit den Deutschen zusammen.

Nach 1945 bekommt Lida Babkova, wie sie sich nun wieder nennt, die Rache der Tschechen zu spüren. Sie wird geschlagen und misshandelt und im berüchtigten Gefängnis in Pankrac inhaftiert. Später versucht sie einen neuen Anfang in Argentinien und filmt sogar in Spanien und Italien. Aber der Erfolg bleibt aus. Gebrochen und verbittert kehrt sie nach Salzburg in den deutschen Sprachraum zurück.

»Es ist immer Krieg!«

Ingeborg Bachmann und Max Frisch
(1958–1962)

Als sie einander acht Jahre kannten (und man darf sagen: sie kannten sich gut), kam ihre Liebe plötzlich abhanden. Wie andern Leuten ein Stock oder Hut.«

Sachliche Romanze nennt Erich Kästner sein 1929 entstandenes Gedicht, dessen vier Anfangszeilen Ingeborg Bachmann und Max Frisch gewidmet sein könnten, wenngleich ihre Beziehung nur halb so lang dauerte und sicherlich sehr viel mehr war als eine sachliche Romanze. Ingeborg Bachmann ist drei Jahre alt, als Erich Kästner dies schreibt. Und sie weiß noch nichts von Max Frisch, der zu diesem Zeitpunkt schon 18 ist. Sie ist als Tochter eines Schuldirektors in Klagenfurt zur Welt gekommen, er als Sohn eines Architekten in Zürich. Sie studiert in den Jahren 1945–50 in Innsbruck, Graz und Wien Germanistik und Philosophie, er nimmt in den Jahren 1930–32 ebenfalls das Studium der Germanistik auf. Nach dem Tode seines Vaters bricht er es allerdings aus finanziellen Gründen ab und nimmt als freier Mitarbeiter eine Tätigkeit bei einer Züricher Zeitung an, während Ingeborg Bachmann nach ihrer Promotion zum Dr. phil. als Lektorin und Redakteurin bei einem Wiener Sender arbeitet. Sie verfasst schon 1952 ihr erstes Hörspiel *Ein Geschäft mit Tränen* und wird ein Jahr später für ihren Gedichtband *Die gestundete Zeit* mit dem Literaturpreis der

»Gruppe 47« ausgezeichnet. Mit ihrer stark subjektiv geprägten Lyrik, die meist von Liebe, Tod und Abschied handelt, gelangt sie zu frühem Ruhm. »Gedichte zu schreiben«, bekennt sie 1952 in einem Essay, »scheint mir das Schwerste zu sein, weil hier die Probleme des Formalen, des Themas und des Vokabulars in einem gelöst werden müssen.«

Max Frisch unternimmt ebenfalls schriftstellerische Versuche, doch er ist immer wieder von Selbstzweifeln geplagt. 1934 entschließt er sich, mit dem Schreiben aufzuhören, und verbrennt alle bis dahin entstandenen Manuskripte. Ein danach begonnenes Studium der Architektur schließt er 1941 als Diplomarchitekt ab. Ein Jahr darauf eröffnet er in Zürich ein eigenes Architekturbüro. Nach dem Ende des Zweiten Weltkriegs beginnt er jedoch erneut mit dem Schreiben. Er verfasst Dramen, die die aktuelle Nachkriegszeit thematisieren. Mit seinem Roman *Stiller* gelingt ihm 1954 der Durchbruch. Er lebt nun als freier Schriftsteller in Zürich.

Zu dieser Zeit lebt Ingeborg Bachmann als freie Schriftstellerin in Italien. Sie schreibt Textfassungen für die Musik von Hans Werner Henze und bringt 1956 ihren zweiten Gedichtband *Anrufung des Großen Bären* heraus, für den sie 1957 den Literaturpreis der Freien Hansestadt Bremen erhält. Max Frisch wird 1958 mit dem begehrten Georg-Büchner-Preis ausgezeichnet. Mit der Uraufführung seines Dramas Herr *Biedermann und die Brandstifter* im gleichen Jahr im Züricher Schauspielhaus erringt er seinen ersten Bühnenerfolg.

Zunächst verlaufen die Lebenslinien der beiden aufstrebenden Literaten in gewisser Weise parallel. Doch im Jahr 1958 laufen sie direkt aufeinander zu. Im Mai sendet der Bayrische Rundfunk Bachmanns Hörspiel *Der gute Gott von*

Manhattan, durch das Max Frisch auf die Schriftstellerin aufmerksam wird. Er lädt sie zu einer Aufführung seines Dramas nach Paris ein. Aber als sie sich am 3. Juli sehen, verzichten sie spontan auf das Stück, gehen essen und verlieben sich ineinander.

»Die ersten Küsse auf einer öffentlichen Bank«, erinnert sich Frisch später, »dann in die Hallen, wo es den ersten Kaffee gibt: am Nebentisch die Metzger mit den blutigen Schürzen, diese zu plumpe Warnung.« Für Ingeborg Bachmann ist es ein Tag, »an dem ich mich nicht gewehrt habe und etwas geschehen ließ«, schreibt sie.

Mit ihrer Liebe beginnt zugleich der Kampf der Geschlechter. Bachmann empfindet diese Liebe als einen Angriff auf ihre Unabhängigkeit. »Das Schlimme an der Liebe ist«, hat schon der römische Dichter Horaz vor über 2000 Jahren gewusst, »dass Krieg und Frieden ständig wechseln.« Ingeborg Bachmann sieht das nicht so, für sie gibt es diesen Wechsel nicht. »Es ist immer Krieg!«, notiert sie. »Der ewige Krieg.«

Sie lebt einige Tage in Zürich mit Max Frisch zusammen, aber sie fühlt sich eingeschränkt und ausgenutzt. »Eine Woche in Zürich als Liebespaar und aus klarer Erkenntnis der erste Abschied«, schreibt Frisch. »Fort von ihr oder zu ihr?«

Kaum sind sie voneinander entfernt, vermissen sie sich. Max Frisch ist sehr verliebt. Er ist zwar verheiratet, aber das stört ihn nicht. Er glaubt, in Ingeborg Bachmann eine einzigartige Frau, die Frau seines Lebens gefunden zu haben. Er begleitet sie nach Frankfurt, wo sie Gastdozentin für Poetik ist, zu einer Vorlesung. »Da sitze ich und halte ihren Mantel auf meinen Knien«, vertraut er seinem Tagebuch an. »Die nächsten Male will sie allein nach Frankfurt fahren.«

Ingeborg Bachmann. Foto, um 1965.

Ganz dem Zeitgeist gemäß, besteht Ingeborg Bachmann auf ihrer Freiheit auszuprobieren, wie und wo und mit wem es ihr besser gefällt. »Die Eifersucht ist der Preis von meiner Seite«, schreibt Frisch, »ich bezahle ihn voll.« Dann wieder sagt sie, dass auch sie ihn liebe, und offenbart ihm ihr Innerstes. Sie nimmt ihn mit nach Klagenfurt und stellt ihn ihrer Familie vor.

1959 wird Frischs 17-jährige Ehe, aus der drei Kinder hervorgingen, geschieden. Die Zeitungen berichten über eine angeblich bevorstehende Heirat mit Ingeborg Bachmann. Max Frisch macht ihr tatsächlich einen Heiratsantrag, schriftlich. Aber sie antwortet darauf überhaupt nicht. Sie lehnt die Ehe ab als eine »unmögliche Institution. Sie ist unmöglich für eine Frau, die arbeitet und die denkt und selber etwas will.«

Sie verbringen eine gemeinsame Zeit in Rom. »Wir leben sieben Monate zusammen, dann werde ich krank«, schreibt Frisch. Und dann: »Ich habe sie weggeschickt, Sommer 1959, und kurz darauf werde ich gesund. Bald weiß ich, dass ich nicht leben will ohne sie.« Seine Liebe zu ihr bewegt ihn so heftig, dass er sie »Hörigkeit« nennt.

Sie dagegen schreibt: »Er weiß, wie man Platz nimmt in einem anderen Leben.« Und sie fügt hinzu: »Der Mann wechselt nur die Partnerin, verändert nie sein Verhalten, denn sein krankes System ist unfehlbar, er wiederholt sich, er hat sich wiederholt, er wird sich wiederholen.«

Kann eine Beziehung gut gehen, die von so viel im Grunde männerfeindlicher Überzeugung geprägt wird? Sie geht nicht gut. Ende 1962 trennt das Paar sich, nachdem Ingeborg Bachmann ein Jahr zuvor für ihren autobiographischen Erzählband *Das dreißigste Jahr* den Berliner Kritikerpreis erhalten und Max Frisch die Erstaufführung seiner Parabel *Andorra* in Zürich erlebt hat.

Dennoch ist ihre Liebesgeschichte noch nicht zu Ende. Anfangs haben sie ihren Liebeskampf unter sich ausgefochten. Jetzt tragen sie ihn nach außen, in die Literatur. Frisch

Max Frisch. Foto, 1983 in Zürich.

verarbeitet die Beziehung in dem 1964 erscheinenden Roman *Mein Name sei Gantenbein.* Er nennt Ingeborg Bachmanns Namen und stellt die ganze Beziehung sehr deutlich dar, was sie tief verletzt. Sie fühlt sich zum »Fall« degradiert.

Auch Ingeborg Bachmann erhält 1964 den Georg-Büchner-Preis und 1968 den Großen Österreichischen Staatspreis für Literatur. Sie rächt sich ein wenig an ihrem ehemaligen Geliebten, in dem sie in dem 1971 erscheinenden Roman *Malina* beschreibt, wie die Selbstverwirklichung einer Frau an einem egozentrischen Partner leidet. Wenngleich verschlüsselt, wird doch deutlich, dass damit Max Frisch gemeint ist.

Beide schreiben von den Konflikten und Problemen ihrer Liebe, jedoch nirgendwo vom Glück, das es zweifellos in den Anfängen ihrer Beziehung gegeben hat. »Das Ende haben wir nicht gut bestanden«, gesteht Max Frisch später ein, »beide nicht.« Er hat 1968 eine andere Frau geheiratet, Marianne Oellers. Die Ehe wird 1979 geschieden.

Ingeborg Bachmann ist infolge einer medizinischen Fehlbehandlung jahrelang tablettensüchtig. Gerade als sie einen Umzug nach Wien plant, stirbt sie am 17. Oktober 1973 in Rom an den Folgen eines Brandunfalls im Alter von nur 47 Jahren. Max Frisch stirbt nach langem Krebsleiden am 4. April 1991 in Zürich kurz vor Vollendung seines 80. Lebensjahres.

Von der Mätresse zur Kaiserin

Josephine de Beauharnais und Napoleon Bonaparte (1795–1810)

Im Herzen hat sie die ausgelassene Lebensfreude und das südländische Temperament ihrer kreolischen Heimat. Rose Tascher de la Pagerie wird am 23. Juni 1763 in der französischen Kolonie Martinique in Westindien als Tochter eines französischen Offiziers und Eigentümers einer Zuckerrohrplantage geboren. Fast über die Hälfte ihres Lebens wird sie Rose genannt. Zu Josephine wird sie erst, als der junge General Bonaparte einen Brief an sie mit den Worten beginnt: »Es ist sieben Uhr morgens: Süße und unvergleichliche Josephine, ich erwache erfüllt von Dir und der Erinnerung an unsere berauschende Nacht …«

1779 kommt sie nach Frankreich, um den Vicomte Alexandre de Beauharnais zu heiraten. Als der gut aussehende, elegante Offizier sie bei ihrer Ankunft zum ersten Mal erblickt, ist er von der pummeligen, unscheinbaren 16-Jährigen mit der zierlichen Stupsnase und den etwas schräg stehenden, halb geschlossenen dunklen Augen mit überlangen Wimpern enttäuscht. Nach der Heirat beginnt die frisch gebackene Vicomtesse, sich das Auftreten und die Manieren gebildeter Frauen anzueignen und ihren eigenen Stil mit anmutigen Gesten und einem verführerischen Gang zu kreieren. Ihre sanfte Stimme mit dem leicht kreolischen Akzent ist melodiös und faszinierend.

Eine Freundin beschreibt sie später so: »Ihre Figur war vollkommen, zartgliedrig und geschmeidig, ihre Bewegungen ungezwungen und elegant. Sie war eher anmutig als schön mit einem unbeschreiblich liebenswürdigen Ausdruck.« Und sie ist sinnlich und kokett und lockt mit ihrem Charme besonders ältere, verheiratete Männer an, die über Einfluss am Hof verfügen.

Ihre Ehe wird auch durch die zwei Kinder Eugène und Hortense nicht glücklich, das Paar lebt bald getrennt. Nach der Französischen Revolution wird ihr Ehemann 1794 während der Schreckensherrschaft der Jakobiner enthauptet. Sie selbst wird in das Karmeliterkloster geworfen, das furchtbarste Pariser Gefängnis.

Hier verliebt sie sich in den jungen, verheirateten republikanischen General Lazare Hoche, dessen Optimismus und Lebensfreude sie bewundert. Er erliegt den blühenden Reizen der Bürgerin Beauharnais. Als der große Terror vorüber ist und sie als eine der ersten aus dem Karmeliterkloster entlassen wird, fällt sie anmutig in Ohnmacht. General Hoche schreibt ihr leidenschaftliche Liebesbriefe, und sie hofft, dass er sich scheiden lässt und sie ihn heiraten kann, denn sie steht mit zwei Kindern mittellos da.

Sie freundet sich mit der 21-jährigen Thérésia Tallien an, deren Ehemann Präsident des Konvents ist. Der Salon, den die junge Frau am Abend ihrer Hochzeit in Paris eröffnet, spielt in den nächsten 30 Jahren eine bedeutende Rolle in der Geschichte Frankreichs. Alle Berühmtheiten verkehren in diesem »Häuschen im Grünen«, der Chaumière.

Rose de Beauharnais trägt ebenso wie Thérésia eine griechische Tunika und Sandalen, darunter ist sie nackt. Das durchsichtige, bis zum Nabel geschlitzte Gewand ist in duftendes Öl getaucht. Man will schockieren und die Männer betören. Paul Barras, Mitglied des Wohlfahrtsausschusses und befehlshabender General der Heimatarmee, später Präsident des Konvents, wird mit Rose intim. Er macht sie zu seiner Mätresse. Nun genießt sie unbegrenzten Kredit und kann als ständiger Gast in der Chaumière leben. Eine beglückende und vor allem lohnende Liaison, die ihr Protektion durch den im Sommer 1795 einflussreichsten Mann Frankreichs garantiert. Rose ist sehr verführerisch und strahlt mit ihrem kunstvollen Make-up und ihrer ansteckenden Fröhlichkeit so viel Liebenswürdigkeit aus, dass sie in der Chaumière ebenso viel Bewunderung genießt wie die jüngeren Frauen.

In diesem Sommer bringt Paul Barras einen kleinen Mann mit ausgezehrtem, weißem Gesicht und mürrischem Blick mit in den Salon, den korsischen Offizier Napoleon Bonaparte. Er ist ein ehrgeiziger Emporkömmling, der erkannt hat, dass die Frauen im neuen Frankreich nicht nur zum Vergnügen da sind, sondern auch den Weg zu Geld und Erfolg ebnen können. Der scharfsinnige, kühne und entschlussfreudige Napoleon besitzt großes militärisches Talent. Bei der Niederschlagung eines Royalistenaufstandes hat er Weitblick und Stärke bewiesen. Die herrschenden Kreise umwerben ihn. Ihm fehlen jedoch jeder Schliff und diplomatisches Geschick. Sein rauer Soldatenton ist in den Salons gänzlich fehl am Platze.

Als er Rose de Beauharnais zum ersten Mal sieht, ist er hingerissen von der vergnügungssüchtigen Kreolin mit der üppigen Figur und erliegt auf Anhieb ihrer erotischen Anziehungskraft. Es stört ihn nicht, dass sie offiziell als Mätresse von Paul Barras gilt, der ihr inzwischen ein kleines Palais in der Rue Chantereine beschafft und finanziert hat, ein von hohen Mauern umgebenes und von Linden flankiertes Liebesnest. Napoleon verliebt sich bis über beide Ohren in die Frau, die er leidenschaftlich begehrt und nun Josephine nennt.

Sie lädt ihn zu sich ein und verführt ihn. Nach der ersten intimen Nacht mit ihr schreibt er ihr am nächsten Morgen seinen ersten Brief: »Süße und unvergleichliche Josephine. Deine Lippen, Dein Herz haben eine Flamme entfacht, die mich verzehrt ... Tausend Küsse, aber gib Du mir keine, denn sie verbrennen mein Blut.«

Seine Familie, deren ganze Zukunft von ihm abhängt, verfolgt entsetzt die Liaison mit der männerfreundlichen Mätresse von Barras, dieser nicht mehr jungen Halbweltdame, die keine Kinder mehr gebären kann. »La putana«, die Hure, so wird Josephine von Madame Letitia, Napoleons Mutter, im privaten Kreis genannt. Aber Napoleon ist in bisher unbekannte Gefühle verstrickt. Noch schüchtern und unerfahren gegenüber Frauen, erwacht nun die Erotik in ihm. Das erste, enttäuschende Erlebnis mit einer Prostituierten ist in den Armen dieser ebenso anmutigen wie aufreizenden Frau schnell vergessen, und er empfindet diese Leidenschaft mit der ganzen Kraft seiner Natur. Er ist hingerissen von Josephine und will sie ganz – nicht als Geliebte, sondern als Ehefrau, als Frau für ein ganzes Leben.

Als er schon nach kurzer Zeit erklärt, dass er sie heiraten will, ist sie keineswegs begeistert. Sie liebt den Mann nicht, findet ihn körperlich auch nicht attraktiv. Der unverhältnismäßig große Kopf passt so gar nicht zu den kurzen, dünnen Beinen. Und die Haut ist von Krätzeekzemen entstellt. Sie bevorzugt große, stattliche Männer. Napoleon ist ihr viel zu klein. Und er besitzt nicht viel mehr als einen Degen. Doch seine Karriere bei der Armee scheint gesichert. Also sagt sie nach einigem Zögern Ja, schläft aber noch weiterhin mit Barras, bis sie am 9. März 1796, nur wenige Monate nach ihrem ersten Zusammentreffen, mit Napoleon getraut wird.

Später auf St. Helena, am Ende seines Lebens, vertraut Napoleon seinem Tagebuch an: »Ich habe Josephine wirklich geliebt, aber ich hatte keinen Respekt vor ihr. Sie hatte die niedlichste Möse, die man sich denken kann ... Im Grunde habe ich sie nur geheiratet, weil ich dachte, sie besitze Vermögen. Sie behauptete es, aber es stimmte nicht.«

Schon zwei Tage nach der Hochzeit übernimmt Napoleon das Kommando über die Italienarmee. In Norditalien besiegt er die Österreicher und bringt weite Teile Italiens unter französische Herrschaft. Während des Feldzugs schreibt er mindestens einmal täglich an seine Frau, Briefe voller Sehnsucht und expliziter Sinnlichkeit.

»Kein Tag vergeht, ohne dass ich Dich liebe«, schreibt er, »keine Nacht, in der ich Dich nicht in den Armen halte ... Ich verfluche Ruhm und Ehrgeiz, die mich vom Mittelpunkt meines Lebens fernhalten.« Und in einem anderen Brief: »Ich liebe Dich mit jedem Tag mehr, Entfernung kuriert kleine Leidenschaften, aber die großen macht sie schlimmer.«

Als sie sich weigert, zu ihm zu kommen, ist er verzweifelt. »Du wirst kommen, nicht wahr?«, fleht er sie an. »Du wirst bei mir sein, auf meinem Herzen, in meinen Armen, auf meinen Lippen ... Ein Kuss auf Dein Herz, und dann noch einen ein wenig tiefer, sehr viel tiefer.« Die beiden letzten Worte unterstreicht er so heftig, dass die Feder das Papier ritzt.

Josephine hat gute Gründe, nicht zu kommen. Zum einen fühlt sie sich von Napoleons schwülstiger Leidenschaft abgestoßen. Zum anderen ist sie verliebt in Hippolyte Charles, einen neun Jahre jüngeren, blauäugigen, immer zu Späßen aufgelegten Oberleutnant mit pechschwarzen, seidigen Haaren und einem süßen Grübchen am Kinn. Sie hat sich heftig in ihn verliebt und geht mit ihm ins Bett, sooft sie nur kann. Sie hat für ihn weitaus mehr Gefühle als für ihren Ehemann, dem sie eine Schwangerschaft vortäuscht.

»Ein magischer Strom fließt zwischen denen, die sich lieben«, schreibt er ihr. »Tausend Küsse auf Deine Augen, Deine Lippen, Deine Zunge, überall ... Das Bäuchlein muss Dir ein wundervoll majestätisches und ehrbares Aussehen geben.«

Entsetzliche Zweifel an Josephine zerreißen Napoleon das Herz. Er überlegt, sofort nach Paris zurückzukehren, und denkt auch an Selbstmord. »Seit ich Deine Nachricht gelesen habe«, gesteht er ihr, »befinde ich mich in einem unbeschreiblichen Zustand ... Die heiße Liebe, die mich erfüllt, hat möglicherweise meinen Verstand aus dem Gleichgewicht gebracht.« Und einige Tage später: »Vergiss nicht, dass es nie eine Liebe wie die meine gab, sie wird so lange dauern, wie ich lebe.«

Barras nimmt Napoleons Drohung, die Italienarmee zu verlassen und nach Paris zu eilen, ernst und schickt Josephine sofort über die Alpen zu ihm. In Mailand verbringen sie die dritte gemeinsame Nacht ihres Ehelebens. Aber dann täuscht sie verschiedene Unpässlichkeiten vor, um sich des leidenschaftlichen Ansturms ihres Gatten zu erwehren.

»Mein Ehemann liebt mich nicht nur«, schreibt sie nach Hause an Thérésia Tallien, »er vergöttert mich. Ich glaube, er wird verrückt.« Napoleon liebkost seine Frau in Gegenwart seiner Offiziere so leidenschaftlich und unanständig, dass es den meisten sehr unangenehm ist. Vor aller Augen küsst er sie heftig auf den Mund und streichelt ihre Brüste.

Dann müssen sie sich wieder trennen. Doch Charles

kommt nach Mailand und schläft im Zimmer neben Josephine und fast jede Nacht auch mit ihr, während Napoleon weiterhin Liebesbriefe an seine Gattin schreibt: »Ich gehe zu Bett mit Deinem anbetungswürdigen Bild im Herzen … Ich kann es kaum erwarten, Dir Beweise meiner glühenden Liebe zu geben … Wie glücklich wäre ich, könnte ich Dir beim Entkleiden helfen, die kleine feste weiße Brust, das allerliebste Gesicht, das Haar hochgebunden mit einem Schal à la créole. Du weißt, dass ich die kleinen Visiten niemals vergesse, Du weißt schon, den kleinen Schwarzwald … Ich küsse ihn tausendmal und warte ungeduldig auf den Moment, wenn ich darin sein werde.«

Als er am 27. November 1796 überraschend wieder nach Mailand kommt und die Stufen zum gemeinsamen Schlafzimmer hinaufrennt, findet er es leer. Josephine ist nach Genua abgereist, zusammen mit Hippolyte Charles. Napoleon ist so geschockt, dass er beinahe ohnmächtig wird. Von diesem Schlag wird er sich nie mehr ganz erholen. Mit der völligen Hingabe seiner Seele und seiner Sinne ist es von nun an vorbei. Im Hauptquartier kursieren Gerüchte, er habe die Festnahme und standrechtliche Erschießung von Hauptmann Charles befohlen. Napoleon wird nach Paris zurückbeordert. Auf der Reise dorthin trifft er sich mit Josephine und feiert mit ihr zusammen Silvester.

Wieder in Paris, bittet Napoleon seine Frau, ihm die Wahrheit zu sagen. Doch sie streitet alles ab. Am 19. März 1796 schreibt sie an Charles: »Nur Dir allein gehört meine Zuneigung, meine Liebe … Ich bin verzweifelt, weil ich darauf verzichten muss, Dich so oft zu sehen, wie ich will … Adieu, mein Hippolyte, tausend heiße Küsse, glühend heiß wie mein Herz und genauso verliebt.«

Napoleon ist nach dem Frieden von Campo Formio zum Volkshelden aufgestiegen. Er plant nun einen Feldzug nach Ägypten, eine unvernünftige und nur seinem Geltungsbedürfnis entsprungene Aktion. Seine Frau nimmt er nicht mit dorthin. Am 5. Mai 1798 verlassen sie Paris zwar gemeinsam, aber sie begleitet ihn nur bis Toulon. Hier nimmt sie Abschied von ihm.

Nach Napoleons »Sieg bei den Pyramiden« über die Mamelucken und der Niederlage der französischen Flotte bei Abukir, dem Hafen von Alexandria, am 1. August 1796 gegen Nelsons Geschwader fassen sich einige von Napoleons Generälen ein Herz. Sie vertrauen ihm Einzelheiten über die Liebesbeziehung von Josephine zu Hippolyte Charles an. Napoleon erbleicht und schlägt sich mit der Faust an die Stirn. »Ich lasse mich scheiden!«, schreit er wütend. »Ja, ich werde eine aufsehenerregende öffentliche Scheidung verlangen. Ich will nicht zum Gespött von ganz Paris werden.«

Dann schreibt er einen vorbereitenden Brief an seinen Bruder Joseph in Paris. Die Briten fangen ihn ab, und die britische Presse veröffentlicht ihn und verbreitet genüsslich Details über Napoleons Eheprobleme. Napoleon will in aller Öffentlichkeit Rache für Josephines Untreue nehmen und schläft mit der blonden 20-jährigen Näherin Pauline Fourès, die ihren Ehemann mit seinem Regiment nach Ägypten begleitet hat. Er schickt den Leutnant mit dringenden Depeschen nach Paris und holt Pauline in seinem Palast zu sich ins Bett. Er verspricht ihr, sie zu heiraten, wenn sie ein Kind bekommen würde.

In Paris erwirbt Josephine für 325 000 Francs das sechs Meilen außerhalb der Stadt gelegene Landgut Malmaison, dessen Kauf Napoleon zuvor abgelehnt hatte, weil es ihm zu teuer erschien. Josephine macht einfach neue Schulden. Aufgrund des in London veröffentlichten Napoleonbriefes weiß sie jetzt, dass man ihr wahrscheinlich ihr Haus nehmen wird. In Malmaison empfängt sie Hippolyte Charles wieder, zunächst heimlich und nur kurz, dann gleich für mehrere Wochen und für jedermann sichtbar.

Am 22. August 1799 verlässt Napoleon Alexandria und kehrt nach Paris zurück. Daheim leert er erst einmal Josephines Schränke und wirft alle ihre Kleider aus dem Haus. Er schließt sich in einem Zimmer ein, als Josephine eintrifft. Sie weint, sitzt stundenlang auf der oberen Treppe vor der Tür und wiederholt schluchzend immer wieder, sie könne alles erklären. Dann fällt sie entkräftet in Ohnmacht. Napoleon reißt die Tür auf und trägt sie ins Schlafzimmer, wo es die ganze Nacht lang zu stürmischen, lauten Auseinandersetzungen kommt. Am Morgen trifft sein Bruder Joseph die beiden einträchtig im Ehebett an. Er traut seinen Augen nicht, Napoleon hat Josephine verziehen. Noch immer übt sie einen fesselnden Bann auf ihn aus. Kaum sieht er sie wieder, ist er ihr Gefangener. Ein Gefangener, der einen Staatsstreich plant.

Am 9. November 1799 stürzt Napoleon das regierende Direktorium und übernimmt als Erster Konsul die Regierung. Eine gewaltige Aufgabe liegt vor ihm, die gesamte zentrale und lokale Verwaltung Frankreichs muss neu organisiert werden. Aus dem ruinierten Land soll ein moderner Staat werden. Er schafft die Bank von Frankreich, ein öffentliches Erziehungswesen und eine streng zentralisierte Verwaltung, die bis heute in ihren Grundstrukturen erhalten geblieben ist. Die Reformen bringen Frankreich zunehmend Wohlstand, der neue Franc bleibt bis 1914 stabil. Mit all diesen Errungenschaften setzt Napoleon sich selbst ein Denkmal. Später auf St. Helena erkennt er: »Mein größter Sieg war meine Zivilregierung.«

Wenn er morgens um acht Uhr Josephines Schlafzimmer pfeifend und energiegeladen verlässt, stürzt er sich mit all seinem politischen Genie, seinem phänomenalen Gedächtnis und seinem Organisationstalent in die Arbeit, oft bis zu 20 Stunden am Tag. Vorrangig will er den Code Civil verabschieden, das neue Bürgerliche Gesetzbuch. Es tritt 1804 in Kraft und wird noch lange nach Napoleons Tod für das Rechtssystem vieler Staaten beispielgebend.

Die Frauen verlieren allerdings durch den Code Napoleon Freiheit und Eigentumsrecht. »Eine Frau muss Treue und Gehorsam in der Ehe versprechen«, heißt es in einem Paragraphen. Zweifellos dachte Napoleon dabei an seine eigene Ehe. »Wir brauchen ein Gefühl für Gehorsam vor allem in Paris, wo die Frauen meinen, sie könnten tun und lassen, was ihnen gefällt«, kommentiert er die neuen Bestimmungen. Außerdem sorgt er für die Restauration des Katholizismus, denn er ist davon überzeugt, dass das Volk die Religion braucht. Überall im Lande läuten wieder die Kirchenglocken.

Die ersten zwei Jahre des neuen Jahrhunderts werden für Josephine und Napoleon die glücklichsten ihres Lebens. Josephine ändert ihre Gefühle und ihre Einstellung gegenüber ihrem Gatten grundlegend. Sie erkennt, welch außerordentlichen Mann sie geheiratet hat, schenkt ihm nun ihr Herz und beginnt, ihn aufrichtig zu lieben. Josephine erfasst seine Stimmungen, passt sich ihnen an und verwandelt sich in eine fügsame, glückliche, hilfsbereite und zärtliche Ehegattin. Sie hat sich entschieden, ihm nun künftig treu und ergeben die

Frau seines Lebens zu sein, die er sich immer erträumt hat.

Sie ist sich ebenfalls bewusst, welch starke erotische Anziehungskraft sie auf Napoleon ausübt. Er liebt es, wenn sie stark geschminkt und tief dekolletiert ist, so dass er in dem schulterfreien Kleid ihre kleinen, noch immer straffen Brüste fast vollständig sehen kann. Als erfahrene Meisterin in der körperlichen Liebe und Kennerin ausgefallener Liebestechniken gewährt sie ihm alles, wonach er verlangt. Er braucht diese sexuellen Vereinigungen, um seine inneren Spannungen abzubauen. Nach jedem Liebesakt fühlt er sich frisch und wie neugeboren.

Sie fürchtet sich vor seinen plötzlichen Wutausbrüchen und vor allem der Möglichkeit einer Scheidung. Napoleons Familie drängt ihn ständig, sich eine andere Frau zu nehmen, die treu ist und die vor allem Kinder gebären kann. Josephine hat versprochen, jeden Kontakt zu Hippolyte Charles abzubrechen, und sie hält sich auch daran. Sie sieht ihn nie wieder.

Aber nun ist sie es, die Grund zur Eifersucht hat. Ihr Ehemann leistet sich zunehmend amouröse Seitensprünge. Als die berühmte Sängerin Giuseppina Grassini in Paris weilt, die schon während des Italienfeldzugs um seine Gunst gebuhlt hat, macht er sie zu seiner Geliebten und richtet ihr eine Wohnung ein.

Napoleon beschließt, in die Tuilerien umzuziehen, das Schloss der Bourbonenkönige. Er bezieht die Räume Ludwigs XVI. im zweiten Stock. Josephine erhält Marie Antoinettes dunkle Räume in der ersten Etage. »Ich werde hier nie glücklich sein«, klagt sie. »Ich fühle förmlich, wie mich der Geist der Königin fragt, was ich in ihrem Bett zu suchen habe.«

Doch Napoleon trägt sie mit den Worten in ihr Schlafzimmer: »Komm ins Bett deiner Herren, kleine Kreolin.« Dann liebt er sie mit solcher Heftigkeit, dass sie sich am Morgen ganz zerschlagen fühlt.

Politisch ist Napoleons Macht zerbrechlich, und das ist ihm bewusst. »Meine Macht hängt von meinem Ruhm ab«, gesteht er ein, »und mein Ruhm von meinen Siegen.« Frankreich befindet sich noch immer mit Österreich, Russland und England im Krieg. Napoleon fasst einen kühnen Plan. Im Schnee zieht er wie einst Hannibal über die Alpen nach Italien, taucht plötzlich hinter den feindlichen Linien auf und besiegt die an Soldaten und Feuerkraft überlegenen Österreicher in der Schlacht von Marengo. Nach diesem grandiosen Sieg wird seine Beliebtheit noch größer.

Dennoch hat er nach wie vor Feinde. Bei einem Opernbesuch entgehen er und Josephine nur knapp einem Bombenattentat. Der Senat gewährt ihm das Konsulat auf Lebenszeit. Nun ist es nur noch ein Schritt bis zur Krone. Als er im März 1804 in den Tuilerien den britischen Botschafter öffentlich und mit voller Absicht schwer beleidigt, führt das zu einem neuen Krieg mit England. Napoleon stellt eine Invasionsarmee auf. »Innerhalb von drei Tagen können wir Herr von London, dem Parlament und der Bank von England sein«, lässt er seine Offiziere wissen.

Während er am Kanal seine Truppen inspiziert, schreibt er einen liebevollen Brief an Josephine. Sie ist so gerührt, dass sie ihm, was selten vorkommt, sofort antwortet: »Ich werde Deinen Brief, den ich an mein Herz drücke, immer behalten. Er wird mich über Deine Abwesenheit hinwegtrösten und mich leiten, wenn ich bei Dir bin, denn ich will in Deinen Augen immer so sein, wie Du mich haben möchtest,

Deine süße und liebevolle Josephine, mein Leben nur Deinem Glück gewidmet.« Es ist der einzige Brief von Josephine, der erhalten geblieben ist.

Doch kaum ist Napoleon wieder in Paris, zieht er in das Schloss von St. Cloud um, wo er getrennte Schlafzimmer einrichten lässt. Er versucht nicht mehr, Josephine seine kurzen Affären mit Künstlerinnen und Schauspielerinnen zu verheimlichen. Er erzählt ihr von seinen ausschweifenden sexuellen Kontakten zu Mademoiselle Duchesnois, Elisabeth de Vaudey und der berühmten Schauspielerin Josephine George. Und er schildert Josephine die körperlichen Besonderheiten und intimen Vorlieben und Verhaltensweisen dieser Frauen in allen Einzelheiten.

Er weiß, dass Josephine ihm nachspioniert, und er hasst ihre Eifersucht. Sie müsse endlich begreifen, erklärt er ihr, dass er tue, was ihm gefalle. »Ich bin nicht wie andere Männer. Für mich gelten nicht die gewöhnlichen Gesetze von Moral und Anstand.« Aber diese Liebeleien hätten nichts mit seiner Zuneigung zu ihr zu tun, beteuert er. Er beabsichtige, die Republik aufzulösen und sich an die Spitze des Staates zu stellen, offenbart er ihr.

Daraufhin setzt sie sich sanft auf sein Knie, liebkost ihn und streicht ihm mit den Fingerspitzen über Wange und Haar und flüstert ihm ins Ohr: »Ich flehe dich an, mache dich nicht zu einem König!« Denn sie fühlt, jeder Schritt zum Thron führt einen Schritt von ihr fort.

Doch am 18. Mai 1804 ist es so weit. Die Senatoren rufen das Kaiserreich aus. In Paris feuern die Kanonen 21 Schuss Salut. Napoleon hat sich für den Titel »Kaiser« entschieden, um damit jede Erinnerung an die Bourbonenkönige auszulöschen und zugleich an das alte Rom zu erinnern. Er ernennt sich quasi zum Nachfolger Karls des Großen, der nach Rom gereist war, um sich krönen zu lassen. Für Napoleons Krönung in Notre Dame soll Papst Pius VII., ein alter, kranker Mann, selbst nach Paris kommen.

Die Nachricht, dass auch Josephine gekrönt und gesalbt werden solle, was nicht einmal Marie Antoinette vergönnt war, löst in der Bonaparte-Familie eine neue Welle heftiger Empörung aus. Doch Napoleon ist fest entschlossen, seine Josephine zur Kaiserin zu machen. Der Papst kommt zwar nach Paris, weigert sich jedoch, ein in Sünde lebendes Paar – die beiden sind nicht kirchlich getraut – zu weihen. Als Konkubine des Kaisers könne Josephine nicht von ihm gekrönt werden.

Napoleon löst das Problem auf seine Art. In der Nacht vor der pompösen Krönungszeremonie organisiert er eine heimliche Trauung mit Josephine und setzt sich dann am nächsten Tag auf dem Altar in Notre Dame selbst die Krone auf. Dann blickt er auf Josephine, die mit Tränen in den Augen und zu ihm erhobenen Händen vor ihm niederkniet, und setzt »seinem guten Engel« die kleinere Krone auf. Dieser 2. Dezember 1804 ist der glücklichste Tag in Josephines Leben.

Nachdem die französische Flotte von Admiral Nelson bei Trafalgar vernichtend geschlagen worden ist, muss Napoleon seine Invasionspläne vorerst aufgeben. Da Österreich in der Koalition mit England und Russland zum Krieg rüstet, beschließt er, Österreich zuvorzukommen und mit einem Gewaltmarsch seiner Armee direkt ins Herz Europas vorzustoßen. Am 21. Oktober 1805 schlägt er die österreichischen Truppen bei Ulm und erringt am 2. Dezember in der Schlacht von Austerlitz einen glänzenden Sieg über das ver-

Kaiserin Josephine im Krönungsornat. Gemälde von Gérard.

einigte österreichisch-russische Heer. Und in der Doppelschlacht von Jena und Auerstedt besiegt er 1806 auch die Preußen, die sich mit Russland verbündet haben.

In einem Winterfeldzug marschiert Napoleon nach Polen, um ein sich näherndes russisches Herr ebenfalls zu schlagen. In der Silvesternacht des Jahres 1806 verliebt er sich auf einem Ball in ein blondes polnisches Mädchen. Sie ist erst 18, aber schon verheiratet mit einem polnischen Patrioten und heißt Marie Walewska. Napoleon begehrt sie und will sie wiedersehen. »Oh, verweigern Sie einem armen Herzen, das bereit ist, Sie zu vergöttern, nicht ein gewisses Maß an Freude«, schreibt er ihr. »Kommen Sie zu mir, alle Ihre Hoffnungen werden erfüllt.«

Als sie sich erneut treffen, erliegt sie seinen Zudringlichkeiten. Er nimmt sie mit Gewalt und verspricht ihr dafür ein freies, unabhängiges Polen, ein Versprechen, das er nicht hält. Marie wird schwanger und beginnt nun, Napoleon zu lieben. Später ist sie sogar bereit, ihn nach St. Helena zu begleiten.

Mit der Geburt des Sohnes steht fest, dass nicht Napoleon, sondern Josephine unfruchtbar ist. Sie erfährt in Paris von der leidenschaftlichen Affäre mit der »polnischen Frau«. Aber Napoleon schreibt ihr: »Ich weiß nicht, was Du mit Damen meinst, mit denen ich, wie Du sagst, liiert bin. Ich liebe nur meine kleine Josephine, die gute, schmollende und kapriziöse Josephine.«

Berauscht vom Gefühl seiner grenzenlosen Macht, kehrt er als veränderter Mann nach Paris zurück, nun fest entschlossen, eine eigene Dynastie zu gründen. Er fühlt, dass er, der dem kleinen korsischen Landadel entstammt, unter Europas Monarchen nicht als gleichwertig akzeptiert wird. Erst die Verbindung mit einem mächtigen Herrscherhaus wird seine europäische Vormachtstellung endgültig sichern können. Und so führt er jetzt ständig eine Liste aller in Frage kommenden heiratsfähigen Prinzessinnen mit sich.

Als die inzwischen 46-jährige Josephine von der beschlossenen Scheidung erfährt, erleidet sie einen Zusammenbruch.

Napoleon I. Kupferstich von Pizzi, 1810.

Sie ist todunglücklich. Ende 1809 wird die Scheidung öffentlich vollzogen. Mit bleichem Gesicht erklärt Napoleon in einer Rede: »Gott weiß, dass mir diese Entscheidung schwer gefallen ist. Ich habe nur den Mut dazu gefunden, weil ich überzeugt bin, dass sie den besten Interessen Frankreichs dient.« Zitternd und unter Tränen erwidert Josephine: »Mit Erlaubnis Unseres erhabenen und geliebten Gemahls muss ich erklären, dass ich … bereit bin, ihm den größten Beweis von Liebe und Ergebenheit zu erbringen, der jemals auf Erden einem Gatten erbracht wurde.« Danach küsst Napoleon sie, nimmt sie bei der Hand und führt sie zu ihren Gemächern.

In der Nacht kommt sie mit zerzaustem Haar und schmerzverzerrtem Gesicht zu ihm ins Schlafzimmer, fällt auf sein Bett, legt die Arme um ihn und überhäuft ihn weinend mit Zärtlichkeiten. Auch Napoleon beginnt zu weinen, setzt sich auf, drückt sie fest an sich und sagt zärtlich zu ihr: »Allons, meine liebe Josephine, sei tapfer, ich werde immer dein Freund sein.« Sie darf ihren Titel, ihre Apanage und ihr Lieblingsschloss Malmaison behalten. Am nächsten Morgen reist sie ab.

Napoleon heiratet am 1. April 1810 Marie-Louise, die Tochter des Habsburger-Kaisers Franz I. Aus dieser Ehe geht zwar ein Sohn hervor, aber sie wird nicht glücklich. Nach der Trennung von Josephine verlässt Napoleon das Glück. Nun kommen Niederlagen, der Absturz und schließlich die Verbannung.

Josephine leidet sehr unter der Trennung und überwindet sie nie. Am 29. Mai 1814 stirbt sie in Malmaison an Diphtherie. Kurz vor seinem sieben Jahre später folgenden Tod auf St. Helena erkennt Napoleon: »Sie war die beste Frau Frankreichs.«

Bedingte Liebe

Simone de Beauvoir und Jean-Paul Sartre
(1929–1980)

Sie sind bis heute das intellektuelle Traumpaar des 20. Jahrhunderts und werden es wohl auch immer bleiben: Simone de Beauvoir und Jean-Paul Sartre – Freiheit und Liebe, Bindung und Unabhängigkeit. Wirklich eine glückliche Beziehung der berühmten Literaten vom Montparnasse oder doch mehr ein problematisches Liebesverhältnis voller Irrungen und Wirrungen? »La grande Sartreuse« hat in ihrer Autobiographie ihre Beziehung zu Sartre zwar als »einen unbestreitbaren Erfolg« ihres Lebens bezeichnet. Aber bei näherer Betrachtung verliert sie viel von ihrem idealisierten Glanz und muss im Grunde sogar als gescheitert, als schmerzlicher Irrtum bezeichnet werden.

Als sich Simone und Jean-Paul 1929 an der Sorbonne in Paris kennen und lieben lernen, ist sie 21 und er 24 Jahre alt. Sie ist eine Tochter aus gutem Hause und brilliert schon in der Schule durch rasche Auffassungsgabe und enormen Lerneifer. Und sie ist eine fleißige, intellektuelle und strebsame Musterschülerin, verbissen und humorlos, aber voller Ernsthaftigkeit und Selbstdisziplin. Auf dem Gymnasium in Neuilly belegt sie zusätzliche Literaturkurse und verliert dabei etwas von ihrer Verbissenheit. In den Kneipen und Bars vom Montparnasse trinkt sie Ginfizz, raucht und tanzt mit wildfremden Männern. Es gefällt ihr, wenn sie sie berühren.

Auch an der Sorbonne hat sie noch romantische Träume von der Liebe. Sie hat sich zu einem hübschen, anziehenden Mädchen gemausert, mit durchdringend blauen Augen und einem fein geschnittenen Gesicht. 1927 besteht sie die Abschlussprüfung in Literatur und Philosophie und beginnt als erste Philosophielehrerin an einem französischen Jungengymnasium mit dem Lehrpraktikum.

Sartre dagegen ist äußerlich wenig anziehend, ja sogar hässlich. Er ist sehr klein und schielt, doch dem witzigen, geistreichen Charmeur fliegen die Herzen nur so zu. Unter den Studenten der Sorbonne gilt er bereits als geistige Autorität.

Als er Simone de Beauvoir 1929 zum ersten Mal in seinem völlig verqualmten, mit Büchern und Papieren voll gestopften Zimmer Pfeife rauchend und in der Pose eines Weltmannes empfängt, ist sie sehr beeindruckt. Nächtelang diskutiert sie mit ihm, strengt sich an, mit ihm mitzuhalten. Sartre behält jedoch stets die Oberhand. »Er ist ein fabelhafter geistiger Trainer«, schreibt sie voller Bewunderung in ihr Tagebuch. Ihr gefallen sein stets wacher Geist und die Konsequenz und Geradlinigkeit, mit der er sein eigentliches Ziel verfolgt: Bücher schreiben. Bei der Abschlussprüfung belegt er den ersten, Simone den zweiten Platz. Als sie sich für die Ferien voneinander verabschieden, weiß sie, dass dieser Mann nie mehr aus ihrem Leben verschwinden wird.

Je öfter sie sich sehen, desto größer wird auch ihr sexuelles Verlangen nach diesem Mann. Er weckt ihre Sinnlichkeit, und sie muss sich eingestehen, dass ihre Begierden in seiner Gegenwart stärker sind als ihr Wille und ihre Beherrschtheit. Sartre ist ein geborener Verführer, er muss Frauen einfach erobern, sie küssen und streicheln, wenngleich er den Sexualakt selbst »mit einer gewissen Gleichgültigkeit« betrachtet. Wenn sie beide miteinander schlafen, ist die scheinbar so kühle Simone die Leidenschaftlichere. Sie liebt ihn, möchte ihn ganz für sich.

Er glaubt jedoch, dass ein Schriftsteller nicht auf die Erfahrung und den Reichtum vieler Liebesbeziehungen verzichten kann. Er will nicht nur eine Frau, er will viele. »Bei uns beiden handelt es sich um eine notwendige Liebe«, erklärt er ihr. »Es ist unerlässlich, dass wir auch die zufällige Liebe kennen lernen.«

Er schlägt einen Pakt vor. Zwei Jahre lang, in denen sie zusammenbleiben, soll keiner von den zugestandenen Freiheiten Gebrauch machen. Aber danach wollen sie nicht monogam bleiben, sondern jeder soll seiner Wege gehen, ohne dass ihre Beziehung aufhört. Ihre Gemeinsamkeit soll nicht wie die meisten Ehen zu Zwang und Gewohnheit werden.

Und noch etwas versprechen sie sich: Sie wollen sich niemals belügen oder etwas voreinander verbergen, auch die intimsten Gedanken nicht. Jeder soll ein Spiegel für den anderen sein. Mit zwei Jahren Monogamie erkauft Satre sich ein ganzes Leben ständiger Untreue. Simone ist im Gegenzug bereit, für das Versprechen zweijähriger unmittelbarer Nähe und fester Treue fast jeden Preis zu zahlen. Sie fügt sich in den Freiheitspakt, ohne ihren Schmerz darüber zum Ausdruck zu bringen. Statt sich Sartres Wünschen zu widersetzen, »kompensiert sie ihre Enttäuschung mit einer Phantasie transzendentaler Nähe«, wie Toril Moi 1994 in seiner Biographie über Beauvoir schreibt.

Einige Jahre später, am 10. November 1939, wird Simone, die von Sartre »Castor« genannt wird, ihm in einem Brief gestehen:

»Mit Ihnen würde ich ein neues Leben anfangen und mit Freuden mit allem – Paris, Geld, allem – reinen Tisch machen. Ich brauche nur Sie und ein bisschen Freiheit. Ich liebe Sie … Ich bin so glücklich, weil ich Ihnen über meine Liebe nichts sagen muss, was Sie nicht genauso gut wissen wie ich, mein lieber Liebling.«

Das vereinbarte Prinzip der totalen Offenheit, der bedingten Liebe, empfindet Simone von Anfang an als problematisch, denn sie ist verletzlicher als Sartre und ihre Eifersucht ist größer. Sie leidet unter seinen vielen Liebesaffären. Doch heiraten will keiner von beiden. Simone glaubt, dass eine Ehe die familiären Verpflichtungen verdoppelt – eine mutige Einstellung für eine Frau im Jahre 1930, denn mit ihrer Entscheidung für eine freie Partnerschaft stellt sie sich gleichsam außerhalb der Gesellschaft. Und Mutter will sie auch nicht werden. »Indem ich kinderlos blieb, erfüllte ich meine natürliche Bestimmung«, schreibt sie in ihren Memoiren.

Sie ist glücklich, das Schicksal der meisten Frauen nicht teilen zu müssen. Sie kleidet sich nun jugendlich elegant, trägt schicke Seidenblusen, hochhackige Pumps und knallroten Lippenstift. An allen Schulen, an denen sie in den dreißiger Jahren unterrichtet, verstummen die Gerüchte nicht, sie lebe in freier Liebe mit einem Lehrer zusammen. Das stört sie ebenso wenig wie Sartre. Der individuelle Glückszustand ist für sie das höchste Lebensziel.

Noch immer glaubt sie, dass die Partnerschaft mit Sartre unter den Bedingungen, die sie vereinbart haben, sie ein Leben lang glücklich machen wird. Das eigentliche Lebenselixier ihrer Beziehung ist nicht die Erotik, sondern das Zwiegespräch und die gemeinsame Leidenschaft für die Literatur. In ihren Gesprächen entstehen die meisten von Sartres Büchern, und Simone ist die Erste, die sie zu lesen bekommt. Sartre hat eine Lehrerstelle in Le Havre angetreten, so dass sie sich an jedem Wochenende sehen können. Von einem gemeinsamen Hausstand wollen sie nach wie vor nichts wissen.

Simone hat eine Lieblingsschülerin. Sie ist die Tochter einer Französin und eines Weißrussen und heißt Olga Kosakiewicz. Olga bewundert die Unangepasstheit ihrer Lehrerin und trifft sich fast jeden Tag in Cafés oder bei Simone daheim mit ihr. Als Sartre sie zum ersten Mal sieht, verliebt er sich Hals über Kopf in den verträumten Teenager.

In einem Brief vom 24. Juli 1938 informiert er Simone ausführlich über den sexuellen Umgang mit der noch immer jungfräulichen Olga, nachdem er ihr ein paar Tage zuvor ausführlich geschildert hat, wie er Colette Gilbert, eine andere junge Französin, von ihrer Jungfräulichkeit befreit hat.

Simone revanchiert sich, indem sie am 27. Juli antwortet: »Mir ist etwas äußerst Angenehmes widerfahren … Vor drei Tagen habe ich mit dem kleinen Bost geschlafen. Natürlich war ich es, die das vorgeschlagen hat … Ich mag ihn sehr. Wir verbringen idyllische Tage und leidenschaftliche Nächte.«

Sie hat den jungen Mann spontan in einem Heuschober verführt: ein ziemlich offenkundiger Fall von »Wie du mir, so ich dir«.

Simone fühlt sich jedoch ebenfalls von der hübschen Olga angezogen. Sartre macht alsbald den Vorschlag, ein Trio zu bilden, in dem jeder glücklich sein soll. Sie leben zusammen, teilen alles gleichberechtigt miteinander und fahren in den Ferien gemeinsam nach Paris. Aber als die extravagante Olga sich heimlich mit Sartre trifft, kommt es zu heftigen Meinungsverschiedenheiten. Simone leidet sehr unter dieser Dreierbeziehung.

Daneben ist Simone sehr bekümmert darüber, dass keins ihrer vielen Manuskripte, die sie in den letzten Jahren geschrieben hat, von einem Verlag angenommen worden ist. Das Schreiben fällt ihr nicht eben leicht. Von 1929 bis 1943 ist sie fast täglich mit ihrer schriftstellerischen Arbeit beschäftigt. Sartre dagegen hat Erfolg. Er publiziert 1938 *La Nausée* (dt. Titel »Der Ekel«). Das Buch macht ihn mit einem Schlag zu einem bekannten Schriftsteller.

Als 1939 der Zweite Weltkrieg ausbricht und Sartre als Obergefreiter in der meteorologischen Abteilung einer Artillerieeinheit im Elsass eingesetzt wird, versucht Simone, sich allein in Paris durchzuschlagen. Erneut verliebt sie sich in eine ihrer Schülerinnen. Nathalie Sorokine, die Tochter russischer Eltern, ist groß gewachsen und sehr hübsch. Sie hat das kecke, kritische und geradezu aufmüpfige Wesen einer jungen Wilden, das Simone fasziniert. Da auch Nathalie von ihrer Lehrerin hingerissen ist und sie sich beide sexuell anziehend finden, teilen sie bald auch das Bett miteinander.

Es bleibt nicht bei dieser einen lesbischen Beziehung. Auch eine andere Schülerin Simones verfällt ihr, Bianca Bienenfeld, eine polnische Jüdin und gleichzeitig auch eine Geliebte Sartres. Getreu ihrem Schwur, sich alles zu erzählen, teilt Simone Sartre ihre intimen Erlebnisse in ihren Briefen mit. Die körperliche Beziehung zu Bianca sei ihr »äußerst unangenehm« gewesen, da sie so einen starken Körpergeruch gehabt habe. Sie vertraut ihm in einem Brief vom 12. November 1939 an: »Eine gefühlvolle, leidenschaftliche Nacht. Ich fühlte mich ganz elend vor Leidenschaft – wie Gänseleber, und obendrein von schlechter Qualität.«

Und in ihr Tagebuch trägt sie einige Wochen später ein: »Ich spüre dieses Mechanische die ganze Zeit, während wir uns umarmen; und ich hasse Bienenfeld wild und genieße diesen Hass, während meine Zärtlichkeit sie in Ekstase versetzt ... Unter ihrem Würgegriff wundere ich mich über die Ungeschicklichkeit der Frauen bei Dingen, in denen die Männer sich auskennen.«

Auch Sartre berichtet detailliert über seine jungen Geliebten. Über eine Studentin, mit der er geschlafen hat, berichtet er, sie habe einen sehr geschmeidigen, aber stark behaarten Körper gehabt und »Beine, die pieken wie ein schlecht rasiertes Männerkinn«. Das habe ihn anfangs überrascht, schreibt er, »dann aber fand ich es stark«.

Angesichts der vielfältigen sexuellen Beziehungen zu Frauen ist es erstaunlich, dass Simone de Beauvoir Alice Schwarzer 1982 in einem Interview auf die Frage, ob sie jemals lesbische Beziehungen gehabt habe, mit Nein antwortet. »Ich hatte zwar immer wichtige Freundschaften mit Frauen«, sagt sie, »sehr zärtliche, manchmal auch körperlich zärtlich. Aber daraus ist nie eine erotische Leidenschaft geworden.«

»Unter Frauen ist die Liebe Kontemplation«, schreibt sie in einem ihrer Bücher *(Das andere Geschlecht)*. »Die Zärtlichkeiten sind weniger dazu bestimmt, sich die Partnerin anzueignen, als sich über sie ganz allgemein wiederzufinden. Die Trennung ist aufgehoben, es gibt weder Kampf noch Sieg, noch Niederlage. In vollkommener Wechselseitigkeit sind beide Subjekt und Objekt, Herrscherin und Sklavin zugleich.«

Als Nathalie Sorokines Mutter sie 1943 der Kuppelei bezichtigt, verliert Simone ihre Anstellung als Lehrerin. Sartre verschafft ihr eine Tätigkeit als Programmgestalterin bei Radio Nationale, so dass sie sich für die nächsten Monate über Wasser halten kann.

Zugleich wird endlich ihr Roman *Sie kam und blieb* veröffentlicht. Simone hat darin ihre Erfahrungen in der Dreierbeziehung mit Olga und Sartre verarbeitet. In dem Buch wird die Rivalin umgebracht. »Wenn ich Olga auf dem Papier tötete«, bekennt Simone, »entledigte ich mich des Zorns, des Hasses, den ich gegen sie empfunden haben mochte. Ich reinigte unsere Freundschaft von allen schlechten Erinnerungen, die sich in die guten mischten.« Der Roman, der für Simone geradezu therapeutische Bedeutung hat, wird viel kritisiert, ist aber zugleich ein Überraschungserfolg. Simone de Beauvoir wird fortan als viel versprechende Nachwuchsautorin gefeiert.

Auch Sartre hat weiteren Erfolg, er publiziert sein Hauptwerk *Das Sein und das Nichts*. Seine existenzialistische Philosophie, bei der es zentral um die Frage der Freiheit und um den Selbstentwurf des Einzelnen geht, wird zu der Weltanschauung der frühen Nachkriegszeit. Der Traum vom idealen Schriftstellerpaar scheint Wirklichkeit zu werden.

Simone beginnt, ihren wachsenden Ruhm zu genießen. Sie steht plötzlich im Rampenlicht. Überall in den Zeitungen ist von ihr die Rede. Fotoreporter verfolgen sie, und Leute sprechen sie auf offener Straße an. Sie wird bewundert und geliebt.

Dann schreibt sie auf Anregung Sartres *La deuxième sexe – Das andere Geschlecht*, ein bahnbrechendes Werk für die Frauenbewegung. »Man kommt nicht als Frau zur Welt, man wird es«, ist Beauvoirs wichtigste Erkenntnis. Die Frauen sollen ihr Schicksal nicht länger passiv hinnehmen, sondern es vielmehr selbst gestalten, sagt sie. Der erste Schritt dahin sei, der »Falle« von Ehe und Mutterschaft zu entgehen und wirtschaftliche Unabhängigkeit anzustreben.

Das Buch ist seiner Zeit weit voraus, mit seinen Tabubrüchen wird es zur Sensation. Insbesondere die Passagen über die Sexualität der Frau, auch über die lesbische Liebe, begeistern die weibliche Leserschaft.

Albert Camus jedoch fühlt sich in seiner Männerehre gekränkt. »Sie hat den Mann lächerlich gemacht und verunglimpft!«, wirft er ihr vor. Und der katholische Schriftsteller François Maurois schreibt, er wisse nun alles über Simones Vagina. Männer schreiben ihr zotige Briefe, bezeichnen sie als frigide, nymphomanisch, lesbisch, unbefriedigt und neurotisch. Und der Papst setzt das Buch wegen seiner »unmoralischen Doktrinen« auf den Index. Dennoch tritt es in den 60er Jahren seinen Siegeszug um die Welt an.

Während der Arbeit an *Das andere Geschlecht* ist Simones »bedingte Liebe« zu Sartre schweren Belastungen ausgesetzt. Jahrelang ist er mit mehreren Frauen liiert. Manchmal hat sie ihm sogar aus ihrem Bekanntenkreis direkt oder indirekt selbst neue Frauen zugeführt. Sie weiß, wenn ihm eine Frau gefällt, gibt er nicht eher Ruhe, bis er sie verführt hat – vielleicht eine Art, seine Komplexe wegen seines Aussehens zu kompensieren. Sie hat sich damit abgefunden. Solange sie die wichtigste Vertraute in seinem Leben bleibt, sozusagen seine Nummer eins, nimmt sie die vielen Nebenfrauen hin.

»Du bist für mich die notwendige Beziehung«, sagt er immer wieder zu ihr, »alle anderen sind zufällig.« Doch dann verliebt sich Sartre Anfang 1945 so intensiv in eine junge, leidenschaftliche und ungestüme Amerikanerin, Dolores Vanetti, dass Simone ernsthaft besorgt ist. Sartre will nun mehrere Monate im Jahr in Amerika verbringen. Außerdem beansprucht Dolores den ersten Platz in Sartres Hierarchie und liefert ihm heftige Eifersuchtsszenen, die das labile Gleichgewicht dieses Gespinstes von Haupt- und Nebenbeziehungen durcheinander bringen.

Zum ersten Mal in ihrem Leben sieht Simone sich gezwungen, die klassische Frage zu stellen: »Sie oder Ich?« Sartre beantwortet sie mehrdeutig und grausam: »Ich hänge ungeheuer an Dolores«, sagt er, »aber ich bin bei Ihnen.«

Wie gelähmt notiert Beauvoir: »Ich glaubte zu verstehen, was er damit sagen wollte: ›Ich respektiere unseren Pakt, verlangen Sie nicht mehr von mir.‹ Eine derartige Antwort stellte die ganze Zukunft in Frage.«

Von Sartres Leidenschaft für Dolores Vanetti gepeinigt, flüchtet Simone in einen Pariser Vorort und setzt in zwei schrecklichen Monaten der Angst und der Depression kaum einen Fuß vor die Tür. Sie nimmt Tabletten, trinkt Alkohol und erleidet einen völligen Nervenzusammenbruch. »Ich frage mich voller Schrecken«, schreibt sie in Bezug auf Sartre, »ob wir einander fremd geworden sind.«

Sartre antwortet in einem Gespräch mit Olivier Todd auf die Frage, wie er es anstelle, mit so viel Frauen gleichzeitig zurechtzukommen: »Ich belüge sie. Das ist leicht und anständiger.« Auf die Frage »Belügen sie alle?« erwidert er kurz und offenherzig: »Alle.« »Auch den Castor?« »Besonders den Castor.«

Im Januar 1947 erhält Simone de Beauvoir eine Einladung zu einer Vortragsreise durch die USA, das Land ihrer Träume. In Chicago lernt sie den Romancier Nelson Algren kennen. Er stammt aus Skandinavien, ist blond, groß und schlank und wirkt mit seinen graugrünen Augen und seinem sinnlichen Mund sehr attraktiv und männlich. In einem heruntergekommenen Stadtteil lebt er als Außenseiter und Einzelgänger, ja fast als Streuner in einem Milieu, in dem er mit Drogensüchtigen und Kriminellen ebenso zusammenkommt wie mit Prostituierten.

Simone ist fasziniert von dieser Welt, die Algren ihr zeigt, und auch von dem Mann. Sie ist Ende dreißig und fühlt sich für die sexuelle Liebe eigentlich schon zu alt. Aber nun entdeckt sie ihre Leidenschaft und ihren Körper wieder. Auch Algren erliegt den Reizen der kleinen Französin, und so verbringen sie einige Tage in einem wilden Liebesrausch.

Wieder in Paris, schreibt sie überschwängliche und zärtliche Liebesbriefe an ihren »Krokodilmann« in Chicago. Algren ist ihr offenbar verfallen, er bittet sie, unbedingt wiederzukommen. Sie fliegt zu ihm, fällt ihm in die Arme und verbringt wundervolle Wochen mit ihm. Sie sind ein richtiges Paar, lieben sich und erfüllen sich gegenseitig alle sexuellen Sehnsüchte und Wünsche.

Algren möchte, dass sie mit ihm zusammenlebt. Aber da ist Sartre und der mit ihm geschlossene Bund. Simone hat ihm von ihrer neuen, einzigartigen Beziehung erzählt. Als er nach ihr ruft, reist sie sofort zurück nach Paris.

Die Liebesbeziehung mit Algren dauert zwar noch fünf Jahre an, und er kommt auch zu ihr nach Frankreich, doch als er erneut von Heirat spricht, kommt es zum Bruch. Algren ist enttäuscht und tief verletzt. Er liebt Simone aufrichtig und kann nicht verstehen, dass sie sich nicht für ihn entschieden hat, obwohl sie ihn doch auch liebt, wie sie ihm immer wieder versichert hat.

In seinem Abschiedsbrief schreibt er ihr: »Man kann Gefühle für jemanden bewahren … ohne sich damit abzufinden, dass sie einen auch weiterhin das ganze Leben beherrschen und durcheinander bringen. Eine Frau zu lieben, die einem nicht gehört, die anderen Dingen und anderen Menschen den Vorrang gibt, ohne dass es in Frage käme, jemals an die erste Stelle zu rücken, damit kann man sich nicht abfinden.«

Er kann Simones und Sartres Konzept der »bedingten Liebe« überhaupt nicht verstehen und verurteilt es scharf. »Jeder Mensch, der eine bedingte Liebe leben kann, muss übergeschnappt sein«, sagt er zu Simone. »Wie kann die Liebe bedingt sein? … Zu heftig zu lieben ist ein geringeres Leiden als die Fähigkeit, nur bedingt zu lieben. Weil das bedeutet, dass sie auch nur bedingt leben kann.«

Zwölf Jahre später veröffentlicht Simone de Beauvoir ihre Memoiren *Der Lauf der Dinge* und schildert darin sehr ausführlich ihre Liebesbeziehung zu Algren, den sie stets mit vollem Namen nennt. Die öffentliche Zurschaustellung intimer Details schockiert ihn. Er fühlt sich in seiner Privatsphäre verletzt und wirft Simone Exhibitionismus vor. »Ich kenne Bordelle in der ganzen Welt«, sagt er in einem Interview, »überall machen die Frauen die Türe zu … aber diese Frau hat die Tür weit aufgerissen und alle Welt und die Presse herbeigerufen.«

Nach der Trennung von Algren fühlt Beauvoir sich mit ihren 44 Jahren für die Liebe zu einem Mann zu alt, obwohl sie jugendlich frisch ausschaut. Sie hat einen schlanken, straffen Körper und ein faltenfreies Gesicht. Ein äußerst attraktiver, 17 Jahre jüngerer Mann verfällt ihrer Ausstrahlung: Claude Lanzmann. Er ist Jude und überzeugter Marxist und lässt sie noch einmal ihr Alter vergessen. Sie verspürt wieder sexuelles Verlangen, das auch gestillt wird. Gemeinsam mit Lanzmann unternimmt sie ausgedehnte Reisen durch die französische Provinz.

Die Beziehung der beiden währt sieben Jahre. In dieser Zeit schreibt Sartre wie besessen an seinen Büchern. Er streicht nichts durch, nimmt keine Korrekturen vor. Diese ungeheure Produktivität kann er nur mit Drogen aufrecht-

Simone de Beauvoir und Jean-Paul Sartre. Foto, 1963 in Rom.

erhalten. Alkohol und starker Kaffee ruinieren seine Gesundheit. Politisch wird Sartre immer radikaler. Wegen seiner Nähe zum Stalinismus kommt es zum endgültigen Bruch mit Albert Camus. Sie befehden sich nun in aller Öffentlichkeit.

Im Jahr 1956 verliebt sich Sartre in Arlette Elkaïm, eine 18-jährige, 30 Jahre jüngere Algerierin. Sie ist still, anschmiegsam und treu und widmet ihm ihr ganzes Dasein. Als Sartre sie 1965 adoptiert, ist Simone vollkommen schockiert und gedemütigt. Sartre hat nicht den Mut, ihr persönlich von der Adoption zu berichten, ein Freund muss das tun.

Besteht Simones Lohn für eine lebenslange Hingabe nun darin, mit ansehen zu müssen, wie die jüngste ihrer Rivalinnen unanfechtbar alles bekommt, was Sartre jemals geschrieben oder besessen hat? Sie spürt, dass Sartre ihr entglitten ist. Es fällt ihr sehr schwer, sich einzugestehen, dass sie ihre privilegierte Stellung an seiner Seite nun verloren hat. »Sartre schien weiter von mir entfernt zu sein als je zuvor«, schreibt sie. »Ich hatte das Gefühl, man hätte ihn mir geraubt.«

Simone de Beauvoir, eine international erfolgreiche Schriftstellerin und inzwischen zweifellos eine der berühmtesten Frauen der Welt, stürzt sich in eine neue Frauenliebe zu der 33 Jahre jüngeren Sylvie Le Bon, einer Philosophielehrerin, die voller Aktivität und Lebensfreude ist. Sie entreißt Simone aller Trübsal. »Jetzt habe ich Sylvie«, bekennt sie, »und es verbindet uns eine absolute, bedingungslose Freundschaft, denn von Anfang an waren wir beide bereit, unsere Lebensweisen aufeinander abzustimmen, ganz füreinander dazusein.« Später adoptiert Simone de Beauvoir Sylvie und bleibt bis zu ihrem Tod mit ihr zusammen.

Anfang der 70er Jahre erleidet Sartre, der in jeder Hinsicht exzessiv gelebt und Raubbau mit seiner Gesundheit betrieben hat, mehrere Schlaganfälle. Außerdem erblindet er langsam, und niemand kann sein Gekritzel mehr lesen. Dennoch schreibt er weiter bis zu seinem Tod am 15. April 1980.

Ein Jahr später veröffentlicht Simone *Die Zeremonie des Abschieds,* einen Bericht über die letzten zehn Lebensjahre Jean-Paul Sartres. Die Kritik zu diesem letzten Buch fällt nicht positiv aus. Man wirft ihr »Leichenfledderei« vor und unterstellt ihr, sie habe sich mit »diesem arglistigen Angriff aus dem Hinterhalt« an Sartre rächen wollen.

Die Prosa dieses Buches ist merkwürdig kraftlos. Daran wird deutlich, dass es nicht allein Sartres Tod ist, der Simone schmerzt. Es ist auch sein Mangel an Loyalität ihr gegenüber, sein Verrat dessen, was sie für ihre gemeinsamen Ideale gehalten hat, und seine kalte, verletzende Missachtung ihrer Gefühle in seinen dauernden Affären mit anderen Frauen.

Sie gesteht sich dennoch nicht ein, dass das Experiment der bedingten Liebe im Grunde gescheitert ist. In ihren Briefen und Tagebüchern verleugnet sie ihr Leid sogar. Auf jeder Seite ihrer Briefe an Sartre klagt sie über ihre Einsamkeit und fehlende emotionale Zuwendung. Zugleich versichert sie ihm, sie sei vollkommen glücklich und mit seiner Liebe zu ihr vollkommen zufrieden. Wer zwischen den Zeilen liest, erkennt jedoch deutlich, welch hohen Preis sie bezahlen musste, um zu der Frau zu werden, die wegen ihrer Unabhängigkeit überall bewundert wird.

Am 14. April 1986 stirbt sie nach längerer Krankheit an einem Lungenödem. Auf dem Friedhof Montparnasse wird sie an der Seite Sartres begraben. Damit wird ihr endlich das zuteil, was immer eine Illusion war und ihr ein Leben lang versagt blieb: Das dauernde, enge Zusammensein mit dem Mann, den sie geliebt hat, den sie aber nie ganz für sich allein bekommen konnte.

Der Stromboli-Skandal

Ingrid Bergman und Roberto Rossellini (1949–1957)

Stromboli ist eine der nördlich von Sizilien gelegenen Liparischen Inseln. Das karge Eiland ist nur 12,6 Quadratkilometer groß und besteht aus einem einzigen, noch aktiven Vulkan. Die Irrungen und Wirrungen zweier Menschen, die mit dem Namen dieser Insel verbunden sind, und der weltweite Skandal, den ihre Liebe ausgelöst hat, sind den feurigen und urgewaltigen Eruptionen dieses Vulkans vergleichbar. Das Liebesverhältnis zwischen Ingrid Bergman und Roberto Rossellini zählt zu den unglaublichsten und unerhörtesten Ereignissen, die es in der Geschichte des Films je gegeben hat.

Nichts deutet in den ersten Lebensjahrzehnten von Ingrid Bergman darauf hin, dass sie einmal Gegenstand einer hasserfüllten Presseberichterstattung und einer über Jahre anhaltenden Schmutzkampagne sein würde. Im Gegenteil. Am 29. August 1915 in Schweden geboren, verkörpert sie als Schauspielerin mit ihrer natürlichen Ausstrahlung perfekt die »ungeschminkte Frau von nebenan«.

Sie ist drei Jahre alt, als ihre Mutter stirbt, und mit 13 verliert sie auch ihren Vater. Sie wächst in der Familie ihres Onkels auf und nimmt schon früh Schauspielunterricht. 1933 beginnt sie ihre Ausbildung an der Königlichen Schauspielschule in Stockholm. Schon 1934 spielt sie ihre erste Filmrolle, ein

Dienstmädchen. Zur selben Zeit lernt sie den 25-jährigen, gut aussehenden Zahnarzt Petter Lindström kennen. Er ist ein charmanter, fröhlicher und immer zu Scherzen aufgelegter junger Mann mit blonden Haaren, sehr sportlich und tanzbegeistert. Bei ihm findet sie eine Schulter, an die sie sich anlehnen kann. Seine Überlegenheit und Entschlossenheit imponieren ihr. Aus der anfänglichen Freundschaft wird Liebe.

Im Juli 1937 heiraten sie. Er ist 30 und sie 21, und sie scheinen füreinander geschaffen. Ingrid ist unsagbar in Petter verliebt. Wenige Tage vor der Hochzeit schreibt sie ihm: »Mein Goldiger, mein Einziger auf der Welt, mein wunderbarer, einzig Geliebter. Wenn Du nur hier in meiner Garderobe sein könntest und ich auf Deinem Schoß sitzen könnte. Wie schön wäre das, denn ohne Dich ist alles so trostlos ... Wenn ich Dich nur küssen und immer wieder küssen könnte! Du wirst mich niemals verlassen, nicht wahr? Ich werde Dich niemals verlassen. Ich will immer bei Dir sein, immer und immer ... Wie verrückt ich nach Dir bin. Ich glaube, ich explodiere.«

Inzwischen ist die schwedische Filmindustrie auf die talentierte junge Schauspielerin aufmerksam geworden. Sie dreht sieben weitere Filme, bis die UFA sie 1938 für den Film *Die vier Gesellen* nach Berlin holt. Ihr Partner ist Hans Söhnker. Aber sie verlässt Nazideutschland schnell wieder, das ihr gar nicht behagt.

Nach der Geburt ihrer Tochter Pia im September 1938 meldet sich Hollywood bei ihr. Der erfolgreiche Produzent David O. Selznick lädt sie nach Amerika ein. Im Mai 1939 verlässt sie Schweden, lässt die Tochter bei ihrem Mann zurück und dreht zusammen mit Leslie Howard die amerikanische Neuverfilmung von *Intermezzo*. Graham Greene, damals noch Filmkritiker, schreibt über den Film: »Den Film sollte man unbedingt gesehen haben, um Ingrid Bergman kennen zu lernen, den neuen Star, der so natürlich ist wie sein Name.«

Mit 23 sieht sie noch aus wie 16. Doch sie ist im Begriff, Hollywood zu erobern. Ihre Familie folgt ihr 1940 nach. Und nach drei weiteren Filmen dreht Ingrid Bergman 1942 einen Streifen, der sie an der Seite von Humphrey Bogart zur Legende macht: *Casablanca.*

1943 spielt sie zusammen mit Gary Cooper in Hemingways *Wem die Stunde schlägt* und 1944 folgt *Gaslight* [Das Haus der Lady Alquist] mit Charles Boyer und Joseph Cotten. Sie ist zu einer außerordentlich beliebten Schauspielerin geworden und erhält ihren ersten Oscar als beste Darstellerin des Jahres. Auch nach dem Krieg geht ihre Erfolgsserie weiter. Ihre 1948 verfilmte *Johanna von Orleans* verschafft ihr neuen Ruhm.

Sie ist nun zwar ein Superstar, aber sie ist nicht glücklich. In ihrer Ehe kriselt es, und sie hat das Gefühl, sich künstlerisch nicht weiterzuentwickeln. Sie will nicht mehr die schöne Schwedin mit der natürlichen fraulichen Ausstrahlung sein, die Herzensdame und das saubere Seelchen. Sie sucht neue Herausforderungen und beginnt, sich für die italienischen Neorealisten zu interessieren. Sie ist begeistert von Roberto Rossellinis Film *Rom, offene Stadt* und schreibt ihm einen Brief. »Ich habe Ihre Filme gesehen und bewundere sie sehr. Wenn Sie eine schwedische Filmschauspielerin suchen, die Englisch und Deutsch kann … auf Italienisch aber nur »ti amo«, bin ich bereit, zu kommen und einen Film mit Ihnen zu machen.«

Rossellini ist neugierig und schlägt vor, sich in Paris in einem Hotel zu treffen. Zusammen mit Petter fliegt sie hin und ist wie vom Blitz getroffen, als sie einander vorgestellt werden. »Petter sagte etwas zu mir«, schreibt sie später, »aber ich hörte gar nicht hin. Ich sah nur in Robertos dunkle Augen.« Es ist Liebe auf den ersten Blick.

In ihren Memoiren gesteht sie, dass sie ihn vom ersten Augenblick an mochte. »Wahrscheinlich deshalb, weil er das genaue Gegenteil der Filmleute in Hollywood war … Man kann nicht sagen, dass er ein umwerfend gut aussehender Mann war, aber er hatte einen fein geschnittenen Kopf und ein sehr intelligentes, bewegliches Gesicht. Und mehr als alles andere gefiel mir, was er sagte. Seine Worte und Vorstellungen, die er entwickelte, unterschieden sich so sehr von allem, was ich bisher gehört hatte.«

Der 1906 geborene Filmregisseur ist ein Lebemann und Macho, ein Renaissancemensch von unendlicher Vielfalt, voller Streitlust, Ausbrüche und Ausflüchte, leidenschaftlicher Gesten und ungeheurem Zorn. Niemand kann so recht mit ihm fertig werden, es sei denn, er gibt nach.

Roberto Rossellini entstammt einer wohlhabenden römischen Architektenfamilie. Schon früh geht er zum Film, dreht ab 1939 seine eigenen Filme und begründet mit seinem eigenwilligen Stil den italienischen Neorealismus. Rossellini kennt keine Kompromisse. Alles entwickelt er aus dem Augenblick. Drehbücher gibt es bei ihm nicht, er improvisiert ständig. Seit 1936 ist er verheiratet, lebt aber von seiner Frau getrennt. Als er beginnt, für Ingrid Bergman einen Film zu konzipieren, der später den Titel *Stromboli* erhält, ist Anna Magnani, eine der größten Filmschauspielerinnen Italiens, seine Geliebte.

Die temperamentvolle Anna gießt ihm eine Schüssel Spaghetti mit Tomatensoße über den Kopf, als sie erfährt, dass nicht sie, sondern Ingrid Bergman die Hauptrolle in dem neuen Film spielen soll. Im Januar 1949 kommt Rossellini nach Amerika und wohnt privat bei Ingrid Bergman und ihrem Mann Petter. Auch er hat sich in Ingrid verliebt. Sie weiß längst: Wenn der richtige Mann im richtigen Moment die richtigen Worte zu ihr sagt, wird sie ihm folgen.

Roberto findet sie. Er sagt nicht, sie hätten an Anna und Petter zu denken, er sagt einfach: »Komm mit!« Er will seinen Film mit Ingrid Bergman auf der armen, dürren Insel Stromboli drehen. Petter rät ihr ab, aber sie weiß, sie muss nach Rom fliegen, wo ein neues Leben auf sie wartet. Sie liebt wie noch nie zuvor in ihrem Leben und ist bereit, alles dafür zu opfern. Ihren Mann und auch ihre elfjährige Tochter.

Als Ingrid Bergman im März 1949 in Rom ankommt, ist ihre Zukunft ungewiss. Sie weiß so wenig über Roberto. Doch sie fühlt, dieser Mann wird ihr neues Leben einhauchen und ihrer Karriere eine neue Richtung geben. Für Roberto ist sie eine neue Herausforderung. Sie ist schön, amüsant und gehört einem anderen. Ihr fröhliches Lachen ist so natürlich und bezaubernd. Die Liebe zu ihr ergreift sein Herz, leidenschaftlich und nahezu verzweifelt. Er ist bereit, sich ganz hinzugeben.

Sie unternehmen eine spontane Rundreise durch Italien. Und dann wird in Amalfi jenes berühmt-berüchtigte Foto geschossen, das zeigt, wie sie Hand in Hand einen Turm hinaufsteigen. Es geht um die Welt, mit ihm beginnt der Skandal, zu dem die Presse das Liebesverhältnis macht. Ingrid schreibt an ihren Ehemann:

»Petter lilla, es wird schwer für Dich sein, diesen Brief zu lesen, und es ist schwer für mich, ihn zu schreiben. Aber ich glaube, es ist der einzige Weg. Ich würde Dir gern alles von

Ingrid Bergman und Roberto Rossellini. Foto, 1950.

Anfang an erklären, aber Du weißt genug. Ich möchte Dich um Verzeihung bitten, aber das erscheint so unsinnig. Es ist nicht allein meine Schuld, und wie könntest Du mir vergeben, dass ich bei Roberto bleiben will? Ich hatte nicht vor, mich zu verlieben und für immer in Italien zu bleiben … Du hast in Hollywood selbst bemerkt, wie meine Zuneigung zu Roberto wuchs, wie ähnlich wir uns sind, mit der gleichen

Sehnsucht für die gleiche Arbeit, den gleichen Vorstellungen vom Leben. Ich dachte, ich könnte mein Gefühl für ihn vielleicht besiegen, wenn ich ihn in seiner Umgebung sah, die so ganz anders ist als meine. Aber genau das Gegenteil geschah. Ich hatte nicht den Mut, Dir früher mehr über ihn zu sagen, darüber zu reden. Ich kannte die Tiefe seiner Gefühle nicht. Petter, ich weiß, dass dieser Brief wie eine Bombe auf unser Zuhause stürzt, auf Pia, unsere Zukunft und unsere Vergangenheit, in der Du so aufopfernd und hilfreich warst. Und nun stehst Du allein in den Ruinen, und ich kann Dir nicht helfen … Liebster, nie dachte ich, dass dieser Moment kommen würde, nach allem, was wir gemeinsam durchgestanden haben, und jetzt weiß ich nicht, was ich machen soll. Armer kleiner Papa, aber auch arme kleine Mama.«

Sie will, dass er weiß: Sie hat ihn betrogen und wird ihn verlassen. Nach diesem Brief fühlt sie sich frei, er ist ihre Scheidung. Sie gibt sich ganz hin in den romantischen Traum, mit Roberto für immer zusammenzuleben, ihn vielleicht sogar zu heiraten.

Petter will nicht glauben, was Ingrid ihm geschrieben hat. Wenn es wirklich wahr ist, dann wird sie zurückkommen und Pia selbst erklären müssen, dass alles vorbei ist. Dann erst könnte er es glauben. Er antwortet ihr, dass er sehr leide, aber eines soll sie wissen: »Eine Frau, die nicht mehr mit mir leben will, ist nicht meine Frau.« Sie würde doch nur Anna als Geliebte ablösen, eine neue Ehe »ihres Italieners« würde im katholischen Italien niemals anerkannt werden. Wenn sie eine Scheidung erreichen wolle, dann müsse sie nach Amerika kommen und alles mit ihm besprechen. Andernfalls braue sich ein Skandal ungeheuren Ausmaßes zusammen. Es sei höchste Zeit, dass sie erwachsen werde. »Kein Mann, der seine Frau liebt, hat ihr mehr Freiheit gegeben als ich Dir.« Gegenüber den Zeitungen sagt er, seine Frau müsse wohl unter dem Einfluss von Drogen stehen. Sie wisse nicht, was sie tue.

Ingrid weint, als sie seinen Brief liest. Wie kann sie ihm nur klar machen, dass sie die schwierigste und traurigste Entscheidung ihres ganzen Lebens getroffen hat? Warum hat sie sich in Roberto verliebt? »Weil er so ungewöhnlich war«, erinnert sie sich später. »Jemand wie ihn hatte ich nie erlebt, niemals hatte ich einen Menschen kennen gelernt, der seine Art von Freiheit besaß. Er machte alles für mich größer, weiter … Mein Leben bekam durch ihn neue Dimensionen, neue Freuden, neue Horizonte. Er gab mir eine Kraft, die ich nie zuvor hatte.«

Die gesamte Weltpresse kommt nach Stromboli, um zu sehen und zu erleben, was es mit der heißen Liebesaffäre auf sich hat und wie weit sie wirklich geht. Ingrid ist schockiert, dass ihr Privatleben so breitgetreten wird. Tief getroffen von der Tragödie, die sich nun anbahnt, beginnt sie, Schuldgefühle zu entwickeln, und fällt in Depressionen.

»Es war die Hölle«, schreibt sie. »Ich weinte so viel, dass ich schon glaubte, keine Tränen mehr zu haben. Ich war der Meinung, die Zeitungen hatten Recht. Ich hatte meinen Mann im Stich gelassen und mein Kind. Ich war eine schreckliche Frau.«

Kaum je hat ein Massenpublikum seinem Superstar so gegrollt und ihn so tief fallen lassen. In kaum mehr als einem Vierteljahr hat Bergman ihren Thron als Hollywoods First Lady verspielt, und sie wird zur Unperson. Der Erfolg des gerade in die Kinos gekommenen Films *Johanna von Orleans* ist gefährdet. Sie befürchtet sogar, dass ihre Filme verboten werden. Sie ist kein Kassenmagnet mehr, und zahlreiche Gesellschaften, mit denen sie gearbeitet hat, machen Bankrott.

Verzweifelt beschließt sie, ihre Karriere aufzugeben und sich ganz ins Privatleben zurückzuziehen. Und sie will zu Petter und Pia fahren, um die Probleme und die Scheidung vernünftig zu besprechen. Aber Roberto verbietet ihr das, weil er befürchtet, Petter lasse sie dann nicht mehr zu ihm zurück. Daraufhin unterbindet Petter den Kontakt zwischen Tochter und Mutter. Pia schreibt ihr, sie wolle sie nicht wieder sehen. Erst sechs Jahre später begegnen sie sich wieder.

Dann wird Ingrid Bergman schwanger. Ein uneheliches Kind ist die Krönung des Skandals. In aller Welt liest man die Schlagzeilen und ereifert sich über Bergmans Moral.

Stromboli wird fertig, aber der Film ist ebenso wenig ein Publikumserfolg wie Bergmans weitere gemeinsame Produktionen mit Rossellini. Sie kommt mit seiner Art, Filme zu machen, nicht zurecht. Nach der Geburt von Robertino hält ein US-amerikanischer Senator im Senat eine Brandrede gegen Ingrid Bergman. Sie habe die heilige Institution der Ehe angegriffen und sei eine »Anhängerin der freien Liebe«, die einen »machtvollen und teuflischen Einfluss« ausübe. Ihr unnatürliches Verhalten gegenüber ihrer kleinen Tochter deute auf eine geistige Anomalie hin. In ganz Amerika werden nun Hasstiraden gegen die Frau geschleudert, der die Menschen einst zu Füßen lagen. Und auch die schwedische Presse schreibt, der Skandal sei eine Schande für die ganze schwedische Nation.

Roberto hat herausgefunden, dass in Mexiko die Möglichkeit besteht, sich rasch scheiden zu lassen »wegen seelischer Grausamkeit, Vernachlässigung und Unvereinbarkeit der Charaktere«. Am 9. Februar erhält Ingrid aus Mexiko ein Telegramm mit der Nachricht, die Scheidung sei vollzogen, und sie könne nun heiraten, wen immer sie wolle. Robertos Ehe wurde bereits vorher geschieden.

Die Eheschließung der beiden findet am 24. Mai 1950 ebenfalls in Mexiko statt, allerdings in Abwesenheit der Brautleute. Zwei Freunde nehmen vor dem Standesbeamten ihren Platz ein und tauschen das Jawort aus – ein absurder Vorgang, der dem Stromboli-Skandal eine neue Dimension verleiht.

Im Winter leben Bergman und Rossellini in einer Zehnzimmerwohnung in Rom und im Sommer in ihrem Haus »Santa Marinella« an der Küste. Roberto lebt wie ein Millionär, aber bald fehlt das Geld, denn er ist unfähig zu wirtschaften. Ingrid beschließt, wieder zu filmen. Doch im Herbst 1951 ist sie erneut schwanger. »Ich wurde immer dicker«, schreibt sie, »und sah schließlich aus wie ein Elefant … Dann stand es fest: Ich würde Zwillinge bekommen. Roberto rief vor Freude ganz Rom an.« Sie bringt zwei Mädchen zur Welt, Isabella und Ingrid.

Nach der Entbindung geht Ingrid zurück ans Theater. In Paris spielt sie mit großem Erfolg in Paul Claudels Stück *Johanna auf dem Scheiterhaufen*, zu dem Arthur Honegger ein Oratorium komponiert hat. Danach erhält sie Angebote von Opernhäusern in ganz Europa. Zusammen mit Roberto und den Kindern geht sie auf Tournee, mit viel Gepäck und einem Haus- und Kindermädchen.

1955 dreht Roberto in Deutschland *Angst* nach der Novelle von Stefan Zweig. Es ist sein letzter gemeinsamer Film mit Ingrid, die an der Seite von Mathias Wieman die Hauptrolle spielt. Die Kritik ist niederschmetternd. »Ingrid Bergman und Roberto Rossellini sollten entweder ihren Stil ändern, und zwar radikal«, heißt es in einer italienischen Illustrierten,

»oder sie sollten sich stillschweigend ins Privatleben zurückziehen. Ingrid Bergman war einmal ohne Frage der größte Filmstar der Welt, die Nachfolgerin von Greta Garbo, aber in ihrem letzten Film ist sie nur noch ein Schatten ihrer selbst.«

Schon während der Dreharbeiten ist es zu Spannungen zwischen den Eheleuten gekommen. Nach dem letzten Reinfall mehren sich die Stimmen, die Rossellini vorwerfen, die Karriere seiner Frau zerstört zu haben. Sie ist unglücklich darüber, dass Roberto ihr nicht erlaubt, mit anderen Regisseuren zu arbeiten. In seinen Augen ist sie sein Besitz. Sie muss interessante Angebote von Fellini, Visconti und de Sica ablehnen. Aus dem Streit erwachsen ernsthafte Eheprobleme, die noch größer werden, als sie ihm mitteilt, sie werde ein Angebot von Jean Renoir annehmen, in Paris unter seiner Regie in dem Theaterstück *Tee und Sympathie* zu spielen. Roberto versucht, sie mit der Drohung zu erpressen, er werde einen Riesenskandal machen. Er droht sogar, mit seinem Ferrari gegen einen Baum zu fahren.

Dann kommt ein Filmangebot aus England: *Anastasia.* Bergman nimmt es an und spielt 1956 neben Yul Brynner so überzeugend, dass sie für die Rolle der Zarentochter ihren zweiten Oscar bekommt. Dieser Erfolg wird zu einem neuen Wendepunkt in ihrem Leben. Die Distanz zu Roberto ist kaum noch zu überbrücken. Er dreht in Indien einen Film, während sie in Paris auf der Bühne steht. Und dann geschieht etwas, das sie tief trifft und vollkommen aus der Fassung bringt. Roberto hat sich wieder verliebt, in die Frau eines indischen Produzenten. Die Zeitungen schreiben schon darüber, dass sie Mann und Kind wegen Roberto verlassen hat.

Als er zu Ingrid nach Paris kommt, zusammen mit Sonali, der hübschen Inderin, fragt Ingrid ihn im Hotelzimmer, ob er die Scheidung wolle. Er antwortet zunächst nicht, dann sagt er traurig und leise: »Ich habe es so satt, Mr. Bergman zu sein.«

Der große Traum ist zu Ende. Am 8. November 1957 geben sie nach siebenjähriger Ehe ihre Scheidung bekannt. Als er von ihr das Versprechen haben will, nie wieder zu heiraten, lacht sie nur.

Schon ein Jahr später heiratet sie tatsächlich noch einmal, den schwedischen Kaufmann Lars Schmidt, und dreht weitere erfolgreiche Filme. Nun gehört sie wieder zu den Schauspielerinnen von Weltrang. Auch Rossellini heiratet erneut. Es folgen jahrelange juristische Auseinandersetzungen über das Sorgerecht für die gemeinsamen Kinder. Nach dem Gerichtsurteil bleibt Ingrid Roberto Rossellini bis zu seinem Tod im Jahr 1977 freundschaftlich verbunden. Sie selbst stirbt fünf Jahre später in London nach einem langen Krebsleiden.

Der goldene Käfig

Eva Braun und Adolf Hitler
(1929–1945)

Es besteht kein Zweifel daran, dass Adolf Hitler das denkbar größte Übel für Deutschland und die Welt gewesen ist. Er hat Leid, Schrecken und Tod über Millionen Menschen gebracht, und es ist allgemein bekannt, dass er so eindeutig und vollständig gescheitert ist wie kein anderer in der Geschichte.

Weit weniger bekannt ist, dass er auch den Frauen seiner engsten Umgebung den Tod gebracht hat. Mehrere Frauen waren bereit, seinetwegen zu sterben. Einige brachten sich tatsächlich um, wie seine geliebte Nichte Geli Raubal, und auch Eva Braun hat es zweimal versucht.

»Ich fürchte, ich bringe den Frauen kein Glück«, hat er selbst von sich gesagt, als er erfuhr, dass sich die britische Aristokratin Unity Mitford, die ihn vergötterte, wenige Stunden nach Kriegsbeginn eine Kugel in den Kopf geschossen hatte. Bei den Olympischen Spielen 1936 in Berlin saß sie neben ihm in seiner Loge, weil er hoffte, über sie Kontakte zum englischen Adel knüpfen zu können.

Hitler demütigte und erniedrigte die Frauen. In besonderem Maße tat er das mit Eva Braun. Ihre Liebe zu ihm ist tragisch gescheitert.

Eva Braun stammt ebenso wie Hitler aus kleinbürgerlichen Verhältnissen. Ihr Vater ist Lehrer und ihre Mutter

Schneiderin. Eva erblickt am 7. Februar 1912 in München das Licht der Welt. Nach dem Besuch der Klostervolksschule im ländlichen Beilngries kommt Eva auf ein Mädchengymnasium in München. Die Lehrer klagen häufig über das »wilde, ungebärdige und faule Kind«. Am liebsten mag sie Sport. Sie wird Mitglied in einem Turnverein, betreibt Leichtathletik und trainiert ihren Körper durch Gymnastik und Krafttraining. Mit ihren blauen Augen und den blonden Haaren ist sie eine beinahe puppenhafte Erscheinung. Ebenso wie Hitler liest sie in ihrer Jugend Bücher von Karl May. Aber auch Filmzeitschriften und sentimentale Dreigroschenromane haben es ihr angetan, besonders solche über Frauen, die sich für ihren Geliebten aufopfern. Damals ahnt sie noch nicht, dass ihr ein ähnliches Schicksal bevorsteht. Aber sie mag auch Musik, vor allem Jazz und Musicals, und besucht leidenschaftlich gerne Tanzbars. Sie träumt von einer Karriere als Tänzerin oder Filmstar.

Angesichts der desolaten wirtschaftlichen Situation in Deutschland muss sie diesen Traum jedoch begraben. So ist sie froh, als sie 1929 eine Anstellung im Fotogeschäft von Heinrich Hoffmann als Lehrling und Verkäuferin findet. Später wird sie die Fotografie zu ihrem Hobby machen. Die Arbeit bei Hoffmann bestimmt ihr weiteres Schicksal, denn er fotografiert hauptsächlich für die nationalsozialistische Partei Deutschlands, die NSDAP.

Im Oktober 1929 betritt ein eigenartiger Mann mit Schlapphut und Lederpeitsche das Fotogeschäft. Er ist 23 Jahre älter als Eva und tritt unter dem Pseudonym Wolf auf, denn seine Faszination gilt den Wölfen, und er sieht sich selbst gern als Wolf. Seinen Vornamen Adolf leitet er vom althochdeutschen »Athalwolf« ab, was »edler Wolf« bedeutet.

Sein Lieblingshund heißt ebenfalls »Wolf«, und seine Schutztruppe, die SS, bezeichnet er später oft als sein Wolfsrudel.

Eva steht gerade oben auf einer Leiter und bemerkt, wie der Mann auf ihre hübschen Beine schaut. Hoffmann stellt ihn ihr vor, und sie muss aus der Gastwirtschaft um die Ecke Bier und Leberkäse holen. Als sie zurückkommt, macht der 40-jährige Vorsitzende der NSDAP ihr charmante Komplimente. Sie plaudern über Musik und die letzte Aufführung im Münchener Staatstheater.

Bei seinem nächsten Besuch bringt Hitler Eva Braun Blumen mit und küsst ihr die Hand. Und zu Weihnachten 1929 schenkt er ihr ein Foto von sich mit Widmung. Hitlers Leibfotograf macht auch eine Aufnahme von den beiden, auf der ein lächelnder Hitler vor Eva den Hut zieht. Sie klebt es in ihr Album und ist stolz darauf, von einem derart prominenten Mann verehrt zu werden – schließlich berichten Zeitungen und Radio fast täglich von ihm. Sie fühlt sich geschmeichelt, als Hitler sie ins Kino, in die Oper und die »Osteria Bavaria« einlädt, sein Lieblingslokal in München. Manchmal fahren sie auch in einer Wagenkolonne ins Grüne hinaus zum Picknick, begleitet von Adjutanten und Chauffeuren.

Eva ist verliebt und versteckt kleine Briefe in Hitlers Manteltaschen. Ihren Freundinnen erzählt sie, er sei ebenfalls in sie verliebt. Sie träumt davon, für immer an der Seite dieses Mannes bleiben zu dürfen und bald mit ihm verheiratet zu sein. Es stört sie nicht, dass er 23 Jahre älter ist. Im Gegenteil, sie mag seine dominante Beschützerrolle. Er ist für sie der Mann ihres Lebens.

Anfang 1932 wird er in seiner Wohnung am Prinzregentenplatz mit ihr intim. Er ist sehr zärtlich zu ihr und nennt sie »Tschapperl«, »Hascherl« oder Evchen. Von Fotos und

Filmaufnahmen kennt sie ihn wild gestikulierend und mit ekstatisch verzerrtem Gesicht. Ihr gegenüber zeigt er eine ganz andere Seite seines Wesens, und sie kommt zu der Erkenntnis, dass er ein großer Schauspieler ist. In Wahrheit zeigt er nur selten seine Gefühle, und wenn er es tut, verschließt er sich augenblicklich wieder.

Selbst Eva gegenüber ist Hitler nur selten völlig gelöst, zumeist bleibt eine Distanz zwischen dem zukünftigen Diktator und dem einfachen Mädchen. Niemandem ist es je gelungen, diese Distanz zu überwinden – vermutlich auch nicht beim Sex. Hitler ist voller Komplexe, er fürchtet, im intimen Zusammensein mit einer Frau die Kontrolle zu verlieren. Seine dominante Pose will er auf keinen Fall aufgeben. Deshalb spielt Eva beim Geschlechtsverkehr eher eine devote, unterwürfige Rolle. Einiges spricht dafür, dass er seine sadistischen Neigungen an ihr ausgelassen hat. Die nach Kriegsende aufkommenden Gerüchte jedoch, sie habe lederne Unterwäsche tragen müssen, entbehren jeder Grundlage – die Tagebücher, in denen das steht, haben sich als plumpe Fälschung erwiesen.

Auch die spätere Vermutung, Hitler sei zum Geschlechtsverkehr gar nicht fähig gewesen, wird durch einige Äußerungen Eva Brauns widerlegt.

»Ich bin die Geliebte des größten Mannes Deutschlands und der Erde«, beklagt sie sich in ihrem Tagebuch. »Er braucht mich nur für bestimmte Zwecke.«

Ab und zu erhält Eva von Hitler etwas Geld oder billigen Schmuck. Bei einem Abendessen im Münchener Hotel »Vier Jahreszeiten« sitzt sie drei Stunden lang schweigend neben ihm. Er hat ihr nicht gestattet, ihn anzusprechen. Kurz vor dem Aufbruch gibt er ihr, wie einer Dirne, einen Umschlag mit einigen größeren Banknoten. Sie begehrt nicht dagegen auf und nimmt alles geduldig hin, auch das ständige Warten auf ihn. Denn sie sieht ihn immer seltener.

Hitler reist kreuz und quer durch Deutschland und spricht allein zwischen dem 15. und 30. Juli 1932 in 50 Städten. Die NSDAP will die Reichstagswahlen am 6. November unbedingt gewinnen. Für Eva ist Hitler kaum noch zu sprechen. Sie ist nicht bereit, eine Trennung von ihm zu akzeptieren, lieber will sie sterben. Dabei empfindet sie sein Verhalten durchaus als sehr verletzend. »Sehr intelligente Menschen sollen sich eine primitive und dumme Frau nehmen«, hat er beispielsweise in größerer Runde taktlos in ihrer Gegenwart geäußert. »Sehen Sie, wenn ich nun noch eine Frau hätte, die mir in meine Arbeit hineinredet! In meiner freien Zeit will ich meine Ruhe haben … heiraten könnt'« ich nie!«

Das bricht ihr das Herz. Am 1. November 1932 schreibt sie ihm einen Abschiedsbrief. Dann schießt sie sich mit dem Armeerevolver ihres Vaters in den Hals. Die Kugel bleibt nur knapp neben der Halsschlagader stecken. Im Krankenhaus rettet man Evas Leben. Hitler ist von so viel Zuneigung geschmeichelt. »Ich werde mich in Zukunft mehr um sie kümmern müssen«, kommentiert er den Selbstmordversuch und gibt seine Trennungsabsichten auf. Schon am 1. Januar 1933 lädt er Eva zu Wagners *Meistersinger* in die Münchener Oper ein. Sie ist glücklich. Aber als er am 30. Januar zum Reichskanzler gewählt wird, ist sie von neuen Sorgen erfüllt, denn nun wird er ständig in Berlin weilen, und sie kann ihn gar nicht mehr sehen.

Hitler verbietet ihr, nach Berlin zu kommen. Er ist sehr auf Diskretion bedacht und versteckt sie vor Dritten und vor der Öffentlichkeit. Eine Mauer des Schweigens wird um sie errichtet, nur ein kleiner Kreis weiß von dem Liebesverhältnis. Eva vertraut ihrem Tagebuch verzweifelt an, es wäre besser gewesen, sie hätte Hitler nie getroffen. Sie versteht nicht, warum er sie so quält. Das Gefühl, nur für seine sexuellen Wünsche da zu sein, erniedrigt sie.

Doch am 18. Februar 1935 schreibt sie: »... das Schönste aber war, dass er sich mit dem Gedanken trägt, mich aus dem Geschäft zu nehmen ... und mir ein Häuschen zu schenken. Ich darf einfach nicht daran denken, so wunderschön wäre das ... Lieber Gott, gib, dass es wirklich wahr ist und in absehbarer Zeit Wirklichkeit wird.«

Aber es geschieht nichts. Im März darf sie, in der Menschenmenge eingekeilt, einen Blick auf Hitler werfen, als er in München weilt. Drei Stunden wartet sie vor dem »Carlton« und muss zusehen, wie er Anny Ondra, der Gattin des Boxweltmeisters Max Schmeling, Blumen schenkt und sie zum Essen einlädt. Und am 10. Mai schreibt sie verzweifelt: »Schließlich könnte er mich doch so weit kennen, dass ich ihm nie etwas in den Weg legen würde, wenn er plötzlich sein Herz für eine andere entdeckt. Was aus mir wird, kann ihm ja gleich sein.«

Als sie am 28. Mai an Hitler schreibt und keine Antwort erhält, beschließt sie erneut, aus dem Leben zu scheiden. Sie hat sich eine ganze Schachtel Schlaftabletten gekauft. »Lieber Gott, hilf mir, dass ich ihn heute noch sprechen kann«, vertraut sie ihrem Tagebuch an, »morgen ist es zu spät. Ich habe mich für 35 Stück entschlossen, es soll diesmal wirklich eine ›todsichere‹ Angelegenheit werden. Wenn er wenigstens anrufen lassen würde.«

Sie nimmt nur 20 Schlaftabletten und wird von ihrer Schwester gefunden und gerettet. Das offene Tagebuch liegt neben ihr. »Wenn er sagt, er hat mich lieb«, ist da zu lesen, »so meint er, nur in diesem Augenblick. Genauso wie seine Versprechungen, die er nie hält. Warum quält er mich so und macht nicht gleich ein Ende?«

Die ausführlichen Tagebücher gehen sämtlich verloren, nur ein Fragment von 22 Seiten bleibt erhalten. Ob Hitler sie je zu Gesicht bekommen hat, ist fraglich. Auch wenn er die letzte Eintragung vor dem Selbstmordversuch nicht gelesen hat, nun endlich reagiert er, wie sie es erhofft hat.

Er kauft ihr in München-Bogenhausen für 30 000 Reichsmark ein einfaches Einfamilienhaus mit einem 800 Quadratmeter großen ummauerten Garten und richtet es für Eva ein. Er schenkt ihr kostbare Teppiche, Silbergeschirr mit seinem Monogramm und teure Möbel. Unter den Bildern befinden sich auch seine eigenen Aquarelle. Natürlich fehlen auch in Öl gemalte Hitlerporträts nicht. Das Häuschen gibt Eva ihre Lebensfreude zurück. Es ist für sie ein Statussymbol und hat außerdem den Vorteil, dass sie Hitlers Wohnung bequem zu Fuß erreichen kann. Unter den zahlreichen Geschenken Hitlers freut sie sich am meisten über »Negus« und »Stasi«, zwei kleine Scotchterrier, und über eine sensationelle technische Neuheit, einen Fernsehapparat. Es ist einer der ersten, die es in Deutschland gibt. Zu ihrem 27. Geburtstag kommt noch ein Prototyp des Volkswagens hinzu, der aussieht wie ein Maikäfer, weshalb sie ihn kaum benutzt.

Wie sehr Hitlers Wertschätzung für Eva Braun zugenommen hat, zeigt sich darin, dass er sie 1936 zu sich auf den »Berghof« nimmt und zur Hausherrin und Privatsekretärin macht. Das steht nun in ihrem Pass, und auch im Telefonbuch wird sie so geführt. 1938 bedenkt Hitler sie in seinem persönlichen Testament mit einer monatlichen Rente von

Adolf Hitler und Eva Braun. Foto, undatiert.

1000 Reichsmark, die aus der Parteikasse gezahlt werden soll.

Im März 1938 darf Eva ihren Geliebten inkognito nach Wien begleiten. Unauffällig reiht sie sich in das Gefolge des Führers ein und kann auf diese Weise auch seinen Staatsbesuch in Italien vom 3. bis 9. Mai miterleben.

Aber zwei Drittel ihrer Zeit verbringt sie bis zu ihrem Tod auf dem »Berghof«. Hier hat sie Zutritt zu allen 30 Räumen. Das Liebespaar hat getrennte Schlafzimmer, die durch einen Flur miteinander verbunden sind. In ihrem Schlafzimmer hängt ein Aktgemälde, das Hitler selbst von ihr gemalt hat. Wie alle anderen redet sie ihn mit »Mein Führer« an, was in Kombination mit dem vertrauten »Du« aus ihrem Munde merkwürdig klingt. »Ich hätte ihm keinen Kuss geben mögen«, äußert sich später seine Sekretärin Christa Schröder. »Er hatte ganz gelbe Zähne und roch aus dem Mund.«

Oft steht Eva vor dem versenkbaren Riesenfenster des »Berghofs« und genießt den grandiosen Ausblick auf das Panorama des Unterbergs. Sie gehört nun zur Führungsclique des Dritten Reiches, zu Hitlers »Hofstaat«. Doch immer, wenn ausländischer Besuch kommt, steht sie unter Zimmerarrest.

Manchmal darf sie Hitler auch nach Berlin begleiten, wo er ihr 1938 im ehemaligen Schlafzimmer Hindenburgs eine kleine Wohnung in der Reichskanzlei einrichtet. Frei bewegen darf sie sich dort jedoch nicht – sie muss den Personaleingang benutzen und die Mahlzeiten auf ihrem Zimmer einnehmen. Sie führt das Leben einer Mätresse in einem goldenen Käfig und ist, wie Albert Speer es in seinen Erinnerungen ausgedrückt hat, weit davon entfernt, eine moderne Madame Pompadour zu sein.

Anfang 1939 unternimmt Eva eine Norwegenreise, und im August begibt sie sich anlässlich der Filmfestspiele nach Venedig. Hitler verbietet ihr Sonnenbaden und jedes Tanzen. Eva filmt und fotografiert viel, einiges davon ist erhalten geblieben. Sie ist eine elegante Erscheinung. Ihre Kostüme kommen von den besten Schneidern aus Berlin, ihre Kleider und Pelze aus Paris und ihre Schuhe aus Italien. Sie benutzt die teuersten französischen Parfüms und schminkt sich recht auffällig, was ihre Schönheit noch unterstreicht. Ihre naturblonden, künstlich aufgehellten Haare sind stets perfekt frisiert. Sie ist eine starke Raucherin, verzichtet jedoch in Hitlers Gegenwart auf die Zigaretten, weil er den Nikotingeruch nicht ausstehen kann.

Mit ihrem Äußeren entspricht sie eigentlich gar nicht Hitlers Vorstellung von der deutschen Frau, dem Heimchen am Herd. Auch seiner Äußerung, es sei schlimm, wenn eine Frau in Daseinsfragen zu denken beginne, schenkt sie keine Beachtung. Doch sie vermeidet jede politische Äußerung, ein Grundstein ihrer Beziehung. Das fällt ihr auch nicht schwer, denn sie hasst politische Diskussionen. Nur ein einziges Mal nimmt Hitler sie in eine Reichstagssitzung mit, und zwar am 1. September 1939, als er der Welt verkündet, von nun an werde »zurückgeschossen«.

Als der Krieg beginnt, zieht Hitler in seine verschiedenen Führerhauptquartiere, wo Eva ihn nicht besuchen darf. »Auch die Soldaten dürfen ihre Bräute nicht mit in die Schützengräben nehmen«, begründet er seine Weigerung. Nachts telefoniert er aus dem fernen Ostpreußen häufig mit ihr. Nun hat das ungleiche Paar zu einer festen Bindung gefunden. Hitler erwidert Evas Zuneigung, soweit er überhaupt zu echter Liebe fähig ist.

Nur von Heirat spricht er nicht. »Meine Braut ist Deutschland!«, verkündet er pathetisch. Offiziell wird bekannt gemacht, der Führer habe kein Privatleben, Tag und Nacht widme er sich dem deutschen Volke. Hitler ist gegen die Ehe, weil sie Rechtsansprüche schaffe. »Da ist es doch viel richtiger, eine Geliebte zu haben«, behauptet er. »Die Last fällt weg, und alles bleibt ein Geschenk. Das gilt natürlich nur für hervorragende Männer.« Er vergleicht sich mit einem Filmschauspieler, der in den Augen seiner weiblichen Fans das gewisse Etwas verliere, wenn er heirate. Dann sei er nicht mehr ihr Idol.

Auch Kinder will er keine haben, weil jemand wie er keine Aussicht habe, einen tüchtigen Sohn zu bekommen. Denn wie könne der jemals tüchtiger sein als er? Das würde nur Probleme geben. Er mag Kinder auch nicht besonders. Dann und wann versucht er zwar, sich auf väterlich-freundliche Weise mit ihnen zu beschäftigen – vor allem, wenn er dabei gefilmt und fotografiert wird –, doch überzeugend gelingt ihm das eigentlich nie.

Immer wieder erhält er Briefe von deutschen Frauen, die ihm anbieten, ihm ein Kind zu schenken. Sie bitten um einen geeigneten Termin und verweisen auf beigefügte hübsche Fotos. Hitlers Macht ist das größte Aphrodisiakum. Aber auch seine Augen faszinieren die Frauen. Sie haben die Farbe von »nassen Veilchen«, wie Henriette von Schirach sich ausgedrückt hat, während seine fleischige Nase eher abstoßend wirkt. Doch keine der Frauen, die mit ihm intim verkehren wollen, wird erhört. Sie erhalten höfliche Ablehnungsschreiben aus der Reichskanzlei. In besonders hartnäckigen Fällen kümmert sich die Gestapo um sie. Einige werden einfach in eine Nervenheilanstalt eingewiesen.

Nach dem Attentat vom 20. Juli 1944 schreibt Hitler kurz darauf an seine Eva: »Mein liebes Tschapperl, es geht mir gut, mach Dir keine Sorgen, vielleicht ein bisschen müde. Ich hoffe, bald heimzukommen und mich dann in Deinen Armen ausruhen zu können. Ich habe ein großes Bedürfnis nach Ruhe, aber meine Pflicht gegen das deutsche Volk geht über alles andere … Ich habe Dir die Uniform des Unglückstages geschickt. Sie ist der Beweis, dass die Vorsehung mich beschützt und wir unsere Feinde nicht mehr zu fürchten haben. Von ganzem Herzen Dein A. H.« Die zerrissene und blutbefleckte Uniform betrachtet er als historische Reliquie, die es für künftige Generationen zu bewahren gilt.

Zutiefst erschrocken und besorgt antwortet Eva Braun: »Geliebter, ich bin außer mir. Ich sterbe vor Angst, ich fühle mich dem Wahnsinn nahe. Hier ist das Wetter schön, alles ist so friedlich, dass ich mich schäme … Du weißt, ich habe es Dir immer gesagt, dass ich sterbe, wenn Dir etwas zustößt. Von unserer ersten Begegnung an habe ich mir geschworen, Dir überall hin zu folgen, auch in den Tod. Du weißt, dass ich nur lebe für Deine Liebe, Deine Eva.«

Kann es einen überzeugenderen Liebesbeweis geben? Die Hoffnung auf ein trauliches Zusammenleben und eine Ehe mit dem geliebten Mann hat sie aufgegeben. Nun will sie ihm ihre Treue und Selbstaufgabe beweisen, indem sie ihm ankündigt, mit ihm gemeinsam sterben zu wollen. Als das Ende des Dritten Reiches naht, verbietet Hitler ihr, nach Berlin zu kommen. Sie hätte sich leicht retten können, aber sie hält sich nicht an seine Weisung. Zum ersten Mal ist sie ungehorsam und reist Ende März 1945 quer durch das zerstörte Deutschland nach Berlin zu ihm in den Führerbunker. Sie sagt ihm, sie sei glücklich, gerade jetzt in seiner Nähe zu sein, und lehnt es ab, sich ausfliegen zu lassen.

Hitlers Aussehen erschreckt sie. Mit gebeugtem Körper und zitternden Gliedern schleppt er sich mühsam durch die fensterlosen Bunkerräume aus meterdickem Beton. Sein Gesicht ist grau und eingefallen, seine Augen sind trübe und blutunterlaufen. Er wirkt müde und vollkommen erschöpft. Auf seinem Jackett entdeckt sie Essensreste, und an seinen

Lippen hängen Kuchenkrümel. Sein Heißhunger auf Kuchen ist geradezu krankhaft geworden. Ihr ist zum Heulen, aber sie zeigt es nicht. Jeder im Bunker weiß, warum sie gekommen ist. Alle sehen in ihr einen wirklichen Todesboten.

Und dann geht am 28. April, kurz nach Mitternacht, Evas großer Lebenswunsch doch noch in Erfüllung. Hitler heiratet sie. Goebbels und Bormann sind Trauzeugen. Als sie die Urkunde unterschreiben soll, setzt sie hinter ihren Vornamen zunächst ein großes B. Dann streicht sie es mit zitternder Hand wieder durch und schreibt zum ersten und vermutlich letzten Mal in ihrem Leben »Eva Hitler«, denn 24 Stunden später ist sie tot.

Ein grausiger Einfall und ein wahrhaft trivialer Abgang, diese Hochzeit zum Doppelselbstmord, dieser Vereinigungstod à la Richard Wagner, wie es Joachim C. Fest in seiner Hitlerbiographie formuliert hat. Ein gleichsam verkrochener Tod, der zugleich auch eine definitive Abdankung ist. Als Führer durfte Hitler nicht verheiratet sein. Jetzt tut er mit der Eheschließung kund, kein Führer mehr zu sein.

In seinen Worten ist keine Reue, im Gegenteil, er klagt an. Das deutsche Volk habe sich in dem gigantischen Ringen als das schwächere erwiesen, stellt er fest. Deshalb möge es mit ihm zusammen untergehen. »Ich habe keine Furcht vor dem Tod, denn danach kommt nichts.« In den letzten Augenblicken spricht er nur von sich, nicht von der Liebe zu seiner Frau. Und auch nicht von seiner Schuld.

Am 30. April zwischen drei und vier Uhr nachmittags verabschieden sich beide von den Mitarbeitern, geben ihnen schweigend die Hand und ziehen sich in die Privaträume zurück. Eva hat ein Kleid angezogen, das er besonders gern mag. Es ist tiefschwarz und hat einige rosafarbene Blumen auf der Brust. Sie kauert neben ihm auf dem Sofa mit hochgezogenen Knien, unfähig, die für sie bestimmte kleine Pistole zu benutzen. Sie starrt auf den himbeerfarbenen Seidenschal auf dem Tisch und auf Hitlers schwarze Hose und den feldgrauen Rock mit dem goldenen Parteiabzeichen, den er extra angezogen hat. Dann zerbeißt sie die kleine Zyankalikapsel.

Hitler tut das ebenfalls und schießt sich fast gleichzeitig mit seiner Walther-Pistole eine Kugel in die rechte Schläfe. Ihre Leichen werden getrennt im Garten der Reichskanzlei verbrannt und begraben. Selbst im Tode bleibt die Distanz, die immer zwischen ihnen geherrscht hat.

La Divina

Maria Callas und Aristoteles Onassis (1959–1968)

Sie hat eine einzigartige Stimme, in der nicht nur Leidenschaft, sondern auch Leiden mitschwingt. Die ganze Opernwelt liegt der »göttlichen Diva« zu Füßen, der weltberühmten Primadonna Maria Callas. Sie ist eine der begnadetsten und erfolgreichsten Sängerinnen, die es je gegeben hat. Und der Mythos um sie ist bis heute ungebrochen. Aber in der Liebe bleibt ihr das Glück verwehrt. In der Liebe erlebt sie Irrtum und Leid.

Ihre Eltern wandern 1923 von Athen in die USA aus. Am 2. Dezember 1923 wird Maria Kalogeropoulos in New York geboren. Sie besucht die Schule in Brooklyn und erhält schon mit sechs Jahren den ersten Gesangsunterricht. Als ihr Vater 1929 in einem griechischen Viertel in Manhattan eine Apotheke eröffnet, ändert er den Familiennamen in Callas. Drei Jahre später erhält Maria auf Veranlassung ihrer ehrgeizigen Mutter ihre ersten Klavierstunden. »Sie hat mir meine Kindheit geraubt«, sagt die Callas später über sie. Mit dreizehn fühlt sie sich als »Vorsinge-Maschine«. Sie ist nicht gerade hübsch, sie wirkt etwas plump, und ihre Nase ist viel zu groß, doch sie hat eine fantastische Stimme von überragender Ausdruckskraft.

Nach der Trennung ihrer Eltern kehrt Maria 1937 mit ihrer Mutter nach Griechenland zurück. In Athen wird sie ein Jahr darauf am Nationalkonservatorium aufgenommen. Sie beginnt ihr Studium bei Maria Trivella und der spanischen Sopranistin Elvira de Hidalgo. Ihr erstes Zusammentreffen mit dem pummeligen und bebrillten Teenager kommentiert de Hidalgo so: »Einfach lächerlich, dass so ein Mädchen Sängerin werden will!«

Mit 15 Jahren hat Maria 1939 in *Cavallerina rusticana* ihren ersten Bühnenauftritt und, nachdem sie sich ganz auf eine Koloraturausbildung konzentriert hat, am 21. Januar 1941 ihr professionelles Operndebüt. Ein Jahr darauf singt sie zum ersten Mal Tosca, eine ihrer späteren Lieblingsrollen. 1945 kehrt sie in die Vereinigten Staaten zurück, um ihren Vater zu suchen. Sie singt an der Metropolitan Opera vor, erhält jedoch kein Engagement. Vergeblich versucht sie, Arbeit zu finden. Um ihre Technik zu vervollkommnen, setzt sie ihre anstrengenden Stimmübungen fort.

Endlich erhält sie 1947 ein Angebot aus Chicago. Sie soll dort die Turandot singen. In New York hat sie den Leiter der Opernfestspiele von Verona kennen gelernt. Er holt sie nach Italien, wo sie am 2. Juni 1947 zum ersten Mal in der Arena von Verona singt. Dieser Auftritt bringt ihr internationalen Erfolg.

In Verona trifft sie den fast 30 Jahre älteren wohlhabenden Industriellen Giovanni Battista Meneghini, der von ihr fasziniert ist und sich in sie verliebt. Maria erwidert seine Gefühle nicht, heiratet ihn am 21. April 1949 aber dennoch, weil sie sich von der Ehe Vorteile für ihre Karriere verspricht. Ihr einflussreicher Mann ist künftig als ihr Manager tätig. Sie nimmt die italienische Staatsbürgerschaft an und baut mit seiner Hilfe in den nächsten zwei Jahren ihre Karriere aus.

Damit beginnt eine Erfolgsgeschichte ohnegleichen, eine Jahrhundertkarriere. 1951 singt Maria Callas in der Mailänder Scala, die in den nächsten sieben Jahren der Schauplatz ihrer größten Triumphe in den unterschiedlichsten Rollen wird. Sie begeistert in Venedig, bezaubert in Florenz und reißt in Neapel ihr Publikum zu Beifallsstürmen hin – dabei besticht sie nicht allein durch ihre große Sangeskunst, sondern auch durch ihr schauspielerisches Talent. Sie versteht es wie keine andere Sängerin, die psychologischen Tiefenschichten einer Figur zu durchdringen und virtuos selbst noch die kleinsten Regungen hörbar zu machen. Das ist nicht einfach nur Gesang, das ist Leben.

Als sie 1954 in die USA zurückkehrt, hat sie 30 Kilo abgenommen. Im Oktober 1956 gibt sie endlich auch ihr Debüt an der Met in New York. Ein Jahr später, im September 1957, lernt sie nach einem Konzert in London den griechischen Millionär und Tankerkönig Aristoteles Onassis kennen. 1906 in der türkischen Stadt Smyrna als Sohn eines Tabakhändlers geboren, gilt der verheiratete Reeder als einer der reichsten Männer der Welt. Das Konzert hat er zu einer Privatveranstaltung gemacht, indem er alle Karten für sich und seine Freunde aufgekauft hat. Im Anschluss gibt er eine mondäne Party, zu der er auch Maria Callas, den Star des Abends, eingeladen hat. Sie ist nicht nur beeindruckt von dem 17 Jahre älteren Mann, der nichts von der Oper versteht, umso mehr aber von der Liebe, sie ist geradezu entflammt.

Auch Onassis beginnt, sich für die Frau zu interessieren, die immer mehr zur Diva der Skandalpresse wird. Sie stellt höchste Ansprüche an sich selbst, wird jedoch oft von Selbstzweifeln geplagt. Immer häufiger sagt sie Konzerte ab. Am 2. Januar 1958 behauptet Maria Callas während einer Galavorstellung von Bellinis Oper *Norma* in Rom, krank zu sein. Der italienische Staatspräsident ist anwesend, daneben alles,

Aristoteles Onassis und Maria Callas. Foto, Mitte der 60er Jahre.

was in Rom Rang und Namen hat. Dennoch weigert sich der Opernstar nach dem ersten Akt weiterzusingen. Das trägt ihr harte Kritik der Presse ein.

Fortan zieht sich der Ruf, eine schwierige, hysterische, skandalöse und geldgierige Primadonna zu sein, wie ein roter Faden durch Maria Callas' Leben, und die Presse greift ihn begierig auf. Im Februar 1957 ist über »La Callas« in dem deutschen Nachrichtenmagazin *Der Spiegel* zu lesen: »Vor ihrem ersten Auftreten an der Met bekam sie in ihrer Garderobe einen Weinkrampf, dem angeblich Stargroßmutter Marlene Dietrich mit einer eigenhändig zubereiteten Hühnerbrühe entgegenzuwirken versuchte. Außerdem schleppte Ehemann Meneghini eilends eine Kassette mit Schmuck herbei, damit seine Gattin in Gold und Brillanten wühlen konnte, um sich zu beruhigen. Das brachte durchschlagenden Erfolg, das verwöhnte Met-Publikum raste vor Begeisterung.«

Im November 1958 wird Maria Callas an der Met gefeuert, weil sie sich mit dem Direktor nicht über ihre Engagements der nächsten Spielzeit einigen kann. Sie ist egoistisch und launisch und erfüllt von einer verzweifelten Sehnsucht nach Liebe, die es in ihrer Ehe nicht gibt.

Als sie am 12. Dezember des gleichen Jahres zum ersten Mal ein Galakonzert in der Pariser Oper gibt, sitzt neben anderen Berühmtheiten auch Onassis im Parkett. Eine Woche später erhält Maria Callas von ihm eine Einladung zu einer Kreuzfahrt auf seiner luxuriösen Yacht »Christina«. Dieses meist in Monaco vor Anker liegende Schiff mit einer 30-köpfigen Besatzung ist das eigentliche Zuhause von Onassis. Die Feste auf der Yacht sind gesellschaftliche Ereignisse. Wer eingeladen wird, kommt: Präsident John F. Kennedy mit seiner Frau Jacqueline, Fürst Rainier von Monaco, die Churchills, Ernest Hemingway und auf der Kreuzfahrt im Juli 1959 auch Maria Callas. Am Ende der Fahrt sind die Callas und Onassis ein Paar.

Marias Ehe ist ohnehin gescheitert. So kann sie dem charmanten griechischen Reeder, den sie aufrichtig liebt, bedenkenlos in die Arme sinken. Er begehrt sie leidenschaftlich, schenkt ihr seine Verehrung und jede Menge Rosen und Juwelen. Sie träumt von einer Heirat und sieht sich als seine treue Ehefrau an seiner Seite. Um mit ihm das internationale Highlife zu genießen, verzichtet sie ab 1960 auf ihre Opernkarriere und tritt nur noch in wenigen Konzerten auf. »Ich habe keine Lust mehr zu singen«, sagt sie. »Ich möchte leben.« 1960 gebiert sie Onassis einen Sohn, der aber noch am Tage der Geburt stirbt.

Als Maria Callas 1964 zur Oper zurückkehrt und im Londoner Covent Garden die Tosca singt, gibt es erste stimmliche Probleme. Außerdem ist sie unglücklich, denn sie muss erkennen, dass Onassis sie nicht liebt und gar nicht an eine Heirat denkt. Aus seiner anfänglichen Bewunderung und Verehrung ist zunächst Gleichgültigkeit geworden, dann sogar Verachtung. Als ihre Stimme zunehmend versagt, demütigt er sie, indem er ihr sagt: »Was bist du schon? Nichts. Du hast nur noch eine Pfeife im Hals, die nicht mehr funktioniert.« Weinend antwortet sie ihm: »Nur ein glücklicher Vogel kann singen!«

1965 fällt Maria während einer *Tosca*-Aufführung in Paris im zweiten Akt in eine Art Koma. Ihre Ärzte raten ihr von weiteren Auftritten ab. Am 5. Juli 1965 gibt sie in London ihre letzte Opernaufführung. Ein Jahr später nimmt sie die griechische Staatsbürgerschaft an, weil sie immer noch auf eine Ehe mit Onassis hofft.

Doch sie wird von Onassis geradezu verstoßen. Als er am 20. Oktober 1968 Jacqueline Kennedy heiratet, erfährt Maria Callas dies aus der Zeitung. Sie ist zutiefst schockiert und deprimiert. Ihre große und einzige Liebe endet mit einer Riesenenttäuschung. Von diesem Schlag erholt sie sich nie mehr.

Jacqueline hat sich zunächst geweigert, Onassis zu heiraten, doch er kauft sie einfach mit seinem Geld. Sie erhält von ihm monatlich 30 000 US-Dollar, für jedes Jahr Ehe weitere 20 Millionen und im Falle seines Todes nochmals 20 Millionen. Außerdem wird vertraglich festgelegt, wie oft Jacqueline Sex mit ihm haben muss. Die Ehe wird nicht glücklich. Onassis gesteht sich später ein, dass die Ehe mit Jacqueline Kennedy sein größter Fehler gewesen ist. Er stirbt 1975 in Paris nach einer Gallenoperation und wird auf seiner Insel Scorpios vor Griechenland begraben.

Nach der schmerzlichen Trennung von Onassis versucht

Maria Callas ein Comeback, das ihr aber nicht gelingt. 1972 trifft sie den Tenor Giuseppe di Stefano wieder. Er überredet sie zu einer ausgedehnten gemeinsamen Konzertreise. Premiere ist am 25. Oktober 1973 in Hamburg. Insgesamt gerät die Tournee zum Misserfolg.

Am 11. November 1974 hat »La Divina« in Sapporo in Japan ihren letzten Auftritt. Sie lebt nun einsam und völlig zurückgezogen in Paris und stirbt am 16. September 1977 im Alter von nur 53 Jahren in ihrem Appartement an »gebrochenem Herzen«. Es hört einfach auf zu schlagen.

Liebesdrama im Schatten der Krone

Lady Diana und Prinz Charles
(1980–1996)

Das Drama zwischen Prinz Charles und Lady Diana, eine der spektakulärsten und zugleich traurigsten Liebesgeschichten des 20. Jahrhunderts, beginnt schon zehn Jahre vor der Zeit, da sie zueinander finden. Es nimmt seinen Anfang im Jahre 1970 auf einem Poloplatz in der Nähe von Schloss Windsor, wo der am 14. November 1948 im Buckingham Palace geborene britische Thronfolger seinem heiß geliebten Sport nachgeht. Hier begegnet der 22-jährige Prince of Wales, einer der begehrtesten Junggesellen Großbritanniens, der etwa ein Jahr älteren Camilla Shand. Sie ist die Tochter eines wohlhabenden Weinhändlers aus Sussex, nicht eben hübsch, eher eine Pomeranze vom Lande mit dunkelblonden langen, lockigen Haaren, aber offenherzig und selbstbewusst, sportlich, grundehrlich und auch ein wenig mütterlich. Solche Frauen imponieren dem etwas linkischen und scheuen Charles. Er wirkt immer etwas verklemmt und ist alles andere als ein Heißsporn, hat aber schon einige, ihm nachgesagte Liebesaffären hinter sich. Nach dem Polospiel lädt er die junge Frau zu einem Drink in einer exklusiven Londoner Nachtbar ein und stellt fest, dass sie nicht nur eine Zigarette nach der anderen raucht und einem guten Schluck Whiskey nicht abgeneigt ist, sondern auch etwas vom Fischen und von der Jagd versteht, beides

Passionen von ihm. Sie legt offenbar wenig Wert auf Äußerlichkeiten und scheint sich noch weniger um Etikette und Konventionen zu kümmern. Das beeindruckt Charles ebenso wie ihre Schlagfertigkeit im Gespräch. Gut gelaunt und unbekümmert erwähnt sie, dass ihre Urgroßmutter die Mätresse König Edwards VII. gewesen sei, des Ururgroßvaters von Charles, um dann augenzwinkernd hinzuzufügen: »So how about it?«, was so viel heißen soll wie: »Also, wie wär's mit uns beiden?« Die kontaktfreudige und humorvolle Frau ergreift die Initiative, das gefällt Charles auf Anhieb und führt zu häufigeren Treffen mit ihr. Er verliebt sich in sie und sie sich in ihn, eine tiefe Liebe, die Jahrzehnte überdauern wird. Die Öffentlichkeit erfährt davon erst 22 Jahre später. Bis dahin ist diese Liaison geheim.

Am Hofe weiß man natürlich davon. Die Queen ist »not amused«. Falls der Sohn gar daran denken sollte, diese unscheinbare und sehr wahrscheinlich nicht mehr unberührte Landfrau aus dem merkantilen Großbürgertum zu ehelichen, so käme das auf keinen Fall in Frage. Königin Elisabeth II. möchte, dass diese Verbindung wieder einschläft. Deshalb drängt sie darauf, Charles in der Royal Navy zum Offizier ausbilden zu lassen. Er soll im Ausland Dienst tun. Was bleibt ihm anderes übrig, als zu gehorchen? Soll er auf seine Thronansprüche verzichten, um mit Camilla glücklich werden zu können? Damit würde er dem Beispiel König Edwards VIII. folgen, der 1936 wegen seiner Liebe zu der geschiedenen Amerikanerin Wallis Simpson abgedankt hatte. Oder dem Beispiel von Prinzessin Margaret, der Schwester von Charles, die sich 1956 mit einem geschiedenen Fliegeroffizier einließ. Er verwirft den Gedanken und verlässt missmutig und traurig Großbritannien, um auf einem Kriegsschiff über die Weltmeere zu fahren. Seinem Tagebuch vertraut er an: »Ich nehme an, das Gefühl der Leere wird irgendwann vorübergehen.«

Während Charles' Abwesenheit verlobt sich Camilla 1972 mit einem ihrer langjährigen Verehrer, einem Freund von Charles, den sie ebenfalls beim Polospiel kennen gelernt hat. Er heißt Andrew Parker Bowles und ist Kavallerieoffizier in königlichen Diensten. Sie heiratet ihn im Juli 1973. Das hindert sie nicht, Charles innige Briefe zu schreiben, die alle mit der Anrede beginnen: »Mein lieber kleiner Prinz!« Camilla bringt eine Tochter und einen Sohn zur Welt, dessen Patenonkel Charles nach seiner Rückkehr wird.

Im November 1977 besucht Prinz Charles eine Jagdgesellschaft auf Schloss Althorp und sieht hier seine Freundin Sarah Spencer wieder. Sie ist in Begleitung ihres Vaters und ihrer 16-jährigen Schwester Diana, die blaue Augen und blonde Haare hat und bezaubernd und ungezwungen lächeln kann. Auch Diana kennt Charles schon aus Kindheitstagen. Ihm fällt auf, wie hübsch Diana geworden ist und wie sehr sie sich verändert hat. In dickem Pullover und Gummistiefeln steht sie etwas schüchtern vor ihm, plaudert aber alsbald frisch und fröhlich drauflos. Ihr Liebreiz und ihr natürlicher Charme machen Eindruck auf ihn ebenso wie ihr betörender Sexappeal, den sie schon als junge Frau ausstrahlt.

Diana ist am 1. Juli 1961 als dritte Tochter des Earl of Spencer und seiner Frau Frances Roche auf dem königlichen Gut Sandringham in der Grafschaft Norfolk geboren worden. Sie entstammt einer alten gräflichen Familie des englischen Hochadels, die schon zu Zeiten der Tudors hohes Ansehen genoss. Als Diana acht Jahre alt ist, lassen sich ihre Eltern scheiden. Das Sorgerecht für Diana bleibt bei ihrem Vater, dem Stallmeister der Königin. Diana besucht Schulen in Norfolk und Kent, ihre Leistungen sind nur durchschnittlich. 1977 schickt ihr Vater sie in die Schweiz auf eine Privatschule in Rougemont. Hier fährt sie nicht nur leidenschaftlich gern Ski, sondern erlernt auch Hauswirtschaft, Kochen, Nähen und alle Umgangsformen, die eine wohl behütete, etwas pummelig gewordene Tochter aus bestem Hause benötigt. Ende 1977 kehrt Lady Diana nach London zurück und bezieht zusammen mit drei Freundinnen eine Wohnung im vornehmen Stadtteil South Kensington. Sie hofft, ihre Minderwertigkeitskomplexe dadurch zu überwinden, dass sie eine Lehre als Kindergärtnerin beginnt. Doch je unsicherer sie sich fühlt, desto mehr isst sie. Um dann wieder abzunehmen, legt sie sich strenge Diäten auf. Zwar hat sie einige Verehrer, aber sie denkt gar nicht daran, sich an einen Mann zu binden. Viel lieber zieht sie mit ihren Freundinnen durch die Londoner Bars und Clubs und genießt ihre Freiheit.

Am 14. November 1978 erhält Diana von Prinz Charles eine Einladung zu seinem 30. Geburtstag. Sie ist aufgeregt, als sie Charles wiedersieht, doch es bleibt bei netten Gesprächen. Das ändert sich auch nicht, als sie im Januar 1979 von der Königin zu einem Jagdwochenende in Sandringham eingeladen wird. Im Februar 1980 verbringt sie dort erstmals allein, ohne ihre Schwester, ein Wochenende im Kreise der königlichen Familie. Einer ihrer Freunde, dessen Mutter Hofdame der Queen ist, überredet sie im Juli 1980, zu einem Barbecue in Petsworth zu kommen, bei dem auch Charles anwesend ist. Sie sitzen nebeneinander und tauschen artige Höflichkeiten aus. Dann kommen sie auf Lord Mountbatten zu sprechen, der vor einem Jahr von der IRA ermordet wurde. Charles verehrte ihn sehr, sein Tod nahm ihn schwer mit.

Diana gibt ihm zu verstehen, dass er damals sehr traurig ausgesehen und dass ihr Herz geblutet habe, als sie ihn so einsam sah. »Damals habe ich gedacht«, sagt sie mit weicher, einfühlsamer Stimme zu ihm, »Sie sollten jemanden bei sich haben, der Sie tröstet.« Prinz Charles ist gerührt. Er betrachtet Diana jetzt mit ganz anderen Augen und fühlt sich zu ihr hingezogen. Wenige Tage später lädt er sie zur Aufführung von Verdis *Requiem* in die Royal Albert Hall ein. Diana sieht in ihrem festlichen Kleid verführerisch aus. Anschließend nimmt Charles sie mit in seine Privatgemächer zum kalten Büfett. Im August 1980 bittet er sie nach Cowes zu einem gemeinsamen Segelwochenende und einen Monat später zu einem verlängerten Wochenende auf Schloss Balmoral. Als sie den Prinzen zum Angeln an den River Dee begleitet, fällt ihr zum ersten Mal das Blinken und Klicken von Fotoapparaten und Kameras auf. Sie zieht sofort ihre Kapuze über den Kopf und wendet den Pressefotografen den Rücken zu, was Charles sehr imponiert. Am 8. September ist in der *Sun* zu lesen, dass offenbar wieder einmal eine königliche Romanze begonnen habe.

Am Hofe ist man darüber erfreut. Das Haus Windsor sucht für den Thronfolger eine jungfräuliche Gemahlin mit makelloser aristokratischer Herkunft. Und die hübsche, so natürlich wirkende Diana scheint wie geschaffen dafür. Man wird sie leicht formen und beeinflussen können, und sie wird bereitwillig einen Erben gebären. Queen Mum rät ihrem Enkel dringend zur Ehe mit der rosigen Kindergärtnerin. Selbst Camilla äußert sich positiv. »Sie wird ihn sehr lieb haben!«, sagt sie im vertrauten Kreise.

Die Öffentlichkeit verfolgt die Romanze mit allergrößtem Interesse. Lady Di, wie sie bald im Volksmund genannt wird, genießt die Sympathie der Engländer. Die Presse beginnt geradezu Jagd auf sie zu machen. Ein besonders hartnäckiger Reporter lauert Diana vor dem Kindergarten auf und überredet sie, sich nur ein einziges Mal mit ihren Schützlingen fotografieren zu lassen. Sie willigt ein und lässt sich gegen die Sonne so postieren, dass ihre langen Schenkel durch den durchsichtigen Rock bis an die Hüften zu sehen sind. Das Bild geht um die Welt. Als Charles es erblickt, rümpft er die Nase. Er habe gewusst, dass sie hübsche Beine habe, sagt er zu ihr. »Aber musstest du sie unbedingt vor jedermann zeigen?«

Wenig später wissen die Zeitungen zu berichten, Lady Di habe im königlichen Zug übernachtet. Die Boulevardblätter rätseln darüber, ob dies nur von platonischer Bedeutung sei oder ob Diana vielleicht bereits schon vor einer möglichen Ehe ihre Jungfernschaft verloren habe. Eine Frau, die dem Thronfolger Kinder gebären werde, müsse vor der Heirat doch unbedingt unberührt sein! Am königlichen Hof ist man peinlich berührt, und auch Diana ist entsetzt, wie wenig man ihre Privatsphäre respektiert. Sie verbringt das Weihnachtsfest mit Charles auf Schloss Althorp, was der Presse erneut Anlass zu hysterischen Spekulationen darüber gibt, ob eine Hochzeit nun kurz bevorstehe.

Im Januar 1981 fährt Prinz Charles ohne Diana zum Skilaufen nach Klosters in die Schweiz. Einer seiner Freunde behauptet später, er habe ihm auf dieser Reise anvertraut, er liebe Diana nicht, aber sie habe die besten Qualitäten. In seinem Tagebuch notiert er: »Ich hoffe, es wird das Richtige sein, zu guter Letzt.« Er ruft Diana an, nur um ihr mitzuteilen, dass es nach seiner Rückkehr etwas Wichtiges gebe, was er sie fragen müsse. Am 6. Februar 1981 bittet er sie auf Schloss Windsor. Im so genannten »Kinderzimmer« vertraut

Charles und Diana. Foto, 1981.

er ihr an, wie sehr er sie in der Schweiz vermisst habe. Er küsst sie zärtlich und fragt sie, ob sie seine Frau werden wolle. Ihr Verlobungsgeschenk wird ein 45 000 Euro teurer Ring aus Weißgold mit einem funkelnden, ovalen Saphir in der Mitte und 14 Brillanten.

Am 23. Februar zieht Diana in den Buckingham Palace. Am nächsten Tag gibt das Paar offiziell die Verlobung bekannt. Nachmittags geben Charles und Diana im Garten des Palastes ein Fernsehinterview. Auf die Frage eine Reporters, ob sie verliebt seien, antwortet Diana mit einem enthusiastischen »Of course!«. Weniger leidenschaftlich fällt Charles' legendär gewordene Antwort aus »Whatever love means …« – »Liebe, was auch immer das ist!«.

Diana ist ganz durcheinander, sie kann die schnelle Wandlung ihres Lebens kaum begreifen. Vor kurzem noch eine einfache Kindergärtnerin, die ausgelassen mit den Kindern herumgealbert hat, wird sie nun in wenigen Wochen die Prinzessin von Wales sein, und – wer weiß – bald schon Königin von England! Seit 1659 ist sie die erste Engländerin, die einem britischen Thronfolger das Jawort gibt. Sie will eine gute, menschliche Königin werden, eine Königin der Herzen, und ihrem König eine gute, liebevolle Ehefrau.

Aber schon gibt es die ersten Verstimmungen. Am 9. März 1981 haben Charles und Diana ihren ersten offiziellen Auftritt bei einer Londoner Wohltätigkeitsveranstaltung. Diana erscheint in einem rücken- und schulterfreien Kleid aus schwarzem Seidentaft. Es ist tief ausgeschnitten, und als Diana aus dem Wagen steigt, bietet sie den Fotografen aufregende Ausblicke auf ihre vollen Brüste. Am nächsten Tag kann man sie in den Zeitungen der ganzen Welt so sehen. Charles ist entrüstet und hält ihr beleidigt vor, am Hof trage man Schwarz nur in Trauerfällen.

Die Hochzeit wird auf den 29. Juli 1981 in der St. Paul's Cathedral festgesetzt.

Am Morgen dieses Tages nimmt Diana ein Schaumbad und wird von Selbstzweifeln geplagt. Sie ist nervös und gereizt und grübelt darüber nach, ob sie die richtige Entscheidung getroffen hat. Ja, sie liebt diesen Mann wirklich, das weiß sie. Aber liebt er sie auch? Und wie wird das Leben an seiner Seite aussehen? Er ist 13 Jahre älter und hat Neigungen und Hobbys, die sie nicht teilt. Und er interessiert sich nicht für das, was sie gerne tun möchte. Wird sie überhaupt noch tun können, was sie will? Oder wird das Hofreglement sie völlig vereinnahmen? Wird sie es ertragen können, ständig im Scheinwerferlicht zu stehen und permanent der Öffentlichkeit und den jubelnden Menschenmassen ausgesetzt zu sein?

Als ihr auf ihrem Zimmer Tee, Toastbrot und Orangenmarmelade serviert werden, nimmt sie kaum etwas davon. Sie ist blass und fiebert mit klopfendem Herzen dem großen Ereignis entgegen. Die Kosmetikerin kommt und trägt ihr Puder, Rouge und tränenfeste Wimperntusche auf. Die Braut soll frisch, rosig und zugleich unschuldig aussehen – wie eine Prinzessin aus dem Märchen. Man hilft ihr beim Ankleiden. Das wundervolle Brautkleid aus elfenbeinfarbener Seide hat eine acht Meter lange Schleppe. Die Ärmel sind gerafft und mit Schleifchen verziert, das enge Mieder ist mit wertvoller Spitze besetzt. Endlich besteigt sie die Kutsche und fährt zur Kathedrale, durch Straßen, auf denen Tausende von Zuschauern ihr enthusiastisch zuwinken. Es ist wie im Traum!

Diana schreitet unter der hohen, gewaltigen Kuppel der St. Paul's Cathedral in Richtung Altar. Ihre Knie zittern, als sie auf Charles zugeht, der sie zusammen mit der königlichen Familie bereits erwartet und in der Gala-Uniform der königlichen Marine empfängt. Weltweit verfolgen über 750 Millionen Menschen aus 58 Ländern im Fernsehen die feierliche Zeremonie. Die größte königliche Hochzeit, die je gefeiert worden ist, dauert etwa 90 Minuten und wird vom Erzbischof von Canterbury zelebriert. Sie verläuft nicht ohne Pannen. Diana ist so aufgeregt, dass sie bei ihrem Jawort die Reihenfolge der Vornamen von Charles durcheinander bringt. Sie nennt Philipp zuerst, worauf Charles ihr scherzend zuraunt, sie habe soeben seinen Vater geheiratet. Auch er verhaspelt sich und erklärt: »All deine Güter will ich mit dir teilen!« Gemeint sind natürlich seine eigenen. Nachdem er ihr den Trauring an die linke Hand gesteckt hat, vergisst er, sie zu küssen. Er holt dies erst später auf dem Balkon des Buckingham Palace nach. Dieser Kuss geht um die Welt.

Es dauert nicht lange, und Diana wird überall in der Welt eine unglaubliche Verehrung entgegengebracht. Ihre Ausstrahlung ist ungeheuer. In der größten und massivsten Medienkampagne der jüngeren Weltgeschichte wird sie zur modernen Heldin hochstilisiert. Ihre Glorifizierung entspricht so ganz den Gefühlen, Sehnsüchten und Wünschen der Massen. Eine ganze Generation identifiziert sich in ihren Träumen von einem Leben in Glück und Reichtum mit dieser Frau.

Die Flitterwochen verbringt das Paar auf der königlichen Yacht »Britannia«. Diana träumt während der Kreuzfahrt nach Tunesien, Sardinien und Griechenland von romantischen Sonnenuntergängen an Bord, eng umschlungen mit ihrem geliebten Mann. Aber stattdessen hat Charles sein Angelzeug mitgebracht sowie viele wissenschaftliche Bücher, die er in der Freizeit lesen will. Als Diana ein Foto von Camilla entdeckt, das Charles mit in die Flitterwochen genommen hat, ist ihr Kummer groß. Diana leidet an Bulimie, die ersten Anfälle einer Ess-Brech-Sucht treten auf. Die vielen offiziellen Termine, die das königliche Protokoll in die Reise eingebaut hat, nimmt die Prinzessin geduldig auf sich. Nach elf Tagen sind Charles und Diana wieder in Schottland auf Schloss Balmoral, wo sie bereits von Elizabeth II. und ihrem Ehemann Prinz Philipp erwartet werden. Lange Spaziergänge und Ausritte folgen. Im Bett ist Charles zwar zärtlich, aber große Erfahrung in der körperlichen Liebe hat er nicht. Er ist der erste Mann in Dianas Leben, mit dem sie Sex hat. Befriedigung empfindet sie nicht, doch kann sie über ihre Gefühle und Wünsche auch nicht mit ihm reden. Ihre Flitterwochen hat sie sich anders vorgestellt. Charles bemerkt ihre Enttäuschung nicht.

Diana wird schnell schwanger. Das macht sie überhaupt nicht froh, im Gegenteil, sie fällt in tiefe Depressionen und Angstzustände. Charles ist wenig bei ihr und hilft ihr nicht, die Probleme einer werdenden Mutter zu bewältigen. Die Königin ist über die offensichtliche Labilität ihrer Schwiegertochter beunruhigt. Sie ordnet an, Ärzte und Psychologen hinzuzuziehen, die Diana helfen sollen. Die Zeitungen berichten fast jeden Tag über den Verlauf der Schwangerschaft, überall fiebert man Dianas Niederkunft entgegen. »Ich glaube, ganz England lag mit mir in den Wehen«, sagt sie später in einem Interview. Am 21. Juni 1982 bringt sie im St. Mary's Hospital einen gesunden Jungen zur Welt, William, den Thronerben. Es ist eine lange, schwierige Geburt, Diana ist danach sehr erschöpft. Als Zeichen des Dankes schenkt ihr Charles eine kostbare Halskette mit Diamanten. Sie ist froh zu sehen, wie begeistert er über seinen Stammhalter und seine neue Vaterrolle ist. »Mach's noch einmal, Charles!«, rufen ihm heitere Fotografen zu. Und er nickt einige Male mit dem Kopf.

Die Medien, die Diana zunächst als »junge Unschuld« und als Idol eines Mädchens der 80er Jahre dargestellt haben, verpassen ihr nun ein neues Image. Sie wird noch populärer und tritt immer mehr aus dem Schatten ihres Mannes heraus. Bei ihrem Auftritt anlässlich der Beisetzung der tödlich verunglückten Fürstin Gracia Patricia von Monaco vertritt Diana offiziell die Queen und wird zum bevorzugten Objekt der Medien. Das verletzt den Stolz ihres Mannes, er kann mit der ungewohnten Situation nicht umgehen. Plötzlich ist nicht mehr er der Mittelpunkt, sondern Prinzessin Diana.

Als das Paar 1983 zu einem sechswöchigen Staatsbesuch nach Australien reisen muss, sind die ersten gravierenden

Meinungsverschiedenheiten schon nicht mehr zu übersehen. Diana will nicht ohne ihren Sohn verreisen, das Königshaus lehnt dies jedoch kategorisch ab. Dann bleibe sie auch in London, droht Diana. Sie ist enttäuscht und verärgert darüber, dass ihr Ehemann ihren Wunsch nicht unterstützt. Die Queen muss nachgeben, denn die Australier würden es ihr nie verzeihen, wenn Prinz Charles allein käme. Der Besuch wird ein riesiger Erfolg. Diana hat ihre Schüchternheit nach außen hin abgelegt und löst überall auf dem fünften Kontinent Begeisterungsstürme aus.

Kurz darauf ist sie erneut schwanger. Charles bemüht sich, die Probleme und Nöte einer werdenden Mutter besser zu verstehen als beim ersten Mal, und studiert eifrig die Fachliteratur über Babys und Schwangerschaften. Er hofft auf ein niedliches Mädchen, aber am 15. September 1984 kommt wiederum ein Sohn zur Welt, Prinz Harry. Diana genießt ihre Mutterfreuden so gut sie kann und ist den beiden Kindern in den folgenden Jahren eine liebevolle Mutter. In den vielen Räumlichkeiten des Kensington Palace tollt sie fast jeden Tag mit William und Harry herum. Zum Leidwesen von Charles läuft sie auf den Fluren Rollschuh mit ihnen und veranstaltet mit weißen Bettlaken Geisterspiele in den Zimmern. Sie will nicht, dass ein Kindermädchen die Erziehung übernimmt, wie das am Hofe üblich ist. Sie möchte, dass ihre Kinder in einen öffentlichen Kindergarten kommen, um mit Gleichaltrigen spielen zu können. Die Kinder sollen möglichst natürlich und mit vielen Freiheiten aufwachsen. Doch in diesem Punkt muss sie nachgeben und sich dem höfischen Reglement beugen. Das bereitet ihr Kummer, sie weint viel. Mehrere Kindermädchen werden eingestellt und nacheinander ausprobiert. Die ständigen Streitereien zwischen den Eheleuten über die Erziehung und Ausbildung ihrer Kinder sind damit jedoch keineswegs beendet. Charles besteht darauf, dass seine Söhne möglichst frühzeitig an die Erfüllung ihrer künftigen Pflichten gewöhnt werden. Er will ihnen Disziplin und beste Manieren beibringen. Auf seine Art ist auch er ein guter Vater. Aber Dianas Einfühlungsvermögen und Zärtlichkeit hat er nicht.

Ein weiteres Problem ihrer Ehe zeigt sich immer deutlicher: Charles und Diana haben keine gemeinsamen Interessen. Er schwärmt für Literatur, Geschichte, Philosophie, Malerei und Architektur, doch Diana weiß so gut wie nichts darüber. Sie unterhält sich lieber über Kinofilme, Fernsehstars und die neuesten Modetrends. Das ist für ihn jedoch meist leeres Geschwätz. Wie gerne würde er sich mit seiner Gemahlin geistig austauschen können, doch dafür ist Diana nicht geschaffen, wie er zu seinem Leidwesen immer häufiger feststellen muss.

Es gibt eine Frau, die seine Interessen teilt und mit der er über alles sprechen kann: Camilla! Er sehnt sich nach ihrer Nähe, ihrem schlagfertigen Humor, der Geborgenheit ihrer sanften Umarmungen. Er hat Camilla nicht vergessen, diesen echten Kameraden, der ihn so gut versteht. Und es stört ihn nicht, dass sie verheiratet ist. Er liebt sie noch immer und beschließt, wieder Verbindung zu ihr aufzunehmen. Skrupel, seine Ehefrau mit ihr zu betrügen, kennt er nicht. Diana steht ihm nicht nahe, die Königin seines Herzens ist eine andere! In seinem Landhaus in Highgrove trifft er sich heimlich mit Camilla. Das bleibt auch ihrem Ehemann Andrew Parker Bowles nicht verborgen. Selbst kein Kind von Traurigkeit, stellt er mit einer gewissen Zurückhaltung fest: »Seine Königliche Hoheit sind meiner Frau sehr zugetan!«

Bald kommt auch Diana hinter die Affäre, und sie macht ihrem Ehemann bittere, heftige Vorwürfe. Er erklärt ihr, es handele sich lediglich um eine alte, tiefe Freundschaft. Aber die Dienerschaft und die Freunde wissen es besser: Charles telefoniert täglich mit Camilla. Er betrügt seine Ehefrau mit der Geliebten in demselben Bett, in dem er einst mit Diana geschlafen hat. Als Diana dies bewusst wird, bricht für sie eine Welt zusammen. Ihr Traum von Glück und aufrichtiger Liebe zerplatzt wie eine Seifenblase. Sie tobt, schreit und weint und nennt ihre offenbare Nebenbuhlerin bissig einen »Rottweiler«. Verzweifelt nimmt sie Schlaftabletten, isst ganze Kühlschränke leer, erbricht sich und verstümmelt sich mit einem Obstmesser an Armen und Beinen. Voller Verzweiflung unternimmt Diana im Oktober 1985 einen Selbstmordversuch. Sie fühlt sich einsam und leer.

Doch nach außen hin muss sie weiter gute Miene zum bösen Spiel machen. Im Winter 1985 unternehmen Charles und Diana eine offizielle Reise in die USA. Präsident Reagan gibt im Weißen Haus eine große Galaparty für sie, die zum gesellschaftlichen Ereignis des Jahres wird. Diana lächelt in die Kameras, aber tief im Innern ist sie todunglücklich. Überall in der Welt empfängt man sie mit offenen Armen. Sie wird Ehrenbürgerin von London und Schirmherrin der britischen Eheberatungsstellen, ein wahrlich paradoxer Vorgang, weiß sie doch selbst nicht einmal, ob und wie ihre eigene Ehe noch zu retten ist. Mehrere Magazine und Zeitschriften wählen sie zur schönsten Frau Großbritanniens. Im November 1987 macht Diana einen Staatsbesuch in Deutschland. Auch hier jubeln ihr die Menschen begeistert zu. Ebenso jubeln die Japaner bei ihrem Besuch des Kaiserpaares. In den folgenden Jahren engagiert sich Prinzessin Diana immer mehr für die Kranken und Schwachen. Sie besucht Krankenhäuser und Sozialhilfestationen und unterstützt den Kampf gegen Landminen. In New York wird sie von der Gesellschaft für Hirnforschung mit dem »Preis der Menschlichkeit« ausgezeichnet. Auch mit Mutter Teresa trifft sie kurz vor deren Tod zusammen und eifert ihrem Orden »Missionare der Nächstenliebe« nach. Die Liebe zu dem Mann, der ihr einmal am nächsten war, ist jedoch erloschen.

Als Diana 1987 einen Reitlehrer für ihre Söhne sucht, begegnet sie James Hewitt, Mitglied der königlichen Leibgarde. Er sieht gut aus, ist charmant, einfühlsam und gibt Diana das Gefühl, eine aufregende und begehrenswerte Frau zu sein. Ganz anders als Charles hört er ihr zu und hat Zeit für sie, ihre Probleme und Sehnsüchte. Diana findet neuen Halt. Das Ausmaß, in dem die Umarmungen und Vereinigungen mit James ihr eine neue, bisher unbekannte Erfüllung bringen, überrascht sie selbst. Sie liebt leidenschaftlich und voller Verlangen. Aber noch ist ihr Liebesverhältnis nach außen geheim, wenngleich die Presse über die Ehekrise des Prinzenpaares wild spekuliert.

Auf der verzweifelten Suche nach wahrer, dauerhafter Liebe und besessen von der Eifersucht auf ihre Rivalin Camilla Parker Bowles, stürzt sich Diana in die Arme weiterer Männer. Mal ist es angeblich ein Millionär aus Pakistan, mal ein bulliger Kapitän einer Rugbymannschaft, mal ein verheirateter Londoner Kunsthändler, der nachts heimlich zu Liebesabenteuern in den königlichen Palast geschmuggelt wird. Diana wird sich immer mehr der Macht bewusst, die sie über Männer hat. Sie setzt all ihre Erotik und Sinnlichkeit ein und rächt sich auf diese Weise an ihrem untreuen Ehemann. Sie verändert sich und sucht Zuflucht bei Sterndeutern und angeblichen Wunderheilern. Viele Freunde wenden sich von ihr ab. Ihr Privatsekretär kündigt nach sieben Jahren seinen Dienst, weil Diana in seinen Augen unerträglich und immer unberechenbarer geworden ist. Sie habe sich manchmal wie eine aufsässige Dreijährige benommen, die mit dem Fuß aufstampft, um Aufmerksamkeit zu erzwingen, erklärt er der Presse. Sie habe auch unter Verfolgungswahn gelitten und geglaubt, man wolle sie töten. Sie sei sich sicher gewesen, dass man sie beobachtete und ihre Gespräche abhörte.

1992 veröffentlicht die Presse den vollen, höchst peinlichen Wortlaut abgehörter intimer Telefongespräche zwischen Charles und Camilla. Der Bericht geht in die Geschichte ein als »Camillagate«. Nun weiß alle Welt von der Untreue des Prinzen. Im Juni 1992 publiziert der Journalist Andrew Morton sein Buch »Diana. Ihre wahre Geschichte«, in dem er das Leben der zutiefst unglücklichen Prinzessin schildert und darlegt, wie sehr sich Charles und Diana in nur wenigen Jahren Ehe auseinander gelebt haben. Schon folgt die nächste Enthüllung, die Diana zutiefst verletzt. Am 25. August 1992 druckt die britische Boulevardzeitung *The Sun* den Inhalt eines bereits 1989 geführten Telefongesprächs Dianas mit ihrem angeblichem Liebhaber und Jugendfreund James Gilbey ab. Darin sagt Diana zu ihm, sie wolle nicht schwanger werden. Gilbey nennt sie sein »Tintenfischchen« und antwortet, das werde nicht passieren. Diana bestreitet nach dieser Veröffentlichung heftig, jemals mit Gilbey intim gewesen zu sein.

Die »Traumehe« zwischen Charles und Diana ist gescheitert, daran hat die Öffentlichkeit nun keinen Zweifel mehr. Am 9. Dezember 1992 gibt der britische Premierminister John Major im Parlament offiziell die Trennung von Charles und Diana bekannt und fügt hinzu, die Königlichen Hoheiten würden allerdings keine Scheidung anstreben. Ihre verfassungsmäßige Stellung bleibe unberührt, und die Erziehung der Kinder erfolge weiterhin gemeinsam. Nun ist es für die Öffentlichkeit amtlich: Die Romanze, die nach außen so märchenhaft erschien, gab es in Wirklichkeit nie. Versöhnungsversuche bleiben erfolglos, weil Charles nicht bereit ist, Dianas Forderung zu akzeptieren, sich künftig nicht mehr mit Camilla zu treffen.

Im Juni 1994 gibt Charles in einem Fernsehinterview mit Jonathan Dimbleby zu, seine Frau mit seiner Geliebten Camilla Parker Bowles betrogen zu haben. Dies sei zu einem Zeitpunkt geschehen, als seine Ehe in seinen Augen bereits zerrüttet war. Er räumt ein, Diana nie wirklich geliebt zu haben. Das trifft Diana schwer. Was sie früher manchmal geahnt hat, hört sie nun klar und deutlich aus dem Munde ihres Ehegatten. Immer war da »die andere«, die »böse Fee« im Schatten der Krone und ihrer Ehe, die nun zur meistgehassten Frau Großbritanniens geworden ist. Im Sommer 1994 besucht Camilla zusammen mit Charles einen Ball. Sie trägt ein braunes, kurzes Kleid mit tiefem Dekolletee, sein Lieblingskleid. In aller Öffentlichkeit flirtet sie heftig mit Charles. Das macht ihn derart an, dass er sich nicht mehr zurückhalten kann. Auf der Tanzfläche gibt er Camilla vor den Augen von 350 Gästen einen langen Kuss, steckt seine Hände tief in ihren Ausschnitt und tätschelt ihre Brüste. Als Diana das zugetragen wird, ist sie außer sich vor Zorn und angewidert von dieser ganz offensichtlichen Provokation durch den Prinzen, der ja immer noch ihr Ehemann ist.

Diana muss leidvoll erfahren, dass nun die Zeit gekommen ist, da in der Öffentlichkeit schmutzige Wäsche gewaschen wird. Im Oktober 1994 schildert die Autorin Anna Pasternak in ihrem Buch *Princess in Love* die fünfjährige Liebesaffäre Dianas mit ihrem Reitlehrer James Hewitt. Damit ist auch ihr Ehebruch vor aller Augen dokumentiert. Aber noch verletzter ist sie, als James Hewitt selbst weitere intime Details offenbart und für viel Geld an Zeitschriften verkauft. Sie fühlt sich wie ein Stück Ware, das der Öffentlichkeit feilgeboten wird. Um nicht länger nur Opfer zu sein, geht sie selbst einen Schritt nach vorn und äußert sich am 20. November 1995 in einem BBC-Fernsehinterview mit Martin Bashir offen zu ihrem Verhalten. Sie versichert, sie habe ihren Ehemann wirklich geliebt und sei am Anfang ihrer Ehe auch glücklich gewesen. Aber dann sei alles in ihr zerbrochen, als sie von der Untreue ihres Mannes erfuhr. »There were three of us in this marriage!«, bekennt sie. »In dieser Ehe waren wir zu dritt.« An der Seite eines Ehemannes, der eine andere liebt, sei das Gefühl, sie sei nichts mehr wert und habe versagt, immer stärker geworden. Dann habe sie sich zu einem Zeitpunkt, als es ihr sehr schlecht ging, in James Hewitt verliebt und sei mit ihm intim geworden, gesteht sie mit sanfter Stimme und züchtig gesenktem Blick. »Ich habe ihn angehimmelt!«

Nach diesem öffentlichen Eingeständnis verlangt Königin Elizabeth II. im Dezember 1995 von Charles und Diana, sich scheiden zu lassen. Ihr Sohn stimmt sofort zu, Diana erst im Februar 1996. Die Scheidung wird im Juli 1996 vor Gericht ausgesprochen und nach sechswöchiger Widerspruchsfrist am 28. August rechtskräftig. Diana verliert den Titel »Königliche Hoheit«, darf sich aber weiterhin »Princess of Wales« nennen und bleibt auch Mitglied der königlichen Familie. Ihr wird im Kensington Palace bis zur Volljährigkeit ihrer

Kinder ein ständiges Wohnrecht eingeräumt. Das Sorgerecht für die Söhne wird beiden Eltern übertragen. Außerdem erhält Diana eine Abfindung von umgerechnet etwa 20 Millionen Euro und eine jährliche Rente von 500 000 Euro. Insgesamt bringt ihr die Scheidungsregelung rund 75 Millionen Euro ein, ein hübscher Batzen Geld. Ihre standesgemäße Versorgung ist damit gesichert.

Dennoch hält Diana gleich nach der Scheidung Ausschau nach einem neuen, passenden Partner. In aller Welt sucht sie einen reichen, verständnisvollen Mann, den sie lieben kann und der es ihr ermöglicht, ihren luxuriösen und verschwenderischen Lebensstil aufrechtzuerhalten.

Sie findet ihn im Sommer 1997 in dem 41-jährigen Ägypter Dodi Al Fayed, dem charmanten Sohn und Erben eines der reichsten Männer der Welt, dem unter anderem weltberühmte Institutionen wie das Kaufhaus »Harrods« in London und das »Hotel Ritz« in Paris gehören. Dody lädt Diana und ihre Kinder zu einer Mittelmeerkreuzfahrt auf seiner Luxusyacht ein. Sie verlieben sich ineinander. Diana erlebt einen Sommer, in dem sie neuen Mut und neue Lebenskraft schöpft. Es soll ihr letzter Sommer sein.

Am 30. August 1997 kommen Dody und Diana im »Ritz« zu einem feudalen Abendessen zusammen. Auf der Rückfahrt werden sie von zahlreichen Paparazzi verfolgt. Ihr angetrunkener Chauffeur verliert bei hoher Geschwindigkeit die Kontrolle über den Mercedes und prallt kurz nach Mitternacht gegen einen Tunnelpfeiler. Dodi stirbt noch an der Unfallstelle, Diana gegen vier Uhr morgens im Krankenhaus. Aufgrund zahlreicher Ungereimtheiten gibt der tragische Unfall der Boulevardpresse Anlass zu vielen Spekulationen bis hin zu wilden Verschwörungstheorien.

Die Trauerfeier findet am 6. September 1997 in der Westminster Abbey statt. Millionen Menschen in aller Welt nehmen am Fernseher Abschied von der »Königin der Herzen«, rund drei Millionen Menschen begleiten den Trauerzug durch London. Direkt hinter dem Sarg gehen Prinz Charles und seine Söhne William und Harry. Elton John singt für seine Freundin Diana den neu verfassten Song *Candle in the wind.* Am späten Nachmittag wird Diana im engsten Familienkreis auf dem Familiensitz der Spencers in Althorp House inmitten eines Sees auf einer kleinen Insel beigesetzt. Infolge des starken Drucks der Öffentlichkeit werden entgegen dem Wunsche der Queen die britische Nationalflagge auf Halbmast gesetzt und Staatstrauer angeordnet.

Schon ein Jahr später zeigen sich Prinz Charles und seine geliebte, seit 1995 von ihrem Ehemann geschiedene Camilla gemeinsam in der Öffentlichkeit. Charles ist glücklich, nun ganz offiziell mit ihr zusammen sein zu können. Aber Camilla muss viele Schmähungen und Demütigungen hinnehmen. Sie erträgt sie schweigend wie eine Buße. Für die Öffentlichkeit ist sie lange Zeit das Biest vom Lande, das Dianas Glück zerstört hat. Man lässt, nicht nur in Großbritannien, kein gutes Haar an ihr. Die deutsche *Bild-Zeitung* titelt: »Was hat sie, was Di nicht hatte?«

Im Jahr 2000 gibt Königin Elizabeth II. der Beziehung indirekt ihren Segen, indem sie zusammen mit Camilla und Charles an einer Veranstaltung in Highgrove, dem Landsitz von Charles, teilnimmt. Charles küsst Camilla vor allen Leuten, wenn auch nur auf die Wange. Mittlerweile teilt sie mit ihm offiziell die Wohnung seiner Londoner Residenz Clarence House. 2002 wird sie zum ersten Mal zu einer offiziellen Veranstaltung des Königshauses eingeladen. Schließlich gibt es am 9. April 2005 das Happy End, auf das beide 35 Jahre lang warten mussten: Camilla wird Charles' Frau, und sie wird »Herzogin von Cornwall«. Ein Jahrzehnte währendes, ebenso erstaunliches wie trauriges Liebesdrama im Schatten der Krone ist endlich zu Ende. Camilla und Charles wirken tatsächlich wie ein bereits ergrautes, altes Ehepaar. Und im *Daily Star* ist die vielsagende Schlagzeile zu lesen: »Zwei alte Langweiler heiraten!«

Besessen und hörig

Marlene Dietrich und Erich Maria Remarque (1937–1940)

Eine der dramatischsten Liebesgeschichten des 20. Jahrhunderts beginnt 1937 in Venedig zwischen zwei Menschen, die beide in Deutschland geboren und bereits – jeder auf seinem Gebiet – zu Weltruhm gelangt sind. Das Liebesverhältnis dauert drei Jahre und wird für beide zur tiefsten Beziehung ihres Lebens.

Sie ist verheiratet und seit ihrer »Lola« im 1930 gedrehten Film *Der blaue Engel* der Inbegriff des männermordenden Vamps. Die Männer »umschwirren« sie nicht nur auf der Leinwand, sondern auch im realen Leben »wie die Motten das Licht«, und man möchte ihr glauben, wenn sie singt: »Und wenn sie verbrennen, ja dafür kann ich nichts.«

Er hat schon eine gescheiterte Ehe hinter sich und ist seit dem Welterfolg seines 1929 erschienenen Romans *Im Westen nichts Neues* ein umschwärmter und begehrter Liebhaber. Als sie sich kennen lernen und die Liebe sie durchfährt wie ein Blitz, sind sie beide beinahe vierzig Jahre alt.

Marlene Dietrich hat immer behauptet, sie sei 1904 geboren worden. Tatsächlich erblickte sie das Licht der Welt am 27. Dezember 1901 als Tochter einer preußischen Offiziersfamilie in Berlin-Schöneberg. Ihr Vorname ist Marie. Den Namen Marlene legt sie sich erst zu, als sie nach einer Ausbildung zur Konzertgeigerin und einem Studium an der Berliner Hochschule für Musik 1922 in der Schauspielschule des Deutschen Theaters das Gretchen-Gebet aus Goethes Faust vorspricht.

Noch im gleichen Jahr erhält sie ihre erste Theaterrolle unter der Regie von Max Reinhardt. 1923 heiratet sie den Regieassistenten Rudolf Sieber, ein Jahr darauf wird ihre Tochter Maria geboren. Marlene spielt erste kleinere Filmrollen und unterzeichnet dann nach ihrem Durchbruch als Lola einen siebenjährigen Vertrag bei der amerikanischen Filmgesellschaft Paramount Pictures.

In ihrem ersten US-Film tritt sie als Sängerin in Männerkleidung auf und löst damit einen Skandal aus. Joseph Goebbels bietet ihr 1936 für jeden Film, den sie in Deutschland dreht, 200 000 Reichsmark bei freier Wahl des Stoffes, des Produzenten und des Regisseurs. Marlene Dietrich lehnt ab. Drei Jahre später nimmt sie die amerikanische Staatsbürgerschaft an.

Erich Maria Remarque (eigentlich Erich Paul Remark) wird am 22. Juni 1898 in Osnabrück geboren und erhält dort am Katholischen Seminar eine Ausbildung zum Lehrer. 1916 nimmt er als Kriegsfreiwilliger an der Westfront am Ersten Weltkrieg teil. Nach dem Krieg versucht er sich in verschiedenen Berufen als Volksschullehrer, Organist, Agent für Grabsteine und Theater- und Konzertkritiker bei der *Osnabrücker Tageszeitung.* Er schreibt Kurzprosa und Gedichte und veröffentlicht 1920 seinen ersten Roman *Die Traumbude.* Danach bereist er als Redakteur verschiedener Zeitungen halb Europa.

1925 heiratet er Ilse Jutta Zambona, lässt sich aber im Januar 1930 wieder von ihr scheiden. Sein Roman *Im Westen nichts Neues,* in dem er den Mythos vom soldatischen Heldentod bricht, wird 1930 verfilmt und löst in Deutschland heftige Kontroversen aus. Remarque verlässt Deutschland und lässt sich 1932 in Porto Ronco in der Schweiz nieder. Im Zuge der von den Nationalsozialisten inszenierten Bücherverbrennung werden seine Werke im Mai 1933 aus allen öffentlichen Bibliotheken entfernt. Sein neuer Roman *Three Comrades* erscheint Anfang 1937 in englischer Sprache in London.

Im Sommer 1937 ist Erich Maria Remarque ein Reisender ohne Vaterland und in zwanghafter Rastlosigkeit auf der Jagd nach der großen Liebe. Er hat kurze, aber heftige Affären mit einigen – meist neurotischen und etwas überspannten – Frauen, liebt schnelle Wagen und führt das Leben eines Playboys. Fast zu jeder Mahlzeit nimmt er Hummer oder Krabben und erlesene Weine zu sich. Abends trinkt er literweise Kirschwasser. Er erkennt, dass er Gefahr läuft, dem Alkohol gänzlich zu verfallen und damit sein Talent zu vergeuden, und leidet deshalb häufig an Depressionen. Immer mehr fühlt er sich zu der erotisch-exotischen und düsteren Seite der menschlichen Natur hingezogen.

Im August 1937 trifft er Marlene Dietrich in einem Restaurant am Lido, die dort mit dem Filmregisseur Josef von Sternberg speist. Remarque tritt an den Tisch, stellt sich vor und begrüßt Marlene mit einem vollendeten Handkuss. »Sie sehen viel zu jung aus, um eines der größten Bücher unserer Zeit geschrieben zu haben«, schmeichelt ihm die Dietrich. Er beugt sich zu ihr hinüber und reicht ihr mit seinem goldenen Feuerzeug Feuer für ihre Zigarette. »Vielleicht habe ich es nur geschrieben«, erwidert er galant, »um einmal Ihre zauberhafte Stimme diese Worte sagen zu hören.«

Marlene ist entzückt, sofort knistert es zwischen ihnen. Sternberg bemerkt das und entfernt sich bald. Die beiden reden und tanzen bis tief in die Nacht miteinander. Dann blickt Remarque Marlene Dietrich ernst an und sagt leise: »Ich muss Ihnen etwas gestehen – ich bin impotent!« Sie lächelt und antwortet: »Ach, wie wunderschön! Was bin ich erleichtert!«

Schon am nächsten Tag treffen sie sich wieder, und im Dezember 1937 werden sie ein Paar. Er zieht zu ihr in ein Hotel in Paris und wird ihr Freund und engster Berater. Remarque weiß, dass Douglas Fairbanks jun. beinahe zehn Jahre lang Marlenes Liebhaber war und dass die beiden in London mehrere Jahre zusammengelebt haben, obwohl sie verheiratet war. Nun wird er ihr neuer Liebhaber. Aber Remarque merkt schnell, dass diese Beziehung für ihn mehr ist als eine bloße Affäre. Er verliebt sich hoffnungslos in Marlene und träumt davon, für immer mit ihr zusammen zu sein und sie eines Tages vielleicht sogar heiraten zu können. Und er spürt, dass sie seine Zuneigung erwidert. Es sei bedauerlich, vertraut er seinem Tagebuch an, »dass man nicht durch das Telefon miteinander vögeln könne«.

Als Remarque am 22. Januar 1938 in Sankt Moritz zum zweiten Mal seine Ehefrau Jutta heiratet, ist Marlene Dietrich verärgert. Er tut es, um sie davor zu bewahren, nach Hitlerdeutschland ausgewiesen zu werden. Er liebt sie nicht, die Verbindung ist eine reine Scheinehe. Im Frühjahr 1938 wird ihm nach zuvor erfolgten Hetzkampagnen die deutsche Staatsbürgerschaft aberkannt, die Nazis erklären ihn praktisch für vogelfrei. Das erschüttert ihn zutiefst, doch in seiner Beziehung zu Marlene findet er einen gewissen Trost. Aber am 9. April notiert er resigniert: »Im Brei von Faulheit, Passivität und Abseitsstehen.« Erneut beginnt er, unmäßig zu trinken.

Marlene ist besorgt um seine Gesundheit und fürchtet um sein Genie. Am frühen Morgen klingelt sie häufig Freunde aus dem Bett, damit sie Remarque in irgendwelchen Kaschemmen auflesen und zum Hotel zurückbringen. In seinen Tagebuchaufzeichnungen nennt er Marlene »das Puma«. Am 25. Juni schreibt er: »Fremde der Trunkenheit und die Heimkehr von den Irrlichtern … Erhielt rechten Schwinger vom Puma ins Gesicht.«

Marlene kocht für ihn und bleibt häufig über Nacht bei ihm. Da auch ihr Ehemann Rudolf Sieber und ihre Tochter in Paris weilen, überrascht sie Remarque mit gemütlichen Abenden im Familienkreis. Manchmal ist auch Tami dabei, Rudolfs Geliebte. Meistens aber durchstreift Remarque nachts die Pariser Etablissements. Tagebucheintragung vom 8. Juli: »Irgendein Haus noch mit Flagellationen und einer dicken Madame. Sehr gut gewachsene Negerin aus Martinique. Gin. Morgens zurück.«

Remarque findet heraus, dass Marlene nicht aufrichtig zu ihm ist. Nach ihrer Liaison mit der Schriftstellerin Mercedes de Acosta hat sie ein leidenschaftliches Liebesverhältnis mit Jo Carstairs begonnen, Erbin eines schwerreichen kanadischen Whiskeyfabrikanten. Carstairs sieht sehr männlich aus, hat grauschwarzes Haar und tätowierte Arme. Am 31. August 1938 notiert Remarque, Marlene sei »seit einigen Tagen völlig einer Frau verfallen … Nachher Maxim. Puma saß neben Jo … Rudi, Tami und ich auf den Ecken. Ich sprach wenig. Das Puma schwätzte. Einige Frauen mit bloßen Brüsten. Eine nackt. Hawaiien-Atmosphäre … Puma wollte mit mir tanzen. Ich nicht … Puma später bei Jo bis morgens.«

Er will Marlene nicht aufgeben, er begehrt sie und versucht, sich mit ihr zu arrangieren. Am nächsten Morgen schickt er ihr Blumen und ein paar Zeilen und notiert: »Sah sonderbar aus: ungeschminkt, die Augen weit auseinander,

Marlene Dietrich und Erich Maria Remarque. Foto, 1939.

die Haut etwas gelblich und fahl, sehr ähnlich einem Puma … Nicht schön; interessant. Die etwas blassen, etwas schwimmenden blauen Augen …«

Seine Leidenschaft steigert sich bis zur Besessenheit und gleicht einer krankhaften Obsession mit sadomasochistischen Zügen. Wie sehr Marlene ihn auch verletzt, er erträgt ihre tollsten Kapriolen. Er leidet, ist ihr vollkommen verfallen und nennt sie eine »silberne Sternschnuppe über dem Abgrund«.

»Sie log und log, rücksichtslos und naiv«, schreibt er am 4. September. »Erstaunlich: das völlige Fehlen des Gedankens, ob man dem anderen mit seinen (unnötigen) Erklärungen, Enthüllungen usw. Schmerzen macht oder nicht. Außerordentlich egozentrisch.«

Nach der durchzechten Pariser Nacht vom 9. September bringt er die betrunkene Marlene ins Bett und schickt ihr am nächsten Morgen weiße Orchideen und »ein paar Zeilen zur Erinnerung an unseren Beginn am Lido, der um diese Tage vor einem Jahr war … War süß. Erinnerte sich. Wollte wieder einen Ehering. Ich spürte, dass alles mit Jo schon im Vergehen war.«

Und dann am 13. September: »Gegen zwei Uhr kam das Puma. Ich lag im Bett. Kam zu mir. War ein Puma, das mich überfiel … Wollte mir sagen, es liebe mich.« 19. September: »Beim Puma geschlafen … Neues Nachthemd. Ich rührte es nicht an … Zärtlich, ohne jeden weiteren Gedanken.«

Sie erzählt ihm, wie sie Männer liebe. »Schnell, Nebel in den Augen, hemmungslos, wenn es über sie kommt …« Dann erklärt sie ihm wieder, »dass sie Männer nicht brauche. Sie nie im Bett vermisst hätte. Nur Frauen – Jo. Das sei es eben. Das Aufregende …«

Aber am 23. September ist sie wieder verliebt in ihn, will mit ihm schlafen. Er notiert: »Ich konnte nicht. Weiß der Himmel, warum nicht. Schliefen eng nebeneinander, Puma fest an mich geklammert.« Dann klappt es doch noch, er nimmt sie und stellt erleichtert fest, dass Marlene zuvor Ring und Uhrenband von Jo abgelegt hat. Sie liebe ihn, versichert sie. Daraufhin sucht er ihr bei einem teuren Juwelier einen Ehering aus.

Doch am nächsten Tag geht sie wieder zu Jo. Die Koffer sind schon gepackt, sie will nach Hollywood, um ihre abgebrochene Filmkarriere wieder aufzunehmen. Sie soll neben James Stewart in *Der große Bluff* spielen. Remarque hat das Drehbuch als Erster gelesen und ihr geraten, mit dieser Rolle ihren Typ zu verändern.

Am 29. September notiert er in seinem Tagebuch: »Später zum Puma, das in Büstenhalter und Hose dasaß und Briefe ordnete, meine und die der Konkurrenten … Pumas Haare wie goldene Seide nach der Wäsche; – es arbeitete noch eine halbe Stunde an sich herum, ich lag im Bett und sah zu.«

Und ein paar Stunden später: »Das Puma saß in seinem braunen Kostüm mit der braunen Mütze verloren in seinem Zimmer. War traurig und still. Ich wusste nicht, was es wollte … Bin voll Liebe … Haltenwollen und Nichtkönnen …« Am Abend machen sie einen Spaziergang durch die Stadt. »Das Puma süß und anschmiegsam. Über die Brücken durch das samtdunkle Paris, Herbst in der Luft, das Licht veratmend in der großen, grauen Weite des Himmels, das Puma mit dem Kopf an meiner Schulter.«

Marlene verschiebt ihre Abreise nach Amerika. Am 1. November hält Remarque fest, dass er ihr »unter viel Gerede und Lachen« die Füße massiert habe. »Morgens das zärtliche Puma, zärtlich, intim, ohne Sex. Erklärte, es liebe mich und werde unglücklich sein in Amerika. Ich sagte, es werde schon jemanden finden zum Massieren, Haarbürsten, Schwätzen und Neben-ihm-schlafen – vielleicht stimmt es, dass bei Frauen Zärtlichkeit häufiger ist als Sex.«

Er massiert sie, und Marlene vertraut ihm an, »es gäbe keine unglückliche Liebe, ehe man nicht miteinander geschlafen habe«. Für sie sei die »Aufregung des Mannes« entscheidend, »das unwiderstehliche Begehren, das Nicht-anders-können, das natürlich bei primitiveren Männern häufiger sei«.

Ende 1938 kehrt Marlene nach Hollywood zurück und Remarque nach Porto Ronco. Sie schreibt ihm heiße Liebesbriefe, die nicht mehr erhalten sind. Remarques spätere Ehefrau Paulette Goddard hat sie vernichtet. Fast täglich werden Telegramme ausgetauscht. Marlene lässt Remarque in dem Glauben, er sei ihre einzige Liebe. Sie wird seine Muse.

Er beginnt den Roman *Arc de Triomphe,* dessen weibliche Hauptfigur ganz Marlene entspricht. Der Roman schildert vor dem Pariser Hintergrund die Geschichte ihrer Beziehung. Schon gleich zu Beginn beschreibt er seine Protagonistin, ganz unverkennbar Marlenes Bild:

»Er sah ein blasses Gesicht mit hochliegenden Wangenknochen und weit auseinanderstehenden Augen. Das Gesicht war starr und maskenhaft; es wirkte, als sei es eingestürzt, und die Augen hatten im Laternenlicht einen Ausdruck so gläserner Leere ...«

Remarque will seiner »Göttin« das neue Buch zu Füßen legen und reist zu ihr in die USA. Als er Marlene am 25. März 1939 in Chicago trifft, gibt es jedoch ein böses Erwachen. Sie ist enttäuscht und verärgert darüber, dass Remarque sie in dieser Weise verewigt und ihren Charakter offen gelegt hat. Es kommt zu Zank und Streit, nur gelegentlich unterbrochen durch Liebesnächte.

Remarque lässt sich in Hollywood nieder. Er begreift, dass Marlene ihre bösen Ausbrüche und intriganten Szenen braucht. Dazwischen ist sie wieder lieb und sanft. Er unterwirft sich ihrer Tyrannei und ihren sadistischen Launen, wohl wissend, dass er immer abhängiger von ihr wird. Aber er weiß nicht, warum sie ihn quält, denn im nächsten Moment schenkt sie ihm wieder ihre Gunst. Manchmal schwört er sich, sich von ihr loszusagen, doch die Kraft dazu bringt er nicht auf. Dann wieder vertraut er darauf, dass ihre Liebe überdauert und es doch noch ein glückliches Zusammenleben mit Marlene geben wird.

Während der Dreharbeiten zu *Der große Bluff* verliebt sich Marlene in James Stewart, der die männliche Hauptrolle spielt. Sie schläft von Anfang an mit ihm und versucht, ihr leidenschaftliches Verhältnis vor Remarque zu verheimlichen. Aber dann beichtet sie ihm doch alles und gesteht ihm, es sei »ein Rausch, ein Traum, eine Verzauberung« gewesen. Sie bekäme ein Kind von ihm.

Remarque ist tief getroffen und unglücklich und kann sich mit seiner Rolle als Liebhaber auf Abruf nicht abfinden. Er holt seine Ehefrau Jutta in die USA, was Marlene vergeblich zu verhindern sucht, und mietet sich im Mai 1940 ein Haus in Los Angeles. Wenn Remarque auch hin und wieder noch mit Marlene zusammentrifft, ihr Armbandcolliers kauft, ihre Füße massiert und ihre Brüste mit einer Spezialcreme einreibt, damit sie fest bleiben, so wird ihm doch immer klarer, dass sein Verhältnis zu Marlene unwiderruflich zerrüttet ist. Ein Jahr später, am 1. Dezember 1941, schreibt er quer über seine Tagebucheintragungen:

»Hier hättest du Trottel irgendwann der Ziege den Hintern voll hauen und selbst abhauen sollen.«

Marlene hat inzwischen einen Flirt mit John Wayne begonnen, und dann verliebt sie sich in Jean Gabin. Und Remarque beginnt ein Verhältnis mit Greta Garbo und danach mit der jungen Lupe Velez, dem »mexikanischen Hitzkopf«. Aber ganz vergessen kann er Marlene nicht.

Nach Ende des Krieges schreibt sie ihm am 1. Dezember 1945 aus Paris: »Ich bin durcheinander und leer und ohne Ziel ... Habe mich aufgelehnt und um mich geschlagen (nicht immer mit den fairsten Mitteln) und habe mich freigehauen und sitze nun in der Freiheit allein und verlassen in einer fremden Stadt. Und finde Deine Briefe!« Sie sagt ihm, dass sie Sehnsucht nach ihm habe, und unterschreibt den Brief mit »dein zerfetztes Puma«. Aber es gibt keinen Neuanfang, die Liaison ist endgültig beendet.

Im Rahmen einer Europatournee kehrt Marlene Dietrich 1960 als Showstar nach Deutschland zurück, wo man sie bewundert, wegen »Landesverrats« aber auch ablehnt. Von 1976 an lebt sie zurückgezogen in Paris und veröffentlicht ihre Memoiren unter dem Titel *Ich bin Gott sei Dank Berlinerin.* Sie stirbt 1992 in Paris, wird jedoch in Berlin-Friedenau beigesetzt.

Erich Maria Remarque nimmt 1947 die amerikanische Staatsbürgerschaft an und publiziert in den nächsten Jahren noch weitere Romane. Nach der erneuten Scheidung von seiner Frau Jutta heiratet er am 25. Februar 1958 Paulette Goddard. 1967 wird ihm das große Verdienstkreuz der Bundesrepublik Deutschland verliehen. Am 25. September 1970 stirbt er in Locarno.

Ältere Frau und junger Mann

Annette von Droste-Hülshoff und Levin Schücking (1841–1842)

Auf der Burg Hülshoff ist sie 1797 geboren, bereits 44 Jahre alt und Deutschlands vielleicht größte Dichterin, als sie ihre schönsten Gedanken und Worte wie in ihrer einzigen Novelle *Die Judenbuche* und die feinfühligsten Gedichte wie *Das Gemüt* zu Papier bringt, nämlich in der Zeit ihrer großen Liebe und Leidenschaft zu dem 17 Jahre jüngeren Freund und »Sohn« Levin Schücking.

Es ist wahrlich keine Liebe auf den ersten Blick, kein plötzliches Entflammen, kein sofortiges Begehren. Schücking, was im Altgermanischen soviel heißt wie »lieber Freund«, ist Gymnasiast im Münsterland, der gemeinsamen Heimat. Und als seine Mutter 1831 mit nur 40 Jahren im Sterben liegt, verspricht ihre Jugendfreundin Annette ihr, ihm eine mütterliche Freundin zu sein. Levin studiert Rechtswissenschaften, hat aber auch ein schriftstellerisches Talent, das Annette erkennt und fördert. Sie verbringen Tage und Nächte damit, sich Geschichten zu erzählen, und Annette hilft ihm bei seinen schriftstellerischen Arbeiten. Später schreibt er über diese Zeit:

»Einmal in jeder Woche auch, am Dienstage, wanderte ich nach Tisch zu ihr hinaus, über Ackerkämpe, kleine Heiden und durch ein Gehölz, an dessen Ende ich oft ihre zierliche kleine Gestalt wahrnahm, wie sie ihre blonden Locken ohne Kopfbedeckung dem Spiel des Windes überließ, auf einer alten Holzbank saß und mit ihrem Fernrohr nach dem Kommenden ausblickte … Ich wurde dann zunächst … mit dem klassischen westfälischen Kaffee gelabt, ein Teller mit Obst stand im Sommer und Herbst daneben, eine kleine Streiferei in der nächsten buschreichen Umgebung des Hauses wurde dann gemacht … Sie führte dabei zumeist einen leichten Berghammer bei sich, und wir kehrten selten heim, ohne dass mir alle Taschen von allerlei Kieseln und Feuersteinen und anderen Raritäten gestarrt hätten.«

Annette entstammt einem alten aristokratischen, katholischen Geschlecht und ist mit ihrer Heimat Westfalen fest verwachsen, diesem in der Dämmerung unheimlichen Nebelland zwischen feuchten Wiesen und Mooren, Heide und kleinen Waldungen. Hier findet sie die Bilder für das, was sie bewegt, für die Beschreibung ihrer Ängste und Glaubenszweifel. Sie ist häufig krank, fühlt sich vom Tode bedroht und sieht keine Zukunft für sich.

Der junge, bürgerliche Levin ist dagegen weltoffen und der Zukunft zugewandt. Seine »heidnisch-antike Sinnenhaftigkeit« und auch Sinneslust empfindet Annette als »wüstes Ringen«. Beide befinden sich auf gänzlich getrennten Polen. Und doch finden sie zueinander. Aus dem Mutter-Sohn- oder Mentor-Schüler-Verhältnis wird, für Annette ganz überraschend, Liebe.

Sie merkt es gerade in dem Augenblick, da der zum jungen Manne herangereifte Levin sich um das Jahr 1840 herum in eine literarische Freundin in Münster verliebt. Annette verspürt ein Gefühl der Eifersucht und kann es nur schlecht verbergen. Was wird aus ihr, wenn sie Levin nun nicht mehr in ihrer Nähe haben wird, an ihrer Seite? Ist das nicht wie eine Frage von Leben und Tod für sie? Warum soll sie Levin mit einer anderen Frau teilen oder gar ganz auf ihn verzichten? Nein, sie will ihn ganz, und sei es nur für kurze Zeit! Sie fasst den kühnen Entschluss, Levin der Rivalin um jeden Preis zu entreißen. Aber wie soll sie das anstellen? Wie kann sie erreichen, dass sie Levin ganz für sich allein hat?

Die Meersburg! Der Familiensitz ihrer Schwester Jenny am Bodensee, tief im Süden, nahe den Alpen, hoch gelegen wie ein Adlernest, das ist der Ausweg, die Zuflucht! Hierhin wird sie den geliebten Mann entführen. Nicht, um in den Nächten das Bett mit ihm zu teilen, nein, ein erotisches Abenteuer ist nicht der Grund für ihren Plan. Sie schmiedet ihn aus tiefster Freundschaft, aus »heiliger Liebe« und ewiger Treue.

Auf der Meersburg würden sie zusammen dichten, zusammen fühlen und leben, lodernde Flammen entfachen und unerhörte Werke leidenschaftlicher Zusammenarbeit hervorbringen. Sie findet auch schnell einen einleuchtenden Vorwand, Levin dorthin zu locken. Er soll die weithin bekannte und über 10 000 Bände umfassende Bibliothek des Ehemannes ihrer Schwester katalogisieren. Natürlich gegen eine gute Bezahlung.

Voller heftiger Gefühle trifft Annette im Spätherbst 1841 auf der Meersburg ein. Sie erliegt wieder der androgynen Lebensstimmung, die sie von Kindheit an erfüllt, seit ihrer abgöttischen Liebe zu ihrem Vater. Das Zwitterhafte, Männliche in ihr, der Wunsch, wie ein Mann zu sein, nimmt wieder überhand und hat ihre Idee, mit Levin auf der Meersburg zusammenzuleben, sicherlich mitbestimmt. Auch die meisten ihrer Werke sind aus der Perspektive des Mannes geschrie-

Annette von Droste-Hülshoff. Zeitgenössisches Bild.

ben, haben männliche Helden. Und wenn wirklich einmal eine Frauengestalt in den Schriften auftaucht, trägt sie männliche Züge.

Auf der Meersburg gibt sie sich ganz dieser Stimmung hin. Sie steht »auf hohem Balkone am Turm, umstrichen von

Levin Schücking. Stahlstich, um 1860.

schreiendem Stare« und beschwört den brausenden Sturm wie einen wilden Kameraden *(Am Turm)*. Zwei Schritte vom Abgrund entfernt, möchte sie auf Leben und Tod mit ihm ringen und sehnt sich nach seinem »kräftigen Umschlingen«. Sie will kämpfen, will nicht das zarte Edelfräulein, das artige Kind sein, das dem herkömmlichen Frauenbild entspricht.

»Wär ich ein Jäger auf freier Flur, ein Stück nur von einem Soldaten, wär ich ein Mann doch mindestens nur, so würde der Himmel mir raten ...« Verdrängt Annette hier alles Erotische? Leidet sie an Geschlechtsverwirrung, wenn sie sich und ihren jungen Levin als zwei junge »Männer« empfindet?

Als Levin Schücking, ihr geistig heraufbeschworener Zwilling Pollux, 14 Tage später tatsächlich auf der Meersburg eintrifft, beginnt langsam ihre Verwandlung, ihre Entwicklung zu einer liebenden Frau. Anfangs kaum sichtbar, aber dann wie ein Fieber mit aller Leidenschaft und aufwühlenden Gefühlen hereinbrechend, die sich ihr bisher nur in Träumen oder Vorahnungen gezeigt haben und nun auch den sinnlichen Verlockungen erliegen.

Sie gehen Hand in Hand am Bodensee spazieren, führen tiefe Gespräche und suchen Muscheln und Schnecken am Ufer. Ist das nicht ein Glück, wenn man schon am Ende allen Hoffens den Menschen findet, der einem so nah ist wie das eigene Blut? »Blick in mein Auge«, schreibt sie in einem Gedicht, dem sie die Überschrift »An Levin Schücking« gibt, »ist es nicht das deine, ist nicht mein Zürnen selber deinem gleich? Du lächelst – und dein Lächeln ist das meine, an gleicher Lust und gleichem Sinnen reich.«

17 Jahre älter ist sie, aber sie fühlt sich glühend, jung und verführerisch. Und sie ermahnt ihren jungen Geliebten, der ihr Sohn sein könnte, sie wie die überreifen Trauben des Spätherbstes, die vor ihnen in einer Schale auf dem Tisch prangen, zu ergreifen und zu verzehren *(Die Schenke am See):* »Frisch, greif in die kristallne Schale, frisch! Die saftigen

Rubine glühn und locken ...« Und dann erschrickt sie plötzlich vor der Realität ihres Alters: »O sieh, wie die verletzte Beere weint blutige Tränen um des Reifes Nähe.«

Doch sie hofft, dass dieser Rausch gesteigerten, befreienden Fühlens nun immer anhalten möge, diese ekstatische Glut, die Levin in ihr entfacht hat, nie mehr verlöschen möge. Endlich kann sie einmal so sein, wie sie immer sein wollte, frei und wild wie der Wind oder auch zärtlich wie im Mondlicht die silbernen Wellen des Sees, die das Ufer umspielen und liebkosen. Sie kann Mann sein oder Frau oder beides zugleich.

Ihre tiefen Gefühle und Leidenschaften strömen in ihre Feder über. Sie schreibt und schreibt. Levin ist wie eine Art Ventil für sie. Sie will einen Gedichtband mit 100 Gedichten zusammenbekommen. Als Levin das bezweifelt, bietet sie ihm eine Wette an. Er schreibt an den Dichter Ferdinand Freiligrath: »Die Droste unterbrach mich eben, indem sie in meinen Turm kam, um mir ihr Gedicht vorzulesen, täglich wird eins fabriziert; jetzt sind's schon 53, und wenn die Hundert voll sind, sollen sie als Sammlung herausgegeben werden.«

Anfang Februar 1842 ist schon die Hälfte geschrieben. Die Meersburger Gedichte erscheinen zwar erst 1844, aber sie machen Annette von Droste-Hülshoff zu einer zeitlosen Dichterin der Weltliteratur. Ohne Levin Schücking und ihr gemeinsames »Götterleben« wären diese Gedichte nie entstanden. Durch ihn wird sie zu einer »Sappho des Nordens«, wie man sie wegen einiger brennend-erotischer, nahezu im Rausch geschriebener Gedichte nennen mag. Alles bisher Verdrängte und Unterdrückte bricht sich »in trunkener Flut« hier Bahn.

Aber die Welt des Eros ist nicht Annettes Welt. Das fühlt sie täglich stärker und umso nachhaltiger, je mehr Levin sie entfesselt und sie alsbald ganz für sich erobern möchte. Sie spürt, dass er mehr von ihr verlangt, als sie ihm geben kann.

Nun ist er es, der sie entführen möchte, wenn er endlich und ganz zum Manne werden soll. Er will sie von allem lösen, von den Bindungen an Heimat und Familie, an ihre Religiosität und ihre Kunst. Er will sie allem entreißen, will sie ganz besitzen und sein Eigen werden lassen, sie zum »Mittelpunkt der Welt« machen, einer vollkommen neuen Welt grenzenloser und sinnenhafter Selbstbefreiung und des Sichauslebens.

Nein, sie kann und will diesem verführerischen Freiheitsflug nicht folgen, möchte nicht mit Levin verschmelzen. »Ich bin zu stolz, um mich je auf Lebzeit von einem Mann fesseln zu lassen«, sagt sie später über sich. Sie fühle sich wie ein Adler, der sich nicht wie eine Henne ein Nest hinterm Ofen bauen könne. Annette ist zu sehr eine Gefangene ihrer alten Welt, sie möchte nicht selbst verführt, nicht selbst entführt werden.

Als Levin Schücking das bewusst wird, verlässt er fast fluchtartig die Meersburg, nachdem Ferdinand Freiligrath ihm eine Hofmeisterstelle beim Fürsten von Wrede in Ellingen vermittelt hat.

»Ostern 1842 gab es einen sehr traurigen Abschied von der Meersburg«, schreibt er später in seinen Lebenserinnerungen. Und Freiligrath teilt er in einem Brief mit, dass er sich mit dem Gedanken trage, sich möglichst umgehend eine »Braut anzuschnallen«. Er bittet ihn, den Kontakt zu der Schriftstellerin Luise von Gall herzustellen, die ihm sein Freund »aus guten Darmstädter Kreisen« empfohlen hat.

Nach mehreren Briefen, die Levin an sie schreibt, verlobt er sich mit Luise, ohne sie je gesehen zu haben. Kurz darauf heiratet er sie. Eine Flucht in die Ehe, um sich endgültig vor der großen Liebe zu retten? Einer gescheiterten Liebe, denn er ist nicht stark genug gewesen, Annette sich selbst und ihrer Welt zu entreißen.

Nach Levins Abreise überfällt Annette in ihrer Einsamkeit tiefster Schmerz. Erst jetzt, da der Freund nicht mehr da ist, spürt sie, wie sehr sie ihn liebt. In innigen Briefen an ihn bekennt sie, dass sie »in einem fort« an ihn denke. Sie wünscht sich, ihn alle Tage »nur zwei Minuten seh'n« zu können, »o Gott, nur einen Augenblick!« Ihr wird klar, wie sehr ihr Talent »steigt und stirbt« mit seiner Liebe. »Was ich werde«, gesteht sie ihm, »werde ich durch Dich und um Deinetwillen.« Aber ihre dichterische Produktion gerät ins Stocken. Zurück im heimischen »Rüschhaus« wird sie im Frühjahr 1843 schwer krank. Sie isst nichts mehr, hat innere Nervenkrämpfe, schwebt acht Tage in Lebensgefahr und erholt sich nur langsam.

Am 6. Mai 1844 sieht sie Levin Schücking noch einmal wieder. Er besucht sie zusammen mit seiner Frau für dreieinhalb Wochen in Meersburg, wo Annette inzwischen für 400 Taler das oberhalb des Sees gelegene »Fürstenhäusle« ersteigert hat. Die Situation ist für alle sehr beklemmend. Später schreibt sie darüber: »Seine Frau habe ich in Meersburg kennen gelernt; sie ist sehr schön, sehr talentvoll, hat aber auch die Gnade von Gott, dies zu wissen, weshalb sie mir doch nicht recht zu Gemüthe wollte.« Beim Abschied übergibt sie Levin ihre neuesten Gedichte zum Abdruck im Morgenblatt, darunter auch »Lebt wohl!« und »An meinen Freund«. Es wird ein Abschied für immer.

»Lebt wohl, es kann nicht anders sein!
Spannt flatternd eure Segel aus,
lasst mich in meinem Schloss allein,
im öden geisterhaften Haus.

Lebt wohl, und nehmt mein Herz mit euch.
Und meinen letzten Sonnenstrahl,
er scheide, scheide nur sogleich,
denn scheiden muss er doch einmal …«

Gemeinsame Liebe zur Kunst

Eleonora Duse und Gabriele D'Annunzio (1895–1901)

Auf den Brettern, die die Welt bedeuten, steht sie schon im Alter von vier Jahren. Eleonora Duse wird als Tochter einer Schauspielerfamilie am 3. November 1858 in Norditalien geboren. Das Theater liegt ihr im Blut. Ihr Vater leitet eine Wandertruppe in der Lombardei, mit ihm zieht sie durch die Lande. Mit 15 hat das zarte Mädchen mit den großen Augen in Verona als Julia in Shakespeares Drama *Romeo und Julia* ihren ersten großen Erfolg. Ihr großes Talent und ihre außergewöhnliche Begabung werden offenbar.

Als sie 20 ist, schließt sie sich einer neapolitanischen Wanderbühne an und verliebt sich in den angesehenen Journalisten Martino Cafiero. Sie wird schwanger, worauf Cafiero sie verlässt, die erste große Enttäuschung ihres Lebens. Der nächste Schlag folgt bald darauf, denn ihr Kind stirbt kurz nach der Geburt. Eleonora sucht Trost bei ihrem Schauspielerkollegen Tebaldo Checchi, den sie am 7. September 1881, während einer erneuten Schwangerschaft, heiratet. Im Januar 1882 kommt ihre Tochter Enrichetta auf die Welt.

Ihr internationaler Durchbruch als Schauspielerin erfolgt 1885 während einer längeren Auslandstournee durch Südamerika. Ihre eigenwillige und ausdrucksstarke Spielkunst steht im Gegensatz zu dem bisher Üblichen. Sie will kein Klischee. Ihre Darstellungen sind voll innerlicher Natürlichkeit und sollen das Leben widerspiegeln, so wie es ist, ohne Perücken und Schminke. Statt der Blumen aus Papier stehen echte Rosen auf dem Bühnentisch. Und auch ihre Tränen kommen von innen. Eine Szene, in der sie ihren ehemaligen Liebhaber wiedertrifft und tatsächlich langsam und echt errötet, erlangt große Berühmtheit. Die feinfühlige Eleonora überzeugt durch außergewöhnliche Natürlichkeit. Das verlangt höchsten Einsatz und vollste Konzentration. Sie verausgabt sich sehr und ist häufig dem körperlichen Zusammenbruch nahe, zumal ihr noch eine Tuberkulose zu schaffen macht. Das Publikum aber ist begeistert und feiert Eleonoras durchdringende und überwältigende Darstellungskunst in wahren Beifallsstürmen.

Während der Tournee verliebt sie sich in ihren Partner Flavio Andò. Seinetwegen verlässt sie ihren Ehemann. Aber auch diese Beziehung wird nicht glücklich und währt nicht lange. Nach der Rückkehr nach Italien gründet Eleonora ihre eigene Theatertruppe, die »Dramatica Compagnia della Città di Roma«. Mit ihr feiert sie auf weiteren Tourneen in London, Berlin, Paris, Russland und den USA gewaltige Erfolge. Die Theaterwelt liegt ihr zu Füßen.

Anton Tschechow sieht sie 1891 in St. Petersburg und schreibt begeistert an seine Schwester: »Ich verstehe kein Italienisch, aber sie hat so gespielt, dass es mir vorkam, als verstünde ich jedes Wort. Welch wunderbare Schauspielerin. Ich habe noch nie zuvor etwas Gleichartiges gesehen.«

Nun muss sie sich auch als Geschäftsfrau und Managerin bewähren. Theaterproduktionen sind ein teures Vergnügen, die ihr ständige Geldsorgen bescheren, obwohl sie selbst bescheiden und zurückhaltend lebt.

Sie weiß recht wenig über die Welt, über die Musik, die Literatur und die Menschen überhaupt, denn sie ist nie regelmäßig zur Schule gegangen. Mit ihrer Bildung ist es nicht weit her. Das ändert sich, als der Literat Arrigo Boito in ihr Leben tritt. Er beantwortet ihr alle Fragen, unterrichtet sie und deckt sie mit Lesestoff ein. Sie beginnt ihn zu lieben, zieht mit ihm in Venedig in ein gemeinsames Domizil und denkt sogar daran, ihm zuliebe das aufreibende Theater aufzugeben.

Doch sie kommt nicht davon los, in ihrer Heimat wird sie als Schauspielerin geradezu vergöttert. Auch die Beziehung zu Boito zerbricht, und sie ist wieder allein. Außerdem ist sie der Rolle der *Kameliendame* überdrüssig und sehnt sich nach guten zeitgemäßen Stücken, aber die sind ausgesprochen rar.

Da lernt sie als 36-Jährige im September 1895 in Venedig den fünf Jahre jüngeren, über die Grenzen Italiens hinaus bekannten und außergewöhnlich produktiven Schriftsteller Gabriele D'Annunzio kennen. Der gefühlvolle, sinnliche Mann begeistert sie. Hals über Kopf verliebt sie sich in ihn. Auch er ist verheiratet und Vater dreier Kinder. Zahlreiche Affären und Skandale haben sein bisheriges Leben begleitet. Zudem ist er hoch verschuldet. Aus seinem Verhältnis mit einer verheirateten Prinzessin ist eine weitere Tochter hervorgegangen. Gabriele ist ein echter Feuerkopf, er braucht ständig neue Frauen für seine Inspirationen als Lyriker und Erzähler.

Aber all das kümmert Eleonora nicht. Sie glaubt, nun endlich den Mann ihres Lebens gefunden zu haben, und hofft, mit ihm bis an ihr Lebensende zusammenleben und glücklich sein zu können. Er wird endlich für sie die ersehnten zeitgenössischen Dramen schreiben! Mit ihm zusammen will sie das italienische Theater in die Moderne führen.

In der Tat entwickelt sich nicht nur eine heiße, leidenschaftliche Liebesbeziehung zwischen den beiden, sondern auch eine intensive und fruchtbare künstlerische Zusammenarbeit. Sie verlassen ihre Ehepartner, um nur noch füreinander da sein zu können. Eleonora mietet sich in der Nähe von Florenz ein kleines Gartenhaus, »La Porziuncola«, das Schwalbennest. Und Gabriele bezieht eine benachbarte Villa, wo er im Stile eines Renaissancefürsten lebt und Hof hält. Er schreibt Stück um Stück für seine Geliebte, wortreich, bombastisch und schwülstig. Und Eleonora investiert all ihr Geld in die Produktionen dieser Stücke.

Doch der große Erfolg bleibt aus. Gabriele D'Annunzio ist eben kein Dramatiker. Es wird nichts aus der erhofften Wiedergeburt des italienischen Theaters. Und je länger Eleonora mit diesem verschwenderischen Mann zusammenlebt, der den Luxus so liebt, desto deutlicher wird ihr, wie grundverschieden sie sind. Sie mag keinen Rummel, keine Interviews, keine Verehrer, sie leidet geradezu unter der Öffentlichkeit ihres Lebens. Er steht dagegen gern im Mittelpunkt und braucht die Bravorufe seines Publikums. Eigentlich passen sie überhaupt nicht zusammen. Am Ende hält sie nur noch die gemeinsame Liebe zur Kunst zusammen. Eleonora hat erkannt, dass der egoistische Gabriele D'Annunzio vor allem eins liebt – sich selbst.

Nach sechs Jahren ist auch dieses Verhältnis zu Ende, ihre Wege trennen sich wieder. Zurück bleiben für Eleonora Enttäuschung und Leid. In seinem im Jahr 1900 erscheinenden Roman *Feuer* schildert Gabriele D'Annunzio sie als verbitterte, alternde und selbstlos verzichtende Frau, die einer jüngeren weichen muss. Damit nimmt er vorweg, was nun folgt. Immerhin bittet er sie darum, einer Veröffentlichung des Buchs zuzustimmen. Eleonora antwortet schriftlich: »Veröffentlichen Sie den Roman, ein Kunstwerk ist mehr wert als Leiden eines menschlichen Wesens.«

Links: Eleonora Duse. Foto, 1890. Rechts: Gabriele D'Annunzio. Foto, undatiert.

Sie zieht sich 1909 ihrer Gesundheit wegen vom Theater zurück, muss aber später aus finanziellen Gründen wieder auf Tournee gehen. Am 21. April 1924 stirbt sie im Alter von 65 Jahren während eines Gastspielaufenthalts in Pittsburgh, Pennsylvania, an Tuberkulose. Zuvor hat sie noch in ihrem einzigen Stummfilm *Cenere* (Asche) mitgewirkt.

Gabriele D'Annunzio flieht nach der Trennung von Eleonora vor seinen Gläubigern und verlässt 1910 Italien. Er kämpft im Ersten Weltkrieg, sympathisiert danach mit dem Faschismus und wird zum Verehrer von Benito Mussolini. 75-jährig stirbt er am 1. März 1938 in seiner Villa am Gardasee. Zu seinem Begräbnis erscheinen kaum Literaten, dagegen umso mehr Militärs.

Virgin Queen

Elizabeth I. von England und François, Herzog von Alençon (1578–1581)

Als Elizabeth, Tochter Heinrichs VIII. aus dem Hause Tudor, am 17. November 1558 als junge Frau von 25 Jahren den englischen Thron besteigt, geht fast jedermann im Königreich davon aus, dass die eigenwillige und gebieterische junge Monarchin nun unverzüglich ihrer fundamentalen Verpflichtung nachkommen wird, zu heiraten und damit sich selbst einen Herrn und England einen Mitregenten zu geben. Dann würde auch endlich die leidige Nachfolgefrage durch eigene Kinder geregelt werden.

Mit ihrer weißen Haut, den dunklen Augen, dem kleinen Mund und dem rotblonden Haar ist die hoch gewachsene Elizabeth keine klassische Schönheit. Aber sie ist durchaus attraktiv, sehr vital, intelligent und gebildet. Französisch und Italienisch beherrscht sie so gut wie ihre Muttersprache. Sie kann auch fließend Latein und Griechisch sprechen und schreiben. Und sie regiert ein florierendes, aufstrebendes Königreich. Das macht sie in der ganzen Welt zur besten Partie auf dem Heiratsmarkt.

Nach Auffassung des Kronrats hat eine baldige Eheschließung allerhöchste Priorität. Auch das Parlament fordert die junge Königin nachdrücklich mehrmals dazu auf und lässt sich auch nicht durch Elizabeths Vorwurf davon abbringen, es überschreite mit diesen ständigen, zum Teil an Nötigung grenzenden Appellen seine Kompetenz. Rechter protestantischer Glaube und eine Ehe der Königin mit nachfolgender Mutterschaft, das sind nach Auffassung des Parlaments die beiden wichtigsten Faktoren für die Prosperität und Glückseligkeit der Nation.

Doch Elizabeth lässt sich Zeit mit der Entscheidung in dieser Frage. Sie ist eine brillante, große Königin, weise und tapfer, manchmal hartnäckig, manchmal tolerant. Sie ist vielleicht die männlichste unter allen weiblichen Herrschern der Geschichte. Aber sie hat auch die Neigung, alles ausgiebig abzuwägen, am liebsten abzuwarten, angeratene Schritte nicht zu tun und Entscheidungen immer wieder aufzuschieben. Je mehr Jahre ins Land gehen, desto intensiver neigt sie zur Vorsicht, zum Abwarten und Nichthandeln. Auch die Heiratsfrage ist davon betroffen – sie bleibt offen.

Es gestaltet sich auch schwierig, einen geeigneten Kandidaten zu finden. Zum einen käme jemand aus der englischen Aristokratie in Betracht. Das hätte den Vorteil, dass die meisten Hochadligen bei Hofe verkehren, sich in der englischen Politik auskennen und der richtigen Konfession angehören. Allerdings würde ein englischer Ehemann sicherlich intensiv mitregieren wollen und dadurch wahrscheinlich Probleme verursachen. Wäre da ein Prinz vom Kontinent nicht besser? Das brächte die Chance sinnvoller internationaler Allianzen und die Möglichkeit, in der europäischen Politik kräftig mitzumischen. Aber würden die Engländer einen solchen, voraussichtlich dem katholischen Glauben angehörenden Mann auch akzeptieren?

Zudem sind internationale Heiratsverhandlungen zur Zeit Elizabeths ein schwieriges Geschäft, langwieriger und komplizierter als das Aushandeln von Staatsverträgen oder Friedensschlüssen. Persönliche Vorstellungen und Gespräche zwischen den Aspiranten gelten als unschicklich. Also ist man auf Diplomaten angewiesen, die das Terrain sondieren und die Ernsthaftigkeit der beiderseitigen Absichten auskundschaften sollen.

Elizabeth schickt ihre Repräsentanten ständig in alle Welt, damit sie Heiratsverhandlungen führen. Jahr für Jahr nutzen sie diese Gespräche geschickt dazu, die freundschaftlichen Kontakte mit den europäischen Höfen zu vertiefen und etwaige Differenzen sofort auszuräumen. Sie werden sogar bei Philipp II. von Spanien vorstellig. Der erzkatholische König ist in England verhasst. Aber er erwägt aus außenpolitischen Gründen ernsthaft, Gott das Opfer einer Heirat mit der englischen Königin zu bringen. Die Verhandlungen führen jedoch zu keinem Ergebnis.

Nur in einem Fall schwankt Elizabeth und erwägt ernsthaft eine Ehe mit einem englischen Aristokraten. Es ist Robert Dudley, der spätere Graf von Leicester, der bei Hofe das Amt des Oberstallmeisters innehat.

Elizabeth entwickelt in den ersten Jahren ihrer Regierungszeit ein enges, durchaus auch amouröses Verhältnis zu ihm. Sie verbringen viel Zeit miteinander, scherzen und flirten. Doch Dudley ist verheiratet. Dadurch gerät die Affäre zum Skandal, über den man sich in ganz England und an den europäischen Höfen mokiert. Zu allem Übel wird Dudleys Frau 1560 auch noch unter mysteriösen Umständen tödlich verletzt am Fuß einer Treppe aufgefunden. Gerüchte kursieren, die Königin und ihr Galan hätten sie beseitigt, um heiraten zu können. Der Weg für eine Ehe mit Dudley ist nun tatsächlich frei. Die enge Beziehung dauert auch noch fort,

Elizabeth I. Gemälde von Zuccari.

Dudley bleibt ein hoch geschätzter Berater und Freund Elizabeths. Aber ihr Ehemann wird er nicht. Denn eine Heirat mit ihm hätte ihr nach dem ungeklärten Tod seiner Frau den Verdacht der Schuld oder Mitschuld an einem Mord als fortdauernden Schandfleck eingebracht.

Also bleibt Elizabeth weiterhin ehelos. Die Jahre vergehen, sie ist bereits 45. Mit fortschreitendem Alter entwickelt sie die Neigung, stets begehrenswert und ewig jugendlich erscheinen zu wollen. Zu jüngeren Frauen ist sie aus Eifersucht häufig boshaft und ungerecht. Das englische Volk sieht in ihrer Ehelosigkeit inzwischen eine besondere Auszeichnung. Als »Virgin Queen«, als jungfräuliche Königin, wird sie immer mehr zum Gegenstand der Verehrung und des Kults. Da sie keine eigene Familie hat, gehört sie nach dem Empfinden ihrer Untertanen ganz der Nation.

Doch es gibt auch noch die hohe Politik. Eine engere Verbindung mit Frankreich erscheint vorteilhaft und äußerst wünschenswert. Seit 15 Jahren wird ein Heiratsprojekt verfolgt, bei dem es um den jüngeren Bruder des Königs von Frankreich geht, François, den Herzog von Alençon und jüngsten Sohn der Katharina von Medici. Im Jahre 1578 treten die Verhandlungen in eine intensive Phase.

François ist erst 25, aber schon Kommandant einer französischen Armee in den Niederlanden, ein auf militärischen Ruhm bedachter Kämpfer. Eine dauerhafte Verbindung mit ihm könnte England die Entsendung eines Expeditionskorps in die von Spanien besetzten Niederlande zur Unterstützung der niederländischen Freiheitsbestrebungen ersparen, denn Frankreich hat diese Rolle mit François an der Spitze zufriedenstellend übernommen. Aber François ist 20 Jahre jünger als Elizabeth und soll zudem, wie die Mittelsmänner berichten, sehr klein und sehr hässlich sein, mit einem pockennarbigen Gesicht und einer riesigen, unförmigen Nase und kleinen, verstohlen blickenden Augen. Neben der dünnen, hoch gewachsenen Elizabeth würde er wie ein Gnom aussehen. Würden die Leute nicht über sie lachen, »Francis and Elizabeth, King and Queen of England«?

Die Wahl wäre vielleicht politisch weise, aber würde diese Heirat ihr Freude und Erfüllung bringen oder erniedrigende Unterordnung mit dem Verlust all ihrer in zwei Jahrzehnten aufgebauten Autorität? Und kann die Königin in diesem Alter überhaupt noch Kinder bekommen, die die Nachfolge sichern würden?

Dennoch beginnen zunächst die materiellen Verhandlungen. Der in ständiger Geldnot befindliche François fordert einen hohen Vorschuss und erhält ihn. Daraufhin beginnt er selbst, intensiv um Elizabeth zu werben. Er schickt seinen Freund Jean de Simiel als Brautwerber nach England, einen in der Liebe und höfischer Tändelei und amourösen Schmeicheleien sehr erfahrenen Mann. In seiner Gegenwart blüht sie auf, nennt ihn bald ihr »Äffchen« und gewährt ihm Zugang zu ihrem Schlafzimmer. Verliebt gibt sie ihm ihre Nachtmütze, damit er sie dem Herzog als Liebesbezeugung schicken kann.

Das ermuntert François so sehr, dass es nicht bei romantischen Briefen und Liebesbeteuerungen bleibt. Am 17. August 1579 kommt er inkognito nach England, um im Palast selbst um die Gunst und die Liebe Elizabeths zu werben. Als er sie sieht, ist er begeistert von ihr. Aus seinem Verliebtsein wird echte, tiefe Liebe.

Auch Elizabeth ist entzückt und findet ihn längst nicht so hässlich wie erwartet. Fröhlich und ausgelassen verbringt sie 14 Tage mit ihm und nennt ihn schon bald ihren »Frosch«. Als er sich auf einem Ball hinter einem Gobelin verbirgt, tanzt sie für ihn und wirft ihm heimliche, aufreizende Blicke zu. Er schenkt ihr eine Brosche mit einem auf einer goldenen

Blume sitzenden goldenen Frosch, in dessen Rücken sein Porträt als Miniatur eingelassen ist. Elizabeth ist gerührt und entwickelt ebenfalls eine echte Zuneigung zu dem heiteren und freundlichen Mann, der nicht ohne Charme und Esprit ist. François spürt dies, muss aber ohne klare Antwort der englischen Königin wieder abreisen.

Beim Abschied ist sie sehr zärtlich und schenkt ihm einen hübschen Edelstein. Er steckt ihr einen funkelnden Diamantring im Wert von über 10 000 englischen Kronen an den Finger. Noch auf der Rückreise schreibt er sieben Liebesbriefe an sie, vier aus Dover und drei aus Boulogne. Er könne nicht mehr schlafen, seit er sie gesehen habe, schreibt er. Und er sei ihr treu liebender Sklave.

Die Heiratsverhandlungen gehen weiter, Simiel ist am Hofe geblieben und führt die Gespräche mit der Königin fort. Sie scheinen 1580 tatsächlich zum Abschluss zu kommen. François ist überglücklich. Er hat nicht nur materielle Interessen, er liebt Elizabeth wirklich und glaubt, dass er sie nun endlich heiraten kann.

Am englischen Hof erscheint eine Abordnung von über 500 französischen Adligen. Elizabeth zeigt sich in einem goldfarbenen, juwelenbesetzten Kleid und lässt mit erheblichem Aufwand in einem eigens errichteten Zelt ein großes Fest veranstalten. Ein zu diesem Anlass ausgearbeitetes Turnierspiel soll die Brautwerbung versinnbildlichen. Ritter stellen die Bestürmung der Festung »Beauty« (Elizabeth) durch »Desire« (François) dar. Aber die Festung bleibt, wie es die Vorstellung von höchster Reinheit erfordert, uneinnehmbar. Elizabeth schickt ihrem Freier einen Hochzeitsring und äußert sich in aller Öffentlichkeit laut und inbrünstig, sie möchte ihren »Frosch« wieder an ihrer Seite haben, und »jede Stunde Aufschub erscheine ihr wie tausend Jahre«.

Kurz darauf, im Oktober 1580, kommt François, der ungeduldig auf eine Entscheidung wartet, ein zweites Mal zu Elizabeth an den Hof. Vier lange Wochen harrt er aus, voller Hoffnung und Zuversicht, dass seine geliebte Königin nun endlich Ja sagt. Am 22. November erfolgt eine Antwort in einer von niemand erwarteten dramatischen Form.

Elizabeth und François gehen in den Vormittagstunden in einer langen Galerie des Palastes spazieren. Auf Elizabeths Lachen und Scherzen reagiert er mit galanten Komplimenten. Da kommt plötzlich der französische Botschafter auf sie zu und sagt zu ihr, er müsse seinem König umgehend schreiben, welchen Entschluss sie nun gefasst habe. Impulsiv dreht sie sich zu dem kleinen François um und ruft mit lauter Stimme, so dass es die in der Nähe stehenden Lords Leicester und Walsingham hören können: »Schreiben Sie Ihrem König, dass der Herzog von Alençon mein Ehemann sein wird!«

Sie zieht einen ihrer Ringe vom Finger und gibt ihn dem Herzog. Dann küsst sie ihn auf den Mund. Daraufhin schenkt er ihr einen seiner Ringe. Damit haben sie die nach altem Brauch vorgeschriebenen Formalitäten für eine Heirat vollzogen. Das beiderseitige Ehegelöbnis ist eindeutig. François ist außer sich vor Freude. Er wähnt sich endlich am Ziel seiner Träume und Wünsche.

Die Aufregung am englischen Hof über das spontane und dazu noch mit einer erotischen Geste verbundene Gelöbnis ist groß. Hat die Königin vielleicht sogar schon mit ihrem künftigen Ehemann geschlafen? Als Lord Leicester sie einige Tage später eifersüchtig und in rauem Ton fragt, ob sie ein

Mädchen oder eine Frau sei, antwortet sie ihm: »Ich bin noch immer ein Mädchen, und ich gedenke es auch zu bleiben!« Denn eine Eheschließung sei das noch nicht gewesen, der König von Frankreich müsse den Ehevertrag noch ratifizieren.

Aber die einzelnen Bedingungen in dem Vertrag sind so zahlreich und so einseitig formuliert, beispielsweise die verlangte Rückgabe von Calais, dass sie für den französischen König unannehmbar sind. Er kann dem Vertrag nicht zustimmen. François ist völlig niedergeschlagen. Elizabeth lässt ihm ein großzügiges Geldgeschenk zukommen und überreicht ihm ein Abschiedsgedicht.

Im Februar 1582 kehrt er enttäuscht und widerstrebend nach Frankreich zurück. Mit den erhaltenen 30 000 Pfund wirbt er sogleich neue Truppen an und befreit Cambrai von den Spaniern.

Währenddessen schickt Elizabeth ihren Berater und Ersten Sekretär, Lord Walsingham, nach Paris, um dem französischen König als Alternative eine militärische Allianz anzubieten. Aber er misstraut ihr und besteht darauf, sie müsse als Beweis ihres guten Willens zunächst den Herzog von Alençon heiraten.

François ist wütend. »Nein, nein, Madame, Sie sind mein!«, schreibt er. »Sie sind mein, wie ich durch viele Briefe und Worte beweisen kann, die Sie mir geschrieben haben, bestätigt durch das Geschenk eines Ringes.« Er habe Zeugen, die bestätigen könnten, dass Elizabeth ihm die Ehe versprochen habe. Zornig verlangt er immer größere Bezahlungen, 50 000 Pfund, 100 000 Pfund, zum Schluss eine riesige monatliche Pension. Sie schulde ihm das, schreibt er. Sie habe mit seinen aufrichtigen Gefühlen nur gespielt, alle Welt würde nun über ihn lachen. Seine Forderungen grenzen beinahe an Erpressung.

Der französische Botschafter hat einmal verärgert geäußert, Elizabeth sei in der Lage, jede Rolle zu spielen, nach der ihr der Sinn stehe und die ihr gerade angebracht erschiene. War dies also von Anfang bis Ende ein taktisches Manöver? War die Königin von vornherein zur Ehelosigkeit entschlossen? Elizabeth zeigte ihre wahren Gefühle nur selten, sie riegelte sich nach außen ab. Ihre Wunde nach der Abreise des Herzogs war sehr tief. Sie hat ihn wahrscheinlich wirklich geliebt. Warum hat sie ihn dann nicht geheiratet?

Schon kurz nach ihrer Thronbesteigung hat sie sich vehement gegen die Auffassung und Forderung gewandt, sie müsse schleunigst heiraten, damit England einen Herrn bekäme und richtig regiert werden könne. Sie will keinen Mann neben sich. Sie will zeigen, dass sie als Frau das Königsamt genauso gut ausüben kann wie ein Mann, vielleicht sogar noch besser. Und zwar nicht in der Frauenrolle als Ehefrau und Mutter, sondern in der der Jungfräulichkeit im Dienste Gottes. Von der Liebesbindung an einen Mann befreit, kann sie Gott und dem Land am besten dienen, vergeistigt und von körperlichen Begierden befreit. Daher scheitert die Liebe zwischen ihr und François.

»Ich habe mich ja bereits einem Ehemann angetraut, nämlich dem Königreich England!«, schreibt sie an das Parlament, als wieder einmal eine Petition und Aufforderung zur Eheschließung an sie gerichtet wird. »Und ich werde völlig zufrieden sein …, wenn nach meinem letzten Atemzuge auf meinem Grabmarmor eingemeißelt steht: Hier liegt Elizabeth, die als Jungfrau regierte und als Jungfrau starb.«

Die aufgezwungene Frau

Elisabeth Christine und Friedrich der Große (1733–1786)

Wahrlich eine der seltsamsten Liebesgeschichten, die sich je an den Fürstenhäusern Europas zugetragen hat. Eigentlich ist es gar keine, denn sie handelt nicht von zwei Menschen, die sich lieben, sondern von versagter Liebe am Rande der Tragik. Es ist im Grunde die Geschichte eines einzigen frühen Irrtums, der ein Leben lang über dieser Beziehung liegt und sie bestimmt und beherrscht.

Friedrich II. von Preußen, den die Geschichte schon früh »den Großen« genannt hat, muss sich in seinem politischen Leben vor allem gegen drei Frauen durchsetzen, Gegnerinnen, die sehr ernst zu nehmen sind: Kaiserin Maria Theresia in Österreich, Katharina von Russland, ebenfalls mit dem Beinamen »die Große« geschmückt, und Madame Pompadour, die Mätresse Ludwigs XV. und geheime Regentin Frankreichs. Und wie ist es mit den Frauen in seinem privaten Leben? Spielen Frauen, abgesehen von der besonderen Liebe zu seinen Schwestern Amalie und insbesondere Wilhelmine, da überhaupt eine Rolle?

Friedrich ist 21 und noch Kronprinz, als Elisabeth Christine von Braunschweig in sein Leben tritt, die Tochter von Herzog Ferdinand von Braunschweig und dessen Frau Christiane Luise. Das entspricht keineswegs Friedrichs Wunsch, sondern dem Willen seines Vaters, des preußischen Königs

Friedrich Wilhelm I., der das Haus Braunschweig aus politischen Gründen gern durch eine Heirat mit Preußen verbinden möchte. Dieser Plan wird in seinem »Tabakskollegium« ersonnen und vor allem von zwei Männern befürwortet, dem Minister Grumbkow sowie dem intriganten Graf von Seckendorff, dem Abgesandten des Wiener Hofs in Berlin.

Genau genommen ist es ein Gegenplan, denn die Königin Sophie Dorothea hat sich in die hohe Politik eingemischt und eine Doppelhochzeit eingefädelt. Friedrich soll die englische Prinzessin Amalie heiraten, die Schwester des Prinzen von Wales, und Wilhelmine, Friedrichs Lieblingsschwester, den Herzog von Gloucester. Diese Achse Berlin–London würde nach ihrer Überzeugung für Preußen von höchstem Nutzen sein. Preußen wäre damit der Seemacht England verbunden und ginge auf Gegenkurs zur Politik Österreichs!

Aber Friedrich Wilhelm I. sträubt sich mit aller Macht gegen ein solches Bündnis und verhindert es schließlich nach vielen Winkelzügen und Kehrtwenden. Nun soll die 18-jährige Elisabeth Christine Friedrichs Frau werden. Gefragt werden beide nicht. Sie hat ihren künftigen Gemahl noch nicht einmal gesehen, als 1732 ihre Verlobung bekannt gegeben wird.

Zusammen mit zwölf Geschwistern ist sie im Schloss Wolfenbüttel in natürlicher Ungezwungenheit und im Schutze elterlicher Fürsorge und Liebe aufgewachsen. Friedrich muss vieles davon entbehren. Sein Vater lehrt ihn vor allem militärische Disziplin. So lässt er ihn wecken, indem er unter dem Zimmer des in Ungnade gefallenen Friedrich jeden Morgen eine Kanone abfeuern lässt. Als der Vater ihm eröffnet, dass er die braunschweigische Prinzessin heiraten soll, protestiert der Kronprinz heftig. Nach einem Fluchtversuch muss er 1730 seinem Vater versprechen, seine Abneigung gegen die Brautwahl nicht mehr öffentlich zu äußern. Doch die Braut wird ihn künftig stets an die Zeit seiner tiefsten Erniedrigung erinnern, schon deshalb ist seine Abneigung gegen sie so groß.

Wahrscheinlich hat noch ein anderer Umstand eine Rolle gespielt. Als Friedrich in jungen Jahren auf Veranlassung seines Vaters mit ihm zusammen Dresden besucht und ausgelassene Feste am Hof August des Starken feiert, zieht er sich eine Geschlechtskrankheit zu. Nach anfänglich falscher Behandlung hat sie einen operativen Eingriff zur Folge, der es ihm seitdem unmöglich macht, mit einer Frau zu schlafen.

Nach der Erschießung seines Freundes Katte und der in der Festung Küstrin verbüßten Haft erkennt Friedrich, dass es nur eine Möglichkeit gibt, den teuer erkauften Frieden mit seinem Vater zu bewahren. Im Februar 1732 gibt er deshalb sein Einverständnis zu der Heirat mit Elisabeth Christine. Aber er möchte »dieses hässliche Geschöpf« vorher sehen, schreibt er an den Minister Grumbkow, um selbst feststellen zu können, »ob sie mir zusagt oder nicht«. Und in einem weiteren Brief heißt es: »Möge der König wenigstens bedenken, dass nicht er sich verheiratet, sondern ich. Ihm selbst muss daraus der größte Kummer entstehen, wenn er zwei Menschen vereint, die sich hassen und in der unglücklichsten Ehe der Welt leben.« Mit diesen Äußerungen will er bewirken, dass sein Opfer noch größer erscheint, als es in Wahrheit ist.

Die Prinzessin wird an den Hof nach Berlin eingeladen, ihre erste größere Reise. Friedrich Wilhelm ist begeistert, als er sie sieht. Aber der Kronprinz ist nach wie vor fest entschlossen, sie abscheulich zu finden. Am 10. Februar 1732 steht er ihr in seinem Zimmer zum ersten Mal gegenüber. Friedrich findet sie viel zu groß, denn er selbst misst nur 1,63 Meter. Das kränkt sein ausgeprägtes Selbstbewusstsein noch mehr. An der abendlichen Tafel wird sie als störender Eindringling betrachtet, das Urteil über sie ist bereits gefällt. Friedrich versucht während des Essens, ein Gespräch mit seiner Braut zu führen. Er hat kein Verständnis für ihre schwierige Situation und findet sie dumm, schüchtern und albern. Und seiner Umgebung teilt er mit, sie tanze »wie eine Gans«.

Zu Seckendorff sagt er nach dieser ersten Begegnung: »Ich habe keinerlei Aversion gegen die Prinzessin. Sie ist ein gutes Herz, und ich will ihr nichts Böses. Aber ich werde diese niemals lieben können.«

Und seiner Schwester Wilhelmine vertraut er an: »Sie ist hübsch, hat einen blühenden Teint und feine Züge, so dass ihr Gesicht schön zu nennen ist. Es fehlt ihr die Erziehung, und sie kleidet sich sehr schlecht.«

Elisabeth Christine ist mit allem einverstanden, was ihre Eltern und vor allem der König von Preußen mit ihr vorhaben. Als sie in dessen Zimmer gerufen und von ihm gefragt wird, ob ihr denn »Fritz« auch als Person gefalle, errötet sie und antwortet dann leise: »Ja!«

Noch während der Rückreise bedankt sie sich schriftlich beim König für ihre gute und angenehme Aufnahme im Hause Hohenzollern. Seit ihrer Begegnung mit Friedrich hat sie eine ernste und tiefe Zuneigung zu ihm gefasst. Sie beginnt, ihn aufrichtig zu lieben, und glaubt, ihm eine gute Frau und mit ihm ein Leben lang glücklich sein zu können. Und sie hofft auch, dass Friedrich sie eines Tages lieben und schätzen wird. Ein fataler Irrtum, dessen Folgen sie bis in den Tod schmerzlich zu spüren bekommt.

Im Herbst 1732 stellt der 20-jährige Friedrich in einem Brief an Grumbkow fest, er werde sein Wort halten und heiraten. Aber dann werde er Herr im Hause sein, seine Frau habe nichts auszurichten. Und sobald es geschehen sei, heiße es »Bonjour, Madame, et bon chemin«, was so viel heißt wie »Guten Tag und auf Wiedersehen!«. Er wisse nicht, was er einer Braut schreiben solle, fügt er hinzu.

Das Hochzeitscollier von 238 Perlen ist schon ausgesucht. Elisabeths Hofstaat wird 20 Personen umfassen, und ihre Mitgift beträgt 25 000 Taler. Am 4. Juni 1733 unterschreibt Friedrich Wilhelm für seinen Sohn den Ehevertrag, und am 12. Juni 1733 findet im Lustschloss zu Salzdahlum, drei Kilometer nördlich von Wolfenbüttel gelegen, die Hochzeit statt. Elisabeths Eltern gestalten den Staatsakt zu einem prunkvollen Fest, das die bescheidene Wolfenbütteler Hofhaltung fast ruiniert. Man isst von goldenen Tellern und hat Bälle, Ausfahrten und andere Amüsements für mehrere Tage vorgesehen.

Im Mittelpunkt allen Interesses steht der mit Spannung erwartete Vollzug der Ehe. Aber Friedrich erscheint schon nach einer halben Stunde ohne jede Spuren von Erregung aus dem Brautgemach und wendet sich sogleich einer Hofdame zu. Höchstwahrscheinlich ist es bei der Jungfräulichkeit der 18-jährigen Braut geblieben. Beide haben darüber nie ein Wort verloren.

Zunächst wohnen sie für kurze Zeit zusammen im Schloss Charlottenburg in Berlin. Dann verabschiedet sich Friedrich für die nächsten Monate in seine Garnison nach Neuruppin. Aus dieser Trennung werden drei Jahre, die Entfremdung beginnt schon gleich nach der Hochzeit. Der Gemahl lässt sich nur ab und zu in Berlin sehen.

Friedrich der Große und seine Gemahlin Elisabeth Christine. Holzstich nach einer Zeichnung von Menzel.

Seine Frau wohnt jetzt im Kronprinzenpalais. Am intriganten Hof ist sie der unverhohlenen Abneigung der ehrgeizigen und herrschsüchtigen Töchter des Königs ausgesetzt. Auch die Schwiegermutter Sophie Dorothea behandelt sie kühl. Sie hat diese Heirat ja nie gewollt. Ein Familienleben gibt es nicht. Elisabeth Christine leidet an Heimweh, Schlaflosigkeit und Langeweile, sie hat keinerlei Aufgaben. Immer, wenn sie unpässlich ist, kommen Gerüchte auf, sie sei schwanger. Aber sie ist es nicht, sie wird es nie. Diese ersten Lehrjahre ihrer Ehe kosten sie einige Illusionen. »Man macht mir nichts als Unannehmlichkeiten!«, schreibt sie in die Heimat.

Ihre Lage scheint sich zu bessern, als Friedrich Wilhelm I. für die jungen Eheleute das Schloss Rheinsberg kauft, woran sich Elisabeth mit 25 000 Talern beteiligen muss, und man dahin umzieht. Diese Zeit wird zum Anfang und Ende ihres gemeinsamen Lebens. Elisabeth bewundert ihren Gemahl, sie hat sein Genie und seine Größe fast vom ersten Augenblick an erkannt. Nachdem sie erst wenige Monate in Rheinsberg ist, schreibt sie im Oktober 1736:

»Ich möchte sagen, dass er der Phönix unserer Zeit sein wird und dass ich ganz stolz darauf bin, das Glück zu haben, die Frau eines so großen Fürsten zu sein … Selbst wenn ich seine Frau nicht wäre, würde ich ihn lieben, seiner guten Eigenschaften und seiner großen Gaben wegen, die er besitzt.«

Die Liebesbeweise und offenen Sympathiebekundungen seiner Frau scheinen den Kronprinzen zu beeindrucken. Nie kommt ihm Elisabeth näher als hier. Er liebt sie zwar nach wie vor nicht, doch er beginnt, sie zu schätzen, weil sie verlässlich ist und ihm nützlich zu werden beginnt. Er schreibt ihr freundliche Briefe.

»Ich erwarte mit großer Ungeduld den Augenblick, da ich Sie umarmen und Ihnen versichern kann, dass ich ganz der Ihre bin«, schreibt er im Juli 1739 nach Rheinsberg. Und gegenüber seinen Freunden äußert er:

»Ich war niemals in sie verliebt, aber ich müsste der niedrigste Mensch sein, wenn ich sie nicht aufrichtig schätzen wollte, denn sie hat erstens ein sehr sanftes Gemüt, sie ist zweitens so gelehrig, wie man es mehr nicht wünschen kann, und drittens gefällig bis zum Übermaß und tut, was sie mir nur an den Augen absehen kann, um mir Freude zu machen.«

Im ersten Stock des Schlosses sind fünf durchgehende Räume in Weiß, Grün, Gelb und Silber für sie bestimmt. Sie gehen direkt in die sieben Gemächer ihres Gemahls über. Das letzte ist das Schlafzimmer mit einem riesigen Prunkbett, einem Geschenk des Königs, das sie allerdings nie benutzt. Elisabeth genießt die Tage des regelmäßigen Zusammenseins in dieser träumerischen Idylle. Noch ahnt sie nicht, dass es die letzten sein werden.

Wenn der König zu Besuch kommt und jedes Mal fragt, ob der Thronfolger schon unterwegs sei, antwortet sie ihm: »Was ich dazu beitragen kann … wird gewiss geschehen. Doch alles kommt von Gott, man muss Geduld haben. Ich wünsche, Ihnen recht bald eine Nachricht geben zu können, die nach Ihrem Wunsche ist.«

Sie lernt in Rheinsberg auch Voltaire kennen. Aber die Begeisterung ihres Mannes für diesen Menschen teilt sie nicht. Aus Elisabeth wird in diesen harmonischen Rheinsberger Tagen eine voll erblühte Schönheit. Der Freiherr von Bielfeld, einer der ständigen Gäste in Rheinsberg, schildert sie so:

»Die Kronprinzessin ist groß und vollkommen wohl gewachsen. Ich habe niemals eine in allen ihren Verhältnissen so regelmäßige Taille gesehen. Ihre Brust, ihre Hände, ihre Füße können einem Maler zum Muster dienen. Ihre Haare … sind das schönste Aschgrau der Welt … Sie hat einen sehr zarten Teint und große blaue Augen, in welchen Lebhaftigkeit und sanftes Wesen miteinander um den Vorzug streiten, was ihrem Blick etwas sehr Geistreiches gibt. Sie hat eine offene Stirn, wohlgesetzte Augenbrauen, eine kleine und etwas spitzige, aber wohlgebildete Nase, einen angenehmen Mund, rote Lippen, und ihr Kinn ist, so wie ihr Hals, reizend. Güte spricht aus ihrem Gesicht, und man kann wohl sagen, dass ihre ganze Gestalt von den Händen der Grazien gebildet worden ist, um eine große Prinzessin zu schaffen.«

Aber daraus wird nichts. Als am 31. Mai 1740 Friedrich Wilhelm I. in seinem Bett im Berliner Schloss stirbt und Friedrich II. neuer König von Preußen wird, tritt sofort und deutlich zu Tage, mit welchen Mitteln sich der neue Herrscher seiner Gattin zu entledigen gedenkt. Er lässt sich nicht scheiden und weist Elisabeth auch nicht außer Landes, er belässt sie gleichsam als Dekoration an seiner Seite, ohne ihr als Mensch und Frau Beachtung zu schenken. Eine persönliche Beziehung ist von jetzt an abgeschafft.

Das verrät schon der kaltherzige Befehlston seines Briefes aus Berlin vom 1. Juni 1740: »Madame. Sobald Sie hier angekommen sind, werden Sie sich sofort zur Königin begeben, um ihr Ihren Respekt zu beweisen. Und Sie werden versuchen, darin mehr als sonst zu tun. Dann können Sie noch hier bleiben, soweit Ihre Gegenwart erforderlich ist, bis ich Ihnen schreibe. Sehen Sie möglichst wenig Menschen oder niemanden. Morgen werde ich die Trauer der Damen festlegen und Ihnen meine Befehle darüber zuschicken. Adieu, ich hoffe, Sie bei guter Gesundheit wiederzusehen. Fréderic.«

Innerhalb weniger Monate verbannt Friedrich seine Frau aus seiner näheren Umgebung. Er macht gleich nach der Thronbesteigung wahr, was er vor der Heirat immer wieder angekündigt hat. Diese Frau ist ihm aufgezwungen worden, und jetzt zeigt er der Welt, dass er nicht vergessen und verzeihen kann. Er lässt ihr offiziell das Amt der Königin, straft sie aber zugleich mit Missachtung und führt künftig faktisch keine Ehe mehr mit ihr.

Aus diesem Verhalten spricht grenzenlose Menschenverachtung und eine eiskalte Grausamkeit. Im August 1740 weist er ihr, ohne sie zu fragen, ob sie dort leben wolle, wie eine Art Witwensitz als künftige Bleibe das Schloss Schönhausen im Nordosten von Berlin zu. Über 200 Jahre später wird es einmal der Sitz des Staatspräsidenten der DDR sein. Friedrich schenkt ihr das Schloss, um sie nicht mehr ständig vor Augen haben zu müssen. Aber niemandem erklärt er, warum er das tut, auch seiner Frau nicht.

Bis zu ihrem Tode wird sie Schönhausen nicht mehr verlassen. Über 50 Jahre lebt sie dort, einsam und abgeschieden. Sie begleitet den König auch nicht auf seinen Reisen. Nie mehr schläft sie mit ihrem Mann unter einem Dach. Ihr wird mitgeteilt, sie stehe in der Rangordnung hinter seiner Mutter und seinen Geschwistern. Fortan ist Schönhausen ihr Refugium vor den Kränkungen der königlichen Familie. Ergeben fügt sie sich in ihr Schicksal. Sie wählt aus Liebe zu ihrem Mann den Weg der Selbstaufgabe.

Während des Ersten Schlesischen Krieges, den er im Dezember 1740 vom Zaun gebrochen hat, schreibt Friedrich aus dem Felde nur wenige Briefe an seine Frau, alle in kühlem Ton ohne menschliche Wärme. Den Briefwechsel seiner Frau mit ihren Braunschweiger Verwandten lässt er überwachen. Er bricht das Briefgeheimnis, um Informationen zu bekommen. Und als der Krieg vorbei ist und der König nach langer Zeit der Abwesenheit wieder daheim ist, speist er nicht bei seiner Frau, sondern bei seiner Mutter. Seine Frau befiehlt er zu diesem Souper wie Soldaten zum Exerzieren.

Ihren endgültigen Ausschluss vollzieht er, als das Schloss Sanssouci 1744/45 endlich fertig gebaut ist und seine Familie dorthin eingeladen wird. Elisabeth Christine darf nicht hin. Viele andere Frauen, auch aus ihrer nächsten Umgebung, sind dort zu Gast, sie selbst kein einziges Mal. Potsdam, Schloss und Park sind für sie verbotenes Gelände. Darüber ist sie sehr traurig und verletzt.

Aber selbst jetzt erlischt ihre Liebe nicht. »Ich wollte, ich könnte mit denen tauschen, die gegen ihren Willen in Potsdam sind und sich nichts daraus machen, bei dem König zu sein«, schreibt sie 1750. »Ich würde das für die größte Glückseligkeit halten, die mir begegnen könnte. Aber es ist nun einmal der Lauf der Welt, dass man nie das hat, was man sich wünscht …«

Nun sind auch die letzten Reste eines gemeinsamen Lebens geschwunden. Es gibt nicht einmal mehr eine gemeinsame Begegnungsstätte. Damit sind auch jegliche Hoffnungen auf einen Thronfolger endgültig begraben. Elisabeth wehrt sich nicht. Sie nimmt ihre harte und konsequente Ausschaltung hin, ohne zu verstehen, warum ihr der aufs Höchste verehrte Gemahl dies antut. Sie ist quasi verstoßen, aber sie gibt die Hoffnung nicht auf, der König werde sie doch einmal in ihrem Schloss in Schönhausen besuchen.

Im Verlauf von 22 Jahren ist er an ihrem Geburtstag jedoch nur zweimal anwesend. Sie glaubt, sein Wohlwollen durch demütige Unterwerfung erlangen zu können. Aus der sanften, stillen Frau wird eine unglückliche, körperlich und seelisch kranke und erniedrigte, hysterische Alte, die unter enormer Leibesfülle, Gicht und Wassersucht leidet. Die Füße versagen ihr oft den Dienst. Sie hat auch finanzielle Sorgen, hohe Schulden bedrücken sie. In ihrer Einsamkeit fängt sie an zu schreiben, Romane, Erzählungen, viele Briefe.

Jahrelang führt der König Krieg um Krieg. Als er am 30. März 1763 abends als gealtertes, runzliges und von der Gicht geplagtes Wrack aus seinem dritten Krieg nach Berlin zurückkehrt, begrüßt er seine ungeduldig wartende, inzwischen 48 Jahre alt gewordene Frau, die ihn sieben Jahre nicht gesehen hat, mit dem einzigen rohen Satz: »Madame sind korpulenter geworden!« Es sind die letzten Worte, die er in seinem Leben direkt an seine Gemahlin richtet. Dann wendet er sich seinen Geschwistern und anderen Frauen zu.

Und als ihn im Jahre 1771 seine Schwester Ulrike in Berlin besucht, die verwitwete Königin von Schweden, deutet er bei der Begrüßung auf Elisabeth und sagt so laut, dass es alle hören können: »Vous connaissez déjà ma vieille vache.« – »Meine alte Kuh kennen Sie ja schon.«

Aus Friedrich ist ein unleidlicher Zyniker geworden. Er hat keine Freunde mehr und will auch keine. Mit seinen geliebten Windspielen lebt er nun fast allein in Sanssouci. Über die goldene Hochzeit mit seiner Frau im Jahre 1783 wird nicht gesprochen, eine Gedenkmünze wird auf seinen Befehl wieder eingestampft.

Am 18. Januar 1785 ist Elisabeth mit ihm zum letzten Mal in einem Raum beisammen. Im September desselben Jahres erleidet er einen Schlaganfall, Keuchhusten und die Gicht quälen ihn. Er schläft nur noch drei bis vier Stunden und fängt schon morgens um vier Uhr an zu diktieren.

Am 15. August 1786 fiebert er stark, seine Diener müssen ihn im Bett stützen, damit er überhaupt noch atmen kann. Um zwei Uhr stirbt er. Seine Frau ist nicht zugegen, sie erfährt erst später von seinem Tod.

»Gott sei meine Stütze und mein Trost«, schreibt sie. »In ihn setze ich all mein Vertrauen. Aber es gibt keinen Tag, dass ich nicht Tränen vergieße um den lieben, unvergleichlichen König. Und solange ich leben werde, werde ich nicht aufhören, sie zu vergießen.« Ihre große Liebesfähigkeit ist ungebrochen.

In den mehr als zehn Jahren, die sie ihn überlebt, grübelt sie immer wieder darüber nach, warum ihre Beziehung zu Friedrich in einem Fiasko geendet und der Traum ihres Lebens unerfüllt geblieben ist. Als sie am 13. Januar 1797 nach schwerer Krankheit stirbt, ist ihr auch jetzt nicht vergönnt, wonach sie sich ein Leben lang gesehnt hat: Gemeinsamkeit. Während Friedrich im Dom zu Potsdam ruht, ist ihr Grab im Berliner Dom – auch im Tode ist sie noch getrennt von ihrem Mann.

Bedrohliche Liebe zum »bezaubernden Kinde«

Constanze Esmarch und Theodor Storm
(1846–1865)

Ist es lebensbestimmendes, zauberhaftes Glück oder erschreckende, verwirrende Seelenpein, dass Theodor Storm in seiner Geburtsstadt Husum, der »grauen Stadt am Meer«, schon in seiner Kindheit von der großen Liebe und Leidenschaft ergriffen wird? Zunächst ist es die drei Jahre jüngere Schwester Lucie, die er innig liebt. Sie teilt, wie er später erzählt, »ihr schmales Bettchen« mit ihm, in dem sie »nächtens Wange an Wange« schlafen. Sie stirbt 1827, als er zehn Jahre alt ist. Ihren frühen Tod kann er nicht verwinden. Noch 20 Jahre später sehnt er sich plötzlich nach ihr und fragt sich, ob sie vielleicht immer noch sein »Knabenhaupt an ihrem Herzen« fühlen möchte. Diese Schwesterliebe wird für ihn zum Inbegriff alles menschlichen Liebens. Sein ganzes Leben wird von dieser starken Liebesbindung und ihren erotisch-sinnlichen Spannungen bestimmt.

Im Alter von zwölf Jahren lernt er auf der Insel Föhr die neunjährige Emma Kühl kennen und verliebt sich sofort in sie. Sie ist »schön wie ein Frühlingsmorgen«, und ihr Blick hat etwas »vom blauen Strahl eines Edelsteins«, beschreibt er sie in einer späteren Erzählung. Seine Zuneigung ist so groß, dass er glaubt, nicht ohne Emma leben zu können. Im Alter von 20 Jahren verlobt er sich mit ihr und verspricht ihr die Ehe.

Aber ein Jahr zuvor trifft er Bertha von Buchan, wieder ein neunjähriges Mädchen. Erneut packt ihn ein Taumel der Leidenschaft zu dem »Lockenköpfchen«, das er meistens nur »das Kind« nennt. Er ist fest entschlossen, dieses zauberhafte Geschöpf »geistig an sich zu fesseln«, um jeden Preis. Das Kindhafte und Mädchenhafte der Geliebten ist für ihn das Begehrenswerteste überhaupt.

Ahnungsvoll und hin- und hergerissen zwischen sexueller Sinnengier und seelischer Selbstpeinigung schreibt er über Bertha von Buchan an einen Freund: »Die Liebe zu diesem Kinde wird mein Leben noch schwer verwüsten.« Dieser Zwiespalt wird nun auch in seinen schriftstellerischen Motiven spürbar. Seine Dichtung ist auf einen engen Kreis begrenzt, auf die schleswig-holsteinische Heimat, auf die Familie und die Ehe. Zwischen Meer, Marsch, Geest und dem weiten Himmel über der stillen Heide zeigt sich in den Gestalten seiner Novellen der Grundzug seines Wesens: Schwermut, Leiden an der Vergänglichkeit und der Einsamkeit und die Flucht in das eigene Innere, in die Vergangenheit oder in einen Traum. Wie ist es möglich, dass ein 20-Jähriger immer nur Kinder lieben kann? Er fühlt sich bedroht von dieser Besessenheit, die seit der verloren gegangenen Liebeserfahrung mit seiner Schwester wie ein inzestuöses Trauma über seinem Leben liegt.

Theodor löst, 25-jährig, seine Verlobung mit Emma Kühl und macht Bertha von Buchan einen Heiratsantrag. Aber »das Kind« kann seine Leidenschaft überhaupt nicht verstehen und weist ihn ab. Sie weiß nicht, wie sehr der sich nach ihr verzehrende Mann seine Schwesterliebe auf sie überträgt. Storm leidet und schreibt Gedichte, auch Liebesgedichte. Sie sind voller Gefühl, makellos in der Empfindung und der Form. Inniger als er hat bisher kein Dichter geklagt um verlorene Liebe oder entrissene Heimat, über die Vergänglichkeit des Schönen. Er erfühlt das leiseste Schwingen der Seele und der Natur, sie wird zur Trägerin seines Innenlebens.

Storm versucht, dem Flügelschlag der unausweichlichen Liebe zu jungen Mädchen zu entkommen, indem er sich im Sommer 1843 seiner 18-jährigen Kusine Constanze Esmarch zuwendet, der Tochter des Segeberger Bürgermeisters. Wenngleich sie acht Jahre jünger ist als er, ist sie doch bereits eine viel reifere, aufblühende Frau – und mit ihren großen grauen Augen, dem gescheitelten vollen, braunen Haar und ihrer hohen, wohlgeformten Gestalt eine begehrte Schönheit. Er empfindet weder Liebe noch Leidenschaft für sie. Aber die Vernunft sagt ihm, dass diese Frau ihm vielleicht Fluchtpunkt sein kann, Rettung vor seinen schwelenden Sehnsüchten. »Meine und Constanzes Hände waren mehr aus einem stillen Gefühl der Sympathie ineinander liegen geblieben«, sagt er später über ihr Verhältnis. Er schätzt ihre Wahrhaftigkeit und ihre große Güte, die sie für alle Menschen hat.

Noch während der Verlobungszeit mit ihr quält er sie mit dauernden Zweifeln an ihrem Verhältnis, belehrt sie und benimmt sich ihr gegenüber betont herrisch und unduldsam. Doch sie erträgt alles mit »süßer, mädchenhafter Geduld« und beginnt, den jungen Juristen, hinter dem sie den Poeten ahnt, heftig zu lieben. Sie findet ihn anziehend, seine leuchtend blauen Augen, über denen sich eine hohe Stirn wölbt, faszinieren sie. Das Herrische in seinem Wesen hingegen empfindet sie als abstoßend.

Aber als er sie am 15. September 1846 heiratet, ist sie 21 und bereit, ihm die ideale Hausfrau und Helferin, ja Dienerin und Mutter seiner Kinder zu sein. Damit entspricht sie ganz dem Frauenbild ihrer Zeit. Storm ist nun als Advokat tätig und erwirbt in der Husumer Neustadt ein idyllisches, altes Haus mit einem großen, von Linden und Ulmen umstandenen Garten, in dem er Hunderte Rosen anpflanzen lässt, Constanzes Lieblingsblumen.

Sie hofft, dass aus seiner Sympathie eines Tages mehr wird, dass auch er sie eines Tages lieben wird. Gehorsam folgt sie seinen schulmeisterlichen Bemühungen, ihre Bildung auf einen höheren Stand zu bringen. Schon zwei Jahre später schenkt sie ihm den ersten Sohn, insgesamt werden es sieben Kinder sein in diesem zurechtgezimmerten, »gemütvoll eingewöhnten leidenschaftslosen Eheidyll«, wie Thomas Mann die Beziehung genannt hat.

Dann kommt der Tag, an dem Constanze erkennen muss, dass sie sich geirrt hat, dass ihr Mann sie nie so lieben wird, wie sie es sich gewünscht und erhofft hat. Es ist der Tag, an dem die zierliche blonde, blauäugige Senatorentochter Dorothea Jensen das Storm'sche Haus betritt. Sie ist eine Freundin von Storms jüngster Schwester Cäcilie, und Theodor kennt sie schon seit der Kindheit. Er hat sie als 13-jähriges Mädchen umworben und auch als »zarte Siebzehnjährige« begehrt, überzeugt davon, dass auch sie ihn liebt. Das Wiedersehen trifft ihn wie ein Blitz. Wie ein Sturmwind fällt Dorothea erneut in sein Leben ein, besucht ihn anderthalb Jahre lang fast täglich und trägt »eine berauschende Atmosphäre« in das Haus, die ihn benebelt, wie Storm gesteht. Dorotheas »unbewusst-sinnliches Werben« und der »eigentümliche Reiz der zur Jungfrau Erblühten« entfachen seine Begier-

Theodor Storm, Foto, um 1887.

den neu. Er kann ihrer erotischen Anziehungskraft nicht widerstehen. Es entsteht, bekennt er später, »ein Verhältnis der erschütterndsten Leidenschaft, das mit seiner Hingebung, seinem Kampf und seinen Rückfällen jahrelang dauerte«.

Dorothea entfacht mit ihrer totalen Zuwendung und unbedingten Hingebung die Glut in ihm neu, eine rasende

Sinnlichkeit, die durch die ersehnte körperliche Vereinigung noch gesteigert wird. Die temperamentvolle, elf Jahre jüngere Frau erregt ihn ungeheuer. Sie ist geheimnisvoll und verlockend, schamhaft und schamlos zugleich. Er dichtet über sie:

»Du biegst den schlanken Leib mir ferne,
indes dein roter Mund mich küsst;
behalten möchtest du dich gerne,
da du doch ganz verloren bist.«

Sie verspricht ihm, sich ihm ganz hinzugeben, und zwar in der Nacht des endgültigen Abschieds. Denn beide haben schweren Herzens beschlossen, sich für immer zu trennen. In der kleinen Stadt wird schon lange über die skandalöse außereheliche Beziehung des Dichters und Advokaten getuschelt, mit der er seine ganze bürgerliche Existenz aufs Spiel setzt. Auch Constanze weiß längst, dass ihr Mann sie betrügt. Sie weiß, dass ihr Mann eine andere liebt. Trotzdem versucht sie immer wieder, ihm zu verzeihen.

Über die Liebesnacht, in der Theodor Storm sich endlich mit Dorothea vereinigt, schreibt er ein wundervolles, derart atemberaubendes intimes Gedicht, dass er die Veröffentlichung zu seinen Lebzeiten verbietet. Er nennt es *Mysterium* und beginnt mit den Zeilen:

»Die letzte Nacht, bevor wir scheiden,
dann, doch nicht eher, bin ich dein.
Gib mir die Hand! Du sollst nicht klagen,
ich will nichts mehr für mich allein.«

Und dann:

»Sie bebte bei der Glocke Schlagen
und schloß sich fest an seine Brust;
und in den Schmerz der künft'gen Stunden
warf sie des Augenblickes Lust.«

Am Ende folgt das Bekenntnis:

»Als er ein Weib umarmen wollte,
lag sanft entschlummert, atmend lind,
an seinem tiefbewegten Herzen
ein blasses, müdgeweintes Kind.«

Da ist sie wieder, die Kindfrau, die jugendliche Vision seines Lebens! Endlich hat er ein »Kind« ganz besitzen können!

Dorothea verlässt Husum und bleibt Storm 16 lange Jahre fern. Jahre, in denen sein schriftstellerisches Können sich voll entfaltet. Die Sommergeschichten und Lieder erscheinen im Herbst 1852 mit der Novelle *Immensee* und dem Märchen *Der kleine Häwelmann.* Ein Jahr später folgt ein Gedichtband. Von Liebesleid und Liebesschuld ist die Rede, von entschwundener Kindheit, Heimweh, Trennung und Untergang. Tief in seinem Herzen lebt Storms Sehnsucht nach Dorothea fort, er ist noch nicht befreit von seinen »Dämonen«.

Immer wieder sucht er nach Möglichkeiten, die Geliebte nach Husum zurückzuholen. 1865 verschafft er ihr eine Stellung als Gouvernante beim Husumer Bürgermeister. Seine Ehefrau Constanze erwartet gerade ihr siebentes Kind. Aber als wollte sie den Weg für die noch immer leidenschaftlich Liebenden freimachen, als wollte sie ihnen nicht länger im Wege stehen, stirbt sie im Alter von nur 40 Jahren am 24. Mai 1865 kurz nach der Geburt ihrer Tochter Gertrud an Kindbettfieber. Vorher lässt sie sich noch einmal von Theodor ans Fenster tragen und nimmt Abschied von der Welt und ihren Kindern. Schon seit Jahren weiß sie, dass ihr Mann nie von Dorothea losgekommen ist, dass er sie noch immer liebt. Ohne Klagen und Jammern scheidet die »großdenkende Frau« still dahin, nach 19 Jahren aufopfernder Liebe für ihren Ehegatten, die nie aufrichtig und ganz erwidert worden ist.

Am 13. Juni 1866, ein Jahr nach dem Tod seiner Frau, heiratet Storm in aller Stille seine geliebte Dorothea Jensen, die nun als Frau und Mutter an Constanzes Stelle tritt. Jetzt entfaltet sich Storms Dichtung zu voller Blüte. Neue Novellen erscheinen, 1875 unter anderem *Pole Poppenspäler* und 1888 *Der Schimmelreiter,* aber nie ein Roman. Theodor Storm bleibt Dorothea 22 Jahre lang ehelich verbunden, bis er 71-jährig am 4. Juli 1888 stirbt.

Paarung à la Pygmalion

Paulette Goddard und Charlie Chaplin
(1932–1942)

In der griechischen Mythologie ist Pygmalion ein Bildhauer, der sich Ehelosigkeit geschworen hat. Er hat ganz bestimmte Vorstellungen von einer idealen Frau und fertigt danach eine Frauenstatue, in die er sich verliebt. Aphrodite erhört sein Flehen und haucht der Statue Leben ein, worauf sich Pygmalion mit ihr vermählt. Dieser Stoff diente vielen Dichtern und Filmemachern als Vorlage bis hin zum modernen Professor Higgins und dem Blumenmädchen Eliza in dem Musical *My fair Lady.* Es hat unzählige Liebesverhältnisse gegeben – und es gibt sie trotz aller Emanzipation immer noch –, in denen Männer sich eine meist sehr viel jüngere Frau nach ihren Wünschen formen und heranziehen, um dann im Zusammenleben mit ihrem »Geschöpf« glücklich sein zu können. Auch Charlie Chaplin ist solch ein »Professor Higgins« gewesen.

Als er seine »Eliza« trifft, ist er längst weltberühmt. Am 16. April 1889 in ärmlichen Verhältnissen in London als Sohn einer Varietésängerin geboren, ist er schon in jungen Jahren als Schauspieler sehr erfolgreich. Allein 1914 spielt er bereits in rund 35 Stummfilmen mit und erfindet die Figur des »Tramp«. In seinen Filmen verkörpert er den ständigen Verlierer, der auf der Schattenseite des Lebens steht. Kein anderer Komiker erreicht seine tänzerische Grazie und elegante Haltung in den abenteuerlichsten Bewegungsabläufen. Chaplin schafft den Aufstieg vom mittellosen Schauspieler aus den Londoner Slums zum bestverdienenden Künstler der Welt, er wird der erste Weltstar des Films.

Nachdem auch sein Debüt als Filmregisseur von Erfolg gekrönt ist, bekommt er in Hollywood bald sein eigenes Filmatelier. 1919 gründet er zusammen mit Mary Pickford, Douglas Fairbanks und David W. Griffith seine eigene Filmgesellschaft, United Artists. Die ersten Filme der neuen Gesellschaft sind finanzielle Misserfolge. Aber dann wird *Goldrausch* 1925 mit Chaplin in der Hauptrolle ein Riesenerfolg.

Fast ebenso bekannt wie sein Markenzeichen – weite Hosen, riesige Schuhe, verbeulte schwarze Melone und ein Spazierstöckchen – werden Chaplins exzentrischer Lebenswandel und sein von ständigen Skandalen und amourösen Affären umwittertes Privatleben. Es ist bald kein Geheimnis mehr, dass er sich vor allem zu sehr jungen Frauen hingezogen fühlt. Zu seiner Reputation als Komikergenie, Anarchist und Millionär gesellt sich bald sein Ruf als legendärer Liebhaber und Verführer talentierter Nymphchen.

Er holt den 16-jährigen Kinderstar Mildred Harris zu sich ins Bett und heiratet das Mädchen, als es schwanger wird. Es stellt sich jedoch heraus, dass das Kind nicht von ihm ist. Gegen Zahlung einer hohen Abfindung lässt er sich scheiden. Kurz darauf schwängert er Lita Grey, die 16-jährige weibliche Hauptdarstellerin aus dem Film *Goldrausch.* Er heiratet sie 1924. Aber nur drei Jahre später, nachdem noch ein weiterer Sohn geboren worden ist, geht auch diese Ehe in die Brüche. Der hässliche Scheidungsprozess macht Schlagzeilen. Charlie sei ein Päderast, erklärt Lita Grey öffentlich und behauptet, er habe während ihrer Ehe fünf prominente junge Geliebte gehabt. Sie ist bereit, gegen Zahlung der ungewöhnlich hohen Abfindung von 625 000 Dollar die Namen der Mädchen nicht zu nennen.

Nachdem Charlie Chaplin 1929 für *The Circus* seinen ersten Oscar erhalten und 1931 *Lichter der Großstadt* gedreht hat, lernt er 1932 während einer Party auf einer Luxusyacht eine neue »Kindfrau« kennen. Das 21-jährige, nur 1,63 Meter große Starlet mit den langen, hübschen Beinen, platinblond gefärbten Haaren und hellgrünen Augen nennt sich Paulette Goddard. Sie wirkt so mysteriös wie Greta Garbo.

Eigentlich heißt sie Marion Goddard Levy und wurde am 3. Juni 1910 als einziges Kind ihres Vaters Joseph Russell Levy und ihrer jüdischen Mutter Alta in Long Island, New York, geboren. Ihre Eltern trennen sich früh, und die aufgeweckte und selbstbewusste Tochter bleibt bei ihrer Mutter. Als sie sechs Jahre alt ist, zeichnet sich schon ab, dass sie einmal eine außergewöhnlich schöne Frau sein wird. Bereits in der Grundschule will sie auf die Bühne. Sie nimmt Schauspiel-, Tanz- und Gesangsunterricht und führt schon im Alter von zehn Jahren Mode vor. Mit 13 verdient sie wöchentlich bereits 50 Dollar als Mannequin. Ihr Entschluss steht fest: Sie will ein Star werden. Mit 16 nimmt sie den französisch klingenden Namen Paulette Goddard an und tritt in Palm Beach das erste Mal in einer Sommerrevue auf. Als die erfolgreiche Revue 1926 auch an den Broadway kommt, nimmt die Presse bereits Notiz von Paulette und bezeichnet sie als den kommenden Topstar.

Sie ist gerade 16, als sie auf der Suche nach vermögenden Männern den doppelt so alten, schwerreichen »Holzbaron« Edgar Williams James kennen lernt. Sie heiratet ihn, noch

Paulette Goddard und Charlie Chaplin. Szene aus »Moderne Zeiten«, 1936.

minderjährig, aber schon sehr frühreif, im Juni 1927 in aller Heimlichkeit in New York, stellt aber schnell fest, dass sie sich eigentlich nichts zu sagen und kaum etwas gemeinsam haben. Paulette hat zwar Spaß am Sex, aber das Leben auf dem Landsitz in Asheville langweilt sie. Sie vertreibt sich die Zeit mit Schwimmen, Jagen und Golfspielen. Auch eine anderthalbjährige Europareise bringt die Eheleute nicht näher.

Paulette übernimmt die Rolle der Kindfrau zwar perfekt und unwiderstehlich, etwas verrucht und hinreißend schön, doch der von ihrer verführerischen Jugend geblendete Ehemann möchte aus ihr ein »Heimchen am Herd« machen. Für diese Rolle ist Paulette nicht geschaffen. Schon 1929 kommt es zu einer gütlichen Trennung. Paulette erhält eine Abfindung von 375 000 Dollar. Sie geht nach Hollywood und tritt 1930 neben Laurel und Hardy in ihren ersten Kurzfilmen auf. Ein Jahr später spielt sie bei der Paramount in zwei Filmen die ersten Hauptrollen. Und 1932 unterschreibt sie einen Vertrag bei Samuel Goldwyn und spielt neben Lucille Ball und Betty Grable. Die Zeitungen feiern das blonde Starlet als »heiße Entdeckung«.

Sie ist also schon recht bekannt, als sie 1932 mit Charlie Chaplin zusammentrifft. Gleich bei ihrer ersten Begegnung rät er ihr, ihr Haar kastanienbraun zu färben. Sie tut es und wird seine Geliebte. Instinktiv fühlt sie, dass dieser 43-jährige, schmalbrüstige und schon leicht ergraute Mann ihr großer Lehrmeister sein wird. Und er sieht in Paulette das junge, aufreizende Geschöpf, das er nach seinen Vorstellungen formen und auch sexuell vollauf befriedigen kann. Seine ungehemmten Begierden und seine ungeheure Kondition irritieren Paulette anfangs etwas. Charlies Exfrau Lita Grey erklärt öffentlich, er sei so »potent wie ein Zuchthengst, daran wird sie sich gewöhnen müssen«. Sie gewöhnt sich daran und findet bald sogar Gefallen an dem ausgefallenen Liebesleben. An ihre Mutter schreibt sie: »Charlie gibt mir wirklich den Rest!«

Ende 1932 zieht Paulette nach Beverly Hills in Chaplins luxuriöse Villa mit 50 Zimmern und sieben Bediensteten aus Fernost und erweist sich dort, wie Charlie schnell feststellt, als aufregendes, temperamentvolles »Naturtalent«. Sie habe ein Naturell wie Champagner und sei entzückend und liebevoll und habe auch mit seinen Söhnen Freundschaft geschlossen, erklärt er allen, die es hören wollen. Er bringt Paulette die nötige Disziplin bei, um mehr aus ihrem Talent zu machen, und nimmt ihre weitere Karriere in seine Hände. Unter seiner Anleitung lernt sie Schauspielerei, Gesang, Tanz und stimmschulende Rhetorik und vervollkommnet sich in fast manischem Bildungs- und Tätigkeitsdrang.

Chaplin ist ein harter, eiserner Lehrmeister, der nach anstrengendem und angespanntem Arbeitstag auch noch von ihr verlangt, sich in ihre schicke Abendgarderobe zu werfen, um feierlich in den besten Restaurants zu dinieren. Dann ist er charmant und großzügig und schenkt ihr, da er ihre Leidenschaft für Schmuck und Edelsteine kennt, den hochkarätigsten Diamanten, den sie je besessen hat, und kurz darauf auch eine teure Segelyacht. Paulette Goddard ist bald das extravaganteste, bestangezogene, immer nach neuester Mode gekleidete Mädchen von ganz Hollywood.

Sie führt Chaplins Haushalt, organisiert Empfänge und Feste, bewirtet illustre Gäste wie H. G. Wells, Aldous Huxley und George Gershwin. Sie verhält sich wie Chaplins Gattin, aber sie ist es nicht. Für Hollywood-Pärchen schickt es sich zu dieser Zeit nicht, »in Sünde« zu leben. Schon wegen kleinster Skandale kündigen die Studios gnadenlos Verträge. Über die Bisexualität von Marlene Dietrich sieht man hinweg, weil sie verheiratet ist und ein Kind hat. Paulette wird zu ihrer Todfeindin und beschimpft sie abfällig als »alte Lesbe«. Aber Chaplins ohnehin schon verheerendem Leumund hätte ein weiteres Zusammenleben ohne Trauschein noch mehr geschadet. Und Paulette Goddard würde als leichtes

Mädchen abgestempelt werden. Deshalb beschließen beide, in aller Heimlichkeit zu heiraten. Man nimmt an, dass das am 1. Juni 1933 geschehen ist.

Paulette fällt dieser Entschluss überhaupt nicht schwer. Im Gegenteil, sie ist glücklich. Ihr ist klar geworden, dass sie diesen so viel älteren Mann, in dessen Leben und Werk sie völlig aufgeht, aufrichtig liebt. Und sie weiß, dass Chaplin dies auf seine Weise auch tut. Warum sollen sie nicht für immer zusammenleben und miteinander glücklich sein?

Charlie hat ihr die Hauptrolle in seinem neuen Film *Moderne Zeiten* versprochen, an dem er schon seit Jahren arbeitet und in den er anderthalb Millionen Dollar investiert hat. Paulette bereitet sich intensiv auf ihre schwierige Rolle an seiner Seite vor. Es wird der beste Film, an dem sie je mitgewirkt habe, äußert sie sich später. Die 1934 beginnenden Dreharbeiten werden zu Paulettes größter Schauspielschule. »Charlie weiß einfach alles«, vertraut sie ihren Freundinnen an. Als der Film am 5. Februar 1936 in New York uraufgeführt wird, ist der Erfolg sensationell. Paulette Goddard wird zum Weltstar und zur neuen Königin Hollywoods. Es sei einfach fantastisch, was Charlie Chaplin aus ihr herausgeholt hat, loben die begeisterten Kritiker.

Paulette ist sich nun ganz sicher: Dieser begnadete Künstler ist die große Liebe ihres Lebens. Begierig wartet sie auf seinen nächsten Film, für den er wiederum sein eigenes Drehbuch und eine neue herausragende Rolle für sie schreiben will. Aber das Projekt lässt auf sich warten. Im Februar 1936 nimmt Charlie sie und ihre Mutter Alta zunächst einmal auf eine fünfmonatige Reise nach Fernost mit. Auch in Japan wird Chaplin verehrt. Man hält ihn und Alta für die Eltern der reizenden, blühenden Paulette.

Wieder zurückgekehrt, lässt sich Paulette von Chaplin überreden, Tennis zu lernen. »Wenn du mich je besiegst, kriegst du von mir 1000 wertvolle Aktien«, spornt er sie an. Sie holt sich Bill Tilden als Trainer, trimmt ein halbes Jahr lang ihre Kondition und spielt viele Matches mit dem Tennisstar Tim Durant. Paulette findet ihn attraktiv und verbringt viele Stunden mit ihm. Dann tritt sie gegen Charlie an und besiegt ihn haushoch.

Immer häufiger ist George Gershwin bei ihnen in der herrschaftlichen Villa am Summit Drive zu Gast. Er verliebt sich hoffnungslos in Paulette und ist bald ganz verrückt nach ihr. Er möchte sie heiraten, aber ihre Liaison bleibt eine schwärmerische Affäre zwischen einer verheirateten Frau und einem todgeweihten Musikgenie. Gershwin stirbt kurz darauf an einem Gehirntumor.

Durch Chaplin lernt Paulette alle wichtigen Leute Hollywoods kennen, auch den mächtigen MGM-Produzenten David O. Selznick. Er schließt zwei Spitzenverträge mit ihr ab und signalisiert ihr, sich auf die Rolle ihres Lebens vorzubereiten. Sie soll die Scarlett O'Hara in dem geplanten Film *Vom Winde verweht* spielen. Diese Rolle gilt als die begehrteste überhaupt, und in Hollywood rätselt man, welche Frau sie an der Seite von Clark Gable spielen wird. Auch Vivien Leigh ist im Gespräch.

Chaplin macht all diese Pläne zunichte. Er sieht Paulette als sein Geschöpf an, das bei ihm unter Vertrag steht und nur in seinen Filmen spielen soll. Er zahlt ihr jede Woche 2500 Dollar, egal, ob sie arbeitet oder nicht. Jahrelang hat er unermüdlich an ihr herumgefeilt, sie zu dem gemacht, was sie ist. Nun will er sie nicht für andere freigeben.

Paulette ist zutiefst enttäuscht und verletzt und beginnt, sich innerlich von ihrem Mann abzuwenden. Er willigt zwar ein, dass sie bei Selznick einen Fünfjahresvertrag unterschreibt, besteht aber darauf, den Vertrag jederzeit binnen sechs Wochen kündigen zu können, damit er stets die Möglichkeit hat, Paulette zurückzuholen. Paulette ist gekränkt und gibt Interviews, in denen sie bestreitet, Mrs. Chaplin zu sein. Mit der Verleugnung ihres Ehestandes schadet sie sich jedoch nur selbst. Als Selznick drei Kameraproben mit ihr für *Vom Winde verweht* ansetzt, will er Paulettes Trauschein sehen. Sie besteht die Probeaufnahmen, und die Kostüme für sie sind schon fertig.

Aber dann sagt Chaplin bei einem Zusammensein mit den Selznicks schroff: »Sie werden ein Jahr länger brauchen, wenn Sie Paulette nehmen. Sie will Partys feiern, sie will ausgehen, sie will sich amüsieren. Sie ist keine seriöse Schauspielerin, daher kann ich sie Ihnen nicht überlassen.«

Paulette ist wie vom Schlag getroffen und bricht in Tränen aus. Der Film wird ohne sie abgedreht, sehr zum Bedauern von Clark Gable, der gern mit ihr gespielt hätte. Später verfällt er sogar in eine romantische Schwärmerei für sie und macht ihr einen Heiratsantrag.

Paulette wird gewahr, dass Chaplin in den Jahren 1937/38 immer mehr das Interesse an ihr verliert, abgesehen von dem des »Eigentümers«. Die Entfremdung wird immer größer. Und während der Dreharbeiten zum Film *Der große Diktator,* den Chaplin nun endlich im September 1939 mit ihr in der Rolle des jüdischen Mädchens begonnen hat und der im März 1940 fertig wird, ist sie gereizt und wütend. Chaplin führt sich, nicht anders als bei *Moderne Zeiten,* als Patriarch und Perfektionist auf. »Die Trennung von Paulette war unvermeidlich«, schreibt Chaplin in seinen Memoiren. »Wir beide wussten es, lange bevor die Arbeit an *Der große Diktator* begonnen hatte.«

Aber Paulette wird sich erst klar darüber, als sie entdeckt, dass Chaplin Liebesverhältnisse mit anderen Frauen angefangen hat. Da ist zum einen der Nachwuchsstar Joan Barry, der von Chaplin verführt wird. 1943 wird eine Vaterschaftsklage gegen ihn angestrengt, die er allerdings gewinnt. Vor allem ist da aber Oona, die 17-jährige Tochter des amerikanischen Dramatikers Eugene O'Neill, in die sich Charlie unsterblich verliebt. Nun ist Paulettes Liebe zu Charlie Chaplin endgültig gescheitert. Sie lässt sich 1942 von ihm scheiden

Schon 1943 heiratet Chaplin die 36 Jahre jüngere Oona. Ein Jahr später wird die Tochter Geraldine geboren, und bis 1962 folgen noch weitere sieben Kinder nach. Da ist Chaplin schon 73. Aber er kann seinen Kindern nie die Liebe und Wärme schenken, die er auf der Leinwand immer ausstrahlte.

Das puritanische Amerika lässt ihn fast sein ganzes Leben lang vom FBI überwachen. 1952 erinnert man sich daran, dass der angebliche Sittenstrolch und Kommunist eigentlich Engländer ist. Die amerikanische Staatsbürgerschaft wird Chaplin aberkannt, man weist ihn aus. Seine Filme werden in den USA boykottiert und zum Teil sogar verboten. Die Uraufführung von *Limelight* erfolgt 1952 bereits nicht mehr in amerikanischen Kinos.

Aber 1972 gibt es eine Aussöhnung. Chaplin erhält für sein Lebenswerk den »Ehrenoscar«, und das Filmfestival in Venedig verleiht ihm den »Goldenen Löwen«. 1975 wird er von der englischen Königin geadelt. Zu dieser Zeit ist er bereits fast vollständig gelähmt und halb blind. Weihnachten 1977 verstirbt er im Alter von 88 Jahren in der Schweiz.

Auch Paulette Goddard geht noch weitere Ehen ein. Von 1944 bis 1949 ist sie mit dem Charakterdarsteller Burgess Meredith verheiratet und dreht mit ihm mehrere Filme. Während dieser Zeit steht sie im Dubliner Abbey Theatre auch regelmäßig auf der Bühne. Mitte der 50er Jahre zieht sie sich nach insgesamt 45 Filmen von der Schauspielerei zurück. Sie tut es Chaplin gleich und lässt sich in der Schweiz nieder.

1958 heiratet sie in vierter Ehe den Schriftsteller Erich Maria Remarque. Nach dessen Tod verfällt sie zusehends. Alkoholsucht und Tablettenkonsum, begleitet von fünf Selbstmordversuchen, ruinieren ihre Gesundheit. Brustamputation, Hautkrebs und ein Lungenemphysem fesseln sie mehr und mehr ans Krankenlager. Zum Schluss sind die Schmerzen nur noch mit Morphium erträglich. Im Alter von 79 Jahren, am 23. April 1990, stirbt sie – an dem Tag, an dem bei Sotheby's für über eine Million Dollar ihr Schmuck unter den Hammer kommt. Im Todeskampf hält sie den Katalog umklammert.

Dolchstoß am Rhein

Karoline von Günderrode und Friedrich Creuzer (1804–1806)

Wie eine düstere Ouvertüre für ihr gesamtes Leben fallen schon auf die Kindheit und frühe Jugend der am 11. Februar 1780 in Karlsruhe geborenen Karoline von Günderrode die schwarzen Schleier und dunklen Schatten des Todes. Von ihren fünf Geschwistern sterben schon drei im Kindesalter. Sie ist erst sechs Jahre alt, als auch ihr Vater stirbt, ein markgräflich-badischer Regierungsrat. Karoline kommt, nahezu mittellos, in ein Frankfurter Stift. Ihre tristen Tage verbringt sie weitgehend mit Lesen: Schiller, Herder und die zeitgenössischen Romantiker Brentano, Novalis und Schelling sowie besonders oft und gern die alten Griechen. Sie ist fasziniert vom Ideengut der Romantik. Es bietet ihr Fluchtpunkte und Rettungsorte und sehr viel Sehnsucht. Aber auch ein neues Frauenbild.

Die Lebenssituation der Frauen ihrer Zeit ist geprägt von der Welt des Mannes. In dieser ständisch-patriarchal und männlich-autoritär organisierten Welt ist die Frau nur Objekt, Instrument und Opfer einer männlich geprägten Gesellschaft, in der es vorrangig um die Selbstfindung des Mannes geht. Der Frau sind nur ganz bestimmte, eingegrenzte Lebensbereiche zugeordnet: Familie, Küche und Kindererziehung. Bildung, Berufswelt, Kultur, ja sogar die Öffentlichkeit bleiben ihr verschlossen.

Der Umbruch, den die Romantik in der Beziehung zwischen beiden Geschlechtern bringt, begeistert Karoline. Die Frau soll gerade in ihrer weiblichen Eigenart dem Manne nun gleichberechtigt und gleichwertig gegenübertreten. Jetzt werden weibliche Erfahrungen, weibliche Bedürfnisse, weibliches Denken und weibliche Kreativität ernst genommen. Die Selbstfindung der Frau wird möglich, sie wird vom Objekt zum Subjekt. Mann und Frau sollen »ineinander schwingen« und sich selbst finden.

Doch die neuen romantischen Leitbilder irritieren Karoline auch. »Nur das Große, Wilde, Glänzende gefällt mir«, schreibt sie. »Es ist ein unseliges, aber unverbesserliches Missverhältnis in meiner Seele; und es wird und muss so bleiben, denn ich bin Weib und habe Begierden wie ein Mann, ohne Manneskraft. Darum bin ich so wechselnd und so uneins mit mir.«

Diese »Androgynität« bereitet ihr Probleme. Androgyn heißt mannweiblich, zwitterig. Nichts anderes ist gemeint: eine ursprüngliche Koexistenz des männlichen und weiblichen Prinzips und der männlichen und weiblichen Attribute, wie sie auch für die Gottheit und den Kosmos gilt. Der vollkommene Mensch hat aus dieser Sicht sowohl als Mensch der Schöpfung wie als Mensch der Endzeit androgyne Züge. Karoline denkt an jene Androgynen, als die sich die Griechen ihre Ahnen vor der Trennung in Mann und Frau vorstellten. Sie verschlingt die alten Mythologien, durch die eine dunkle Sehnsucht nach Wiedervereinigung der voneinander geschiedenen Wesen geistert. Diese Sehnsucht spürt sie auch in sich.

Dieses Missverhältnis von weiblicher Existenz und männlichen Begierden, das sie innerlich aufwühlt und zerreißt, bleibt den meisten Freunden verborgen. Nur ihre Freundin Bettina von Arnim, die sich als Schriftstellerin bereits einen Namen gemacht und Karoline später mit dem Briefroman *Die Günderrode* ein Denkmal gesetzt hat, weiß davon. Sie kennt ihre großen Gefühle, Leidenschaften und sinnlichen Triebe. Ihre tiefe Freundschaft trägt durchaus erotische Züge. Bettina schreibt an Karoline: »Wenn du nicht wärst, was wär mir die ganze Welt? … Dich denken, das ist beten!«

Es ist nicht nachgewiesen, dass ihre Beziehung zu der sinnlichen Karoline eine intime Frauenfreundschaft auch im sexuellen Sinne war. Vermutlich war das der Fall, wenngleich Karoline sich auch zu jugendlichen Männern hingezogen fühlte. So verliebt sie sich in den jungen Rechtsgelehrten Friedrich Carl von Savigny, der ihre Zuneigung allerdings nicht erwidert und nichts von ihr wissen will.

Der Dichter Clemens Brentano, der Karoline von Günderrode stürmisch umwirbt, wird dagegen von ihr zurückgewiesen. Er hat ihr Buch *Gedichte und Phantasien* gelesen, das sie 1804 im Selbstverlag unter dem männlichen Pseudonym »Tian« publiziert hat, und ist von Inhalt und Stil begeistert. Er rät ihr, nicht länger »zwischen dem Männlichen und Weiblichen zu schweben«.

Karoline fühlt sich nicht in der Lage, die Rolle einer Ehefrau und Mutter zu übernehmen. Der Grund dafür sind nicht nur die psychischen Spannungen, sondern auch körperliche Beschwerden. Sie hat häufig heftige Brustschmerzen und leidet seit Jahren an einer mysteriösen Augenkrankheit.

Umso mehr geht sie auf in einer fast esoterischen Welt poetisch-geistiger Kreativität und versucht, den richtigen Weg zu finden, der sie in das Reich des Schönen, des reinen

Geistes, des Urseins, führt. Begeistert vertritt sie die Naturphilosophie des jungen Schelling. Sie schreibt philosophische Dialoge von großer Klarheit und gedanklicher Schärfe. Das bringt ihr harsche Kritik ein, denn noch nie hat sich bisher eine Frau als Philosophin betätigt, das ist nach Auffassung der Zeit Männersache. Karoline kann ihre überdurchschnittlichen Fähigkeiten auch nicht auf Universitäten weiterbilden, da der Zugang Frauen versagt ist.

Im Sommer 1804 fährt Karoline nach Heidelberg, um eine Freundin zu besuchen. Auf dem Balkon des Heidelberger Schlosses lernt sie Friedrich Creuzer kennen und ist hingerissen von ihm. Creuzer ist Philologe und Altertums- und Mythenforscher und hat mit 34 Jahren schon eine rasante akademische Karriere hinter sich. Im Alter von 29 war er bereits Professor im heimischen Marburg, und seit 1804 hat er eine Professur in Heidelberg. Obwohl sein Äußeres eher unvorteilhaft ist und einige seiner Zeitgenossen ihn sogar als hässlich schildern, verliebt sich Karoline allen guten Vorsätzen zum Trotz Hals über Kopf in ihn. Sie ist überglücklich, als sie erkennt, dass ihre Liebe offenbar erwidert wird. Er bedrängt sie sogar, umwirbt sie: »Ich soll doch nicht weniger sagen, als mein Herz empfindet?«

Beide erfasst eine große Leidenschaft. Sie entdecken, dass sie geistig, seelisch und auch körperlich wie für einander bestimmt sind. Karoline ist sich sicher, in Friedrich die große Liebe und den Mann fürs Leben gefunden zu haben. Er passt so ganz in ihre neue Welt und erscheint ihr als Weltweiser und Auserwählter des Schicksals. Sie verbringen glückliche Tage. In den Stunden, in denen sie nicht zusammen sein können, schreiben sie sich hymnische Liebesbriefe. Friedrich vergöttert sie und verspricht ihr die Ehe.

Die Sache hat jedoch einen Haken: Friedrich ist schon verheiratet. Nicht aus Liebe, sondern aus reiner Dankbarkeit hat er die 13 Jahre ältere Sophie Leske geheiratet, die Witwe eines Marburger Lehrers, von der er während seines Studiums großzügige finanzielle Zuwendungen erhielt.

»Ich werde mich von ihr scheiden lassen!«, verspricht Friedrich seiner Geliebten und stürzt sie in einen neuen lustvollen Liebesrausch. Karoline hat Friedrich Schlegels 1799 erschienenen Roman *Lucinde* gelesen, in dem er freimütig und in einer für die damalige Zeit offenen und schamlosen Sprache zügellose Sinnes- und Fleischeslust gepriesen hat. Er sieht in der weiblichen Wollust etwas Positives. Die junge Geliebte, hinter der sich die skandalumwitterte Schriftstellerin Dorothea Mendelssohn verbirgt, erscheint nicht mehr als »unschuldiges Kind«. Sie ist von Natur aus sinnlich und begehrend, sie ist eine »Priesterin der Nacht« und die erotisch Eingeweihte und Aktive. Der Roman hat einen Skandal und tiefen Schock ausgelöst. Ein Schrei der Entrüstung ging durch die bürgerlichen, gebildeten Kreise Deutschlands, begleitet von hasserfüllten Angriffen gegen Buch und Autor.

Aber Karoline identifiziert sich voll und ganz mit Schlegels Botschaft der Sinne, der Lust und des Genusses, mit der er sich gegen die Welt der Konventionen gewandt hat und gegen die Auffassung, es sei der Sinn weiblicher Existenz, nützlich und angenehm zu sein.

Friedrich Creuzer sieht das genauso. »Nur selbständige Weiblichkeit, nur sanfte Männlichkeit ist gut und schön«, sagt er zu Karoline. »Das haben schon die alten Griechen gewusst und beherzigt!« Er »fühlt sich ein« in Karolines Wesen und Denken und möchte mit ihr als wirkliche Partnerin seinen Weg gehen.

Beide sehen in der beabsichtigten ehelichen Verbindung einen Weg, sich ganz und immer mehr in das Wesen des anderen hineinzuversetzen und Mannsein und Frausein ganz zu entfalten. Karoline sieht darin ein Ideal, dem sie viel näher kommen kann als Friedrich, weil sie durch ihre Liebeskraft und vor allem ihr Gefühl einen Vorteil zu besitzen glaubt.

»O selige Zeit, wann werd ich Dich schauen?«, schreibt Friedrich Creuzer am 13. September 1805 an seine Geliebte. »Wann meine Lina besitzen und in den Armen festhalten und nimmer, nimmer lassen? Ach, wie ist mir's oft so bänglich zumute und doch zugleich so wonnig. Das süße Geheimnis nähert sich seiner Erfüllung … Ich darf doch kommen im Oktober? Darf doch schauen die blauen Augen? Darf, mein Herz, an meinen Mund drücken die warme Hand – darf mich ausruhen von vieler Mühseligkeit an Deinem weichen Busen. Sag doch ja, Lina! … Ach, wie lieb, wie heimlich wird dieses Leben sein, wenn der leere Platz meines Lagers Deine Lagerstätte sein wird. Leb wohl, liebe Gattin!«

Aber zwölf Tage später schreibt er wieder: »Für den Augenblick ist aber ans Scheiden nicht zu denken. Denn wenn's Krieg wird, bin ich meiner Besoldung nicht sicher, wie darf ich da wagen, Dich zu meinem Weibe zu machen.«

Creuzer, in die Fesseln seines Amtes als Professor geschlagen, zögert die Scheidung hinaus. Er schreckt vor den Konsequenzen zurück. Seine Gefühle für Karoline steigern sich bis zur Anbetung, fast bis zur religiösen Verehrung. »Denke mich gegenwärtig zu Deinen Füßen, kaum wagend, Dir ins heilige Angesicht zu sehen«, schreibt er ihr im Mai 1806 aus Heidelberg. »Siehe, ich bin ja wieder ganz Dein, nimm mich auf.«

Aber auf gewöhnliche, irdische Weise mit ihr zusammenleben, das kann er nicht. Die Situation wird immer verfahrener. Seine Frau hat das Vermögen, er nichts. Sie erledigt für ihn alles, ohne sie ist er völlig hilflos, was sie ihn auch spüren lässt. Wie zwischen Scylla und Charybdis fühlt er sich hin- und hergerissen.

Karoline entschließt sich, Creuzers Ehefrau Sophie mit einzubeziehen, indem sie eine überaus unbürgerliche Dreierkonstellation vorschlägt. »Ich fühle zwar wohl«, schreibt sie an den Freund Carl Daub, »dass ich den Vorwurf eines unbesonnenen leidenschaftlichen Betragens verdiene; aber ich liebe C. so sehr, dass ich es nicht bereuen kann; und mein ganzes Leben soll ein Trachten sein, seine Liebe zu verdienen, zu erhalten.«

Einige Tage später vertraut sie ihrem Geliebten an, sie könne den Gedanken, einmal von ihm verlassen zu werden, gar nicht denken. »Nein, ich halte Dich noch fest in meinen Armen, willst Du entkommen, musst Du gewaltig Dich losreißen.«

Und im November 1805: »Mein ganzes Leben bleibt Dir gewidmet, geliebter, süßer Freund. In solcher Ergebung, in so anspruchsloser Liebe werd ich immer Dir angehören, Dir leben und Dir sterben … Den Verlust Deiner Liebe könnte ich nicht ertragen. Versprich mir, mich nimmer zu verlassen. O, Du Leben meines Lebens, verlasse meine Seele nicht.«

Mit ihm leben oder sterben, diesen Entschluss hat sie schon früh gefasst. Ihre Liebe zu ihm ist ein Bund auf Leben und Tod. In einigen Briefen vertraut sie ihm sterbenstraurig ihre Todessehnsucht an. Diese bedeutet für sie, alle lästigen körperlichen Qualen zurückzulassen und das Ideal zu erlangen, jene »süße Wunderblume«, die sie in ihren Gedichten erwähnt. Das Jenseits ist für sie kein schwarzes Loch. Im Diesseits sieht sie nur eine Vorstufe zu einer erfüllteren, höheren Existenz.

Einige Jahre zuvor hat sie auf einer Messe in Frankfurt einen Dolch gekauft. Ein Arzt hat ihr gezeigt, wie sie sich damit in die entblößte Brust stoßen kann, um ihr Herz zu treffen. »Um Himmels willen«, antwortet Creuzer ihr erschrocken und besorgt, »befreunde dich doch mit der Natur auch in dieser Hülle und mit dem Frühling und mit der Freude. Ich lasse nicht eher ab, bis Du mir versprochen, dass Du Dich uns erhalten willst, solange Du kannst, und nur dies sei der Sinn unsres Bundes, dass wir gerne gehen wollen, wenn die Natur uns abrufen wird, voll der frohen Zuversicht, dass wir Liebe finden auch bei den Schatten.«

Ende Juni 1806, als Napoleons Krieg gegen Preußen unmittelbar bevorsteht, ist Friedrich Creuzer noch einmal bei Karoline in Frankfurt. Danach wird er schwer krank, besinnungslos fällt er in ein Nervenfieber. Seine Frau pflegt ihn aufopferungsvoll. Die Kraft, sich von Sophie zu trennen, verlässt ihn nun ganz. Der großen Herausforderung seines Lebens und der verzehrenden Leidenschaft für Karoline ist er nicht länger gewachsen. Karoline ahnt, dass das Ende ihrer Beziehung bevorsteht. Im Juli 1806 schreibt sie ihrem Geliebten:

»Ich sende Dir ein Schnupftuch, das für Dich von nicht geringerer Bedeutung sein soll als das, welches Othello der Desdemona schenkte. Ich habe es lange, um es zu weihen, auf meinem Herzen getragen. Dann habe ich mir die linke Brust gerade über dem Herzen aufgeritzt und die hervorgehenden Blutstropfen auf dem Tuch gesammelt. Siehe, so konnte ich das Zarteste für Dich verletzen. Drücke es an

Deine Lippen; es ist meines Herzens Blut. So geweiht, hat dieses Schnupftuch die seltene Tugend, dass es vor allem Unmut und Zweifel verwahrt. Ferner wird es Dir ein zärtlich Pfand sein.«

Am 26. Juli 1806 hält sich Karoline bei Freunden auf einem Landgut bei Winkel am Rhein auf. Friedrich Creuzer lässt ihr durch den gemeinsamen Freund Daub die Nachricht zukommen, dass er sich von ihr trennen müsse. Für Karoline bricht eine Welt zusammen. Ist sie für ihn nicht die große Liebe, sondern nur eine amouröse Affäre, ein flüchtiger Rausch gewesen? Als Friedrich Creuzer später seine Erinnerungen *Aus dem Leben eines alten Professors* veröffentlicht, wird Karoline darin nicht mit einem einzigen Wort erwähnt.

Der verhängnisvolle Brief ist zunächst mit verstellter Schrift an eine Freundin adressiert, mit der Karoline in Winkel zusammen ist. Dafür hat eine andere Freundin gesorgt. Man will Karoline die schlimme Nachricht möglichst schonend beibringen. Doch Karoline, von bösen Vorahnungen getrieben, öffnet den Brief und begibt sich auf ihr Zimmer. Hier fängt sie einen Brief an ihren Geliebten an, schreibt ihn aber nicht zu Ende. Sie fühlt sich erleichtert, bricht nicht in Tränen aus, fällt nicht in Trauer und Schwermut. Beinahe heiter und gelöst speist sie mit den Freunden zu Abend, isst mit großem Appetit und lacht und scherzt sogar.

Dann verlässt sie die Runde der Freunde, um im Mondschein, wie so oft, am Rhein spazieren zu gehen. Sie kommt noch einmal zurück, um ihren Schal zu holen, und ruft ihrer Freundin mehrmals »Adieu« zu.

Als sie um zwölf Uhr nachts noch nicht zurückgekehrt ist, findet man auf ihrem Zimmer den geöffneten Brief und beginnt, fieberhaft nach ihr zu suchen. Um vier Uhr morgens wird sie von einem Bauern tot am Rheinufer in einem Weidenbusch gefunden, mit einem Dolch in der linken Brust. Der halb im Strom versunkene Oberkörper ist mit einem Schal voller Steine beschwert.

Karoline von Günderrode hat sich im Alter von nur 26 Jahren selbst getötet, ohne eine Nachricht zu hinterlassen. Ihr Herz konnte nur mit innigster Liebe schlagen. Als die Liebe starb, brach auch ihr Herz. Es war größer als diese Welt. Ihr Gedichtband *Melete* ist bereits in Druck. Sie hat ihn Friedrich Creuzer gewidmet, dem es gelingt, die Veröffentlichung zu verhindern. So ist es weniger das Werk, das von Karoline von Günderrode geblieben ist, als vielmehr ein von Geheimnissen verdunkelter Lebenslauf.

»Es wäre traurig«, kommentiert Savigny bewegt ihr Ende, »wenn alle Irrtümer so endigen müssten!«

Die Suche nach der »Blume purpurroth«

Amalie Heine und Heinrich Heine (1816–1819)

Zuerst ist es eine »weiße Blume«, die er liebt. Heinrich Heine, am 13. Dezember 1797 als Sohn eines jüdischen Kaufmanns in Düsseldorf geboren, überschreibt sein Gedicht mit diesem Titel und meint mit der »bleichen Blume«, die »schaut wie eine kranke Braut« und die »in Vaters Garten heimlich steht«, seine drei Jahre jüngere Schwester Charlotte. Ihr gelten seine frühsten sinnlichen Liebesgefühle.

In Heines erotischen Versen fordert sie ihn auf: »Lieb Brüderchen, pflücke mich!« Er erwidert, er tue das nicht, denn: »Ich such' mit Müh und Noth die Blume purpurroth.« Sie aber antwortet:

»Such' hin, such' her, bis an Deinen kühlen Tod, Du suchst umsonst, findst nimmermehr die Blume purpurroth; mich aber pflücken thu', ich bin so krank wie Du.«

Es kommt nicht zum Inzest. Doch am Ende des Gedichts gesteht er: »In meine wunde Brust kommt stille Engelslust.« Das erregende Begehren verschmilzt mit religiöser Inbrunst. Heine schreibt seiner Schwester, er sehne sich danach, ihre kleinen »Allabasterpfötchen« zu küssen.

»Ich liebe Dich unaussprechlich«, gesteht er ihr, »und schmachte danach, Dich mahl wiederzusehen … Wir verstehen uns so gut, wir allein sind vernünftig, und die ganze Welt ist meschugge.«

Eine Vereinigung mit Charlotte ist unmöglich, also sucht er weiter nach der »Madonna«, die er lieben und besitzen kann, nach der »Wassernixe«, die durch seine jugendliche Fantasie rauscht.

Dann scheint es, dass er sie doch noch gefunden hat, die lang ersehnte »Blume purpurroth«, die offene und blühende Liebe zu einem süßen, verzaubernden Frauenwesen voller Liebreiz. Er begegnet ihr in der herrschaftlichen Villa seines Onkels Salomon Heine in Hamburg-Ottensen. Sie heißt Amalie und ist die verwöhnte Tochter des reichen Bankiers, nixenhaft schlank und verführerisch schön. Sie sieht seiner Schwester sehr ähnlich und ist fast in ihrem Alter. Heine überträgt die Schwesterliebe sofort auf seine Kusine und macht sie zu seinem »goldenen Stern«. Es ist wie eine Erlösung für ihn, als er sie sieht und sich in sie bis über beide Ohren verliebt.

Heine beginnt 1815 in Frankfurt eine Lehre als Bankkaufmann. Sicherlich ist auch Amalie der lockende Grund, dass er ein Jahr später, Anfang Juni 1816, als nun 18-Jähriger nach Hamburg kommt, um im Bankhaus seines Onkels die Lehre fortzusetzen.

Er kommt als »frommer Sänger« hoher »Minne« hoffnungsvoll in die Hansestadt. Noch ist seine Liebe zu der zwei Jahre jüngeren Kusine, die er zärtlich »Molly« nennt, geheim. Aber er will sie ihr gestehen, wenn er sie in dem luxuriösen Haus seines Onkels, hoch über der Elbe gelegen, wiedersieht. Das wird im August der Fall sein. Begeistert schreibt er am 6. Juli 1816 an seinen Schulfreund in Düsseldorf: »Freu Dich, Freu Dich: in vier Wochen sehe ich Molly. Mit ihr kehrt auch

Heinrich Heine. Zeichnung von Diez, 1842.

meine Muse zurück. Seit zwei Jahr hab ich sie nicht gesehen. Altes Herz, was freust Du Dich und schlägst so laut!«

Die begehrte Bankierstochter ist nicht nur schön, sie ist auch reich und wird von vielen jungen Männern umschwärmt. Heine dagegen ist »ein armer Schlucker«. Er hat weder Geld noch Vermögen, und zum Banker taugt er auch nicht. Er wird die Lehre bald abbrechen und später, von seinem Onkel finanziell unterstützt, in Bonn, Göttingen und Berlin Jura studieren. Aber zunächst einmal mietet er sich in der Hamburger Innenstadt ein karges Zimmer und ist voller

Hoffung, Amalie ganz für sich gewinnen zu können, obwohl er sich der sozialen Unterschiede wohl bewusst ist.

Vorerst erlebt er seine geliebte Amalie in der Fantasie, er träumt von ihr in seiner Poesie. Aber seine Liebesgedichte sind erfüllt von schmerzlichen, düsteren Klängen, durchzogen sogar von gespenstischer Todessehnsucht und überschattet von der Vorahnung, nur unglücklich und unerfüllt lieben zu können. In seiner Lyrik bleibt das im Grunde bis zu seinem Tode so.

Als er Amalie dann endlich in der Villa seines Onkels wiedersieht und auch einige Stunden mit ihr allein sein kann, geschieht es: Sie schneidet sich eine Locke von ihrem Haar und schenkt sie ihm als Liebespfand. Dann reicht sie ihm ihre Hand und schlendert mit ihm durch die weitläufigen Gärten am Elbeufer, an den vielen Rosenbüschen vorbei, und verweilt schließlich mit ihm auf einer Terrasse, »wo die Wellen der Nordsee tief unten am Gestein zerschellen«.

Also ist er ihr auch nicht ganz gleichgültig? Liebt sie ihn vielleicht sogar? Er glaubt es und verleiht seinem Glück in einem Brief vom 27. Oktober 1816 Ausdruck: »Auf die nackte Brust hängt eine schwarze eiserne Kette, und daran, gerade wo das arme Herz schlägt, hängt ein viel und scharfzackiges schwarzes eisernes Kreutz, darin liegt M-s Locke. Hu! Das brennt!« Er trägt Mollys Haarlocke jahrelang auf der Brust, als Zeichen ihrer Liebe. Und beim nächsten Treffen drückt sie ihm einen Kuss auf die Lippen. Er wird dort für immer »brennen«. Nun ist er von lebenslanger gegenseitiger Zuneigung überzeugt und schreibt innige Liebesgedichte für sie. Doch dieser Glaube währt nur drei Monate. Dann bricht alles wie ein Kartenhaus zusammen und die hübsche, Glück verheißende »Nixe« entpuppt sich als todbringende »Lorelei«.

Amalie verletzt den Liebenden in einer Weise, die für einen werdenden Dichter eine Katastrophe bedeutet: Sie macht sich lustig über die Verse, die er ihr zu Füßen legt, und verspottet sie sogar. Das trifft ihn ins Mark und kommt einer Vernichtung seines ganzen Wesens und Seins gleich. Plötzlich erkennt er ihren wahren Charakter. Kalt berechnend hat das spröde, »hochbusige Frauenzimmer« mit seiner Liebe nur gespielt. Ihre verführerische Schönheit hat ihn geblendet, doch hinter dieser Hülle verbergen sich Bosheit und Gefühlskälte.

Vielleicht wendet sich die hochmütige Kusine auch von Heine ab, weil dieser düstere, leidenschaftliche »Sänger« so ganz anders ist als die jungen Männer ihrer reservierten, vornehmen Lebenswelt, in die er einfach nicht passt. Und sicherlich erkennt sie auch, dass kaum jemals ein erfolgreicher Bankier oder Kaufmann aus ihm werden wird. Statt im Büro zu arbeiten, trinkt er, wie er später selbst über seine ersten Hamburger Jahre eingesteht, lieber im Alsterpavillon Kaffee und schaut den hübschen Mädchen hinterher, die den Jungfernstieg entlang spazieren. Amalie schimpft ihn deshalb hochmütig einen »Windbeutel«, er werde es zu nichts Brauchbarem bringen.

Nach der abgebrochenen Banklehre richtet ihm sein Onkel im Mai 1818 im Graskeller Nr. 139 einen Manufakturwarenladen ein, in dem Heine mit englischem Tuch handeln soll. Aber das Geschäft geht bald Bankrott. Amalies Vater ist keineswegs damit einverstanden, dass sie sich mit »der Canaille« länger einlässt. Später wird die Millionärstochter einen angesehenen Herrn Friedländer heiraten.

Heinrich Heines Traum- und Liebeswelt ist schlagartig entzaubert. Die große Illusion zerplatzt wie eine Seifenblase.

Das wird er nie verwinden. »Ein schöner Stern, der schönste von allen, fiel vom Himmel herab«, schreibt er enttäuscht und verwundet. Weinend trägt er seine Liebe zu Grabe. Schmerzenslaute und bittere, zynische Töne bestimmen fortan seine Lyrik.

»O süßes Frätzchen, wunderschönes Mädchen! Wie konnte mich dein klares Äuglein täuschen? Wie konnt' dein Pfötchen mir das Herz zerfleischen?«

Die »Blume purpurroth« ist verblüht. Aber aus dem Liebesleid entstehen mit der raffinierten Technik musikalischer Sprachgestaltung seine frühen Verse, die später im *Buch der Lieder* erscheinen. Nietzsche wird von ihnen einmal sagen, er habe in allen Reichen der Jahrtausende umsonst nach einer gleich süßen und leidenschaftlichen Musik gesucht.

Vergiftet sind meine Lieder; –
Wie könnt' es anders seyn?
Du hast mir ja Gift gegossen
Ins blühende Leben hinein.

Vergiftet sind meine Lieder; –
Wie könnt' es anders seyn?
Ich trage im Herzen viel Schlangen,
Und dich, Geliebte mein.

»La Loca d'amor«

Johanna die Wahnsinnige und Philipp der Schöne (1479–1555)

Die Wahnsinnige aus Liebe, »La Loca d'amor«, so nennt der spanische Volksmund noch heute die Frau, die als Juana la Loca, Johanna die Wahnsinnige, in die Geschichte eingegangen ist. Am 6. November 1479 wird sie als Tochter des katholischen Königspaars Isabella von Kastilien und Ferdinand von Aragon in Toledo geboren. Ihre Eltern haben mit ihrer zehn Jahre zuvor erfolgten Heirat den Grundstein für Spaniens Aufstieg zur Weltmacht im 16. Jahrhundert gelegt. Aus den vielen kleinen rivalisierenden Provinzen ist ein vereinigtes Königreich entstanden.

Johanna erhält in ihrer Jugend wenig Liebe und glaubt, dass niemand sie richtig mag. Sie fürchtet und hasst ihre strenge Mutter, die sie fast asketisch erzieht, ihr aber eine vorzügliche Ausbildung zukommen lässt. Mit 16 Jahren beherrscht Johanna mehrere Sprachen, darunter Latein, kann hervorragend tanzen und verschiedene Musikinstrumente spielen.

Sie ist eine folgsame und gebildete Prinzessin und zugleich die schönste von allen Töchtern des Königspaars. Im Gegensatz zu ihrer fettleibigen Mutter Isabella, von der der Historiker Fernandez-Armesto schrieb, ihr Gesicht gleiche »einem Pudding mit Schmollmund und traurigen Augen«, besitzt

Johanna ein von blonden Haaren umrahmtes Gesicht mit schönen, sehr eng stehenden blauen Augen, einem kleinen, vollen Mund und einer etwas zu langen Nase. Johanna ist sehr empfindsam und verschlossen, aber auch sinnlich und leidenschaftlich und manchmal launisch und aufbrausend.

Im Jahr 1495 beschließen ihre Eltern, Johanna mit einem Sohn des Kaisers Maximilian I. zu verheiraten, und zwar aus rein politischen Gründen. Sie hoffen, auf diese Weise einen Bundesgenossen gegen den Erzfeind Frankreich zu gewinnen. Der Sohn heißt Philipp und regiert als junger Herzog bereits Flandern und Burgund. Die Nachwelt hat ihm den Beinamen »der Schöne« gegeben, und Zeitgenossen haben berichtet, er sei tatsächlich sehr schön und sanftmütig gewesen, dazu fröhlich, großzügig und hochintelligent. Andere Quellen jedoch behaupten, er habe eine Hängelippe gehabt, eine riesige Nase und schlaffe Wangen. Auf jeden Fall war er ein guter Sportler und Kämpfer mit einem durchtrainierten, wohl gestalteten Körper. Er liebte Turniere, Ballspiele und Tänze, war ein ganz ausgezeichneter Reiter und Jäger und begegnete Menschen niederen Standes unkompliziert und formlos.

Johanna kennt ihren künftigen, zwei Jahre älteren Bräutigam überhaupt nicht. Anfang 1496 wird ihre Ehe in Valladolid zunächst einmal »per procurationem« geschlossen, das heißt, ein Stellvertreter muss für den abwesenden Bräutigam einspringen, was damals keinesfalls unüblich war. Da eine Ehe nur dann nicht wieder aufgelöst werden kann, wenn sie bereits vollzogen ist, wird eine »Beiwohnung« mit dem Stellvertreter arrangiert. Die 16-jährige Johanna muss sich auf Befehl ihrer Mutter ins Bett legen. Dann erscheint ein ihr völlig fremder Mann, entblößt sein rechtes Bein und steckt es für einige Augenblicke unter die Bettdecke der Braut. Nun gilt der Sexualakt symbolisch als vollzogen. Johanna erträgt die Prozedur mit Fassung, findet sie eher lächerlich. Aber sie weckt in ihr den Wunsch nach einer richtigen, echten Vereinigung mit ihrem zukünftigen Gemahl.

Neugierig und voller Erwartung bricht Johanna noch im selben Jahr mit einer Flotte von 120 Schiffen und in Begleitung von 15 000 Soldaten nach Flandern auf. Sie will Eindruck machen bei ihrem Bräutigam. Aber als sie in Antwerpen eintrifft, ist Philipp nicht da. Er ist mit seinem Vater auf der Jagd.

In einem in der Nähe gelegenen Kloster treffen sie schließlich aufeinander und sind unfähig, auch nur ein Wort zu sagen, als sie sich zum ersten Mal in die Augen blicken. So sehr ist jeder von der schönen Erscheinung des anderen überwältigt. Es ist in der Tat Liebe auf den ersten Blick. Johanna konnte sich ja ihren zukünftigen Gatten nicht aussuchen, man hat ihn ihr zugeteilt, ohne sie zu fragen. Aber nun findet sie, eine bessere Wahl hätte gar nicht getroffen werden können. Die Liebe schlägt ein wie ein Blitz. Johanna fühlt sofort, dass sie in diesem charmanten und liebenswürdigen Mann ihr Lebensglück gefunden hat.

Doch Gefühle können trügen und täuschen, das Schicksal will es anders. Die Verbindung mit Philipp dem Schönen bringt größtes Unglück für Johanna und ein qualvolles Martyrium.

Die Hochzeit soll erst vier Tage später stattfinden. Aber Philipp begehrt das hübsche blonde Mädchen mit dem kräftigen, gesunden Körper so sehr, dass er es gar nicht erwarten kann, sich mit ihr im Bett zu vergnügen. Und die sinnliche Johanna begehrt ihn auch. Ein Kaplan wird herbeigerufen und gebeten, sie sofort zu vermählen. Kaum ist das geschehen, verschwindet das Paar in einer Kammer und verbringt dort hemmungslos vier ganze Tage, ohne sich um das Protokoll und die diversen festlichen Veranstaltungen zu kümmern. Eine sprachliche Verständigung zwischen den beiden ist anfangs so gut wie unmöglich. Worin sie sich auf Anhieb bestens verstehen, ist die Sprache der Liebe, der körperlichen Vereinigung und der Wollust. Obwohl noch jung an Jahren, besitzt Philipp bereits einige Erfahrung im intimen Umgang mit Frauen. Nachdem er Johanna entjungfert hat, merkt er schnell, dass sie nach mehr verlangt. Sie liebt wild und obsessiv und lässt ihren Wünschen und Trieben freien Lauf, gleich einem Vulkan, der brodelnd und sprühend ausbricht. Und der äußerst fruchtbar ist. Johanna wird sechs gesunde und kräftige Kinder gebären, als Erstes am 15. November 1498 die Tochter Eleonore.

Die Liebe, die Johanna in ihrer Jugend so vermisst hat und die ihr von niemand gegeben wurde, ergreift jetzt in einem Ausmaß Besitz von ihr, dass sie ihrem Mann total verfällt und ihm hörig wird. Johanna ist so sehr auf Philipp fixiert, dass sie es während ihrer ersten gemeinsamen Zeit in Brüssel kaum ertragen kann, wenn er in Gesellschaft anderer Frauen ist. Sie ist krankhaft eifersüchtig und vermutet fast in jeder Frau eine Geliebte ihres Mannes. Ihre Hofdamen sucht sie mit besonderer Sorgfalt aus. Sie lässt maurische Sklavinnen aus Spanien kommen, die so entstellt sind, dass sie Philipp nicht in Versuchung bringen können. Einmal kann sie nur mit Mühe davon abgehalten werden, einem hübschen Mädchen aus Philipps Gesellschaft mit einem Messer das Gesicht zu zerschneiden, weil sie glaubt, Philipp betrüge sie mit ihr.

Immer häufiger kommt es zu Streit und fürchterlichen Szenen zwischen den Eheleuten. Sie gehen mit den Fäusten aufeinander los und tun sich gegenseitig Gewalt an. Wenn Philipp seine Frau gar nicht mehr anders bändigen kann, bindet er sie fest und prügelt sie heftig durch. Aber nach solchen tränenreichen Auseinandersetzungen kommt es immer wieder zur Versöhnung und zu leidenschaftlichem Sex.

Johannas Schwangerschaften hindern sie nicht daran, an Banketten und höfischen Feierlichkeiten teilzunehmen. Sie scherzt und lacht und tanzt auf den Festen oft ausgelassen bis zum frühen Morgen. Am 24. Februar 1500 wird sie beim Tanz von heftigen Wehen überrascht. Man bringt sie rasch zu einem Abtritt, einem wenig majestätischen Ort, wo sie ihr zweites Kind zur Welt bringt, ihren Sohn Karl, der später Kaiser wird.

In den nächsten Monaten kommt es zu einer Reihe von Todesfällen in Johannas Familie, die politisch bedeutsam sind, weil Johanna nun zur Erbin des spanischen Königreiches wird, zu dem inzwischen auch die westindischen Kolonien zählen. Unter der strengen Herrschaft von Königin Isabella wütet in Spanien die Inquisition. Innerhalb von zwölf Jahren verbrennen 13 000 Menschen auf den Scheiterhaufen, die überall im Lande errichtet werden, zuerst 1481 in Sevilla. Isabella und Ferdinand werden 1496 »wegen ihrer großen Verdienste um Kirche und Christenheit« von Papst Alexander VI. mit dem Ehrentitel »Katholische Majestäten« für ihre Grausamkeiten belohnt. Aber die Hoffnung Isabellas, ihre Tochter Johanna würde Philipp beeinflussen und für die spanischen Interessen gewinnen können, erfüllt sich nicht. Philipp der Schöne verfolgt seine eigene Politik und verbündet sich mit Frankreich. Er hofft sogar darauf, sich seinerseits bald ganz Spanien einverleiben zu können.

Im Sommer 1501 reisen Johanna und Philipp nach Kastilien, um sich als Thronerben bestätigen zu lassen. Der Empfang durch die unnahbare Königin Isabella und ihren gerissenen, habgierigen Gemahl Ferdinand ist kühl, beinahe frostig. Philipp reagiert auf die Versuche Isabellas, ihn zu umgarnen und eine frankreichfeindliche Position einzunehmen, mit einer deutlichen Antwort. Er schließt ein Bündnis mit dem Bischof von Besançon, einem treuen Anhänger des französischen Königs Ludwig XII. Als der Bischof kurz darauf plötzlich stirbt, glaubt Philipp, dieser sei vergiftet worden. Er fürchtet nun auch um sein eigenes Leben und beschließt, Spanien mit seiner Frau so schnell wie möglich wieder zu verlassen.

Aber Johanna ist erneut im siebenten Monat schwanger. Ihre Mutter verbietet ihr angesichts ihres Gesundheitszustands die beschwerliche Reise, die direkt durch feindliches Gebiet führt, und überredet sie, Philipp dazu zu bringen, dass auch er in Spanien bleibt. Johanna versucht es, aber Philipp besteht auf seiner Abreise und will Johanna bis zur Entbindung allein in Spanien zurücklassen, dann soll sie nachfolgen. Es kommt zu heftigen Streitereien zwischen ihnen.

Als Philipp am 19. Dezember 1502 tatsächlich allein aufbricht, ist Johanna untröstlich und fällt erstmals in schwere Depression. Sie findet keinen Schlaf und isst kaum noch etwas. Trotzdem bringt sie im März des nächsten Jahres einen gesunden Sohn zur Welt, den sie nach ihrem Vater Ferdinand nennt.

Johanna hofft, dass ihre Mutter ihr nun einige Schiffe bereitstellen wird, die sie nach Flandern zu ihrem geliebten Gatten zurückbringen können. Aber Isabella denkt gar nicht daran. Sie hat beschlossen, ihre Tochter in Spanien zu behalten, und fängt alle Briefe ab, die Philipp ihr schreibt. Johanna leidet sehr unter der Abwesenheit ihres Gatten. Sie glaubt, er sei an dem Komplott beteiligt, das man offenbar gegen sie geschmiedet hat, um sie hier in Spanien festzuhalten. Der Gedanke, ihr Mann würde nun in Brüssel mit allen Frauen, die er kriegen kann, ins Bett gehen, martert sie, und sie erleidet paranoide Anfälle. Obwohl diese Anfälle einen seelischen Ursprung haben, will ihre Mutter ihr weismachen, sie sei geisteskrank. Sie lässt sie im Schloss La Mota internieren. Dort wird sie wie eine Gefangene in einer Zelle eingesperrt. Johanna reagiert mit einem Tobsuchtsanfall. Sie weint, sie schreit und kratzt und hört auf zu essen und sich zu waschen, sie will sich zu Tode hungern.

Da erscheint nach Monaten der Depressionen und der Agonie ein Abgesandter Philipps mit dem festen Auftrag, sie mitzunehmen. Also hat Philipp doch nichts mit dem Komplott zu tun! Im Frühjahr 1504 bricht sie nach Flandern auf, was Isabella nun nicht mehr verhindern kann. Aber Johannas Leid in den zurückliegenden anderthalb Jahren hat deutliche Spuren hinterlassen.

Als sie am 15. April in Brüssel eintrifft, überkommt sie neuer Kummer. Denn sie muss feststellen, dass Philipp ihr tatsächlich untreu geworden ist. Er hat sich in eine schöne Flämin verliebt, eine seiner Hofdamen, und teilt mit ihr die Nächte. Johanna ist außer sich. Eine Welt bricht für sie zusammen. Ihr so heiß geliebter Gatte betrügt sie mit einer anderen Frau. Oh, mein Gott, er liebt sie nicht mehr, wie sehr hat sie sich in ihm geirrt! Rasend vor Eifersucht stürzt sie sich auf die Nebenbuhlerin, schneidet ihr die Zöpfe ab und zerkratzt ihr mit einer Schere das Gesicht.

Philipp ist bestürzt und entschlossen, seine Frau für diese Tat zu bestrafen. Er züchtigt sie so sehr, dass die Spuren der Misshandlung auf ihrem Körper noch wochenlang zu sehen sind, und sperrt sie in einem Zimmer ein, während er sich mit anderen Frauen nebenan vergnügt. Johanna kann ihre Lustschreie hören und das Stöhnen ihres Mannes. Sie trommelt mit den Fäusten gegen die Wand und schreit ihre Verzweiflung in die Nacht. Wenn die Orgien vorüber sind, zieht sich Johanna ganz zurück und schmachtet still und beinahe starr in dunklen Gemächern dahin.

Johanna ist zwar immer noch schön, aber für Philipp hat sie nach den vielen Geburten an Reiz verloren. Ihre leidenschaftliche Sinnlichkeit und ihre außergewöhnliche Liebeskraft führen ihn jedoch auch jetzt noch zu ihr in ihre Kammer zurück. Wenn er ihre entblößten Brüste liebkost, sich mit echter oder vorgetäuschter Zuneigung zärtlich über sie beugt, lebt Johanna wieder auf. Wenn er heftig in sie eindringt, um ihr neue Kinder zu machen, dann krallt sie sich an ihm fest und möchte ihn gar nicht mehr loslassen. In ihre leeren Augen steigt dann wieder jene wilde Glut auf, die ihn einst besiegt hat und auch jetzt noch fesseln kann. Und Johanna, ganz besessen von ihm, glaubt wieder, dass er sie noch immer liebt.

Aber dem ist nicht so. Philipp hat ein Tagebuch geschrieben, in dem er Johannas exzentrisches Benehmen und all ihre kleinen Verrücktheiten exemplarisch festgehalten hat. Als wolle er seine Untreue verständlich machen und entschuldigen, schickt er es an den spanischen Hof. Es ist nicht mehr erhalten, doch es muss so überzeugend gewesen sein, dass Königin Isabella es sofort dazu benutzt, ihre Tochter für wahnsinnig zu erklären. Testamentarisch legt sie fest, dass nach ihrem Tod anstelle der Infantin Isabellas Gatte Ferdinand die Regentschaft innehaben soll. Und zwar so lange, bis Johannas Sohn, der spätere Kaiser Karl V., mündig ist und die Krone übernehmen kann. Davon weiß Johanna zunächst noch nichts.

Als Isabella am 26. November 1504 an einem Krebsleiden stirbt, erteilt Philipp aus Brüssel die Weisung, dass die Inquisition in Kastilien einzustellen sei. Damit verschafft er sich sofort neue Feinde in Spanien. Nach der Geburt ihres fünften Kindes im September 1509 begeben sich Johanna und Philipp nach Spanien, um ihre Thronansprüche geltend zu machen. Als sie in Rotterdam an Bord eines Schiffes gehen, besteht Johanna darauf, dass keine weitere Frau mitreisen darf.

Kaum in Spanien angekommen, erhitzt Philipp sich in Burgos angeblich bei einem Ballspiel. Andere Quellen erwähnen lediglich ein Kartenspiel. Er nimmt einen kühlen Trunk zu sich, um sich zu erfrischen, und bekommt danach hohes Fieber. Fünf Tage lang sitzt die schon wieder schwangere Johanna an seinem Bett und pflegt ihren Mann mit aufopfernder Hingabe. Doch ihre Versuche, ihn zu retten, sind vergebens. Am 23. September 1506 stirbt Philipp der Schöne im Alter von 28 Jahren in ihren Armen.

Es ist nie ganz geklärt worden, ob er Opfer eines Giftanschlags oder einer Krankheitsepidemie geworden ist, die zu dieser Zeit in Kastilien grassierte. Möglicherweise hat ihn der machtgierige und skrupellose König Ferdinand tatsächlich umbringen lassen, weil Philipp seinem Herrschaftsanspruch über ganz Spanien im Wege stand. Meuchelmorde sind im 15. und 16. Jahrhundert in Europa ein häufiges Mittel gewesen, politische Gegner und Nebenbuhler zu beseitigen.

Nun wird Johannas leidenschaftlicher Liebeswahnsinn zur Legende. Sie erzählt, sie habe den im Kartäuserkloster von

Johanna die Wahnsinnige bei der Leiche ihres Gemahls. Holzstich nach einer Zeichnung von Sachsse, 1828.

Miraflores beigesetzten einbalsamierten Leichnam Philipps wieder ausgraben lassen, den Sarg und das Leichentuch geöffnet und Philipps Füße geküsst. Jede Woche soll Johanna den Leichnam besucht haben. Und später soll sie ihn zwei Jahre lang in einem nächtlichen Trauerzug durch halb Spanien transportiert haben, um ihn in Granada, wo sie die meisten Anhänger und treuesten Adligen hatte, endgültig zu begraben. Für die Bevölkerung Andalusiens blieb sie weiterhin die geliebte Königin. Historisch belegt ist nur, dass sich Johannas Martyrium nach dem Tode ihres Gatten noch steigerte.

Im Jahr 1509 gelingt es König Ferdinand, seine 29-jährige Tochter während ihrer Flucht gefangen zu nehmen. Er lässt sie auf das festungsartige Schloss Tordesillas bei Valladolid bringen und dort in einem Raum ohne jedes Tageslicht einsperren.

Hier bleibt sie 48 Jahre, immer wieder gequält von ihren Kerkermeistern, die ihr, wie es in den Quellen heißt, den »Strick« und andere »Belohnungen« geben, wenn sie störrisch ist und nicht gehorchen will. Dann wird sie entkleidet und gefesselt, an einem Seil hochgezogen und ausgepeitscht. Wenn sie in nacktem Zustand gewaschen wird, übergießt man sie manchmal mit zu heißem Wasser, so dass Rücken und Gesäß verbrannt werden. Ihre Schreie hört niemand.

Einmal erscheint ihr Vater mit hohen Beamten und ausländischen Gesandten, damit sie sich ein Bild davon machen können, wie verrückt seine verwahrloste Tochter ist. Angesichts dieser infamen Bloßstellung beginnt Johanna zu toben, aber sie ist nicht verrückt.

Im Jahr 1518 besucht ihr ältester Sohn Karl sie, ohne etwas für seine Mutter zu tun. Als er bereits als Karl V. über Spanien regiert, beginnt er einen ständigen Briefwechsel mit Johannas Kerkermeister Denia von Tordesillas, der darüber Auskunft gibt, dass Johanna keineswegs wahnsinnig war. Der deutsche Historiker Gustav Bergenroth hat die Briefe durch einen Zufall im Generalarchiv in Simancas entdeckt. Dass Johanna den Beinamen »die Wahnsinnige« erhalten hat, hat sie den bösartigen Intrigen und perfekt inszenierten Verschwörungen zu verdanken, denen sie zum Opfer gefallen ist.

Johannas Tortur will kein Ende nehmen, ihre Gesundheit ist zu robust. Sie erträgt alle Erniedrigungen und Misshandlungen und kann einfach nicht sterben. Bald ist sie von der Hüfte abwärts gelähmt und hat schreckliche Schmerzen. Erst am 12. April 1555 erlöst der Tod sie im Alter von 76 Jahren.

Bindung an das Mutterbild

Ilse Julius und Erich Kästner
(1919–1926)

Beide haben ein besonderes und tiefes Verhältnis zu ihrer Mutter. Ilse Julius lebt bei ihrer geschiedenen Mutter in Dresden, die als Gesangslehrerin nur das Allernötigste für den Lebensunterhalt verdient. Ihr Vater ist als Vermessungsingenieur im Bergbau in Senftenberg tätig. Ilse wächst also weitgehend ohne Vater auf. Vielleicht ist das der Grund, warum sie von Anfang an so großes Verständnis dafür entwickelt, dass ihr Liebster stets Rücksicht auf seine Mutter Ida nimmt.

Erich Kästner ist ihr begegnet, als sie 18 ist. Bis über beide Ohren hat sie sich in den gut aussehenden jungen Mann verliebt. Die Stadt Dresden, in der er am 23. Februar 1899 geboren wurde, hat ihn 1919 für sein glänzendes Abiturzeugnis mit einem Stipendium ausgezeichnet. Seinen ursprünglichen Wunsch, Lehrer zu werden, hat er nach dem Ersten Weltkrieg, an dem er als Rekrut teilgenommen hat, aufgegeben. »Ich wollte nicht lehren, sondern lernen«, schreibt er später in seinen Erinnerungen. »Ich wollte Neues, immer wieder Neues aufnehmen und um keinen Preis Altes, immer wieder Altes weitergeben.«

Er beginnt 1919 in Leipzig mit dem Studium der Germanistik, Geschichte, Theaterwissenschaft und Zeitungskunde und belegt auch Seminare in Philosophie und französischer

Literatur. Die Mutter begleitet ihn bei der Zimmersuche in Leipzig. Nach ihrer Abreise entdeckt er in seiner Bleibe auf dem Tisch 800 Mark. Ein großer Geldbetrag für den Sohn eines armen, meist arbeitslosen Handwerkers. Auf einem kleinen Zettel steht: »Iss tüchtig und schick die Wäsche.« Als er in den Semesterferien nach Hause kommt, dünn und abgemagert, bringt er 400 Mark wieder mit zurück.

Ilse Julius nimmt es zunächst hin, dass sie im Leben von Erich Kästner offenbar nur die zweite Geige spielt, denn sie ist voller Hoffnung, dass einmal der Tag kommen wird, an dem sie ihn heiraten, ganz für sich haben und an seiner Seite ein Leben lang glücklich werden kann. Doch Ida Kästner versucht alles, um den Kontakt ihres Sohnes zu ihr zu unterbinden. Sie warnt ihn vor dieser Beziehung. In ihren Augen ist das hübsche schwarzhaarige Mädchen mit den dunklen Augen und dem blassen Gesicht keineswegs das liebe Frauchen, das sich in bedingungsloser Hingabe an Mann, Mutter und Schwiegermutter verzehrt.

In der Tat ist Ilse recht selbstbewusst. Sie macht sich Gedanken über die Rolle der Frau in der Ehe und diskutiert mit Erich über die Auffassung Fichtes, die Frau verlange ständig nach Unterwerfung. »Ich bin der Ansicht«, schreibt sie am 27. Juni 1920 an Kästner, »dass ein Weib sich einem Mann aus Trieb hingeben muss, was sie sich wohl eingestehen darf, sonst müsste sie sich allzu sehr als Werkzeug vorkommen. Doch kann sich ein Weib nie – und hier der gewaltige Gegensatz zum Manne – allein aus Trieb hingeben. Das Weib gibt in der Ehe nicht ihre Persönlichkeit auf, bringt sie eher auf eine höhere Stufe.«

Die Beziehung der beiden wird besonders zu Beginn stark von einer erotischen, sexuellen Komponente bestimmt. Dies ist vielleicht sogar der Schlüssel zu Kästners Verhältnis zu Frauen schlechthin. Auch er ist verliebt in Ilse. Aber er versucht ihr vorzuschreiben, wie sie sich verhalten soll. Beide lieben sie die Literatur und das Theater. Er schleppt haufenweise Bücher für sie herbei, die sie lesen soll, er will ihren Geschmack beeinflussen. Doch Ilse hat ihre eigene Lebensauffassung.

»Du hast gesagt«, teilt er ihr Anfang Juni 1923 mit, »wie Du an Dir arbeitest, um einen tüchtigen, völlig nur auf sich selbst gegründeten Menschen aus Dir zu machen, und dass Du niemanden so eigentlich nötig haben willst. Und das will ich auch. Liebhaben tu ich Dich aber deshalb nicht minder.«

Die innere Distanz, die aus diesen Zeilen spricht, hat Kästner zu allen Frauen außer seiner Mutter sein ganzes Leben lang behalten.

Doch Ilse Julius gibt die Hoffnung auf ein Zusammenleben nicht auf und träumt weiterhin von der großen romantischen Liebe. Das »Betthuschen« allein ist ihr zu wenig. Kästner versucht ihr beizubringen, dass sie mit dem Heiraten noch warten muss. Er will erst noch sehr fleißig sein und sehen, dass er mit dem Studium fertig wird. »Oder wollen wir unverheiratet beieinander wohnen?«

Während er in Leipzig sein Junggesellen- und Studentenleben genießt, schreibt sie ihm heiße Liebesbriefe. »Mein schlankes Hengstchen«, heißt es darin, oder »mein Betthockerchen« oder »mein Holzengelchen mit dem gescheiten Gesicht«.

Ostern 1921 geht sie mit dem Liebsten nach Rostock und beginnt dort mit dem Studium der Chemie. Sie hat es 1926 erfolgreich mit einer mit »sehr gut« bestandenen Diplomprüfung und dem Doktortitel abgeschlossen. Die beruflichen Interessen des Liebespaars liegen also weit auseinander. Dennoch interessiert sie sich für das, was Erich tut. Er hat schon während seiner Schulzeit mit dem Schreiben begonnen und befolgt nun Ilses Rat, seine Gedichte, Erzählungen, Feuilletons und Kritiken regelmäßig an Zeitungen zu schicken. Und manches aus dieser »fabrikartigen« Produktion wird tatsächlich auf den Feuilletonseiten gedruckt.

Das Sommersemester 1921 in Rostock ist für beide die hohe Zeit ihrer Liebe. Aber ob Ilse wirklich die Studentin ist, der Kästner in einem Gedicht eine große Lust zur körperlichen Liebe nachsagt und der er bescheinigt, sie habe an der Stelle, wo andere moralisch sind, ein Loch, ist sehr fraglich.

Immer wieder versichert Erich Kästner seinem »guten lieben Muttchen«, er werde in der Liebe zu einer Frau nie die erhoffte Erfüllung finden. Möglicherweise ist die extreme Bindung an seine Mutter ein Grund dafür. Wer der Geliebten die Mutter emotional stets vorzieht, kann dauerhafte Liebe zu einer anderen Frau kaum wollen. Sie würde ja Untreue gegenüber der Mutter bedeuten. Kästner beteuert der Mutter stets aufs Neue seine übergroße Liebe. So heißt es in einem seiner Briefe an sie:

»Es ist schön, dass wir beide einander lieber haben als alle Mütter und Söhne, die wir kennen, gelt? Es gibt dem Leben erst den tiefen herrlichen Wert und das größte verborgene Gewicht … Was sind dann andere Beziehungen dagegen? Freundschaftliche Liebe und solche Dinge sind daneben ganz unbedeutend. Wir beide sind das Wichtigste, und dann kommen alle andern noch lange nicht.«

Kästner ist es in all den Wirrungen seines Gefühls- und Berufslebens nie gelungen, sich ganz von der Mutter abzunabeln. Immer wieder will sie von ihrem Sohn bestätigt haben,

Erich Kästner. Foto, 1953, München.

dass sie in seinem Leben unangefochten den ersten Rang einnimmt. Eine schwere Bürde für alle Frauen in seinem Leben. Ida Kästner bleibt ihm trotz seiner vielen späteren Liebschaften immer der wichtigste Gesprächspartner.

Selbst sein Sexualleben legt er ihr mit schockierender Freimütigkeit offen. Er fühlt einen Zwang, ihr alles gestehen zu müssen, wohl weil er Schuldgefühle ihr gegenüber hat. »Ich glaube, es gibt keine leidenschaftlichen Mädchen mehr«, schreibt er ihr einmal. »Sie haben sich alle schon so zugrunde onaniert, dass sie Männer einfach nicht brauchen können.« Er teilt ihr sogar aufrichtig mit, wann er das letzte Mal mit Ilse Julius geschlafen hat, nämlich während eines Dänemarkaufenthalts im August 1926.

Selbst der so verständigen Ilse ist das zu viel. »Warum erzählst Du ihr jede Kleinigkeit, ehe Du Dich mit mir verständigst?«, schreibt sie ihm verärgert. Sie beginnt, sich ihm sexuell zu verweigern. Vielleicht weiß sie zu diesem Zeitpunkt auch schon, dass Erich Kästner bereits eine neue Geliebte hat und die Trennung von Ilse innerlich längst vollzogen hat.

Die Erkenntnis, dass ihre große Liebe gescheitert ist, trifft sie schmerzlich. Nie wieder wird sie einen Mann lieben. Bis zu ihrem Tode im Mai 1954 lebt sie in Dresden mit ihrer Mutter in einer gemeinsamen Wohnung zusammen.

Der endgültigen Trennung von Erich Kästner geht ein Gespräch am 14. November 1926 voraus, in dem sie ihm weinend sagt, sie fühle genau, dass sie jetzt ihr Glück bewusst von sich weise. Nie wieder werde sie einen Mann wie ihn finden. Jedenfalls sind das die Worte, die Kästner in seinem brieflichen Bericht an seine Mutter verwendet. Er sei heilfroh, »wieder so herrlich unabhängig« zu sein, schreibt er ihr. »Wenn ich denke, sie wäre jetzt Frau Kästner – ne, da muss ich gleich mal auf den Balkon und frische Luft einholen gehen.«

Die Trennung und das letzte Gespräch mit Ilse verarbeitet er in einem Gedicht, dem er den Titel *Sachliche Romanze* gibt:

»Als sie einander acht Jahre kannten
(und man darf sagen: sie kannten sich gut),
kam ihre Liebe plötzlich abhanden.
Wie andern Leuten ein Stock oder Hut.

Sie waren traurig, betrugen sich heiter,
versuchten Küsse, als ob nichts sei,
und sahen sich an und wußten nicht weiter.
Da weinte sie schließlich. Und er stand dabei.

Vom Fenster aus konnte man Schiffen winken.
Er sagte, es wäre schon Viertel nach Vier
und Zeit, irgendwo Kaffee zu trinken.
Nebenan übte ein Mensch Klavier.

Sie gingen ins kleinste Café am Ort
und rührten in ihren Tassen.
Am Abend saßen sie immer noch dort.
Sie saßen allein, und sie sprachen kein Wort
und konnten es einfach nicht fassen.«

Die Pazifistin und der General

Petra Kelly und Gert Bastian
(1980–1992)

»Wo du hingehst, da will auch ich hingehen, wo du bleibst, da bleibe ich auch, wo du stirbst, da sterbe ich auch, da will ich auch begraben werden.«

Dieser Satz aus dem Buch Ruth (1, 16) der Bibel könnte über der außergewöhnlichen Liebesbeziehung zweier Menschen stehen, die ausgangs des 20. Jahrhunderts die Gemüter der Menschen der Bundesrepublik Deutschland heftig bewegt hat: die tragische Liebe zwischen Petra Kelly und Gert Bastian.

Petra Kelly wird unter dem Mädchennamen Lehmann am 29. November 1947 im schwäbischen Günzburg geboren. Als sie sieben Jahre alt ist, verlässt der Vater die Familie. Die Oma wird zur Ersatzmutter. Petra besucht ein katholisches Mädcheninternat. Der Familienname ändert sich, als die Mutter den amerikanischen Offizier John E. Kelly heiratet. 1960 zieht die Familie in die USA um, wo Petra Kelly an der American University in Washington ein Politikstudium beginnt.

Aber sie bleibt nicht in Amerika. 1970/71 schließt sie in Amsterdam ihr Studium ab und wird Verwaltungsrätin bei der EG in Brüssel. In diesen Jahren beginnt auch ihre Arbeit als überzeugte Pazifistin. Leidenschaftlich engagiert sie sich für den Frieden und wird zur Symbolfigur der Ökologie- und Friedensbewegung in Deutschland. »Lebe so, als müsstest Du heute sterben!«, ist ihre Devise. Aber sie sagt auch: »Nur wenn man auf die Wunde drückt oder schreit, wird sich etwas ändern.« 1979 ist sie Gründungsmitglied der Partei »Die Grünen« und wird schon im darauf folgenden Jahr Sprecherin des Bundesvorstands.

Am 1. November 1979 begegnen sie sich zum ersten Mal auf einer Diskussionsveranstaltung zum Thema »Frauen und Militär«. Gert Bastian ist ebenfalls eine der Leitfiguren der deutschen Friedensbewegung. Mit 18 Jahren unter den Fahnen des Nationalsozialismus in den Krieg gezogen, kehrt er 1956 als Oberleutnant der Bundeswehr in die Kasernen zurück. Zwanzig Jahre später ist er Generalmajor und Kommandeur der 12. Panzerdivision. Er äußerst sich kritisch zu dem von der NATO geforderten Nachrüstungsbeschluss und wird 1980 in den einstweiligen Ruhestand versetzt.

Petra Kelly entwickelt von Anfang an eine Zuneigung zu dem 24 Jahre älteren, verheirateten Mann. Die Ehe, aus der zwei Kinder stammen, wird nie geschieden werden. Ältere Männer hat Petra Kelly schon immer bevorzugt, und Gert Bastian entspricht ganz ihrem Wunschbild. Seine Zivilcourage und sein Charme beeindrucken sie. Sie verliebt sich in ihn. Auch der General, dem der Ruf eines »Don Juan« anhaftet, fühlt sich von der herausfordernden jungen Frau angezogen und lädt sie zu sich nach Krefeld ein.

Anfangs verheimlichen sie ihre Affäre. Aber dann weiß es fast jeder im Lande: Sie sind ein Liebespaar. Im März 1983 zieht er zu ihr ins Reihenhaus nach Bonn, und beide beginnen nun einen gemeinsamen Kampf für Umwelt, Frieden und Menschenrechte. Im gleichen Jahr erhalten auch beide ein Bundestagsmandat der »Grünen«. Gemeinsam reisen sie um die Welt und treffen Gorbatschow, Honecker, Brandt und den Dalai Lama. Kundgebungen, Kongresse, Demonstrationen und Parlamentsdebatten bestimmen ihr Leben. Petra engagiert sich nun auch für den Feminismus. »Frauen haben das Recht, unglaublich viel nachzuholen!«, sagt sie.

Die Beziehung zu Bastian macht sie glücklich, bei ihm fühlt sie sich geborgen. Und sie hofft, dass das für immer, bis an ihr Lebensende, so sein möge. »Wenn Gert nicht mehr ist«, vertraut sie Freunden an, »will ich auch nicht mehr sein.«

In der Öffentlichkeit erscheint Petra Kelly als kämpferische, selbstbewusste und selbstständige Frau. Tatsächlich aber ist sie verletzlich und labil, leidet unter Phobien und hat Angst vor dem Alleinsein. Der General a. D. wird immer mehr zu ihrem Beschützer und Lebenshelfer.

Die körperliche Liebe, die sie anfangs ausgiebig genossen haben, kühlt mit den Jahren ab und ist bald ganz erloschen. »Wir sind geistig verliebt ineinander«, sagt Petra in einem Interview Mitte der 80er Jahre. »Ich gehe um fünf ins Bett, und Gert steht um fünf auf. Wie sollen wir uns da überhaupt noch lieben? Am Tag haben wir auch keine Zeit, da machen wir Politik.«

Doch Petra Kellys Stern innerhalb der Partei beginnt zu sinken. Sie wird zu einer isolierten Einzelkämpferin. 1990 verliert sie ihr Bundestagsmandat. Ihre körperlichen Kräfte lassen stark nach, und ihre Abhängigkeit von Gert Bastian wird immer größer.

Auch Gert Bastian leidet unter dieser Situation. Die Beziehung zu Petra bringt ihn an den Rand seiner psychischen und physischen Belastbarkeit. Während des Golfkriegs schlägt er ihr vor, aus Protest gegen den Krieg in den Irak zu gehen, um dort im Bombenhagel notfalls gemeinsam zu

Gert Bastian und Petra Kelly. Foto, 1988, Berlin.

sterben. Aber Kelly lehnt entrüstet ab. Die Krisen, die sich nun immer häufiger in der Beziehung einstellen, hält er nicht mehr aus.

Im Herbst 1991 kehrt er zu seiner Familie zurück. Das ist ein schwerer Schlag für Petra Kelly, von dem sie sich nie mehr erholt. Bastian muss nach einem Autounfall, bei dem sein Schienbein zertrümmert wird, an Krücken gehen. Er fühlt sich gedemütigt, verzweifelt und erschöpft. Er kann Petras Schutz- und Hilfebedürfnis nicht länger erfüllen, wenngleich er sie noch öfter in ihrem Haus aufsucht, denn er kann sich von der Frau einfach nicht lösen.

Am Vormittag des 1. Oktober 1992 sitzt Gert Bastian an seiner Schreibmaschine und tippt einen Brief, ein belangloses Schreiben in einer unbedeutenden Rechtssache. Nebenan im Schlafzimmer liegt Petra Kelly und schläft. Mitten im Satz hört er auf zu schreiben, geht zu einem Bücherschrank und entnimmt aus einer dort versteckten Schachtel eine geladene Pistole. Dann schleicht er sich leise ins Schlafzimmer, hält der Schlafenden die Pistole an den Kopf und drückt ab. Im Flur lehnt er sich aufrecht an eine Wand und schießt sich, den Blick auf seine tote Geliebte gerichtet, ebenfalls eine Kugel in den Kopf.

Unentdeckt liegen sie 18 Tage in der Wohnung. Erst am 19. Oktober findet man die halb verwesten Leichen. Es gibt keinen Abschiedsbrief. Alice Schwarzer, die 1993 ein Buch mit dem Titel *Eine tödliche Liebe* über die tragische Beziehung des Liebespaares veröffentlicht hat, geht davon aus, dass es sich um einen Mord gehandelt hat. Nach ihrer Meinung gibt es keine Hinweise darauf, dass Petra Kelly freiwillig aus dem Leben scheiden wollte. Sie habe im Gegenteil noch viele Pläne gehabt. Auch das Fernsehen (WDR) verfilmte 2001 die Lebens- und Liebesgeschichte unter dem treffenden Titel *Lass mich nicht allein.*

Der Krieg und das Bett

Kleopatra und Marcus Antonius
(41 v. Chr.–30 v. Chr.)

»Amantes amentes«, Verliebte sind von Sinnen. Als der römische Lustspieldichter Terenz seine Erkenntnis in diesem Wortspiel wiedergibt, ist Marcus Antonius noch gar nicht geboren, seine tragische Liebe zu Kleopatra entbrennt erst über 100 Jahre später. Aber der Ausspruch trifft auf ihn ganz sicher zu. Antonius muss von Sinnen gewesen sein, als er sich mit der ehrgeizigen und machtgierigen ägyptischen Königin einließ. Er erlag ihren Reizen und ließ sich von ihr »verhexen«. Beide führten Kriege, schlugen Schlachten, töteten und mordeten und liebten sich zwischendurch voller Wollust, wo immer sich die Gelegenheit dazu bot. Der Krieg und das Bett banden sie aneinander. Und Antonius' fatale Überzeugung, er könne sich als Erbe Caesars und Mitregent im römischen Triumvirat ein ausschweifendes Leben an der Seite Kleopatras unbeschadet leisten, und sein Glaube, die Königin würde ihn nur um seiner selbst willen tief und aufrichtig lieben, erweisen sich als der größte Irrtum seines Lebens.

Kleopatra ist verführerisch und von raffinierter Sinnlichkeit, aber nicht eigentlich schön. Zeitgenössische Darstellungen zeigen ihr großäugiges Gesicht mit einem fliehenden Kinn und einer krummen, viel zu langen Nase. Ihre Beine sind kurz, die Fesseln dick. Aber sie putzt sich heraus, fast drei Stunden verbringt sie täglich mit Gesichts- und Körperpflege. Im Jahr 69 v. Chr. in Alexandria geboren, ist Kleopatra die letzte ägyptische Königin aus der Dynastie der Ptolemäer. Diese herrschen seit der Besetzung Ägyptens durch Alexander den Großen im Jahre 332 v. Chr. über das Land. Im Jahre 51 v. Chr. besteigt Kleopatra zusammen mit ihrem Bruder und Gemahl Ptolemäus XIII. den Thron. Als ihr Mitregent sie aus Ägypten vertreibt, flüchtet sie zu Julius Caesar nach Rom und wird seine Geliebte. Mithilfe Caesars wird sie nach der Ermordung ihres Bruders wieder als Regentin eingesetzt. Ägypten bleibt ein selbstständiges Königreich, ist Rom aber tributpflichtig und von dessen militärischem Schutz abhängig.

Alexandria gilt nicht nur wegen der riesigen Bibliothek mit über 700 000 Schriften als das geistige Zentrum des östlichen Mittelmeerraums und reichste und schönste Stadt der damaligen Welt. In dieser Stadt unterliegt Caesar Kleopatras Zauber. Er wird ihr Lehrmeister in allen Fragen der Staatskunst, der Diplomatie und der militärischen Strategie und Taktik. Kleopatra glaubt, ihre Mutter sei die Göttin Isis selbst gewesen, und sie hält sich ebenfalls für eine Göttin. Sie träumt davon, dass ihr Sohn Caesarion einst von Rom aus die Welt regieren wird. Ob er tatsächlich von Caesar abstammt, ist bis heute umstritten.

Im Jahr 46 v. Chr. reist Kleopatra erneut nach Rom, um den mächtigsten Mann ihrer Zeit ganz auf ihre Seite zu ziehen. Das gelingt ihr jedoch nicht. In Rom lernt sie Marcus Antonius kennen. Der 13 Jahre ältere, muskulöse und athletische Mann mit dem kantigen Gesicht, der schon als Jüngling zu militärischen Ehren gelangt ist, hat Caesars Aufstieg zur Weltherrschaft miterlebt. Als Caesars treuer Gefolgsmann wird Antonius Konsul von Rom. Und als Caesar in den Iden des März im Jahre 44 v. Chr. ermordet wird, beendet Antonius den anschließenden Bürgerkrieg und besiegt die Caesarmörder in der Schlacht bei Philippi. Zusammen mit Lepidus und Octavian, dem späteren Kaiser Augustus, übernimmt Antonius in Rom die Macht und sorgt dafür, dass Caesar göttliche Verehrung zuteil wird.

Die kluge und gebildete Kleopatra erkennt, dass Antonius eine große Zukunft vor sich hat, und versucht, ihn für sich zu gewinnen. Sie ist 27, als sie sich 41 v. Chr. in Tarsus, der heutigen Türkei, wegen ihrer Neutralität im Bürgerkrieg vor dem 42-jährigen Antonius, dem Bevollmächtigten Roms, rechtfertigen muss. Für diese Begegnung hat sie sich eine einmalige Inszenierung ausgedacht. Kleopatra lässt das Gerücht verbreiten, es sei Venus selbst, die nun erscheine, um sich zum Wohle Asiens mit Dyonisos zu vereinen. Sie kommt Antonius über den Fluss auf einem Schiff mit purpurroten Segeln und silbernen Rudern entgegen und sitzt, ganz mit Gold bestäubt und umgeben von nackten, ihr Luft zufächelnden Mädchen, hoch oben und nur spärlich verhüllt auf einem reich verzierten Thron.

Der sieggewohnte, raue Antonius mit dem Kasernenhofton, der ihn bei seinen Soldaten ungeheuer beliebt gemacht hat, dieser zum Spiel und zur Trunksucht neigende, temperamentvolle, einfache und wenig gebildete, grobe Mann ist völlig hingerissen. Noch in derselben Nacht verführt Kleopatra ihn mit allen Mitteln und Raffinessen der Liebeskunst. Kleopatras exotische Pracht und Üppigkeit betören und überwältigen Antonius. Ein solches Feuer hat er bisher bei einer Frau nicht kennen gelernt. Antonius weiß zu genießen. Er ist beglückt und gibt sich widerstandslos hin. Dass er verheiratet ist, stört ihn nicht.

Statt sofort nach Rom zurückzukehren und sich den Staatsgeschäften zu widmen, begleitet er Kleopatra bei ihrer Rückkehr nach Ägypten. Antonius ist als Krieger und Feldherr Entbehrungen gewohnt. Umso mehr gefällt ihm der verschwenderische Luxus an Kleopatras Hof in Alexandria. Alle Wünsche werden ihm erfüllt, er fühlt sich wie im Schlaraffenland. »Kleopatra behandelte ihn wie ein Kind, ohne ihn weder am Tag noch in der Nacht in Ruhe zu lassen«, schreibt Plutarch einige Zeit später.

Die nächtlichen Orgien mit den Gästen am Hof, die weinberauschten, wollüstigen Tänze und exhibitionistischen Exzesse, die aufreizenden Theateraufführungen und obszönen, vulgären Gespräche befriedigen Antonius' Sinne. Man gründet einen »Klub der Einzigartigen«, in dem die Triebe ganz ausgelebt werden. Dabei steht »Meriochane« nicht zurück, wie die Griechen Kleopatra nennen, die Frau, »die sich 10 000 Männern weit öffnet«. Antonius verfällt völlig dem Laster. In blinder Liebe und Leidenschaft zu der Frau, der er jetzt ganz hörig ist, begeht er einen schwer wiegenden Fehler: Er vergisst Rom.

Einerseits kann man gut verstehen, dass Antonius sich in Alexandria an der Seite seiner Geliebten wohler fühlt als im republikanischen Rom, das Theodor Mommsen eine einzige »Räuberhöhle« genannt hat. Mit einer dreiviertel Million Einwohnern platzt die vom Elend und vom Pöbel beherrschte Stadt aus allen Nähten. Die Wohn- und Straßenverhältnisse sind katastrophal. Andererseits ist es unbegreiflich, dass der politische Instinkt Antonius derart verlassen hat. Er kümmert sich nicht mehr um den Staat, was ihm seine Gegner in Rom sehr verübeln. Und er erkennt nicht, dass Kleopatra ihm nur eine Rolle vorspielt. Sie schläft mit ihm und trinkt mit ihm,

Kleopatra und Marcus Antonius. Fresko von Tiepolo (Ausschnitt), nach 1750.

aber sie liebt ihn nicht und hegt sogar eine gewisse Geringschätzung für ihn. Er glaubt dennoch an ihre Liebe. Sie ist unfähig zu jener Abhängigkeit, ohne die wirkliche Liebe nicht möglich ist. Ihr Hauptinteresse gilt der Macht, nicht der Liebe. Sie ist darauf aus, die Römer zu spalten und ihrem eigenen Großreich einen Teil von Roms Großreich einzuverleiben.

Octavian versucht, den treulosen einstigen Freund umzustimmen, und überredet ihn, sich scheiden zu lassen und seine sehr hübsche und gescheite Schwester Octavia zu heiraten. Antonius kommt tatsächlich nach Rom, geht mit Octavian einen Pakt ein und vollzieht im Jahr 41 v. Chr. die Ehe mit Octavia. Aber er bleibt nicht lange. Seine Sehnsucht nach der »Königin seines Herzens« ist größer als jedes Pflichtgefühl. Er kehrt nach Alexandria zurück, wirft sich in die Arme seiner Geliebten und öffnet seinen dunklen Dämonen die Tür. Er ist nun völlig von der Frau besessen. Kleopatra gebärt ihm in der Folgezeit Zwillinge und kurz darauf noch einen Sohn. Seine Ehe mit Octavia hindert Antonius nicht daran, im Jahr 37 v. Chr. auch noch Kleopatra zu heiraten. Und seine mäßigen Erfolge im Feldzug gegen die Parther feiert er nicht in Rom, sondern in Alexandria.

Das bringt das Fass zum Überlaufen. In Rom verbreiten sich Gerüchte, Antonius wolle die Hauptstadt des Reiches nach Alexandria verlegen. Es kommt zu spontanen Kundgebungen gegen Antonius, der einst der Liebling des Volks gewesen ist. Die Ägypterin beherrsche ihn wie einen Hampelmann, heißt es. Und man verzeiht ihm nicht, dass er große, dem Römischen Reich gehörende Gebiete an Kleopatra verschenkt hat.

Octavian entschließt sich zum Handeln. Nachdem er 33 v. Chr. Konsul geworden ist, bezichtigt er Antonius des Verrats am römischen Staat. Er prangert das »ausschweifende Leben des Trunkenbolds Antonius mit der Hexe Kleopatra« an, die ihn mit ihren Zauberkünsten umgarnt habe. Um Antonius moralisch zu diffamieren, scheut Octavian auch nicht vor einem Rechtsbruch zurück. Im Juli 32 v. Chr. erbricht er das in Rom deponierte private Testament des Antonius und macht öffentlich bekannt, dass darin umfangreiche Vermächtnisse für die Kinder vorgesehen sind, die Kleopatra ihm geschenkt hat. Für den Fall seines Ablebens in Rom soll seine Leiche nach Ägypten überführt werden. Das ist für Octavian der beste Beweis dafür, dass Rom Ägypten untertan werden soll. Aber Ägypten darf auf keinen Fall verloren gehen, Rom braucht Ägypten. Ohne die Kornkammern des Landes kann die Stadt nicht ernährt werden, ohne die Steuern und Tribute aus dem Ostreich können die Soldaten nicht besoldet werden.

Als Antonius seiner Frau Octavia den Scheidebrief schickt, enthebt der Senat Antonius seiner römischen Befugnisse und erklärt ihm und Kleopatra den Krieg. Im September 31 v. Chr. kommt es bei Actium zur entscheidenden Seeschlacht. Antonius' Flotte ist durch 60 ägyptische Kriegsschiffe verstärkt worden. Der Kampf dauert den ganzen Tag. Die Entscheidung fällt erst, als Kleopatras 60 Schiffe sich plötzlich zur Flucht wenden und aufs offene Meer abdrehen. Es gibt Anzeichen dafür, dass Kleopatra sich schon vor der Schlacht Octavian zugewandt, die Verständigung mit ihm gesucht und Antonius verraten hat. Statt weiterzukämpfen wie seine Soldaten, lässt Antonius sie im Stich, folgt seiner Frau und flieht auf einem Segelboot ebenfalls nach Alexandria. Nach der Niederlage auf dem Meer kapituliert die gesamte Landarmee des Antonius kampflos. Octavian besetzt Griechenland, Kleinasien und Syrien und steht mit seinem Heer im August des Jahres 30 v. Chr. vor den Toren Alexandrias.

In der Stadt lässt sich Kleopatra die Wirksamkeit verschiedener Gifte vorführen. Plutarch schreibt:

»In den Gefängnissen stellte sie mit jedem Gift an den Verbrechern, die auf Vollstreckung des Todesurteils warteten, Versuche an, um zu sehen, ob dessen Wirkung schmerzlos wäre … Sie machte noch Proben mit giftigen Tieren und ließ in ihrer Gegenwart mehrere Menschen von verschiedenen Schlangen beißen. Dies tat sie täglich und fand dabei, dass beinahe unter allen nur der Biss der Natter ohne Zuckung und Ächzen eine Betäubung und unüberwindliche Neigung zum Schlafe bewirkt. «

Dann gründet die Königin mit ihren Freunden einen »Klub des Todes«, eine Bruderschaft, die sich angesichts des nahen Endes umso intensiver dem Genuss des Lebens widmet. Die Mitglieder müssen schwören, sich alle gegenseitig umzubringen, wenn einer von ihnen getötet würde. Sie feiern nächtelang die wildesten Orgien und geben sich den unglaublichsten Ausschweifungen hin, während der Marschtritt der römischen Legionen immer näher kommt.

Kleopatra versucht, das Leben ihrer Kinder und die Unabhängigkeit Ägyptens zu retten, indem sie insgeheim Verhandlungen mit Octavian führt. Sie gibt ihrer eigenen Armee den Befehl, die feindlichen Soldaten ohne Gegenwehr in die Stadt zu lassen.

Antonius weiß nichts von diesem Verrat. Er hat beschlossen, mit den ihm noch verbliebenen Truppen Widerstand zu leisten. Doch Flotte und Reiterei versagen ihm den Dienst und ergeben sich Octavian. Voller Zorn stürmt Antonius mit dem Schwert in der Hand in den Palast und schlägt dort alles kurz und klein. Kleopatra flüchtet mit ihren Schätzen und zwei Dienerinnen in ihr unterirdisches Mausoleum, das sie sich schon zu Lebzeiten hat erbauen lassen, und schließt sich dort ein. Zuvor hat sie einen Boten mit der Nachricht an ihren Ehemann geschickt, sie habe sich das Leben genommen.

Antonius ist zutiefst bestürzt. »Was bedeutet dir noch das Leben, wenn es ihr genommen ist, für die allein du leben wolltest?«, klagt er unter Tränen seinem Leibdiener Eros und bittet ihn, ihn um seiner Ehre willen zu töten. Der Diener zieht sein Schwert und tötet sich aus Liebe zu seinem Herrn selbst. Daraufhin ergreift Antonius sein Schwert mit beiden Händen und stößt es sich von unten in die Eingeweide. Als er blutend auf dem Diwan liegt und schreiend den Gnadenstoß erfleht, erfährt er, dass Kleopatra noch lebt. Er lässt sich in ihr Grabmal bringen. Da es verriegelt ist, wird er von Kleopatra und ihren beiden Sklavinnen durch ein Fenster an einem Seil hochgezogen. Sie wischt Antonius das Blut ab und versucht vergeblich, seine blutenden Wunden zu stillen. Er bittet sie, ihn ein letztes Mal zu küssen. Zärtlich nennt sie ihn ihren Herrn, ihren Kaiser. Antonius lächelt und stirbt in ihren Armen.

Octavian zieht kampflos in Alexandria ein und lässt Kleopatras marmornes Mausoleum aufbrechen. Als er das Grabmal betritt, versucht sie, sich mit einem Dolch umzubringen. Dieser wird ihr jedoch entrissen, und Octavian droht ihr, wenn sie sich selbst töte, werde er ihre Kinder köpfen lassen. Er will Kleopatra lebend im Triumphzug durch die Straßen Roms führen und sie dann öffentlich hinrichten lassen. Kleopatra wirft sich ihm zu Füßen und fleht ihn an, ihren Sohn Caesarion auf keinen Fall zu töten. Aber gerade ihn lässt Octavian später hinrichten, weil »kein Platz für zwei Caesaren« sei. Kleopatra wird erlaubt, ein Totenopfer für Antonius zu bringen. Am nächsten Tag schickt sie Octavian eine von ihr versiegelte Schreibtafel mit der Bitte, sie neben Antonius zu begraben.

Dann lässt sie sich von ihren beiden Sklavinnen Charmian und Iras entkleiden, baden und mit Salben und Lavendelöl einreiben. Sie legen ihr das königliche Seidengewand und ihre Perlen an. Den Kopf krönt ein Diadem mit einem Schlangenemblem. Dann legt Kleopatra sich auf ihr goldenes Bett, entblößt ihre Brüste und lässt zwei giftige Nattern, die ein Bauer zuvor in einem Feigenkorb gebracht hat, darüber gleiten.

Als Octavian die Schreibtafel erhält, eilt er sofort ins Mausoleum. Aber er kommt zu spät, Kleopatra ist bereits tot. Er sieht die Bisswunden auf ihrer Haut und eine vergiftete Haarnadel, die Kleopatra stets bei sich trug und mit der sie sich wahrscheinlich zusätzlich vergiftet hat, um ganz sicher zu gehen. Auch ihre beiden Dienerinnen haben sich vergiftet. Octavian lässt Schlangenbeschwörer holen, die versuchen sollen, Kleopatra wiederzubeleben. Doch alle Versuche scheitern. Octavian befiehlt, in ganz Ägypten alle Bildsäulen von Antonius und Kleopatra umzustoßen und zu zerstören. Aber er entspricht Kleopatras letztem Wunsch und lässt sie neben Antonius beerdigen. Ihr Grab ist bis heute nicht gefunden worden.

Prinz Jussuf und Giselheer der Tiger

Else Lasker-Schüler und Gottfried Benn (1912–1945)

Mit 17 Jahren schreibt sie ihre ersten, unerhört erotischen und ausschweifenden Verse. Für wen sie in den aufpeitschenden und bilderprächtigen Gedichten ihre Leidenschaft und ihr lustvolles Liebesgefühl verströmt hat, ist bis heute nicht enträtselt worden. Veröffentlicht werden die 62 Gedichte erst 1902 unter dem Titel *Styx*, als die am 11. Februar 1869 in Elberfeld als jüngste Tochter einer jüdischen Bankiersfamilie geborene Else Lasker-Schüler schon 32 Jahre alt ist und in der Weltstadt Berlin als Vorreiterin des literarischen Expressionismus gefeiert wird. Die hübsche Dichterin hat sich hier im vornehmen Bezirk Tiergarten zusammen mit dem Arzt Berthold Lasker, dem Bruder des berühmten Schachweltmeisters Emanuel Lasker, niedergelassen, nachdem sie 1894 geheiratet haben. Die Erfahrung der ehelichen Liebe beschreibt sie so: Allabendlich fixiert der Otter die Schlange, um ihr bei Nacht die Zähne in den Hals zu schlagen.

Else hat bald genug von dem lustlosen ehelichen Ritual, bei dem sie die Unterlegene und Beglückte zu sein hat, und tut etwas zu dieser Zeit höchst Skandalöses. Sie verlässt ihren Mann, um sich in den Kneipen und Kellern der kaiserlichen Hauptstadt mit unkonventionellen Zeitgenossen zu vergnügen. Die dunkelhaarige und schwarzäugige Schönheit betrügt ihren Mann in aller Öffentlichkeit und legt sich mehrere Liebhaber zu.

Als sie 1899 in einer Demonstrationsgeburt, bei der Studenten zusehen dürfen, einen Sohn zur Welt bringt, nennt sie ihn Paul Lasker, obwohl das Kind nicht von ihrem Ehemann ist. Als dieser ihr daraufhin jede Unterstützung verweigert, lebt sie von der Hand in den Mund, teilt mit den Ärmsten und Ausgestoßenen, mit Landstreichern und Prostituierten die harten Lebensbedingungen und bettelt sogar. Die Gedichte, die sie weiterhin schreibt, sind so erotisch, aggressiv und exzessiv, dass sie nicht nur ihren Ehemann, sondern auch sie selbst immer weiter in Misskredit bringen.

Der Säugling, und später das Kleinkind, hindert sie keineswegs daran, ihre rastlosen Touren von Kneipe zu Kneipe, von Café zu Café fortzusetzen. Sie nimmt ihn einfach mit und übernachtet auf zugigen Dachböden und in kalten Kellern. Im literarischen »Café des Westens« am Kurfürstendamm, im Volksmund »Café Größenwahn« genannt, lernt sie Richard Dehmel und Gerhart Hauptmann kennen. Im April 1903 lässt sie sich von Berthold Lasker scheiden. Im gleichen Jahr heiratet sie den Schriftsteller und Verleger Georg Levin, den sie schon seit einiger Zeit kennt und dem sie den Künstlernamen Herwarth Walden gibt.

Aber auch diese Ehe geht bald zu Bruch. Sie ist von vornherein als offene Beziehung angelegt. Beide nehmen sich das Recht, sich täglich neu zu verlieben. Nicht die »bürgerliche« Liebe, sondern die Schönheit des kurzen Verliebtseins, das ist es, woran Else glaubt, »so rauschend, so überwältigend, so unzurechnungsfähig, immer taumelt das Herz«.

Sie malt und schreibt weiterhin und trägt ihre Gedichte, von Trommel und Flöte begleitet, tanzend vor. 1905 erscheint ihr zweiter Gedichtband *Der siebente Tag*, und langsam wird sie eine Berühmtheit. Manchmal wird ihr selbst bange vor dem Ungestüm ihrer weiblichen Gefühle und unbändigen Triebe. Sie ist die »Königin der allerhöchsten Leidenschaften«, wie ihr verständnisvoller Freund Peter Hille sie nennt, der ihr dichterisches Talent früh erkannt und gefördert hat.

Um ihr starkes Liebesbegehren zu bewältigen oder zumindest einzudämmen, schlüpft sie in die Rolle des Mannes, will ihm künftig nicht Geliebte sein, sondern Bruder. Sie zieht sich weite orientalische Hosen an, schneidet sich die Haare männlich kurz, zu dieser Zeit unüblich und Aufsehen erregend, und nennt sich fortan bis an ihr Lebensende »Jussuf, Prinz von Theben« oder »Malek«. Die Menschen bleiben auf der Straße stehen, um dieser schillernden Person nachzusehen. Hinter der Identität des »Prinzen Jussuf von Theben« steht die Figur des biblischen Joseph, den seine Brüder verkauften und der am Hofe des Pharao zum Seher und Traumdeuter, schließlich zum Berater und Liebling des ägyptischen Herrschers wird.

In diesen Tagen ihres bohemehaften Daseins, ihrer abenteuerlichen Kaffeehausexistenz in fantastischen Kleidern, geschmückt mit klimpernden Ohrringen, Ketten, Armreifen und Fußglocken, geschieht es: Sie begegnet im Sommer 1912 ihrer großen Liebe. Im »Café des Westens« lernt sie den jungen Medizinstudenten Gottfried Benn kennen, geboren am 2. Mai 1886 als Sohn eines Pastors in der Priegnitz.

Auch er ist lyrisch hochbegabt. Die über 200 Sektionen in der »Morgue«, dem Leichenschauhaus, an denen er ebenso fasziniert wie widerwillig teilgenommen hat, beflügeln ihn zu provozierenden und schockierenden Gedichten, wie es sie im deutschen Sprachraum bisher nicht gegeben hat. Nie zu-

Else Lasker-Schüler. Foto, 1932.

vor hat sich ein artistisch mit der Sprache umgehender Lyriker an solche Themen gewagt, wie sie Gottfried Benn 1912 in seinem kleinen Gedichtband *Morgue* herausgibt, eine Sensation für das literarische Berlin.

»Er steigt in die Gewölbe seines Krankenhauses und schneidet die Toten auf«, schreibt seine künftige Freundin, Geliebte und Rivalin über ihn, »ein Nimmersatt, sich zu bereichern am Geheimnis. Er sagt: Tot ist tot.«

Der junge, gerade promovierte Benn wird über Nacht eine skandalumwitterte Berühmtheit. Mit seinen hellen Tigeraugen und einer geradezu melancholischen Zurückhaltung reizt er die Einbildungskraft der Frauen. Auch die Königin der Berliner Avantgarde und nächtlichen Exzesse wirft ein Auge auf ihn und verliebt sich schließlich leidenschaftlich in ihn. Eurydike findet ihren preußischen Orpheus.

Es ist nicht nur die geistige Nähe der ersten Stunde, die sie sofort verbindet, es sind auch die erotischen Beziehungen, in die sie hineintaumeln. Für ihren »Pharao« verwandelt sich Else, klein und knabenhaft schlank, in ein männliches Wesen, um an seiner männlichen Sehnsucht teilzuhaben. Sie widmet Benn ein Gedicht, das im Herbst 1912 in den *Hebräischen Balladen* erscheint und in dem sie ihn als Pharao und sich als Joseph in männlich-homosexueller Liebe sieht:

»Pharao verstößt seine blühenden Weiber,
Sie duften nach den Gärten Amons.

Sein Königskopf ruht an meiner Schulter,
Die strömt Korngeruch aus.

Pharao ist von Gold.
Seine Augen gehen und kommen
Wie schillernde Nilwellen ...«

Der 17 Jahre jüngere Gottfried ist fasziniert von der Frau, die so ganz anders ist, so leicht schmuddelig, so verrückt. Die 43-Jährige, die Morphium nimmt, im Kino oder auf Parkbänken übernachtet und schon zwei Ehen hinter sich hat, gefällt ihm und stößt ihn gleichzeitig ab. Ihre Clownerie, ihre »rote

Nase«, mit der sie »den Mond anheulte«, ihr Chaplin'scher Witz begeistern ihn. Er spielt ihr Spiel von Anfang an mit, verliebt sich rasend in sie, kapselt sich aber auch immer wieder unnahbar ab hinter einem Schutzwall, den er schon in jungen Jahren entwickelt hat. Dennoch vergöttert er sie und ist in der Liebe ein gelehriger Schüler, und er kann dichten wie sie! Er ist ihr ein gleichrangiger Partner für den lyrischen Austausch und kann ihr bald auf allen Ebenen Paroli bieten und ihr sogar auf Hebräisch schreiben. Er wird ihr »König Giselheer«, der Tiger am Hofe des Prinzen Jussuf. Kein anderer Mann hat in ihr diese Hingabe erzeugt, sie scheint sich zu verjüngen, statt zu altern. Zusammen machen sie die Berliner Nächte unsicher, er kennt ihre Absteigen und teilt ihr wildes Leben.

Mit großer Hingabe schreibt auch er ihr nun Gedichte, auf die er eine Antwort erwartet. Es entsteht einer der schönsten Liebesdialoge der Weltliteratur. In seiner Lyrik sagt die Frau das, was er von ihr erwartet und hören möchte:

»Ja, ich will an dir vergehn.
Greif meine Haare, küsse meine Knie.
Du sollst die braune Hand des Gärtners sein
Im Herbst, die all die warmen Früchte fühlt.«

Und der Mann antwortet mit eindeutig homoerotischen Zügen:

»Wenn ich im Spiel an deine Glieder fasste
Oder beim Rudern, warst du noch viel ferner
Und viel entrückter. Ja, du warst es gar nicht,
An dessen Fleisch ich fasste. Es ist anders.«

Gottfried Benn. Foto, 1932.

Benn sieht die Frau als rätselhaftes Doppelwesen, das zugleich Opfer und Verführerin ist, das den Mann verschlingt und doch selbst von ihm zerstört wird. Für ihn ist Else die kämpferische, die wilde Jüdin, aber auch die sanfte und demütige Ruth der Bibel. Er schreibt ihr ein sehr erotisches Gedicht. Vielleicht zählt es zu den leidenschaftlichsten Versen der Literatur, die je ein Mann über eine Frau geschrieben hat, ein offenes Bekenntnis zur körperlichen Liebe und sexuellen Lust:

»Aber wisse:
Ich lebe Tiertage. Ich bin eine Wasserstunde.
Des Abends schläfert mein Lied wie Wald und Himmel.
Meine Liebe weiß nur wenig Worte:
Es ist schön an deinem Blut. –
…
Mein königlicher Becher!
Meine schweifende Hyäne!
Komm in meine Höhle. Wir wollen helle Haut sein.
Bis der Zedernschatten über die kleine Eidechse lief:
Du – Glück –«

Der Becher als erotische Vision vom Schoß der Frau, die Freizügigkeit, mit der Else unter den Dichtern und Malern ihrer Cafés ihre Gunst verteilt, als schweifende Hyäne. Ist ihr Verhältnis dem Pastorensohn nicht manchmal wie Hurerei erschienen? In einem seiner Gedichte sagt er es:

»Einer sang: Ich liebe eine Hure, sie heißt To … Sie ist ein Abgrund wilder, dunkler Blumen. Kein Engel ist so rein. Mit Mutteraugen. Ich liebe eine Hure. Sie heißt To.«

Ganz offen widmet er seine neue Gedichtsammlung *Söhne* seiner Freundin und Geliebten: »Ich grüße Else Lasker-Schüler«, überschreibt er den neuen Zyklus. »Ziellose Hand aus Spiel und Blut.« Sie freut sich sehr darüber. »Der Cyclop Dr. Gottfried Benn hat mir seine neuen Verse: *Söhne* gewidmet«, schreibt sie an den Maler Franz Marc, »die sind mondrot, erdhart, wilde Dämmer, Gehämmer im Blut.« Aber ihr fällt auch auf, dass der Ton, mit dem er sie ansingt, in einigen Gedichten deutlich abgekühlt und fast demütigend ist.

»Lass deine Blumen nur verblühn«, dichtet er. »Mein Weg flutet und geht allein … Mein Blut ist Asche.«

Für die plötzliche Abwendung gibt es einen Grund: Gottfried Benn kann ihr wildes Leben nur für kurze Zeit ertragen, es überfordert ihn. Das dunkle Dasein des Prinzen Jussuf, sein ruheloses Umherstreifen in Armut und ohne feste Wohnung, ist nicht das, was sich »König Giselheer« auf Dauer von einem Wesen an seiner Seite erhofft. Diese Frau ist nicht die respektable Dame der Gesellschaft von kornblumenhafter Anmut und Treue, nach der er Ausschau zu halten beginnt.

Auf Hiddensee kommt es zum Bruch mit Else Lasker-Schüler, als er seine künftige Frau Edith Osterloh kennen lernt. Else leidet schrecklich, in aller Öffentlichkeit. »Aber dein Herz lässt keine Meere mehr ein«, schreibt sie. »Deine Küsse dunkeln auf meinem Mund. Du hast mich nicht mehr lieb … Du erinnerst dich meiner kaum. Wo soll ich mit meinem Herzen hin?«

Wie zwei Eisschollen treiben beide auseinander. Sie nimmt Abschied von der Hoffnung auf ein gemeinsames Leben. »Er hat ein Loch in mein Herz gebohrt«, schreibt sie 1913, »das steht offen wie der Grund eines ausgelaufenen Auges.« Was bleibt, ist der Traum.

Sie erwidert Benns Gedichte mit einer neuen Gedichtsammlung, der sie den Namen *Doktor Benn* gibt. Im Untertitel heißt es: »Der hehre König Giselheer stieß mit seinem Lanzenspeer mitten in mein Herz.« Sie ist verletzt und versteht nicht, dass er »so viel Liebe launisch verstoßen« konnte. »Die dich streift, stürzt ab«, schreibt sie.

Bis heute ist nicht geklärt, ob sie nicht sogar ein Kind von ihm abgetrieben hat, weil sie Jüdin war und er schon damals Antisemit. Namhafte Dichter und Schriftsteller äußern sich

1913 über Else Lasker-Schülers Gedichte. Franz Kafka mag sie nicht. »Ich kann ihre Gedichte nicht leiden«, schreibt er, »ich finde bei ihnen nichts als Langeweile.« Ihr expressionistischer Dichterkollege Klabund sagt dagegen begeistert, alle ihre Gedanken seien »fabelhaft gefärbt, sie schleichen wie bunte Tiere. Sie trägt das Herz an einer goldenen Kette um den Hals. Sie ist ohne Scham, jeder darf es betrachten.«

Gottfried Benn hält seiner Else auf seltsame Weise die Treue. Alle Frauen, die er statt ihrer nimmt, macht er noch unglücklicher als sie, alle lässt er »abstürzen«. Er betrügt seine Frau Edith mit anderen Frauen. Doch keines seiner zahlreichen außerehelichen Verhältnisse erreicht jenes Glück des Sommers 1912 mit Else. Seine immer wieder durchbrechende Kälte, seine Unfähigkeit, längere Zeit bei einer Frau auszuhalten, machen seine Beziehungen unerträglich. Einer späteren Freundin wird er mitteilen: »Ich bin so hart geworden, um nicht selber zu zerschmelzen und schließlich auch sehr fremd und sehr allein.«

Zwei unglückliche Ehen werden wieder geschieden. Nur die letzte, nach Elses Tod geschlossene sollte einigermaßen glücklich werden. Am Ersten Weltkrieg muss Benn nicht teilnehmen, weil er sich selber einen dauerhaften Schaden attestiert, eine »Wanderniere«, die ihn dienstuntauglich macht, obwohl sie seine Gesundheit später nie wieder beeinträchtigt hat.

Else lebt während des Krieges unter den Ärmsten. Sie hat kein Geld, um ihren Sohn Paul weiter zur Schule gehen zu lassen. Er zieht nun mit ihr umher und muss ihr karges, aufregendes Leben teilen. In der Folge erkrankt er unheilbar an Tuberkulose und stirbt alsbald daran. Elses Erfolg als Dichterin fängt nach dem Krieg erst richtig an. Ihr Theaterstück *Die Wupper*, ein sehr schwieriges Stück, 1919 von Max Reinhardt am Deutschen Theater in Berlin inszeniert, wird umjubelt.

Doktor Benn betreibt mittlerweile in Berlin eine Praxis für Haut- und Geschlechtskrankheiten. Aber die meisten Patienten können seine Behandlung nicht bezahlen. Seine junge Frau lässt er nächtelang allein: Er treibt sich mit anderen Frauen herum, auf die sein schläfriger und dann plötzlich zupackender Charme eine große Anziehungskraft ausübt. Er löst bei allen Frauen die Hoffnung aus, seine Retterin werden zu können. Aber sie täuschen sich alle und »stürzen ab«, wie Prinz Jussuf es prophezeit hat. Als sich 1929 eine seiner Freundinnen aus seiner Wohnung im 5. Stock auf die Straße stürzt, schreibt er einer anderen Geliebten: »Natürlich starb sie an mir oder durch mich, wie man sagt. Sie war mir nicht gewachsen als Ganzes oder vielmehr, sie wollte mir an Dingen und Stellen gewachsen sein, wo sie es nicht konnte oder als Frau nicht zu sein brauchte.«

Else wird als Dichterin immer berühmter. Auf ihren Vorleseabenden tritt sie in dunkler Kleidung auf und begleitet sich mit Tamburin oder Trommel. Während sie mit starker Stimme ihre Gedichte spricht, schlägt sie mit den Füßen den Takt dazu und steigert sich an manchen Stellen zu lautem Schreien.

Doch trotz des Erfolges bleibt Else eine Außenseiterin. Sie überwirft sich mit ihren reich werdenden Verlegern, denen sie ihre Werke für einen Hungerlohn überlassen muss. Man sammelt für sie unter den Dichtern und Schriftstellern. Besonders die Familie Thomas Manns und der Wiener Publizist Karl Kraus helfen ihr sehr. Auch Gottfried Benn unterstützt sie, wenn sie unversehens in seiner Praxis auftaucht. Aber ihre Hoffnung auf weitere Gemeinsamkeiten erfüllen sich nicht. Benn ist vollauf mit seinen zahlreichen Verhältnissen zu Frauen ausgelastet.

Als Else Lasker-Schüler 1929 ihren 60. Geburtstag feiert, sieht sie, wenn auch etwas rundlicher, noch immer aufregend aus. Sie kann sich immer noch verlieben, und junge Maler und angehende Dichter verlieben sich in sie. 1932 wird ihr der Kleistpreis verliehen, der höchste Literaturpreis, den Deutschland damals zu vergeben hat. Gottfried Benn, den Else vorausschauend den »Barbaren« nennt, kommt nicht zur Preisverleihung. Aber er schickt ihr ein ehrenvolles Telegramm. Kurz darauf wird sie auf offener Straße überfallen, beschimpft und verletzt. Auf Einladung des neu eingerichteten jüdischen Kulturzentrums entflieht sie in die Schweiz.

Als die Nationalsozialisten am 30. Januar 1933 die Macht ergreifen, identifiziert sich Gottfried Benn mit ihnen und ihrer Rassenideologie. Er schreibt Texte und wortreiche Rechtfertigungen für die neuen Machthaber. Benn will nach oben und lässt sich zum Präsidenten der Akademie, Abteilung Dichtkunst, wählen, während sein ehemaliger Freund Heinrich Mann dieses Amtes enthoben wird. Mann geht kurz darauf wie viele andere in die Emigration. In einem Brief vom Mai 1933 an Gottfried Benn fordert ihn Klaus Mann, der Autor des *Mephisto*, eindringlich auf, doch zu denen zu stehen, die seine wirklichen Freunde sind, und nicht denen die Stiefel zu lecken, die ihn damit treten werden.

Benn beantwortet diesen offenen Brief mit einer Rede im reichsdeutschen Rundfunk. Er macht deutlich, dass er sich auf die Seite seines Volkes stelle, während die, die geflohen sind, sich als Feinde des deutschen Volkes von Deutschland abgewandt hätten. Nach dem Krieg nimmt er diesen Vorwurf zurück und erklärt, sehr viel Jüngere hätten weitsichtiger und genauer geurteilt als er selbst.

Doch während der braunen Diktatur gefällt sich Benn in der Rolle dessen, der durchhält als einer der letzten Verteidiger des Abendlandes. Er verteidigt den Nationalsozialismus, er erwartet von ihm eine Wiedergeburt der deutschen Nation. In seinen Gedichten feiert er Friedrich Nietzsche. Seine Lyrik fordert zu männlich-heroischer Größe auf.

Doch der Dichter wird an der kurzen Leine gehalten. Trotz aller Anbiederung sieht Goebbels, der nie geglaubt hat, dass Benn zu ihnen gehöre, in ihm eher einen homosexuellen Entarteten. Benn äußert sich zunehmend kritisch über die neuen Machthaber.

Als sein neuer Band *Ausgewählte Gedichte* herauskommt, erscheint im *Schwarzen Korps,* dem offiziellen SS-Blatt, ein vernichtender Artikel gegen ihn, in dem er aufgefordert wird, nicht länger »eine derartige Geistesverblödung ins Volk zu tragen«. »Gib es auf, Dichter Benn«, heißt es da, »die Zeiten für derartige Ferkeleien sind endgültig vorbei.« Am nächsten Tag folgt ein Hetzartikel im Goebbels'schen *Völkischen Beobachter.*

Der Dichter reagiert darauf mit der ehrenwörtlichen Versicherung, dass er nicht schwul sei, und verweist auf positive Kritiken, die seine Gedichte als »wertvoll« bezeichnen. Aber neue Verse, die in dieser Zeit entstehen, wie etwa seine Olympiade-Hymne, werden eher schlecht. 1938 erhält er Schreibverbot.

Während des Krieges verschließt er als Sanitätsarzt die Augen, als die Züge, die in Viehwagen Menschen in die Konzentrationslager bringen, an ihm vorbeirollen. Seine zweite Frau spritzt sich, im Keller auf Kartoffelsäcken liegend, beim Einmarsch der Russen eine tödliche Dosis.

Else Lasker-Schüler hat vergebens auf eine Einsicht Benns gehofft. Sie geht nach Palästina ins Exil. Dort schreibt sie *Das*

Lied der Emigrantin. Die letzten drei Zeilen, die sie später gelöscht hat, beziehen sich in wütender Enttäuschung auf Gottfried Benn:

»Und deine Lippe, die der meinen glich,
Ist wie ein Pfeil nun blind auf mich gezielt,
Und alles starb, was ich für dich gefühlt.«

1940/41 schreibt sie die Tragödie *Ich und Ich,* die sich auf das politische Geschehen ihrer Zeit bezieht und erst 1979 uraufgeführt wird. 1943 erscheint in Jerusalem ihr letzter Gedichtband *Mein blaues Klavier* mit Versen von rauschender Farbenpracht. In ihren letzten Jahren verkriecht sich Else Lasker-Schüler in Jerusalem in einem kleinen Zimmer. Ihr verlorenes Berlin findet sie dort nicht wieder.

Aber ihre eigentliche Heimat sind, wie sie selbst gesagt hat, ohnehin immer die Sterne gewesen, die unermessliche Weite des Weltraums. Nur zu oft hat sie sich als »Komet« bezeichnet, als »Sternschnuppe«. Und auch in Jerusalem fühlt sie die Sehnsucht, zu den Sternen zurückzukehren.

Auch hier verliebt sich die fast 70-Jährige erneut in einen um viele Jahre jüngeren, verheirateten Mann. Sie schreibt ihm glühende Liebesbriefe und wartet stundenlang vor seinem Haus, um ihn zu sehen, was ihr der strenge Sittenkodex als lächerliche Geschmacklosigkeit nachträgt.

Noch immer denkt sie an Gottfried Benn, ihren »Giselheer«. Im Guten wie im Bösen bleibt er für sie das, was sie an Deutschland geliebt und gehasst hat. Als sie am 22. Januar 1945 noch vor Ende des Krieges stirbt, wird sie am Ölberg begraben. Ihr Leben und ihre Liebe zu Gottfried Benn wird unter dem Titel *Mein Herz – Niemandem!* verfilmt. Der Film wird 1997 auf den Internationalen Filmfestspielen in Berlin mit großem Erfolg aufgeführt.

Als Gottfried Benn 1945 in das zertrümmerte Berlin zurückkehrt, findet er sich nur schwer zurecht. Er heiratet erneut, denn ohne Frauen kann er nicht leben. In seiner Autobiographie *Doppelleben*, die 1950 erscheint, rechtfertigt er sein Verhalten während der NS-Zeit. Schon 1951 zeichnet ihn die Bundesrepublik mit dem Büchnerpreis aus.

Viele Lebensjahre sind ihm nicht mehr beschieden, am 7. Juli 1956 wird er an Krebs sterben. Aber zuvor bekennt er sich noch einmal mutig zu Else Lasker-Schüler. 1952 hält er im British Council einen Nachruf auf sie. In dieser späten Liebeserklärung nennt er sie »die größte Lyrikerin, die Deutschland je hatte«.

»Immer unbeirrbar war sie selbst«, sagt er über sie, »fantastisch sich selbst verschworen, feindlich allem Satten, Sicheren, Netten.« Er geht auf ihr Gedicht *Höre* aus dem Zyklus *Doktor Benn* ein, das sie ihm gewidmet hat und das mit den so zutreffenden Zeilen endet:

»Ich bin dein Wegrand.
Die dich streift,
Stürzt ab.

Fühlst du mein Lebtum
Überall
Wie ferner Saum?«

Er beantwortet ihre Frage eindeutig, indem er bestätigt: »Dieses Lebtum als fernen Saum habe ich immer gefühlt, bei aller Verschiedenheit der Lebenswege und Lebensirrungen.«

»Kann denn Liebe Sünde sein?«

Zarah Leander und Michael Jary
(1936–1960)

Eine dunkle, rauchige Frauenstimme von fast männlicher Färbung, ein Kontraalt von metallischer Tiefe, fragt mit warmem Timbre, ob Liebe denn Sünde sein könne. Die Frau, die dieses Lied in dem Film *Blaufuchs* singt, ist Zarah Leander. In ihrer sinnlichen, erotischen Stimme schwingt ein Hauch von Sünde mit. Und vielleicht gerade deshalb ist man zur schnellen Antwort bereit: Nein, Liebe kann keine Sünde sein, schon gar nicht bei dieser Frau. Und sie ist es bei ihr auch nie gewesen, obwohl oft der Eindruck entstand, dass es so war.

Wie keine andere Frau verkörpert sie in ihren Filmen die große Liebende und Leidende. Viele Frauen identifizieren sich mit ihr. Aber auch die deutschen Soldaten, für die sie der Inbegriff der Weiblichkeit geworden ist, hängen ihr Bild an die Wände der Bunker und Kasernen. Zarah Leander steht für die Schönheit des Leidens und der Entbehrung, die sie jedes Mal nur noch schöner macht. Und wenn sie mit ihrer tiefen Stimme, die so berauschend ist wie schwerer dunkler Wein, singt: »Eine Frau wird erst schön durch die Liebe«, dann kann niemand widersprechen.

»In dieser Stimme ist alles, der Jubel, das Glück, des Lebens trunkene Melodie und sein wilder Schmerz«, schreibt der Berliner Lokalanzeiger am 2. September 1937 nach der

Uraufführung ihres Films *Zu neuen Ufern.* Dieser Frau glaubt man, was sie singt. Denn sie hat die Liebe selbst in vielen Beziehungen erlebt und durchlitten. Ganz besonders in der Leidenschaft zu einem Mann, der die große Liebe ihres Lebens gewesen ist.

Dieser Mann heißt Michael Jarcyk, geboren 1906 in Oberschlesien. Als Zarah ihm im Herbst 1936 in Wien in der Bar des Hotels »Bristol« zum ersten Mal gegenübersteht, ist er noch völlig unbekannt. Nach einer musikalischen Ausbildung am Konservatorium in Beuthen und dem Studium der Kompositionstechnik an der Staatlichen Hochschule für Musik in Berlin bei so bedeutenden Lehrern wie Paul Hindemith, Arnold Schönberg und Igor Strawinsky verdient er seinen Lebensunterhalt, indem er Tanzmusik für Cafés und Tanzdielen komponiert. Er tut dies unter dem Pseudonym Michael Jary. Außerdem arbeitet er für amerikanische Schallplattenfirmen, als Kinopianist für Stummfilme und als Pianist in Tanzcafés, unter anderem in der »Kakadu-Bar« in Berlin. 1934 hat er den ersten Erfolg mit der Uraufführung der von ihm komponierten Operette *Der Vizeadmiral.*

Er erkennt Zarah Leander sofort, als sie ihm in der Bar begegnet, und ist hingerissen von ihren leuchtenden Augen und dem kupferroten Haar, das im matten Barlicht faszinierend schimmert. Wie ein vollendeter Kavalier verbeugt er sich, küsst ihre Hand und sagt mit seiner tiefen Baritonstimme: »Gnädige Frau, ich habe Sie heute Abend im Theater bewundert. Sie waren großartig!«

Zarah ist beeindruckt von dem charmanten Mann mit dem schlanken, etwas schlaksigen Körperbau und dem lockigen, dunkelblonden Haar. Sie sieht ihm in die blauen Augen und fühlt sofort: In den Mann könnte ich mich verlieben!

Beide sind sich auf Anhieb sympathisch. Nach einigen Drinks verrät sie ihm, dass sie eigentlich Hedberg heißt und am 15. März 1907 in Schweden geboren wurde. Sie spricht von ihren beiden Kindern aus erster Ehe mit dem Schauspieler Nils Leander und davon, dass sie ohne Gesangs- oder Schauspielausbildung als Chansonsängerin an schwedischen Wanderbühnen begonnen hat. »Meine erste Schallplatte habe ich 1930 aufgenommen«, sagt sie lächelnd zu Jary und ist erstaunt, wie gut er über sie informiert ist. Er weiß, dass sie im gleichen Jahr ihre erste Filmrolle in Schweden bekommen und 1931 große Erfolge in Franz Lehárs *Die lustige Witwe* gefeiert hat. Und dass sie seit 1935 in Wien lebt und dort den österreichischen Kriminalfilm *Premiere* gedreht hat.

Der gut aussehende junge Mann erweist sich als äußerst gesprächig. Er sei nun auch beim Film, sagt er. Die »Terra« in Berlin habe ihm einen Dreijahresvertrag angeboten. »Die Filmproduzenten wollen, dass ich Schlager schreibe. Aber das kann ich nicht.«

Sie macht ihm Mut. Dann erheben sie ihre Wodkagläser und trinken auf eine gemeinsame gute Zukunft. Ihr Busen ist gar nicht so groß, wie er auf Fotos immer aussieht, denkt er. Im Gegenteil, sie hat kleine Brüste und trägt nicht einmal einen Büstenhalter. Am liebsten hätte er die Nacht mit ihr verbracht, und er spürt, dass sie ihn auch begehrt. Aber dann erhebt sie sich plötzlich, bestellt ein Taxi und sagt, sie sei müde und müsse schnellstens in ihre Wohnung in Grinzing.

Kurz nach dieser ersten Begegnung mit Michael Jary unterschreibt Zarah Leander am 28. Oktober 1936 in Wien einen Exklusiv-Vertrag mit der Ufa. Der Produktionschef Ernst Hugo Corell hat sie mehrere Male in Wien in der Operette *Axel an der Himmeltür* bewundert und sich entschlossen, diese Frau im deutschen Film in Konkurrenz zu Marlene Dietrich und Greta Garbo als Weltstar aufzubauen. Sein Angebot ist sensationell. Für eine Gage von 200 000 Reichsmark, davon 53 Prozent in Schwedenkronen, soll Zarah Leander in Deutschland innerhalb von zwei Jahren drei Spielfilme drehen.

Am 1. November beginnt in rund 4000 Zeitungen und Illustrierten des Deutschen Reichs eine groß angelegte Pressekampagne für Zarah Leander. Am selben Tag findet sich im *Berliner Tageblatt* eine kleine Anzeige: Elisabeth Tott und Michael Jary geben ihre Vermählung bekannt.

Zarah Leander bezieht eine Villa in Berlin-Dahlem. Im Februar 1937 sitzt sie zum ersten Mal Joseph Goebbels gegenüber. Als Minister für Volksaufklärung und Propaganda ist er auch oberster Zensor für den deutschen Film und pruft jeden neuen Streifen persönlich in seinem Privatkino. Er hat ein Faible für den Film und schöne Frauen. Zarah Leander beeindruckt ihn bei ihrer ersten Begegnung überhaupt nicht. Diese Frau soll die deutsche Garbo werden? Nein, das kann er sich nicht vorstellen. Und als sie es ablehnt, einen deutschen Namen anzunehmen, mag er sie noch weniger.

Unterdessen komponiert Michael Jary Filmmusik. Er tut dies nie am Flügel, sondern wie ein Schriftsteller bringt er seine Noten am Schreibtisch zu Papier. In seinem Innern vernimmt er jeden einzelnen Ton. Er komponiert die Musik für den Film *Schwarzfahrt ins Glück.* Sein Freund Bruno Balz schreibt ihm für eine besonders hübsche Passage einen Text und nennt das Lied *Roter Mohn.* Es wird, 1938 gesungen von Rosita Serrano, Jarys erster Welterfolg.

Dann komponiert er für den Film *Paradies der Junggesellen* das Marschlied *Das kann doch einen Seemann nicht er-*

schüttern. Es wird von Heinz Rühmann gesungen. Der am 1. August 1939 in Hamburg uraufgeführte Film wird zwar ein Erfolg, aber der Schlager zunächst nicht. Die Platte mit dem schmissigen Titel verkauft sich schlecht. Das ändert sich erst, als auf Veranlassung von Minister Goebbels das Lied im Berliner »Wintergarten« bei der Feier zu Ehren von Günther Prien gespielt wird. Prien ist als Kommandant von U 47 gerade mit großen Abschusserfolgen aus Scapa Flow zurückgekehrt. Die einzige Platte, die es während der Feindfahrt an Bord gab, war dieses Lied. Nun löst es bei den Rundfunkhörern eine geradezu sensationelle Welle der Begeisterung aus und wird zum ganz großen Hit. Im »Wunschkonzert der Deutschen Wehrmacht« erklingt es unzählige Male. Michael Jary ist über Nacht berühmt geworden.

Zarah Leanders erste Ufa-Filme werden dagegen echte Flops. *Das Lied der Wüste* fällt ebenso durch wie der am 1. November 1940 uraufgeführte Film *Das Herz einer Königin,* in dem sie Maria Stuart verkörpert. Die Kritiken sind verheerend, und Zarah muss um ihre Karriere bangen. Der Stern des großen Ufa-Stars scheint unterzugehen.

Die Figur ist fülliger geworden, eine Folge des üppigen Lebens, vor allem der »Schwedischen Sonnabende« in Zarahs Dahlemer Villa, an denen mit guten Freunden ausgiebig gegessen und getrunken wird. Zarah raucht und trinkt und ist trotz ihrer Misserfolge ausgelassen. Damit entspricht sie ganz und gar nicht der Nazi-Ideologie und deren Frauenbild.

»Was sie braucht, sind zündende Schlager«, erklärt der Chef der Schallplattenfirma »Odeon« und setzt sich mit Michael Jary in Verbindung. Jary hat gerade für seine Neuentdeckung Evelyn Künnecke den Titel *Sing, Nachtigall, sing* geschrieben und damit Anfang 1941 einen weiteren großen Erfolg gelandet. »Machen Sie die Leander wieder volksnah!«, sagt der Musikproduzent zu ihm und übergibt ihm Zarahs Einladung zu einer Party in ihrer neuen, großen Grunewaldvilla in der Max-Eydt-Straße 12b.

Es wird das erste Wiedersehen nach über vier Jahren, obwohl beide in der gleichen Stadt gelebt haben. Zarah sieht Jary lange an, als er ihr einen Strauß roter Rosen überreicht. Es wird ein ausgelassenes Fest, auf dem viele prominente Schauspieler zugegen sind, unter anderem Siegfried Breuer und Zarahs beste Freundin Grethe Weiser. In der Nacht muss Jary auf dem Sofa vor dem reichlich genossenen Wodka kapitulieren.

Am nächsten Morgen wird er von Zarahs dunkler Stimme geweckt. Sie steht in einem Herrenmorgenmantel aus Krawattenseide vor ihm und lächelt ihn an. Nach der vor zwei Jahren erfolgten Trennung von ihrem schwedischen Ehemann, ihrer zweiten Scheidung, sehnt sie sich nach einer neuen Liebe, nach Zärtlichkeit und Geborgenheit. »Ich habe gestern zu viel getrunken«, entschuldigt er sich. »Eigentlich wollte ich nur mit Ihnen arbeiten.«

Sie lächelt, streicht ihm zärtlich über die stoppelige Wange und will wissen, ob er verheiratet sei. »Ja«, antwortet er, »aber machen Sie sich deswegen keine Sorgen. Meine Ehe hat nichts zu bedeuten.« Sie verabreden sich für den Nachmittag. An der Haustür flüstert Zarah ihm zu: »Du darfst mir nie mehr rote Rosen schenken.«

Michael Jary schreibt sechs Titel für Zarahs neuen, von Goebbels persönlich konzipierten Film. Einer davon ist *Du darfst mir nie mehr rote Rosen schenken.* Bruno Balz hat aus Zarahs einfachen Worten einen hübschen Text gemacht. Das

Lied wird ebenso ein Kassenrenner wie *Er heißt Waldemar* und *Wen ich liebe.* Mit Zarah Leanders Karriere geht es wieder bergauf. Sie fühlt sich nun noch mehr zu diesem liebenswerten Mann hingezogen, der ihr das Glück zurückgebracht hat. Das ist der Mann ihres Lebens, endlich ein ebenbürtiger Partner! Nun weiß sie, dass sie ihn liebt. Aber sie weiß auch, dass sie sich keinen Liebhaber leisten und keine Skandale erlauben darf.

Die Uraufführung ihres Films *Der Weg ins Freie* im Mai 1941 im Berliner Gloria-Palast wird zu einer Sensation. Das Publikum ist begeistert. Michael Jary sitzt in der zweiten Reihe und jubelt mit. Auf der anschließenden Premierenfeier, die die Ufa im KDDK, der »Kameradschaft der deutschen Künstler«, organisiert hat, gleicht Zarahs Auftritt dem einer Königin. Auch Jary gehört zu den Prominenten dieses Abends. Er hat gerade den Auftrag bekommen, die Musik für Zarahs nächsten Film *Die große Liebe* zu schreiben. Während er beobachtet, wie Zarah unermüdlich Autogrammwünsche erfüllt, wird ihm plötzlich von einem Boten eine Postkarte mit ihrem Bild überbracht. Auf der Rückseite steht: »Fahre nach Hause. Feierst du dort mit mir?«

Sie verbringen ihre erste Nacht miteinander. Als Zarah Leander am Morgen erwacht und im Bett den Mann neben sich sieht, hat sie das berauschende Gefühl, ihr Herz müsste vor Glück zerspringen. Die große Liebe, welch ein bedeutungsvoller und zutreffender Titel. Aber trifft er auch auf Michael Jary zu? Sie weiß, dass er sie bewundert. Aber liebt er sie auch? Es muss so sein, redet sie sich ein, würde er sonst mit ihr zusammen sein? Sie verstehen sich in der Tat gut, haben gemeinsame Interessen und arbeiten hervorragend zusammen. Aber könnten sie auch in einer Ehe zusammenleben?

Zarah nimmt sich vor, ihn danach zu fragen. Sie will wissen, ob er bereit ist, sie zu heiraten. Es wird nicht einfach für ihn sein an der Seite einer derart prominenten Frau, dessen ist sie sich bewusst. Und häufige Trennungen aufgrund von Dreharbeiten würden zu ihrer Beziehung dazugehören. Würde er das, wenn er sie wirklich liebte, akzeptieren? Sie glaubt es und träumt vom großen Glück, das das Schicksal nun endlich für sie bereithält. Das Wunder, mit dem geliebten Mann zusammenleben zu können, wird geschehen. Davon ist sie überzeugt.

In dem neuen Revuefilm *Die große Liebe* spielt Paul Hörbiger einen liebenswerten Musikus, der für seine Angebetete ein Lied komponiert. Es hat den Titel *Ich weiß, es wird einmal ein Wunder gescheh'n.* Michael Jary hat es geschrieben, und Zarah singt es mit großer Hingabe. Als sie die Stufen der Showtreppe hinabsteigt, säumen attraktive junge Männer in Frack und Zylinder ihren Weg. Da fast alle jungen Männer eingezogen sind, wurden kurzerhand Mitglieder der »Leibstandarte Adolf Hitler« als Tänzer engagiert.

Noch größer als der Erfolg des Films ist der sensationelle Erfolg des von Zarah gesungenen Schlagers, der schnell Millionen Herzen erobert. Er trifft auf Tausende von Schicksalen zu und ist höchst zeitgemäß. Im vierten Kriegsjahr hofft man in Deutschland tatsächlich auf ein Wunder.

Auch ein weiteres Lied aus dem Film, ein schwungvoller Walzer nach einem Text von Bruno Balz, trifft hinsichtlich der Stimmung im Volk den Nagel auf den Kopf:

»Davon geht die Welt nicht unter, sieht man sie manchmal auch grau, einmal wird sie wieder bunter, einmal wird sie wieder himmelblau …! Davon geht die Welt nicht unter, sie wird ja noch gebraucht!«

Dieser Titel ist zusätzlich in den bereits fertigen Film aufgenommen und auf Befehl von Goebbels als Geschenk für Hitler nachgedreht worden. Als Goebbels seinen Fehler erkennt, ist es zu spät. Dieser Durchhalteschlager, der Zarah Leander in Deutschland noch populärer macht, richtet sich im Grunde gegen die Führung. Der Text ist zweideutig und suggeriert den Menschen: »Haltet durch, bald ist der Krieg vorbei und dieses Regime gestürzt!«

Im Sommer 1942 dreht Zarah Leander in Budapest, wieder unter der Regie von Rolf Hansen, ihren zehnten Ufa-Film. Diesmal schreibt Lothar Brühne die Musik für sie. Zarah ist zwar über Monate von Michael Jary getrennt, aber sie denkt in großer Liebe und Dankbarkeit fast täglich an ihn. Und als sie sich im August 1942 in Berlin wiedersehen, sagt sie mit tränenerstickter Stimme: »Ich brauche dich.« Sie hofft, dass er ihr nun sagt, dass auch er sie von ganzem Herzen liebt. Doch er küsst sie nur und antwortet: »Ich bin froh, dass du da bist.«

Zu Beginn des vierten Kriegswinters wird es für die deutschen Filmverantwortlichen immer schwieriger, Devisen zu beschaffen und die mit Zarah Leander vereinbarte Gage zu 53 Prozent in Schwedischen Kronen auszuzahlen. Als die Zahlung ausbleibt, weigert sie sich, im Atelier zu erscheinen. Das kommt einer Erpressung gleich. Zarah bleibt den Aufnahmen auch fern, als man ihr mitteilt, ihre Ernennung zur Staatsschauspielerin stehe unmittelbar bevor. Das ist die höchste Auszeichnung, die Deutschland an Theater- oder Filmstars zu vergeben hat. Hitler weigert sich jedoch, die Ernennungsurkunde zu unterschreiben.

Dann treffen die Schwedenkronen doch noch bei Zarahs Bank in Stockholm ein, und sie setzt ihre Dreharbeiten fort. Goebbels bietet ihr sogar eine Leibrente und einen Landsitz in Ostpreußen an. Als Gegenleistung müsse sie allerdings deutsche Staatsbürgerin werden, verlangt er. Zarah lehnt ab. Goebbels tobt und spricht von großer Undankbarkeit. »Herr Minister«, sagt sie kühl, »wenn Sie weiterschreien, dann schreie ich auch!«

Zarah Leander entschließt sich, keinen Film mehr für die Ufa zu machen, obwohl ihr Vertrag noch bis zum August 1943 läuft. Sie bricht den Vertrag und zieht sich nach Schweden in ihr Landhaus in Lönö zurück. Denn sie will nicht in Deutschland miterleben, wie das Land den Krieg verliert. Sie verlässt Berlin heimlich und ohne Abschied von ihren Freunden.

Goebbels ist zutiefst verletzt und ordnet an, in der Presse kein Wort mehr über Zarah Leander zu verlieren. Sie wird fortan totgeschwiegen. Dennoch erscheinen einige Berichte, in denen mitgeteilt wird, sie sei wegen Spionage für die Alliierten zum Tode verurteilt worden. Eine andere Zeitung schreibt, sie sei wegen Judenfreundlichkeit aus dem Deutschen Reich ausgewiesen worden.

Auch Michael Jary ist zutiefst betroffen, dass Zarah nicht einmal ihn eingeweiht hat. Warum ist sie ohne Abschied einfach gegangen? Hat sie vielleicht erfahren, dass er sich im November 1942 in Budapest bis über beide Ohren in die junge, bildhübsche ungarische Künstlerin Judith Kenasz verliebt hat? Jary hat einige herrliche Monate mit der so zerbrechlich wirkenden Pianistin verbracht, vielleicht die schönsten seines Lebens, wie er später eingesteht.

In Schweden stellt Zarah schnell fest, dass sie hier keine Freunde mehr hat. Die schwedische Presse demütigt sie. Zarah Leander habe Schweden große Unehre bereitet, indem sie sich den Nazis zur Verfügung gestellt habe, heißt es überall in den Zeitungen. Man beschimpft die »Propaganda-Diva von Herrn Goebbels« sogar als Spionin. Zarah versucht in den einsamen Nächten auf Lönö, ihre tiefen Depressionen mit Wodka und Aquavit zu betäuben.

Als der Krieg endlich zu Ende ist, will sie wieder zurück nach Deutschland, zurück zu Michael Jary. Aber ihr Name steht auf der schwarzen Liste der Alliierten. Zarah Leander ist in Deutschland unerwünscht.

In Berlin hat Jary sofort Kontakte zu den Russen geknüpft und mit deren Genehmigung das »Radio Berlin Tanzorchester« gegründet. Er darf ungehindert arbeiten und macht im Rundfunk Livemusik. Schon bald geht er mit seinem RBT-Orchester auf Tournee durch Westdeutschland. Im Juni 1948 macht er in Zürich wieder die ersten Schallplattenaufnahmen. Aus der Zeitung erfährt er, dass Zarah Leander in Lausanne singt. Er ruft sie an, und sie sehen sich zum ersten Mal seit Jahren in Zürich wieder.

Michael Jary bemerkt es sofort: Äußerlich hat sich Zarah Leander wenig verändert. Aber sie ist längst nicht mehr so fröhlich und humorvoll wie früher. Sie wirkt melancholisch, und in ihrer Stimme liegt ein Hauch von Bitterkeit. »Komm nach Deutschland zurück«, sagt er zu ihr und küsst sie zärtlich. »Wir starten hier gemeinsam eine neue Karriere.«

Sie verbringen die Nacht zusammen in einem Hotelzimmer. Und am nächsten Morgen sagt sie zu ihm: »Michael, lass uns heiraten!« Sie liebt ihn noch immer, sie will endlich wieder glücklich sein und das Glück festhalten. Aber er weicht aus und antwortet, er könne sich nicht so ohne weiteres scheiden lassen. »Lass uns gute Freunde bleiben, das hält bestimmt länger«, sagt er, ohne die Tränen in Zarahs Augen zu bemerken.

Zarah Leander und Michael Jary. Foto, 1948.

Im Winter 1948 singt Zarah Leander tatsächlich wieder in Deutschland. Ihr erster Auftritt in Saarbrücken mit Michael Jary am Klavier wird ein großer Erfolg. Im nächsten Jahr unternehmen beide eine Deutschland-Tournee. Auch in der Öffentlichkeit ist Jary Zarahs ständiger Begleiter. Er gründet seinen eigenen Musikverlag und siedelt nach Hamburg über, um als Komponist an einigen Revuefilmen mitzuwirken, die der Regisseur Géza von Cziffra hier drehen will. Vehement setzt er sich dafür ein, dass Zarah Leander in diesen Filmen mitwirkt.

1950 spielt sie in ihrem ersten Nachkriegsfilm *Gabriela* neben Grethe Weiser und Carl Raddatz tatsächlich die Hauptrolle. Aber in der Presse wird ihr Comeback verrissen. Und ihre nächsten beiden Filme werden verheerende

Flops. Die Bühne scheint das Einzige zu sein, was ihr geblieben ist. Zarah gibt fortan Konzerte in aller Welt. Sie sind ständig ausverkauft, Zarah Leander ist zum Mythos geworden.

Auch Michael Jary eilt von Erfolg zu Erfolg und wird in der Bundesrepublik zum Großverdiener und ungekrönten Schlagerkönig. *Leise rauscht es am Missouri* wird 1950 ebenso ein Hit wie 1951 der Tango *Das machen nur die Beine von Dolores* und 1952 der Boogie *Mäki war ein Seemann.*

Im April 1953 verliebt sich der 47-jährige Michael Jary in Hamburg in das 20-jährige Mannequin Christiana Michaelis. Er ist ständig mit ihr zusammen, nimmt sie mit auf seine Konzertreisen und stellt sie im Januar 1954 in Brüssel auch Zarah Leander vor. Jetzt wird Zarah endgültig klar, dass ihr Traum vom Leben an der Seite dieses Mannes endgültig ausgeträumt ist. Sie freundet sich mit dem jungen Mädchen an. Als Christiana im Sommer 1956 schwanger wird, lässt sich Jary scheiden und heiratet sie. Im selben Jahr heiratet auch Zarah erneut. Mit dem finnischen Kapellmeister Arne Hülphers geht sie ihre dritte Ehe ein.

Im Herbst 1959 erhält Jary vom Hessischen Rundfunk einen Kompositionsauftrag für die deutschen Teilnehmer des Schlagerfestivals »Grand Prix Eurovision de la Chanson«. Als der neue Titel, ein Liebeslied, fertig ist, denkt man daran, dass es Zarah Leander singen soll. Sie glaubt, er habe das Lied nur für sie geschrieben, und hofft, dass sie es auch singen darf. Es heißt *Wir wollen niemals auseinander gehn.* Ein Text, von dem Zarah stets gehofft hat, das er in einem Zusammenleben mit dem geliebten Mann einmal Wahrheit wird.

Doch Michael Jary winkt ab. Er möchte nicht mehr für ein Denkmal arbeiten, sagt er zu den Produzenten und entwickelt eine andere Vorstellung von der Frau, die sein neues Liebeslied singen soll: jung, hübsch, blond, blauäugig. Sie ist auch bald gefunden: Eine 17-jährige Schauspielerin aus München mit dem Namen Heidi Brühl.

Als Zarah davon erfährt, ist sie zutiefst enttäuscht. Von nun an ist nicht nur ihre Liebe zu Michael Jary erloschen, ihre Freundschaft ist es auch. Heidi Brühl belegt 1960 auf dem Festival auf Anhieb Platz zwei. Bereits einige Monate später erhält sie für eine Million verkaufter Singles die erste goldene Schallplatte in der deutschen Musikgeschichte. Das Lied wird ein grandioser Welterfolg.

Zarah Leander schreibt 1972 ihre Biographie unter dem Titel *Es war so wunderbar. Mein Leben* und gibt 1973 ihre letzten Konzerte in Deutschland. Ein Schlaganfall beendet 1978 ihre Bühnenlaufbahn. Am 23. Juni 1981 stirbt sie im Alter von 74 Jahren in Stockholm an einer Gehirnblutung. Der ein Jahr ältere Michael Jary wird 82 und stirbt am 12. Juli 1988 in München.

»Was soll ich nun vom Wiedersehen hoffen …«

Ulrike von Levetzow und Johann Wolfgang von Goethe (1823)

Sein ganzes Leben lang beschäftigt sich Goethe sehr intensiv mit seiner eigenen Gesundheit: Er neigt zur Hypochondrie. Er ist äußerst sensibel, launisch und reizbar und bildet sich manche Leiden nur ein. Aber im Februar 1823 erkrankt er tatsächlich schwer. Heftiges Fieber überfällt den 74-Jährigen. Er verliert das Bewusstsein, und man rechnet mit seinem Ableben. Die Ärzte sind ratlos, sie finden keine Diagnose und kein Mittel der Heilung. Doch so wie er stets die Fähigkeit gehabt hat, sich aus seelischen Krisen zu befreien, sich selbst zu therapieren, ist es diesmal seine starke Natur, die ihn noch einmal rettet. Nach neun Tagen überwindet Goethe die tödliche Gefahr. Die Krankheit verschwindet ebenso schnell, wie sie ihn überfallen hat.

Um sich von den Nachwirkungen zu erholen, tritt er vier Monate später, im Juni 1823, eine Kur in Marienbad an. Der verschlossene und zurückgezogene, kalt und manchmal sogar eisig wirkende Mann scheint wie verwandelt, wie verjüngt. Nach langen Jahren gehorcht er wieder ganz seinem Gefühl. Aus dem Gelehrten wird wieder ein Dichter. Wenn er Klavier spielt, füllen sich seine Augen mit Tränen. Die Musik »faltet ihn auseinander«, wie er gesteht. Und es zieht ihn zur

Jugend hin, zu schönen Mädchen. Er tanzt und scherzt bis in die Nacht mit hübschen, jungen Frauen. In diesem Sommer wird der »alte Werther« wieder in ihm wach. Er schreibt Gedichte und fühlt sich zu der polnischen Pianistin Szymanowska hingezogen, er schwärmt von ihr wie ein Knabe.

Wieder ist es sein Schicksalsmonat, der Juli, in dem ihm die Liebe begegnet. So wie ihn am Morgen des 12. Juli 1788 beim Spaziergang im Park von Weimar einst Christiane Vulpius angesprochen hat, die er Jahre später geheiratet hat und die nun längst tot ist, spricht ihn auf der Promenade in Marienbad eine 19-jährige junge Frau aus Berlin an. Sie heißt Ulrike von Levetzow und hat Grüße von Goethes Freund Professor Karl Zelter auszurichten, dem Direktor der Singakademie, dessen Schülerin sie ist.

Goethe kennt ihre Mutter, die sie in Marienbad begleitet, er hat sie vor 15 Jahren geliebt und verehrt. Auch mit Ulrike ist er zwei Jahre zuvor, am 29. Juli 1821, bereits einmal in Marienbad zusammengetroffen. Sie ist sehr schmal und mit ihren blauen Augen und dem kurzen, lockigen blonden Haar auch recht hübsch.

Als er jetzt wieder vor ihr steht, steigen wehmütige Erinnerungen in ihm auf. Er denkt an Straßburg und seine Liebe zur jungen Friederike Brion. Die Leidenschaft erfasst ihn erneut. Wie eine Krankheit überfällt ihn ein heftiges Gefühl für dieses Mädchen, wie ein Vulkan bricht die Liebe aus ihm hervor und ergreift sein ganzes Wesen. Er ist wie benommen und begehrt Ulrike so sehr, dass er alle Arbeit vergisst und nur danach trachtet, mit dem »heiteren Kinde« zusammen zu sein, das ganz unbefangen daherplaudert, aber nie eine Zeile von ihm gelesen hat. Es ist so, wie Madame de Staël einmal zu ihm gesagt hat: Er braucht die Verführung.

Er wohnt mit Ulrike und ihrer Mutter im selben Haus, frühstückt und speist mit ihnen und erzählt viel von seinen Erlebnissen. Sie sitzt neben ihm auf der Gartenbank vor der Pension und genießt die Verehrung, die Goethe ihr entgegenbringt, der große Dichter, um dessen Gesellschaft sich alle reißen, wenn er tagsüber am Brunnen promeniert. Sie besucht ihn auf der Terrasse und verführt ihn mit Blicken zu einem völlig verrückten Traum. Stundenlang hält er Ulrike Vorträge über Mineralien, obwohl sie den Steinen »gar kein Interesse abgewinnen« kann, wie sie in ihrem Tagebuch notiert. Goethe legt ihr »ein Pfund Wiener Schokolade« zwischen die Steine, zusammen mit einem Zweizeiler.

Dann wiederum lehrt er sie im Kreise anderer Mädchen Gesellschaftsspiele. Am 13. Juli 1823 schreibt sie in ihr Tagebuch: »Eines Tages saßen wir wieder beisammen, und Goethe schlug folgendes Spiel vor: Ein Mitglied der Gesellschaft muss ein Thema anschlagen und darüber reden. Der Nachbar fährt fort; aber ein anderer hat das Recht, ein Wort einzuwerfen, das in die Erzählung verwoben werden muss, und so geht das Spiel weiter. Ich begann nun von einer schönen Gegend zu reden und spann das Thema aus. Das Spiel ging im Kreise herum, und als ich wieder drankam, warf Goethe das Wort Strumpfband ein. Ich wurde rot und wusste nicht, was ich sagen sollte. Da lachte Goethe und half mir aus der Verlegenheit, indem er selbst die Erzählung fortsetzte, und zwar ging er sogleich auf den Strumpfbandorden über.«

Er nennt sie seinen Liebling und sein »liebes Töchterchen«. Ulrike sei noch so bildsam, dass er sie ganz nach seinem Herzen erziehen und formen könnte, sagt er zu ihrer Mutter. Er ist 55 Jahre älter als das Mädchen und könnte sein

Links: Ulrike von Levetzow. Pastell, 1821.
Rechts: Johann Wolfgang von Goethe. Gemälde von Stieler und Dürck.

Großvater sein. Aber er wirbt um Ulrike wie ein Jüngling – ein groteskes Schauspiel.

Goethe besitzt eine derart starke Ausstrahlung, dass auch Ulrike entzückt ist. Am 23. Juli 1823 vertraut sie ihrem Tagebuch an:

»Ich habe ihn gesehen! Was will das sagen? … Ihn gesprochen, seine Hand gehalten, ihn geküsst! Und er hat mir schöne Dinge gesagt. Ich war und bin in einer Ekstase wie noch nie … Und wie schön ist er noch jetzt! Ich kann mir nicht helfen, es klingt lächerlich, aber nie sah ich einen schöneren Mann … Die Augen sind unendlich schön … Es ist eine Milde darin und ein Feuer; ich habe so etwas noch nie gesehen.«

Ulrike hat schon viele Heiratsanträge erhalten, insgesamt 13. Aber sie hat alle Männer abgewiesen. Sie scheint sich nicht gerade nach Männern zu sehnen. Aber nun geschieht das Ungeheuerliche: Der 74-jährige Goethe macht ihr ebenfalls einen Heiratsantrag.

Er tut es nicht selbst, sondern lässt durch den befreundeten Herzog Karl August von Weimar offiziell bei der Mutter um die Hand Ulrikes anhalten, nicht ohne vorher den Rat und die Zustimmung seines behandelnden Arztes einzuholen. Der Herzog unterstützt den Heiratsantrag. Er hofft, Ulrike nach Weimar holen und Goethe dadurch weiterhin an die Stadt binden zu können. Um ihr den Entschluss zu erleichtern, verspricht er ihr eine Pension von 10 000 Talern und ein sorgenfreies Leben am Hof von Weimar.

Welch eine Vermessenheit, ein Fehltritt geradezu: Es gibt genug reife Frauen, die Goethe huldigen. Doch er wirft wieder einmal ein Auge auf ein junges Mädchen, so wie er vor rund 15 Jahren für Minchen Herzlieb entflammt war, die 18-jährige Pflegetochter im Jenaer Haus eines Freundes. Oder 1808 in Karlsbad für die 23-jährige Sylvie von Ziegesar. Beide dienen seiner Ottilie in den *Wahlverwandtschaften* zum Vorbild.

Doch er ist inzwischen 74 und ein Greis. Eine lose Liebschaft hätte die Welt ihm vielleicht noch verziehen, aber eine Ehe? Wilhelm Grimm schreibt am 19. Oktober 1823 in einem Brief: »Ob es aber nicht ein zu jugendlicher Sinn ist, wenn er ein ganz blutjunges Fräulein heiraten will, wie ich es gestern hab erzählen hören, mag er selbst am besten beurteilen können.« Und Charlotte von Schiller meint: »Wenn er aber noch einige Jahre glücklich sein könnte, so wäre es ihm zu gönnen.«

Ulrikes Mutter ist völlig überrascht. Wie soll sie sich verhalten, was soll sie antworten? Die Sache ist ihr höchst unangenehm, und sie sagt dem Herzog, man dürfe nichts übereilen. Sie müsse alles erst mit ihrer Tochter bereden. Kurz darauf packt sie die Koffer und fährt mit ihren drei Töchtern nach Karlsbad. Goethe reist ihnen nach. Sie feiern gemeinsam seinen Geburtstag, und die jungen Mädchen tragen kleine Verse vor. Goethe spürt, dass Ulrike ihn hinhält.

Wahre Liebschaft sei es nicht gewesen, hat sie sich später zu der Beziehung mit Goethe geäußert. Aber zu ihrer Mutter hat sie gesagt, wenn Goethe ganz allein stünde und sie ihm nützlich sein könne, dann würde sie ihn wohl heiraten. Sie glaubt jedoch, Goethe brauche sie nicht. Das Gegenteil ist der Fall. Hätte er ihr seine beklemmenden häuslichen Verhältnisse geschildert und an ihre Hilfsbereitschaft appelliert, dann hätte Ulrike sicherlich Ja gesagt.

Es hat nicht viel gefehlt, und sie wären tatsächlich ein Paar geworden. Goethes Sohn August freilich ist entsetzt, als er von den Plänen seines alten Vaters erfährt. Er bangt um seine Erbschaft und droht, mit seiner Frau nach Berlin zu ziehen, wenn er seinen »wahnsinnigen Entschluss« wahr mache. Die zarte Ulrike, die später als fromm, milde und wohltätig geschildert wird, bleibt ihr Leben lang unverheiratet. Unberührt stirbt sie am 31. Dezember 1899 im hohen Alter als Stiftsfrau vom Heiligen Grabe.

Die sommerlichen Tage in Karlsbad neigen sich dem Ende entgegen. Goethe verzehrt sich in glühendem Verlangen nach Ulrike, beglückt von lieben Worten und nur flüchtigen Küssen. Noch einmal möchte er eine so zarte, junge Frau besitzen, noch einmal ringt er ungeduldig um die höchste Gunst des Augenblicks. Die Ungewissheit martert ihn.

Je näher der Herbst rückt, desto größer wird seine Qual. Als er sich eines Tages von ihr verabschiedet und in eine Kutsche nach Weimar steigt, als sie ihn liebevoll anschaut und zärtlich küsst, fühlt er, dass es ein Abschied für immer ist. Wird sie ihn je lieben können? Werden die Menschen nicht über ihn lachen, und wird er ihr nicht schon im nächsten Jahre weggealtert sein? Wenn er sie wirklich wiedersehen sollte, was darf er dann erhoffen? Tiefer Schmerz zerreißt seine Brust, und wieder einmal flieht der Leidende aus dem Erlebnis in die Dichtung. Während die Kutsche dahinrumpelt, schreibt er die ersten Zeilen nieder:

»Was soll ich nun vom Wiedersehen hoffen,
von dieses Tages noch geschloßner Blüte?
Das Paradies, die Hölle steht dir offen;
wie wankelsinnig regt sich's im Gemüte!«

Die Frage, die Qual wird zum Gedicht, einem der schönsten, das Goethe je geschrieben hat. Er nennt es *Marienbader Elegie.* Tränen tropfen in seine Feder, in diesen Minuten des leidenschaftlichen Gefühls kann er die ganze Welt nur in Verbindung mit seiner Ulrike sehen.

»So sahst du sie in frohem Tanze walten,
die lieblichste der lieblichen Gestalten.«

Er nimmt Abschied von der erotischen Liebe und setzt seiner letzten Geliebten mit 21 herrlichen Strophen ein Denkmal. Der alte Meister findet zu erhabener Form, zu den reinsten Versen über die Liebe, die ein Dichter je geschaffen hat. Er verrät sein ganzes Gefühl, sein tiefstes Geheimnis, in einer Weise, wie es weder der Jüngling noch der Mann vorher vermocht haben. Wie ein Aufschrei tönt es aus ihm:

»Mir ist das All, ich bin mir selbst verloren,
der ich noch erst den Göttern Liebling war …

Sie drängten mich zum gabeseligen Munde,
sie trennen mich – und richten mich zugrunde.«

Ein herrlicher Traum ist zu Ende. Doch nie zuvor klangen in ihm solche Worte, formten sich solche Verse. Und dankbar für diese Gnade des Schicksals schreibt der 74-Jährige über dieses Gedicht die Verse seines Tasso, die er vor 40 Jahren gedichtet hat und die er nun staunend noch einmal erlebt:

»Und wenn der Mensch in seiner Qual verstummt,
gab mir ein Gott, zu sagen, was ich leide.«

Bezaubernde kleine Alice

Alice Liddell und Lewis Carroll (1862–1880)

Fast jeder kennt die Geschichte von *Alice im Wunderland*, das weltberühmte Kinderbuch, bis heute eine der magischsten Kindergeschichten, die je erzählt wurden. 1951 wurde die Geschichte in einem Zeichentrickfilm von Walt Disney sogar verfilmt. Alice gleitet, geführt von einem weißen Kaninchen, das sprechen kann, in eine Traumwelt hinüber bis zum Mittelpunkt der Erde, wo sie viele seltsame Gestalten trifft. Aber kaum jemand weiß, dass es diese Alice wirklich gegeben hat.

Alice Pleasance Liddell ist die 1852 geborene Tochter des Dekans der Universität Oxford, jenes Ortes, an dem 1851 der 19-jährige Charles Lutwidge Dodgson am Christ Church College sein Studium der Mathematik und Theologie aufnimmt. Er ist das älteste von elf Kindern und wächst zusammen mit seinen sieben Schwestern und drei Brüdern auf dem Lande auf, wo sein Vater in einem kleinen Dorf in Chesire Pfarrer ist. Seine glückliche Kindheit erlebt er als »das wunderbarste aller Paradiese«, wie er selbst schreibt.

Vielleicht liegt hier der Schlüssel zu den besonderen Neigungen, die der stotternde, schüchterne und zart besaitete junge Mann mit dem fast weiblichen Aussehen bald entwickelt. Aber auch drei harte Jahre in einem Internat haben Einfluss auf seine gestörte Sexualität. Charles liebt das Theater, es entspricht seinem künstlerischen, spielerischen, aber auch rebellischen Wesen. Dennoch lässt der snobistische, schwache Junggeselle mit den sorgfältig frisierten, über die Ohren wallenden Locken sich 1861 auf Wunsch seines Vaters zum Diakon weihen. Die langjährige Behandlung bei dem Sprachtherapeuten Dr. Hunt hat sein Stottern fast behoben. Trotzdem geht er den Menschen aus dem Weg und trägt fast immer ein dunkles, hochgeschlossenes Kirchengewand und sogar im Sommer Handschuhe und Zylinder.

Der junge, steife und verklemmte Geistliche stellt schnell fest, dass eine Priesterlaufbahn nicht das ist, was ihn glücklich machen kann. Er spürt zwei Seelen in seiner Brust und fühlt sich wie Dr. Jekyll und Mr. Hyde in Robert Louis Stevensons berühmter Geschichte. Denn er hat zwei Leidenschaften entdeckt, die sein weiteres Leben bestimmen werden: die Fotografie und den Hang zu kleinen Mädchen. Beides versucht er miteinander zu verbinden.

Zur Fotografie kommt er durch seinen Onkel, der eine Vorliebe für alle technischen Erfindungen seiner Zeit hat und von dem er auch die damals noch schwierige Entwicklungstechnik lernt. Und seine Liebe zu kleinen Mädchen entdeckt er, als er 1856 die vierjährige Alice Liddell kennen lernt. Zuvor hat er bereits eine Neigung zu ihrer siebenjährigen Schwester Lorina verspürt. Als er aber zum ersten Mal die kleine Alice mit ihrer dunklen Pagenkopffrisur und den eindringlichen blauen Augen im Garten des Dekanats spielen sieht, ist er sogleich begeistert von dem kleinen Mädchen und fühlt sich sexuell von ihr angezogen. Bald ist er völlig vernarrt in Alice und von dem Drang besessen, sie zu fotografieren. Er besucht sie fast jeden Tag, macht ihr Geschenke und schreibt ihr Briefe.

Und er legt sich ein Pseudonym zu. Fortan nennt er sich Lewis Carroll und macht damit die Spaltung seiner Persönlichkeit noch deutlicher. Unter diesem Namen schreibt und veröffentlicht er später auch seine Bücher, die ihn zu einem der bekanntesten Schriftsteller der englischen Literatur machen. Gegenüber Erwachsenen ist er scheu und voller Komplexe, er meidet den Umgang mit ihnen. Doch sobald er unter Kindern ist, blüht er auf. Aber nur im Kreise von jungen Mädchen.

»Wenn Sie nichts dagegen haben«, schreibt er an einen Freund, »hätte ich am liebsten alle diese Feen. Denn ich muss gestehen, dass ich keine nackten Jungen auf Bildern mag. Sie alle wirken auf mich so, als bräuchten sie Kleidung, während man kaum verstehen kann, warum die lieblichen Formen eines Mädchens überhaupt bedeckt werden sollten.«

Carroll beginnt, die ersten Nacktaufnahmen von jungen Mädchen zu machen. Er fotografiert sie in allen nur erdenklichen Posen. Die außergewöhnlich hübsche Alexandra Kitchin, die Tochter eines älteren Kollegen, gehört ebenso zu seinen Modellen wie Evelyn Hatch, ebenfalls die Tochter eines Universitätsdozenten.

Der künstlerische Akt gehört am Anfang der Fotografiegeschichte zu den beliebtesten Experimentierfeldern. Das Viktorianische Zeitalter ist gar nicht so prüde, wie wir es uns immer gern vorstellen. Die Mütter von Carrolls Modellen haben nichts dagegen, dass er ihre Töchter nackt fotografiert, und vertrauen sie ihm ohne Bedenken an. Heute würde man das als Kinderpornographie anprangern und verfolgen, damals erregte dieses Verhalten keinerlei Anstoß. Liebesverhältnisse zu jungen Mädchen sind zu dieser Zeit keinesfalls ungewöhnlich. Carrolls Bruder Wilfred ist in eine 14-Jährige verliebt, und sogar der Erzbischof von Can-

Lewis Carroll. Foto, um 1870.

terbury, E. W. Benson, hält um die Hand seiner zukünftigen Frau an, als sie erst zwölf Jahre alt ist.

Carroll hängt wie eine Klette an den drei Liddelltöchtern. Er ist liebenswürdig und nett zu ihnen und erzählt ihnen auf gemeinsamen Bootsausflügen humorvolle Geschichten. In seinem Studio fotografiert er sie als Chinesinnen, Piratinnen und Gefängnisinsassinnen. Häufig küsst er sie, setzt sie auf seine Knie und streichelt sie. Zwischen seiner Sehnsucht und ihrer Erfüllung liegt jener Bereich, von dem Goethe gesagt hat: »Zürnet nicht, ihr Frauen, dass wir das Mädchen bewundern. Ihr genießet des Nachts, was sie am Abend erregt.«

Alice Liddell vergöttert Carroll geradezu. So keimt in ihm die Hoffnung, dieses zauberhafte Geschöpf einmal zu seiner Frau zu machen. Er schreibt ihr Liebesbriefe und sehnt den Tag herbei, an dem er ihr einen Heiratsantrag machen kann. Wie schön wird sein Leben sein an Alices Seite! Er glaubt fest daran, dass sein Traum eines Tages wahr wird und er diese zarte Knospe pflücken und besitzen kann.

Alices Mutter hegt allerdings starkes Misstrauen gegenüber diesem merkwürdigen jungen Diakon. Zweifellos hat sie seine pädophile Neigung frühzeitig erkannt. Als Alice sieben ist, fotografiert er sie in einer lasziven Pose als Bettlerin in einem Lumpenkleidchen, das ihr über die Schultern rutscht und ihre nackte Haut bis zur Brust freigibt. Die Aufnahme aus dem Jahr 1859 ist erhalten geblieben und vermittelt etwas von der tiefen Harmonie, die zwischen den beiden bestand. An einen Freund, der seine Kinderbücher illustrieren soll, schreibt Carroll:

»Ich wünschte, ich könnte dieses Wagnis eingehen, sie von allen Kleidern zu befreien. Nackte Kinder sind so vollkommen unschuldig und lieblich. Aber Mrs. Grundy würde wohl in Wut geraten, es ginge auf keinen Fall.«

Mrs. Grundy ist seine Haushälterin, die augenscheinlich darauf geachtet hat, dass er gegenüber den jungen Mädchen, die in sein Haus kamen, um sich ablichten zu lassen, nicht zu weit ging.

Kein Mädchen hat Carroll öfter fotografiert als Alice Liddell. Mal nimmt er sie als verführerische Geisha auf, mal sitzt sie verträumt auf einer Treppe. Mit raffinierten Geschichten, Gedichten, Puzzles und lustigen Spielen gewinnt er immer wieder die Aufmerksamkeit der Mädchen. Bald hat er Dutzende von »kleinen Freundinnen«. Stets fährt er mit einem

Koffer voller Spielsachen herum. Wenn er ein kleines Mädchen trifft, öffnet er seinen Wunderkasten, und Puppen, Scheren und Bastelbögen lassen die Kinderherzen höher schlagen.

Den Sommer verbringt er meist in Eastbourne, einem Seebad an der Nordsee, weil er dort am ehesten Mädchen kennen lernen kann. Er hat sogar Sicherheitsnadeln dabei, mit denen er die Röcke der Mädchen zusammensteckt, wenn er mit ihnen am Strand entlangspaziert. Er schreibt die Namen von 107 Mädchen auf, die er alle fotografieren möchte. Aber seine größte Sehnsucht empfindet er nach wie vor für Alice.

Am Freitag, dem 4. Juli 1862, lädt der 30-jährige Lewis Carroll die drei Liddelltöchter zu einer Bootsfahrt auf der Themse ein. Dieser Ausflug wird in die Literaturgeschichte eingehen, denn Carroll erzählt Alice und ihren Schwestern zum ersten Mal die bizarre Geschichte von Alice im Wunderland. Alice ist begeistert und ermuntert ihn, die Geschichte aufzuschreiben. Noch in derselben Nacht macht er sich an die Arbeit. Alice wird zu seiner literarischen Muse. Als die Arbeit beendet ist, schenkt er Alice das von ihm eigenhändig illustrierte Manuskript mit einer herzlichen Widmung. Drei Jahre später erscheint es als Buch. 1872 folgt der zweite Band *Alice hinter den Spiegeln* nach.

Aber Carroll schreibt nicht nur, er fotografiert auch weiterhin. Die nun elfjährige Alice darf sogar mit in seine Dunkelkammer. »Was konnte spannender sein«, erzählt sie, »als zu sehen, wie das Negativ allmählich Gestalt annahm, während er es behutsam im Säurebad hin- und herschwenkte? Außerdem war die Dunkelkammer so geheimnisvoll und schien zahllose Abenteuer für uns bereitzuhalten. Wir erlebten alle Wonnen der Vorfreude, der Erwartung und der Erfüllung, und obendrein hatten wir noch das Gefühl, an einem geheimen Ritual teilzunehmen ... Und wir waren natürlich auch sehr neugierig darauf, wie wir nach dem Entwickeln der Platten auf der Fotografie aussehen würden.«

Carrolls zärtliche Empfindungen für Alice werden immer heftiger. Alice spürt das und beginnt, mit ihm zu kokettieren. Wie eine kleine Königin wird sie sich ihrer Macht immer bewusster. Wie eine verführerische Lolita bezirzt sie ihren 23 Jahre älteren Verehrer immer mehr und erwidert seine Liebe auf ihre Weise. Wahrscheinlich hat Lewis Carroll das hübsche, heranreifende Mädchen im Sommer 1863 doch noch nackt fotografiert. Die Aufnahmen sind vermutlich der eifersüchtigen Schwester in die Hände geraten, die sie ihrer Mutter zeigte. Und als Carroll sich endlich ein Herz fasst und bei der Mutter um die Hand ihrer Tochter anhält, erhält er eine fürchterliche Abfuhr. Es wird wohl so gewesen sein, dass die Mutter ihm angesichts der Aktaufnahmen ihrer Tochter seine pädophilen Neigungen vorgeworfen und ihn auch unzüchtiger Handlungen bezichtigt hat. Sie erteilt ihm Hausverbot und vernichtet alle seine Briefe an Alice. Genaueres lässt sich darüber nicht sagen, denn die entsprechenden Tagebuchaufzeichnungen sind später vernichtet worden.

Fest steht aber, dass Lewis Carroll zutiefst gekränkt und verletzt ist. Seine Hoffnung, das begehrte Mädchen endlich besitzen und mit ihm zusammen ein Leben lang glücklich sein zu können, bricht wie ein Kartenhaus zusammen. Er beendet den Kontakt mit Alice, die sich zu einer blühenden, strahlenden Schönheit entwickelt, in die sich sogar der jüngste Sohn der Königin Viktoria verliebt. Alice heiratet einen jungen Mr. Hargreaves, bekommt mehrere Kinder und nennt ihren jüngsten Sohn, vielleicht zur Erinnerung an den Geliebten ihrer Kindheit, Caryl.

Alice Liddell. Links auf einer von Lewis Carroll um 1862 gemachten Aufnahme, rechts als junge Frau.

Lewis Carroll heiratet nie. Sein Leben wird immer exzentrischer. Seine Kinderbücher machen ihn berühmt und noch anziehender für kleine Mädchen. Aber die feine Gesellschaft weiß nichts von seiner Doppelexistenz. Inzwischen sucht er junge Schauspielerinnen auf und macht recht freizügige Aktaufnahmen von ihnen.

Er lernt Gertrude Thomson kennen, eine Malerin, die nackte Feen nach Mädchenmodellen zeichnet. Aber er liebt sie nicht. Seine einzige Liebe und tiefe Leidenschaft bleibt Alice Liddell. Die Malerin benutzt er nur dazu, ihm aus London neue Mädchen zu schicken, die sich für Geld vor ihm ausziehen und in allerlei Posen fotografieren lassen. Aber er wird nicht intim mit ihnen. Wahrscheinlich hat er in seinem ganzen Leben mit keiner einzigen Frau geschlafen.

Seine Leidenschaft, nackte Mädchen und junge Frauen zu betrachten und zu fotografieren und sich an diesen Bildern immer wieder zu erfreuen, ergreift immer mehr Besitz von ihm. Sein krankhafter Voyeurismus wird zur ernsten Bedrohung für ihn. Seine erotischen Aufnahmen und Arrangements werden immer dreister und freizügiger und schließlich so gewagt, dass sie 1880 in Oxford für einen Aufsehen erregenden Skandal sorgen. Carroll sieht sich gezwungen, seine Aktfotografie aufzugeben. Er vernichtet fast alle Aktaufnahmen und beschränkt sich künftig darauf, junge Frauen im Atelier von Gertrude Thomson nackt zu malen.

1885 wagt er es noch einmal, an die inzwischen 33-jährige Alice Liddell zu schreiben. Er bittet um die Herausgabe des Originalmanuskripts von *Alice im Wunderland.* »Meine liebe Mrs. Hargreaves«, schreibt er, »ich nehme an, dieser Brief kommt Ihnen vor wie eine Stimme aus dem Jenseits, nach so vielen Jahren des Schweigens; aber … ich erinnere mich noch sehr gut an das Mädchen, das über so viele Jahre meine liebste kleine Freundin war. Ich habe eine Menge Freundinnen seit damals gehabt: aber das war ganz etwas anderes.«

Alice gibt das Manuskript jedoch nicht heraus. Viele Jahre später, im Jahr 1928, als sie bereits 76 Jahre alt ist, muss sie es aus finanziellen Gründen für 15 400 Pfund versteigern. Ihr Ehemann und zwei ihrer Söhne sind im Ersten Weltkrieg gefallen. Sie lebt verarmt und allein mit ihrem jüngsten Sohn Caryl zusammen. Lewis Carrolls Geschenk bewahrt sie vor dem Ruin. 1932 schreibt sie in der New York Times einen Artikel mit dem Titel *The Lewis Carroll that Alice recalls.* Zu diesem Zeitpunkt ist Carroll bereits 34 Jahre lang tot. Er starb am 14. Januar 1898 an einer Lungenentzündung.

Erotik und Geist für immer vereint?

Marilyn Monroe und Arthur Miller
(1951–1961)

Gegensätze ziehen sich an, sagt man. Auf Marilyn Monroe und Arthur Miller trifft das tatsächlich zu. Als sie ein Paar werden, schreibt die Presse, ein »Egghead« vereinige sich mit einem »Stundenglas«, ein Kopf mit einem Körper. Zwei Welten, die gegensätzlicher nicht sein könnten, begegnen sich. Der 35-jährige linksintellektuelle Dramatiker und Moralist und der 24-jährige Filmstar, die Inkarnation des Sexes, lieben einander. Kann das gut gehen?

Marilyn kommt am 1. Juni 1926 in Los Angeles zur Welt. Ihre Mutter Gladys Baker lässt sie als Norma Jeane Mortensen in die Geburtsurkunde eintragen. Später nennt sie ihre Tochter auch Norma Jeane Baker. Der Vater ist nicht bekannt. Da die Mutter krank und verwirrt ist, wird das Kind in Waisenhäusern herumgereicht und kommt schließlich zu Pflegeeltern, bei denen es sieben Jahre bleibt. Ein Leben lang wird das kleine Mädchen nach einem Elternersatz suchen und nach einer Vaterfigur, bei der es Schutz und Geborgenheit finden kann. Als Norma Jeane zur Schule kommt, lebt sie wieder bei ihrer in einem Filmlabor arbeitenden Mutter und deren Freundin Grace, deren Einfluss sie prägt. Grace geht mit ihr ins Kino, schminkt sie, kauft ihr neue Kleider und bindet ihr bunte Bänder ins Haar.

Arthur Miller und Marilyn Monroe. Foto, 1960.

Die Mutter kommt in eine Nervenheilanstalt, und Grace wird Vormund für Mutter und Tochter. Als sie heiratet und ihr Mann sexuelle Handlungen von der hübschen blonden Stieftochter verlangt, wird Norma Jeane schleunigst zu anderen »Onkeln und Tanten« weitergegeben. Sie ist erst zwölf Jahre alt, sieht aber aus wie 18. Ihre Kleider sind viel zu eng für ihre üppigen Formen, und als sie in der Schule mit eng anliegenden Jeans erscheint, schickt man sie nach Hause. Ihr Verhalten erregt häufig Mitleid. Norma Jeane hält das für Liebe. Ihre früh entwickelte Weiblichkeit und ihre aufreizende Figur ziehen die Blicke der Männer an. Sie braucht diese Beachtung und genießt sie, ihr Körper gibt ihr Selbstbestätigung.

»Ich sah meinen Körper nicht als etwas an, das mit Sex zu tun hatte«, schreibt sie später. »Er war ein Freund, der auf geheimnisvolle Weise in mein Leben getreten war.«

Der Nachbarssohn Jim Dougherty wirbt um sie. Sie sagt Ja und heiratet ihn, gerade 16 Jahre alt geworden, am 19. Juni 1942. Er wird ihr erster »Daddy«, alle ihre späteren Ehemänner wird sie so nennen. Doch Liebe verbindet die beiden nicht, sie haben sich einfach nichts zu sagen. Während Jim in den Krieg zieht, arbeitet Norma Jeane in der Flugzeugindustrie. Dort suchen Fotografen ständig nach schönen Frauen für Pin-up-Fotos für die Soldaten. Sie wird als Fotomodell entdeckt und posiert fortan für Bademoden. Sie strahlt, dreht und wendet sich gekonnt und kommt sehr gut an. Am liebsten hätte man die hübsche junge Frau mit dem aufregenden Sexappeal und den prallen Brüsten nackt fotografiert. Doch noch gibt sie sich für so etwas nicht her. Als Jim Weihnachten 1945 aus dem Krieg zurückkehrt, existiert die Ehe nur noch auf dem Papier. Sie wird im September 1946 geschieden.

Zwischenzeitlich hat die Fox-Filmgesellschaft mit dem jungen Model einen Vertrag abgeschlossen. Die Idee, die einer ihrer Vertreter hat, macht Filmgeschichte: Er macht aus Norma Jeane Baker Marilyn Monroe. »Ich musste neu geboren werden«, schreibt sie, »und dieses Mal besser als zuvor.« Anfangs erhält sie nur kleine Nebenrollen. Aber sie entwickelt Ehrgeiz und Fleiß und nimmt Sprech- und Schauspielunterricht. Die Mischung aus hilfesuchender Kindlichkeit und überwältigender erotischer Ausstrahlung wird zu ihrem Erfolgsrezept.

Der berühmte Filmregisseur Elia Kazan kommt nach Hollywood und nimmt sich ihrer an. Er ist verheiratet, aber Marilyns Reize betören ihn. Er wird ihr Liebhaber, und ihm werden noch viele andere folgen, so auch John. F. Kennedy und sein Bruder Robert. Der Monroe selbst hat Sex nie viel bedeutet. In Hollywood ist er das Vorrecht der Mächtigen, die sich Frauen ihrer Wahl ins Bett holen.

In ihrer elften kleinen Rolle als schönes, dummes und mitunter auch komisches Blondchen beobachtet sie ein Mann bei den Probearbeiten, den Elia Kazan im Frühsommer 1951 mit ins Studio gebracht hat. Es ist der Schriftsteller Arthur Miller, dem 1949 mit seinem Theaterstück *Tod eines Handlungsreisenden* der internationale Durchbruch gelungen ist. Nach Jahren des Misserfolgs ist der 1915 als Sohn eines jüdischen Textilfabrikanten geborene, in Harlem aufgewachsene und seit 16 Jahren verheiratete Vater zweier Kinder zum bekanntesten Dramatiker Amerikas aufgestiegen.

Als er die elf Jahre jüngere Marilyn zum ersten Mal in einem schwarzen, durchbrochenen Spitzenkleid durch den Raum schreiten sieht, verfolgt von den gierigen Blicken der anwesenden Männer, trifft es ihn wie ein Schlag. Welch ein

Körper, was für eine Frau! Sie werden einander vorgestellt. »Als wir uns die Hand gaben«, schreibt er später in seiner Biographie, »durchzuckte mich der Schock der Bewegung ihres Körpers … Marilyn Monroe wirkte beinahe so lächerlich provozierend wie ein fremder Vogel in der Voliere – und sei es auch nur, weil sie ein so unverfroren enges Kleid trug, das nicht andeutete, sondern offen erklärte, dass sie ihren Körper mitgebracht hatte und dass er der schönste im Raum war.« Zusammen mit Elia Kazan ziehen sie nun tagelang durch Hollywood, und Kazan erkennt schnell, dass es zwischen den beiden heftig knistert, sich »Begehren mit Begehren getroffen hatte«.

Auch Marilyn ist fasziniert von dem schlanken, hoch gewachsenen Mann mit den schiefen Zähnen und den großen Ohren. Sie mag die Brille, die er trägt, und sie mag seine Ernsthaftigkeit und seine Schüchternheit. Sie empfindet diese als die Sicherheit, die ihr selbst fehlt. Sie braucht jemanden, den sie bewundern kann, der sie so akzeptiert, wie sie ist, und der sie beschützt. Arthur Miller fühlt instinktiv, dass er verloren ist, wenn er nicht sofort abreist.

»Beim Abschied küsste ich sie auf die Wange«, notiert er, »und sie holte überraschend Luft. Ich begann über ihre übertriebene Reaktion zu lachen, bis die Ernsthaftigkeit des Gefühls in ihren Augen mich erschreckte und ich mein Lachen bedauerte.«

Er verlässt Hollywood mit einem Glücksgefühl, er weiß genau, jetzt kann er wieder schreiben.

Marilyn kehrt in die Arme von Kazan zurück, doch in ihrer Wohnung hängt ein Foto von Arthur Miller, dem so ersehnten Übervater. Sie schwärmt von ihm, von seiner Arbeit und seinen hohen moralischen Ansprüchen und schreibt ihm sehnsüchtige Briefe nach Brooklyn. Er hat Angst um seinen Seelenfrieden und antwortet ihr zurückhaltend, er sei nicht der Mann, durch den sie ihr Leben finden könne.

Aber es geht ihm nicht gut, seine Ehe mit der ehemaligen Collegefreundin ist erstarrt. Er schreibt das Drama *Hexenjagd* über die Hexenverfolgungen in Salem im 17. Jahrhundert, meint damit jedoch die schreckliche Zeit der Kommunistenjagd in Amerika während der 50er Jahre. Es wird zum meistgespielten, später auch verfilmten Millerstück. Seine Gefühle für Marilyn lassen ihn nicht los.

»Von Marilyn völlig gefangen genommen, schwebte ich abwechselnd in höchsten Höhen und dann wieder in großer Angst, dass ich in ein neues Leben hineinrutschen könnte, das nicht meines war.«

Es trifft ihn, als er erfährt, dass sich der Liebling der Nation mit einem anderen Liebling eingelassen hat, dem bewunderten und umjubelten Baseballspieler Joe DiMaggio. Dieser hat ein Bild von Marilyn in einem Baseballdress gesehen und glaubt, sie habe sich nur seinetwegen so angezogen. Der zwölf Jahre ältere Nationalheld will sie kennen lernen, ein Treffen in einem Restaurant wird arrangiert. Beide kommen aus einfachen Verhältnissen und gefallen sich auf Anhieb. Die Presse jubelt, als die beiden populärsten Amerikaner ihrer Zeit am 14. Januar 1954 in San Francisco heiraten.

Nun sollte der Himmel für Marilyn doch voller Geigen hängen. Aber schon während der Flitterwochen in Japan ziehen Gewitterwolken auf. Im Zuge der Truppenbetreuung singt Marilyn vor mehr als 10 000 in Korea stationierten begeisterten und johlenden GIs »Do it again«. Es ist ihr erster Liveauftritt. Sie ist überglücklich, aber Joe ist verärgert und eifersüchtig. Immer häufiger schlägt er sie, und in der Folge nimmt sie beständig mehr Schlaftabletten. Oft müssen Maskenbildner ihre Blutergüsse übertünchen.

In dem Film *Niagara* spielt sie 1954 ihre erste Hauptrolle. Dann dreht Billy Wilder mit ihr *Das verflixte siebte Jahr.* Ein Fotograf hat die grandiose Idee, sie für die Werbung für diesen Film auf einem Entlüftungsgitter der New Yorker U-Bahn mit fliegendem Rock und fliegenden Haaren aufzunehmen. Die Fotos gehen um die ganze Welt. Als Joe DiMaggio sie sieht, verliert er die Nerven und schlägt seine Frau grün und blau. Das ist das Ende. Im Oktober 1954 sind die beiden wieder geschieden – nach nur neun Monaten.

Marilyn geht nach New York und begibt sich dort in psychoanalytische Behandlung. Sie möchte dem Mann näher sein, an den sie ständig denkt. Sie ist des Klischees der naiven blonden Sexbombe überdrüssig und möchte nun ernsthaftere Rollen spielen. Wie schön wäre es, wenn Arthur Miller solche Drehbücher für sie schreiben könnte! Erneut nimmt sie Schauspielunterricht und gründet ihre eigene Filmgesellschaft.

Und dann treffen sie sich 1955 auf einer Party wieder. Miller sagt zu ihr: »Deine Augen ergreifen mich!« und dass sie das traurigste Mädchen sei, das er je zu Gesicht bekommen habe. Marilyn ist glücklich. Es genügt ihr, die Geliebte dieses Mannes zu sein. Sie will ja gar nicht, dass er sich für sie scheiden lässt. Wenn sie nur in seiner Nähe sein kann! Sie leben einige Wochen in ihrer New Yorker Wohnung zusammen. Für ihn ist es, als treibe er in einem reißenden Strom dahin.

Dann muss sie zu Dreharbeiten für den Film *Bus Stop* nach Arizona fliegen und in die Berge von Idaho. Marilyn wird krank, sie kann nicht arbeiten. Eines Nachts ruft sie Miller an und schluchzt: »Ich will nicht mehr, Daddy. Ich kann nicht mehr allein kämpfen. Ich will mit dir auf dem Land leben und eine gute Ehefrau sein.« Arthur Miller glaubt seinen Ohren nicht zu trauen und stellt erneut fest, wie sehr er diese Frau liebt.

Als er wegen seiner »linken Verfehlungen« vor einem Ausschuss aussagen muss, erbittet er vor laufenden Kameras seinen Pass zurück, um nach England reisen zu können und um »mit der Frau zusammenzusein, die dann meine Ehefrau wird. Ich werde Marilyn Monroe vor dem 13. Juli heiraten. Dann will sie nämlich zu Filmarbeiten nach London gehen. Und wenn sie nach London geht, wird sie das als Mrs. Miller tun.« Marilyn erhält diese Nachricht aus dem Fernseher und kommentiert sie mit den Worten: »Es war wahnsinnig nett von ihm, mir seine Pläne mitzuteilen.«

Sie heiraten am 29. Juni 1956, auf eine kirchliche Trauung verzichten sie. Die Feier findet einige Tage später im Kreise engster Freunde statt. »Now is forever«, hat Arthur Miller in den Ring eingravieren lassen. Er glaubt fest daran, mit Marilyn bis ans Lebensende zusammenleben zu können, Körper und Geist für immer vereint. »Meine Vision war«, schreibt er später, »dass wir beide unabhängig, aber Seite an Seite arbeiten und uns gegenseitig Kraft geben würden.«

Es ist nicht nur ihr Geld, das ihn reizt und das er braucht. Er liebt sie aufrichtig, und Marilyn liebt ihn. Er ist für sie die Welt, aus der sie sich ausgeschlossen fühlt. Sie kann zu ihm aufsehen und seine Hemden waschen und bügeln und für ihn kochen. Zum ersten Mal ist alles ganz anders in ihrem Leben. Nebenbei möchte sie natürlich weiterhin ein Star sein und Filme drehen, möglichst ernsthafte mit anspruchsvollen Rollen. Auch sie glaubt an eine dauerhafte Zweierbeziehung. Auf ein Hochzeitsfoto schreibt sie »Hope. Hope. Hope«.

Arthur begleitet sie vier Wochen nach der Hochzeit nach London, wo sie zusammen mit Laurence Olivier den Film *Der Prinz und die Tänzerin* dreht. Die Welt des Films, in die sich Arthur nun versetzt sieht, ist ihm fremd. Schon nach kurzer Zeit kommen ihm die ersten Zweifel, ob er ein solches Leben an der Seite eines Weltstars ertragen kann. Er vertraut seine Überlegungen und Enttäuschungen seinem Tagebuch an und lässt es offen liegen, so dass Marilyn lesen kann, was er fühlt und über sie und ihre Ehe denkt. Er habe sie früher für einen Engel gehalten, heißt es da, jetzt sehe er in ihr nur noch eine unberechenbare, hilflose Kindfrau, für die er Mitleid empfinde. Von Liebe kein Wort. Marilyn ist zutiefst getroffen. Sie nimmt noch mehr Tabletten und trinkt mehr Alkohol, als ihr gut tut.

Anfang September 1956 hat sie eine Fehlgeburt. Ende November kehren beide nach New York zurück und beziehen eine neue Wohnung in der 13. Etage direkt am East River. Arthur Miller notiert in seinem Tagebuch:

»Ich hatte mein Gleichgewicht verloren und konnte ihr Verhalten nicht mehr voraussagen. Es war beinahe, als sei durch den Riss, den ihr ursprüngliches Idealbild von mir in England bekommen hatte, überhaupt kein Bild mehr erkennbar.«

Dann erfüllt ihn die Hoffnung, als über 40-Jähriger noch ein weiteres Mal Vater zu werden. Marilyn ist erneut schwanger. Doch sie hat eine Eileiterschwangerschaft und muss ins Krankenhaus. Wieder ist eine Hoffnung gestorben. Und wieder entdecken beide, wie wenig sie sich verstehen und wie grundverschieden sie sind. Sie schlafen miteinander, aber für Marilyn ist der Sex keine Erfüllung. Sie nimmt ihn eher hin, als dass sie sich danach sehnt.

Als sie im Juli 1958 nach Hollywood gerufen wird, um in Billy Wilders *Manche mögen's heiß* eine Hauptrolle zu übernehmen, ist sie erneut schwanger. Sie leidet, ist unkonzentriert, vergisst ihre Texte und kommt zu den Dreharbeiten fast jeden Tag um Stunden zu spät. Sie nimmt jede Menge Tabletten, meist auf leeren Magen, und trinkt Sherry dazu. Alle Warnungen ihres Arztes nutzen nichts. Mitte Dezember erleidet sie erneut eine Fehlgeburt. Wieder zurück in New York, fällt sie in tiefe Depressionen. Sie gibt sich die Schuld und steigert ihren Tablettenkonsum.

Ein neues Filmprojekt ruft sie zurück vor die Kameras. In *Machen wir's in Liebe* spielt sie neben Yves Montand und dessen Ehefrau Simone Signoret, nachdem Arthur Miller das Drehbuch für sie umgeschrieben hat, »um sie vor einer völligen Katastrophe zu bewahren«. Das französische Ehepaar ist hingerissen von Marilyn: »Sie haucht in Mikrophone, flattert mit den Wimpern, wird oft in ihre engen Kleider eingenäht, trägt nichts darunter, ist milchig-weiß und platin-glitzerig.« Sie leben in benachbarten Bungalows zusammen.

Marilyn verliebt sich in den gut aussehenden Montand und beginnt eine leidenschaftliche Affäre mit ihm. Als sie mit Fieber im Bett liegt, besucht er sie. Er hat die Szene später so beschrieben: »Ich neigte mich über sie, um ihr einen Gutenachtkuss zu geben, doch plötzlich wurde daraus ein wilder Kuss, ein Feuer, ein Hurrikan, den ich nicht mehr bremsen konnte.« Sie treffen sich heimlich und sind intim miteinander. Die Liebelei dauert knapp zwei Monate, dann muss Yves Montand nach Paris zurück.

Marilyn sucht einen Psychoanalytiker auf, der ihr Psychopharmaka verschreibt. Sie wird geradezu von ihm abhängig und lebt eine Zeit lang sogar in dessen Familie. Inzwischen schreibt Arthur Miller für sie das Drehbuch für den Film *Nicht gesellschaftsfähig*. Endlich eine ernste Rolle an der Seite von Clark Gable, den die Monroe bewundert und verehrt. Er ist ihr Vateridol aus Kindertagen. Aber wie das meiste, was Miller schreibt, ist das Drehbuch stark autobiographisch und dicht an der Wirklichkeit. Marilyn ist irritiert und verletzt: Sie muss sich selbst spielen.

»Wenn er so von mir denkt«, sagt sie, »dann passe ich nicht zu ihm und er nicht zu mir … Es ist vorbei.«

Sie leben nicht mehr zusammen, der tiefe Graben ist unüberbrückbar.

Arthur Miller hat während der Dreharbeiten außerdem eine neue Frau kennen gelernt, Inge Morath, die er später heiratet. Nach viereinhalb Jahren ist der große Traum ausgeträumt. Am 11. November 1961 wird die Ehe geschieden. Marilyn plant eine zweite Heirat mit Joe DiMaggio. Im Mai 1962, als die Dreharbeiten zu ihrem 30. Film beginnen, sagt sie: »Ich weiß, dass es für mich eine Zukunft gibt; aber ich kann sie nicht abwarten.« Genau so kommt es. Wegen Unzuverlässigkeit schmeißt die Produktionsfirma sie aus dem Film.

Am 5. August 1962 wacht Marilyn Monroe nach einer Überdosis Schlaftabletten nicht mehr auf. Sie stirbt im Alter von nur 36 Jahren. Arthur Miller lehnt es ab, zu ihrer Beerdigung zu kommen.

»Hätt' ich doch nie und nimmer dich gesehen …«

Lola Montez und König Ludwig I. von Bayern (1846–1848)

Nach Queen Viktoria wird sie zur bekanntesten Frau ihrer Zeit. In ihren Memoiren, die sie 1851 zehn Jahre vor ihrem Tod veröffentlicht, schreibt sie, ihr Vaterland sei Spanien. 1823 sei sie in Sevilla, der Hauptstadt Andalusiens, als Tochter eines Iren und einer Spanierin mit dem Namen Marie Dolores de los Porris y Montez geboren worden.

Nichts davon ist wahr. Sie hat zwar pechschwarze lange Haare, aber blaue Augen. Das einzig Spanische an ihr ist ihr zweiter Vorname Dolores. Geboren ist sie in Irland, im kleinen Dorf Grange im County Sligo als Dolores Eliza Gilbert. Das genaue Datum ist unklar. Die einen behaupten, es sei der 17. Februar 1821. Andere meinen, ihre erst 14-jährige Mutter Elisabeth Craigie, eine bildhübsche Kreolin, habe sie schon am 25. August 1818 im irischen Limerick zur Welt gebracht. Der Vater Edward Gilbert ist auch erst 18 Jahre alt und dient als schottischer Leutnant in der britischen Armee. Er wird 1823 mit seiner jungen Familie ins britische Kolonialreich nach Indien versetzt, wo er bald darauf an Cholera stirbt. Zu diesem Zeitpunkt ist Eliza Gilbert sieben Jahre alt.

Als Elizas Mutter wieder heiratet, hält es der Stiefvater, ein britischer Leutnant, für besser, die Stieftochter nach Schottland zu seinen Eltern zu schicken, damit sie dort die Schule besuchen kann. Da die temperamentvolle, wilde Eliza jedoch nicht zu bändigen ist, wird sie in Paris in ein Internat gesteckt. Hier lernt sie leicht und schnell einige Sprachen und kann Französisch und Spanisch bald fließend und akzentfrei sprechen.

Aber Eliza bleibt schwierig und sehr egozentrisch und muss wegen ständiger Querelen und Streitereien das Internat wieder verlassen. Sie kommt auf eine Schule in England und setzt in Bath ihre Ausbildung fort. Dort verliebt sie sich in ihren Musiklehrer. Als die Mutter im fernen Indien von dem Liebesverhältnis erfährt, kehrt sie in die Heimat zurück. Sie will ihre Tochter davor bewahren, den gleichen Fehler wie sie zu begehen und schon in jungen Jahren ein Kind zu bekommen. Deshalb fädelt sie eine Heirat mit einem sehr vermögenden 60-jährigen Richter am Obersten Gerichtshof ein.

Der Richter ist entzückt, die 19-jährige Eliza allerdings weniger. Sie ist schön und sinnlich und voller Leidenschaft und Begierden, die sie auf keinen Fall mit einem über 40 Jahre älteren Mann ausleben möchte. Eliza protestiert heftig und sagt ihrer Mutter, sie wolle den jungen Leutnant Thomas James heiraten. Den liebe sie über alles. Aber auch die 33-jährige, sehr hübsche Mutter liebt den attraktiven jungen Mann. Eine Zeit lang vergnügt er sich mit beiden. Dann erliegt er endgültig den Reizen der noch minderjährigen Tochter und ihren sexuellen Wünschen und setzt sich mit ihr nach Irland ab. Nun bleibt der Mutter nichts anderes übrig, als einer Heirat zuzustimmen. Sie wird am 23. Juli 1837 in Irland vollzogen. Kurz darauf kehrt Eliza mit ihrem Ehemann nach Indien zurück, da er dort seinen Armeedienst fortsetzen muss.

Hier ist sie schnell die Attraktion der Garnison. Aber für einen Skandal sorgt nicht sie, sondern ihr Ehemann. Er betrügt sie mit der Ehefrau seines vorgesetzten Captains und kommt deshalb vor ein Kriegsgericht. Eliza verlässt ihn und geht gedemütigt und zutiefst verletzt zurück nach England. Aber wovon soll sie dort leben?

Eliza findet, sie habe tänzerisches Talent. Sie legt sich den Künstlernamen Lola Montez zu und behauptet, ihr Vater sei ein spanischer Matador gewesen. Lola ist die Kurzform des spanischen Namens Dolores, und einen andalusischen Stierkämpfer namens Francisco Montes hat es wirklich gegeben. Er war der beste Torero seiner Zeit. Mithilfe ihrer Gönner, zweier englischer Lords, bekommt Lola Montez im Sommer 1843 tatsächlich ein Engagement im Londoner Royal Theatre, wo sie in der Oper *Der Barbier von Sevilla* als spanische Tänzerin debütiert.

Ihr erster öffentlicher Auftritt wird zu einem Fiasko. Das Publikum merkt sofort, dass ihre stümperhaften Tanzschritte vom spanischen Flamenco oder Paso doble weit entfernt sind, und bedenkt sie mit einem gellenden Pfeifkonzert. Lola Montez wird beschimpft und öffentlich als Schwindlerin und Betrügerin bezeichnet.

Aber sie gibt nicht auf. Sie reist nach Paris und nimmt dort einige Stunden Ballettunterricht. Ihre rassige Schönheit und ihr vollendeter Körperbau beeindrucken auch in Paris die Männerwelt. Einflussreiche Gönner sorgen dafür, dass sie am 30. März 1844 in der Pariser Oper auftreten darf. Lola setzt ihre Reize während der Tänze geschickt ein und fesselt die überwiegend männlichen Zuschauer nicht durch kunstvolle Choreographie, sondern durch intensive Erotik. Sie zeigt in äußerst spärlichen Kostümen ihre langen Beine, die schlanke Taille und die schön geformten Brüste fast unverhüllt. Selbst in Paris hat man eine derart erregende Darbietung noch nicht gesehen.

Lola Montez. Zeitgenössische Lithographie.

Beflügelt von diesem Erfolg, geht Lola nun in Europa auf Tournee. Aber sie tanzt nicht nur, sondern hat auch viele prominente Zeitgenossen als Liebhaber und teilt mit ihnen ihr Bett. Sie gastiert in Berlin und Warschau. In St. Petersburg gewährt ihr Zar Nikolaus I. eine Privataudienz in seinen Gemächern und entlohnt ihre »Dienste« großzügig mit 1000 Rubel.

In Dresden beginnt Lola eine leidenschaftliche Affäre mit dem berühmten Pianisten und Komponisten Franz Liszt. Er ist Lolas ständiger Eskapaden und unberechenbarer Temperamentsausbrüche jedoch bald überdrüssig. Eines Nachts verlässt er heimlich das gemeinsame Hotelzimmer, bezahlt die Rechnung und hinterlegt an der Rezeption vorsorglich eine Geldsumme als Entschädigung für die Folgen der zu erwartenden Wutanfälle der verlassenen Geliebten. In der Tat schlägt Lola in dem Zimmer alles kurz und klein.

In Paris hat sie Liebesverhältnisse mit Alexandre Dumas und Alexandre Dujarier, einem bekannten Pariser Journalisten, der sie auf der Bühne sieht und hingerissen von ihr ist. Die Liaison endet tragisch, denn Dujarier stirbt ihretwegen in einem Duell. Es kommt zu einem Sensationsprozess, und Lola muss Paris verlassen.

Im Oktober 1846 fährt sie nach München und bemüht sich um ein Engagement am Münchener Hof- und Nationaltheater. Sie tanzt dem Direktor vor, doch der ist wenig begeistert und weist sie ab. Wutentbrannt stürmt Lola noch im Kostüm aus dem Theater und begibt sich schnurstracks zur Residenz, um dem König von Bayern persönlich ihren Fall vorzutragen.

Wie eine Furie übertölpelt sie die Wachen und steht plötzlich vor dem völlig überraschten Ludwig I. Sie sei eine große Künstlerin, sagt sie, ob er das nicht mit eigenen Augen sehen und selbst beurteilen wolle. Der König will. Weiblichen Reizen gegenüber ist er nie abgeneigt, auch jetzt nicht im Alter von 60 Jahren. Als Lola vor ihm zu tanzen beginnt, ist er überwältigt von ihrer Schönheit und erotischen Ausstrahlungskraft. Ob denn alles, was er da sehe, auch echt sei, fragt er frivol. Lola greift zu einer Schere, schneidet ihr Kostüm auf und streckt dem König ihre nackten Brüste entgegen.

Ludwig ist begeistert und verspricht ihr, dafür zu sorgen, dass sie künftig in den Pausen zwischen den einzelnen Akten der Opernaufführungen ihre »andalusischen Tänze« vorführen dürfe. Er ahnt nicht, dass damit für ihn der tragische Teil seines Lebens beginnt, ein tiefer Taumel von Liebeswahn und völliger Hingabe an eine verführerische Frau.

Der am 25. August 1786 geborene und von Geburt an schwerhörige bayrische König ist ein sehr gebildeter Mann mit einer Vorliebe für die klassische Antike. Er ist ein großer Verehrer der Dichtkunst und schreibt auch selbst Gedichte, die vom Cotta-Verlag sogar veröffentlicht werden. Dort haben auch Goethe und Schiller publiziert. Seit seinem Regierungsantritt am 13. Oktober 1825 ist Ludwig I. zum größten Bauherrn seines Landes geworden. München verdankt ihm unter anderem das Odeon, die Residenz, die Propyläen, die Hofkirche, die Alte und Neue Pinakothek und die Ludwigstraße mit Feldherrnhalle, Siegestor und Staatsbibliothek.

Die Ehe mit seiner Frau Therese von Sachsen-Hildenburghausen hindert Ludwig nicht, sich auf zahlreiche Liebesabenteuer mit anderen Frauen einzulassen. Das ist zu dieser Zeit an den europäischen Fürstenhöfen durchaus üblich. Der König lässt seine Bettgefährtinnen von seinem Hofmaler porträtieren und hängt die Bilder wie Trophäen in seinen Privatgemächern auf. Im Jahr 1846 erreicht die »Mätressengalerie« die stolze Zahl von 49 Exponaten. Ludwig schätzt zwar Klugheit und Charme bei einer Frau, am meisten jedoch begeistert es ihn, wenn sie gut gebaut ist und sich in den Raffinessen der körperlichen Liebe auskennt.

Diese Vorzüge besitzt Lola Montez in reichem Maße, sie hat Ausstrahlung und Sexappeal. Ihre Tanzdarbietungen auf der Theaterbühne gleichen allerdings eher einem Striptease.

Das Publikum buht und zischt, und bei den Kritikern fällt sie angesichts der »wahrhaft känguruartigen Sprünge« ebenfalls durch. Ihr Engagement ist schon nach kurzer Zeit beendet. Fortan sieht sie den Aufführungen von der Königsloge aus zu, an der Seite Ludwigs, der sich mit der schönen Tänzerin immer häufiger in der Öffentlichkeit zeigt.

Bald ist klar, dass seine Beziehung zu Lola Montez mehr ist als eine der üblichen Liebschaften. Diese Frau hat das Feuer der Liebe in ihm entfacht wie noch keine andere zuvor. Bei einem zärtlichen Beisammensein gesteht er ihr, dass er erst jetzt im hohen Alter erfahren habe, was Liebe sei. Er ist ganz von Sinnen, macht ihr Geschenke und schreibt glühende Liebesbriefe und Verse. Eines seiner Gedichte an sie nennt er *Die Andalusierin:*

»Leuchtend himmlisch blaue Augen.
Gleich des Südens Äther klar,
die in Seligkeit uns tauchen,
weiches, glänzend schwarzes Haar;
heitern Sinnes, froh und helle
lebend in der Anmut hin,
schlank und zart wie die Gazelle
ist die Andalusierin.«

Er lässt Lolas »lieblichen Fuß« in Marmor nachbilden, behandelt ihn wie einen Fetisch und bedeckt ihn mit Küssen, wenn Lola nicht in seiner Nähe ist und er sich mit diesem Ersatz begnügen muss. Am 20. November 1846 telegrafiert der preußische Gesandte Bernstorff nach Berlin: »Lola Montez hat dem 60-jährigen Monarchen eine so leidenschaftliche Neigung eingeflößt, dass dieser Herr ganz umgewandelt ist,

König Ludwig I. von Bayern. Lithographie von Bodmer

nur Sinn und Auge für sie hat und gegen seine Gewohnheit keine Ausgaben scheut, um jeden ihrer Wünsche zu erfüllen.« Bernstorff beklagt, dass man kaum noch etwas mit dem König besprechen könne, da er »den größten Teil seiner Zeit durch das fesselnde Verhältnis absorbiert« und »während des übrigen Teiles moralisch und physisch erschöpft« sei.

König Friedrich Wilhelm IV. von Preußen, der mit Ludwigs Schwester Elisabeth verheiratet ist, macht sich ernsthafte Sorgen. Für ihn ist die neue Affäre seines Schwagers mit der seiner Ansicht nach sittlich vollkommen verdorbenen Frau nicht nur ein Affront, sondern ein echter Skandal. In einem empörten Brief verlangt er die sofortige Beendigung des Verhältnisses. Doch Ludwig ist keinerlei Argumenten zugänglich. In seiner Antwort dichtet er spöttisch: »Du tadelst Lola Montez, Du, der Du nie gekonnt es!«

Auch der Münchener Erzbischof ermahnt den König und bleibt als höchster Kirchenvertreter Bayerns den Bällen und Festen am Hof künftig fern. Ludwig hat auch für ihn eine kurze gereimte Antwort parat: »Bleib er bei seiner Stola, ich bleib bei meiner Lola.«

Der König ist davon überzeugt, dass die Beziehung zu seiner Lola, mit der er ausschließlich spanisch oder französisch spricht, dauerhaft sein kann. Er denkt sogar an Scheidung und glaubt, dass auch Lola ihn aufrichtig liebt. Sie hat ihm völlig den Kopf verdreht. Ludwig ist ihr nicht nur sexuell vollkommen verfallen, sondern er sieht in ihr auch eine große Künstlerin, mit der er seine schöngeistigen Empfindungen teilen kann.

Lola erhält sogar Zugang zu seinem Privatvermögen. In kaum mehr als einem Jahr gewährt ihr der König einen Unterhalt von fast 160 000 Gulden, das entspricht nach heutigen Maßstäben etwa 2,25 Millionen Euro – eine wahrhaft verschwenderische Summe. Ludwig kauft ihr außerdem eine herrschaftliche Münchener Villa in der Barerstraße und stattet diese nach ihren Wünschen mit allerlei Kostbarkeiten aus. Er schenkt Lola eine Kutsche und stellt ihr zum ständigen persönlichen Schutz zwei Gendarmen zur Verfügung.

Ludwig ändert auch sein Testament. Lola soll 100 000 Gulden erben und eine jährliche Rente von 2400 Gulden erhalten, jedoch nur, wenn sie unverheiratet bleibt. Der König möchte sie auf diese Weise auch nach seinem Tode noch an sich binden.

Den ihm zugetragenen Berichten über Lolas ständige Eskapaden und Affären mit anderen Männern schenkt der König keinen Glauben. Blind vor Liebe, betrachtet er jeden gegen Lola Montez erhobenen Vorwurf als persönlichen Angriff auf sich selbst. Lolas Benehmen wird immer exaltierter und maßloser, sie ist arrogant und rechthaberisch. In einem Modesalon am Odeonsplatz beschimpft sie nach umfangreichen und teuren Einkäufen lautstark das Personal, als man sie zur Bezahlung auffordert, und erklärt wütend, sie sei die eigentliche Königin Bayerns.

Sie ohrfeigt einen Postbeamten und zerreißt die polizeiliche Vorladung, die sie daraufhin wegen Beamtenbeleidigung erhält. Lola beschwert sich beim König, und der droht dem Polizeidirektor für den Fall der Durchführung des Verfahrens mit sofortiger Entlassung. Ludwig tut praktisch alles, was Lola wünscht.

Kurz darauf kommt es in einem Münchener Gasthaus wegen beleidigender Äußerungen Lolas zu einem heftigen Streit, in dessen Folge Lola auf die Gäste einschlägt. Die Polizei muss eingreifen, und Lola wird arretiert. Umgehend greift Ludwig ein und zieht die Untersuchung an sich. Da die Schuldfrage eindeutig ist, kann er eine Verurteilung nicht verhindern, aber aufgrund seines Einflusses erhält Lola lediglich einen Tag Hausarrest. Ludwig begnadigt sie sofort und erhöht die Gefängnisstrafe der unschuldigen Gäste eigenmächtig um mehrere Tage.

Derartig dreiste Einmischungen des Königs bis hin zur Rechtsbeugung vergrößern die Anzahl der Feinde seiner Geliebten. In der Presse erscheinen Karikaturen von Lola, die den König als Hund an der Leine führt. Der Druck auf den Monarchen, sich von seiner Mätresse zu trennen, wird immer größer. Selbst Papst Pius IX. sieht sich veranlasst, brieflich auf den »innig geliebten Sohn« einzuwirken, der »von dem Wege der Tugend abgekommen« sei. Ludwig wittert eine Verschwörung und notiert verbittert in seinem Tagebuch: »Adel und Jesuitenpartei hetzen das Volk auf gegen meine ›Lolita‹.«

Der Polizei gelingt es, Lolas Haushälterin als Spitzel zu gewinnen. Sie stellt eine Liste der Herren zusammen, die die »Spanierin« ständig in ihrem Haus besuchen und oft auch über Nacht bleiben. Als Ludwig die Liste vorgelegt wird, ist er zutiefst getroffen. Lola soll sich in seinem Beisein dazu äußern. Sie macht dem König eine Szene und beteuert lauthals, dies sei alles nicht wahr. Als sie droht, ihn zu verlassen und sofort nach Paris abzureisen, glaubt er ihr und versetzt den für die Denunziation verantwortlichen Polizeidirektor nach Landshut.

Nun will sie sogar, dass der König sie in Bayern einbürgert. Denn noch unterliegt sie als Ausländerin allerlei Beschränkungen. Als der Staatsrat die Zustimmung zu der seiner Meinung nach ungesetzlichen Einbürgerung verweigert, ordnet der König an: »Meine Entschließung ist unverweilt und ohne Einrede auszuführen.« Er sei der König, der befehle, und die Minister hätten zu gehorchen. Er lasse sich nicht von ihnen vorschreiben, was er tun oder lassen solle. Daraufhin verfassen die Minister ein Memorandum, in dem sie den König scharf kritisieren. Das Königtum sei in Gefahr. Der

König möge seine Minister entlassen, wenn er nicht auf sie hören wolle. Ludwig entlässt sie tatsächlich, und die Staatskrise ist da.

Ludwig gewinnt zwar neue Männer mit freiheitlicher Gesinnung. Aber in der Universität ruft ein Professor dazu auf, den entlassenen Ministern für ihre mutige und mannhafte Haltung zu danken. Ludwig ist empört und entlässt den Professor. Unter den Studenten kommt es daraufhin zu einem Aufruhr, dem sich Hunderte von Menschen anschließen. Als der Protestzug bei Lolas Villa eintrifft und das Haus mit Steinen bewirft, greift die Polizei ein. Der König erfährt davon und eilt sofort zum Ort des Geschehens. Als er dort eintrifft, schallt ihm der Ruf entgegen: »Nieder mit der Lola, hoch die Königin!« Auch die Residenz wird mit Steinen beworfen. Scheiben zersplittern, Mobiliar geht zu Bruch. Ludwig ist schockiert. Aber statt einzulenken, entlässt er weitere sechs Professoren der Universität.

Als ein preußischer Offizier versichert, er sei bei einer Orgie dabei gewesen, die Lola Montez in Berlin mit mehreren Männern gefeiert habe, bezichtigt ihn Ludwig öffentlich der Lüge. Er besucht seine geliebte Lola mehrmals die Woche in ihrem Haus. Er vertraut ihr so blindlings, dass ihm nicht auffällt, dass Lola mehrere Liebesverhältnisse unterhält, unter anderem zu dem jungen Jurastudenten Peißner. Ludwigs Hofarchitekt Leo von Klenze nennt den König öffentlich einen »Hurenhengst«.

Nun löst die Affäre auch eine außenpolitische Krise aus. Der österreichische Gesandte behauptet, Lola Montez habe den König verhext. Ludwig fordert vom Kanzler Metternich die sofortige Abberufung des Gesandten. In Wien werden Messen für Ludwig gelesen, damit er von der »machthungrigen Tingeltangeltänzerin« und der »Pompadour Bayerns« loskomme. Lola mischt sich immer mehr in die Politik ein, und Ludwig lässt sie gewähren. Wer in Bayern im Staatsdienst Karriere machen will, kommt an ihr nicht vorbei.

Am 4. August 1847 erhält der Innenminister Georg von Maurer folgende schriftliche Anweisung des Königs: »Der Señora Lola Montez ist der gräfliche Stand zu verleihen. Ich wünsche dabei keinerlei Einwände zu hören, denn ich habe ein königliches Versprechen zu erfüllen.« Als der Minister sich weigert, wird er vom König entlassen. Ludwig muss seine Regierung umbilden. Der preußische Gesandte Bernstorff spricht bereits von einem »Lola-Ministerium«. Die Erhebung in den Adelsstand ist mit einem Staatsakt verbunden, der am 25. August tatsächlich vollzogen wird. Lola Montez wird zur Gräfin von Landsfeld ernannt.

Der Skandal weitet sich aus, als sie nun auch noch verlangt, der hohe Adel möge ihr die Aufwartung machen. In München kommt es zu Unruhen. Lola wird auf der Straße angegriffen und beschimpft und muss vor einer aufgebrachten Menge in die Theatinerkirche flüchten. Berittene Polizei muss eingesetzt werden, es gibt Verletzte und Tote. Für Ludwig sind die Studenten und ihre Professoren die Aufrührer. Er lässt die Universität schließen. Daraufhin ziehen die Demonstranten zur Residenz und wollen den König sprechen. In Sprechchören verlangen sie: »Die Hur' muss raus!« Soldaten riegeln die Straßen ab. Auch vor Lolas Haus versammeln sich gewaltbereite Münchener und drohen, es anzuzünden. Der neue Innenminister eilt zum König und macht ihm klar, dass er für das Leben von Lola Montez nicht länger garantieren könne. Außerdem sei der Staat in akuter Gefahr, es drohe eine Revolution.

Als Ludwig die bewaffneten Menschen auf den Straßen sieht, ist er entsetzt. Soll er auf sie schießen lassen? Nein, Revolution und Anarchie will er nicht, und einen Bürgerkrieg schon gar nicht. Ihm bleibt keine andere Wahl mehr, als nachzugeben. Lola Montez muss München binnen einer Stunde für immer verlassen. Am 20. März 1848 dankt Ludwig ab und verzichtet zugunsten seines Sohnes Maximilian auf den Thron.

Lola Montez versucht mehrmals vergeblich, als Mann verkleidet nach München zurückzukehren. Doch Ludwig will nichts mehr von ihr wissen. Nun begreift er, wie sehr ihn die Frau ausgenutzt und betrogen hat. Er erkennt, dass sein Glaube, seine »Lolita« würde ihn lieben und für immer nur ihm gehören, ein schwerer Irrtum war. Sie hat ihn vor aller Welt lächerlich gemacht. Voller Gram und Schmerz schreibt er in sein Buch:

»Hätt' ich doch nie und nimmer dich gesehen,
für die gegeben ich mein letztes Blut.
Durchdrangest mich mit namenlosen Wehen,
du meines Lebens glühendste Liebesglut.«

Lola Montez kehrt 1849 nach London zurück und heiratet dort. Einer Anklage wegen Bigamie entzieht sie sich durch Flucht nach New York. Hier macht sie Schulden über Schulden und wird schließlich wegen zahlreicher Affären und Skandale ausgewiesen. 1852 taucht sie in New Orleans auf und greift dort einen Polizisten mit einem Messer an. Nach einem vergeblichen Selbstmordversuch geht sie ein Jahr später nach San Francisco und unterhält dort in einer Goldgräbersiedlung einen Saloon. Sie heiratet noch zweimal.

1855 versucht sie, in Australien eine neue Karriere als Tänzerin zu beginnen. Aber wieder wird sie in Skandale verwickelt und muss 1856 auf die Fidschi-Inseln fliehen, von wo aus sie 1859 wieder in die USA zurückkehrt. Sie lebt in New York als völlig verarmte Obdachlose und fällt in geistige Verwirrung. Am 17. Januar 1861 stirbt sie in einer heruntergekommenen Absteige an einem Schlaganfall.

Heiße Liebe ohne Tabus

Anäis Nin und Henry Miller
(1931–1977)

Vielleicht ist das französisch-spanische Blut, das in ihren Adern fließt, der Grund für ihre Fähigkeit, feurig und leidenschaftlich zu lieben und das Leben in vollen Zügen zu genießen. Am 21. Februar 1903 als Tochter eines spanischen Komponisten und einer französischen Sängerin in der Nähe von Paris geboren, stürzt sich Anäis Nin schon in jungen Jahren zunächst in Paris und später in New York mit geradezu fiebriger Aktivität in die Künstlerszene. Sie ist schön und hat eine intensive erotische Ausstrahlung, die Männer fliegen auf sie. Am liebsten mag sie verrückte Typen, Schriftsteller, Maler und Musiker, die auf Konventionen pfeifen und voller wilder Ideen sind.

Von steter Rastlosigkeit getrieben, taumelt sie wie im Rausch von einer Affäre zur nächsten. Sie lebt mit bekannten und weniger bekannten Künstlern zusammen, eine Zeit lang sogar mit dem peruanischen Revolutionär Gonzale More auf einem Pariser Hausboot, und unternimmt voyeuristische Streifzüge durch das Prostituiertenmilieu. »Was mir an mir am besten gefällt«, schreibt sie, »ist meine Kühnheit, mein Mut. Was ich so sehr hasse, ist meine Eitelkeit, meine Sucht zu glänzen, Applaus zu bekommen, und meine Sentimentalität.«

Schon im Alter von elf Jahren hat sie begonnen, ein Tagebuch zu führen. Sie schreibt alles auf, was sie denkt, fühlt und erlebt und trägt es ständig griffbereit in einem kleinen Korb mit sich herum wie andere Frauen ihr Strickzeug. Die 35 000 handschriftlichen Originalseiten werden zu einem Forum der Selbstanalyse in ihrem Leben, ständig liegt sie mit sich selbst im Clinch. Sie macht ihrer Verzweiflung Luft. Die Notizen sind Lust und Elend zugleich für sie, sie sind das Zerrbild einer ständig von Selbstzerfleischung gequälten Seele.

»Ich kann nicht ausruhen«, vertraut sie ihrem Tagebuch an. »Wenn ich mich hinlege, versäume ich Leidenschaft, dramatische Ereignisse und Abenteuer. Ich bin wie ein mit Flügeln ausgestattetes Geschöpf, das seine Flügel zu selten gebrauchen darf.«

Als ihre fast 30-jährige Zwiesprache mit ihrem Tagebuch 1966 ungekürzt veröffentlicht wird, geraten die darin festgehaltenen Erlebnisse, Liebesverhältnisse, Träume, Ängste, Sehnsüchte und auch Fantasien zu einer literarischen Sensation. Und zu einem Skandal. Die freizügigen Geständnisse, die schamlosen Enthüllungen und poetisch-pornographischen Bekenntnisse treffen den Zeitgeist einer Frauengeneration, die nach persönlicher und sexueller Freiheit dürstet.

Nach kurzem, abgebrochenem Studium heiratet sie im Alter von 20 Jahren den schottischen Bankier und späteren Graphiker und Filmemacher Hugh Guiler. Im Dezember 1924 zieht sie mit ihm nach Paris. Nur für ihn schreibt sie eine zweite Tagebuchfassung, in der sie die leidenschaftlichen Affären ausspart. So hat er nie erfahren, dass sie mit Rupert Pole in Los Angeles quasi als Ehefrau zusammengelebt hat. Und auch die leidenschaftliche Liebesbeziehung, die sie im Dezember 1931 mit dem damals noch ziemlich unbekannten amerikanischen Autor Henry Miller beginnt, hat Anäis

Nin mit Rücksicht auf das Seelenheil ihres Ehemannes in der für ihn bestimmten Version komplett gestrichen.

Der in ärmlichen Verhältnissen aufgewachsene Miller ist 1930 mit zehn Dollar in der Tasche nach Europa gekommen, um sich ganz dem Schreiben zu widmen. Außer zwei Romanmanuskripten, ein paar Zeitungsartikeln und einigen auf eigene Kosten gedruckten und auf der Straße verkauften Gedichten hat er nichts vorzuweisen. Miller schläft bei einem Freund, einem Bekannten von Hugh Guiler, auf der Matratze. Guiler erzählt seiner Frau beiläufig von diesem »verrückten Typen«, der am Tag wie ein Penner herumläuft, mittellos in den Kneipen und Bars am Montparnasse herumlungert und an obszönen Romanen schreibt. Anäis ist sofort an dem Mann interessiert und bittet ihren Gatten, ihn zum Mittagessen einzuladen. Und da Hugh ein entgegenkommender, geselliger Mensch ist, der seine hübsche Frau vergöttert und es sich als gut bezahlter Repräsentant der National City Bank leisten kann, ständig Gäste nach Hause einzuladen, erfüllt er die Bitte unverzüglich und ohne Argwohn.

Henry Miller erscheint am 1. Dezember 1931 in der feudalen Wohnung und ist von der 29-jährigen, zierlichen Schönheit sofort hingerissen. Er findet ihre großen Augen wunderbar, ebenso die hohen Jochbögen und den sinnlichen Mund und ist auf Anhieb verliebt. Anäis ist ebenfalls beeindruckt. Sie schreibt in ihr Tagebuch:

»In der Menge wäre er nicht aufgefallen. Er ist schmal, mager, nicht groß. Ein wenig sieht er aus wie ein buddhistischer Mönch: mit rosigem Gesicht, teilweise kahlem Schädel, den eine Aureole silbrigen Haares umgibt, vollen sinnlichen Lippen. Seine blauen Augen sind beobachtend, kühl, aber sein Mund ist sensibel und verwundbar. Sein Lachen ist ansteckend, seine Stimme streichelnd und warm wie eine Negerstimme … Die überreifen Töne seiner Stimme sind fast wie ein zufriedenes Schnurren. Er ist ein Mensch, den das Leben berauscht, der keinen Wein braucht, der in einer selbst geschaffenen Euphorie schwebt.«

Für Henry Miller ist Anaïs' Welt ein vollkommen anderes Universum. Er spürt den Klassenunterschied und versucht, Distanz zu wahren, als sie bewundernd von seinen Arbeiten schwärmt, die er ihr zu lesen gibt. Aber die Begierde, diese Frau besitzen zu wollen, ist stärker. Hinzu kommt eine geistige Verbundenheit. Er liest ihr gerade fertig gestelltes Buch über den englischen Romancier D. H. Lawrence, der mit *Lady Chatterley's Lover* das Skandalbuch der 20er Jahre geschrieben hat, und ist begeistert. Diese Frau denkt und fühlt wie er, berauscht von der Gier nach Leben!

Auch Anäis ist verliebt und sehnt sich nach intimen Erlebnissen mit diesem interessanten Mann. »Ich singe! Ich singe!«, schreibt sie. »Ich habe Henry Miller kennen gelernt. Ich erblickte einen Mann, der mir gefiel, einen Mann, der liebenswert war, nicht erdrückend, sondern stark, einen menschlichen Mann, der voll Sensibilität alles wahrnahm. Er ist wie ich.«

Sie schreiben sich sehnsuchtsvolle Briefe. »Anäis, ich will Dich haben«, teilt er ihr mit. »Ich möchte Dich ausziehen, Dich ein bisschen vulgarisieren. Ich möchte Dich besitzen, Dich benutzen, ich möchte Dich ficken, ich möchte Dir einiges beibringen. Vielleicht möchte ich Dich sogar ein bisschen demütigen. Warum sinke ich nicht einfach auf die Knie und verehre Dich? Ich kann es nicht. Ich liebe Dich lachend. Gefällt Dir das?«

Links: Anäis Nin. Szene aus »Henry and June«.
Rechts: Henry Miller. Foto, undatiert.

Natürlich gefällt ihr das, es ist genau das, was sie braucht. Im März 1932 fallen sie in einem heruntergekommenen Pariser Hotelzimmer übereinander her und lieben sich ausgiebig und animalisch. Anäis wird zur gelehrigen Schülerin eines erfahrenen, mit allen Künsten und Tricks der Liebe vertrauten Mannes. Nun kommt es regelmäßig zu derartigen »Literarischen Fickfesten«, wie Henry es deutlich und unverhohlen ausdrückt. Wenn der ahnungslose Ehemann auf Geschäftsreise ist, treiben sie es bis zum Exzess miteinander.

»Ich möchte wieder das heftige Pumpen in mir spüren«, lässt sie ihren Geliebten wissen, »das rasende, glühende Blut, den langsamen, liebkosenden Rhythmus und das plötzliche heftige Stoßen, die Raserei in den Pausen, in denen ich Regentropfengeräusche höre ... wie es in meinen Mund schießt, Henry. Oh Henry, ich möchte mit Dir so wilde Dinge tun, dass ich nicht weiß, wie ich sie sagen soll.«

Ein volles Jahr geht das so. In dieser Zeit heftigster Leidenschaft schreibt Miller ihr 900 Briefe, also jeden Tag fast drei. Jede Begegnung ist auch immer ein intellektuelles Zusammensein, ein gegenseitiges geistiges Befruchten. Sie üben sich beide in literarischer Pornographie. Er beendet seinen Roman *Wendekreis des Krebses,* ein Sexschocker, der ihn weltberühmt machen wird. Anäis finanziert die 1934 in Frankreich erfolgende Publikation und schreibt das Vorwort. In den USA ist das Buch wegen Pornographie bis 1964 verboten, wird aber unter dem Ladentisch zu einem heimlichen Bestseller.

Als sein erstes Buch erscheint, ist Henry Miller sehr glücklich. Er möchte nun auch sein privates Glück mit Anäis auf eine feste, dauerhafte Basis stellen. Doch er ist in zweiter Ehe verheiratet mit June Smith, einer extravaganten, atemberaubenden Schönheit, die er in den Dancing Halls von Brooklyn aufgegabelt hat, wo sie als »Taxi-Girl« für Geld mit betuchten Herren tanzte. Die Ehe ist nicht glücklich, ständig gibt es Streit und Eifersuchtsszenen. Er wird dieser Frau später in seinen autobiographischen Romanen ein Denkmal setzen als »große Möse«, die unersättlich Männer verschlingt.

Als June nach Paris kommt und von dem glühenden Liebesverhältnis ihres Mannes erfährt, löst Anäis das Problem auf ihre Weise: Die beiden Frauen verlieben sich ineinander und beginnen eine lesbische Beziehung. Eine Zeit lang geht dieses heimliche bisexuelle Dreierverhältnis gut, dann aber möchte Henry endlich Klarheit. Er will für immer mit Anäis allein zusammen sein und sie heiraten. Er träumt von romantischer Armut zu zweit, einem gemeinsamen glücklichen Leben zweier Menschen, die körperlich und geistig so vollkommen übereinstimmen. Und er glaubt, dass auch Anäis das will.

Doch als sie darüber sprechen, wird ihm sein grundlegender Irrtum schnell bewusst. Anäis denkt gar nicht daran, ihren Ehemann zu verlassen und die damit verbundene materielle Sicherheit aufzugeben. Sie liebt die Ekstase, die sie bei ihrem Mann nicht finden kann, sie sucht jedoch auch verlässliche Geborgenheit und Sicherheit. Alles das kann ihr Henry Miller nicht bieten. Er ist ein Mann für die Liebe, aber nicht für das Leben. Das erkennt sie mit sicherem Gespür. Sie beschwört ihn deshalb auch, ihre Beziehung weiterhin geheim zu halten. Henry hält sich daran, weil er Anäis wirklich und zutiefst liebt. Er ist traurig und verletzt, kann sich aber von ihr nicht lösen. Der Abschied zieht sich über Jahre hin.

1939 kehrt Anäis Nin nach New York zurück, wo sie weitere Affären hat. Henry Miller heiratet noch dreimal, bleibt Anäis aber immer freundschaftlich verbunden. Und auch sie gesteht in ihrem Tagebuch: »Henry ist für immer in meinem Wesen … Ich sehe die Freundschaft fortbestehen, ein lebenslanges Band.« Sie stirbt, dreieinhalb Jahre vor Henry Miller, am 14. Januar 1977 in Los Angeles nach einem lange andauernden Krebsleiden. Ihre Asche wird ihrem Wunsch gemäß von einem Hubschrauber aus in den Pazifik gestreut. Selbst mit ihrem Tod ist ein letzter Skandal verbunden. Es erscheinen zwei Todesanzeigen, von zwei Ehemännern. Eine von Rupert Pole und eine vom richtigen Ehemann Hugh Guiler.

Lustvoller Schmerz

Renée Pélagie und Marquis Donatien de Sade (1763–1790)

Einige Frauen werden nur aus einem einzigen Grund geheiratet: Weil sie reich sind. Die 1741 geborene Renée Pélagie de Montreuil ist solch ein Fall. Sie hat eine stämmige, zur Rundlichkeit neigende Figur und ein Gesicht mit eher groben Zügen. Aber die etwas plumpe, tief religiöse Frau stammt aus dem Pariser Richter- und Beamtenadel und besitzt mehrere Schlösser. Als sie 22 Jahre alt ist, beschließen ihre Eltern, sie zu verheiraten. Und zwar an den ebenfalls 22-jährigen, aus einem alten und berühmten Geschlecht stammenden Marquis Donatien-Alphonse-François de Sade, einen verführerisch schönen Mann mit schlanker Gestalt, dunklen Locken und großen, glühenden dunklen Augen. Er ist ein charmanter Plauderer, ein hervorragender Tänzer und klug und witzig. Die Heirat ist arrangiert, der Marquis kennt seine künftige Frau überhaupt nicht. Als er sie zum ersten Mal sieht, findet er sie wenig anziehend, zu ungebildet, zu kühl und zu fromm. Er mag sie überhaupt nicht, sein Herz ist nicht entflammt, und von erotischer Faszination kann auch keine Rede sein. Aber seine Eltern zwingen ihn, diese Frau zu heiraten. Denn er ist schon in seinen jungen Jahren ruiniert.

Seine frühe Kindheit hat er im Schloss Condé in Paris verbracht. Dann kämpft er von 1756 bis 1763 als Kavallerieoffizier des französischen Heeres im Siebenjährigen Krieg gegen die Preußen. Wieder in Paris, fliegen ihm die Mädchenherzen zu. Er ist ein perfekter Verführer und maßlos in allem, was ihm Vergnügen bereitet. Beim Kartenspiel verliert er Unsummen. Er hat eine Vorliebe für die Philosophie und das Theater, aber sein kultiviertes Äußeres trügt. In seiner Seele lodern die größten Grausamkeiten und perversen Fantasien. »Wahre Glückseligkeit existiert nur in den Sinnen«, behauptet er, »und Tugend befriedigt keinen von ihnen.« Er findet größte Lust daran, Frauen zu quälen. Später ist der Sadismus, die Lustbefriedigung durch das Quälen des Partners, nach ihm benannt worden.

Als der Marquis Renée Pélagie 1763 heiratet, weiß er, dass diese Frau, von der er hofft, sie in seine brutalen Orgien einbeziehen zu können, ihm künftig ein sorgenfreies Leben ermöglichen wird. Renée ahnt nicht, worauf sie sich eingelassen hat und welche entwürdigenden Szenen ihr noch bevorstehen. Das Paar lebt auf dem Stammschloss La Coste in der Nähe von Avignon, einem der größten und schönsten seiner Zeit. Und sogleich beginnt der Marquis, sich nur noch seiner exzessiven Lust zu widmen. Gleich nach den Flitterwochen mietet er sich ein kleines Haus, sein geheimes Liebesnest. Von einer Kupplerin lässt er sich junge Mädchen hierher schicken, oft ein halbes Dutzend auf einmal. Schon im Oktober 1763 wird er wegen angeblicher Exzesse das erste Mal verhaftet, kommt aber schnell wieder frei.

Er schläft auch mit seiner Ehefrau, wenngleich die erotisch-sadistischen Spiele mit ihr sich in Grenzen halten. Anfangs sträubt sie sich dagegen, von ihm gepeitscht zu werden. Dann lässt sie es immer häufiger geschehen und bemerkt zu ihrem Erstaunen, dass auch sie dabei Lust empfindet. Die Vereinigungen während dieser »Zeremonien« sind von besonderer Intensität. Sie wird häufig schwanger und bringt schnell hintereinander drei Kinder zur Welt. Sie wachsen bei ihrer Großmutter auf, denn der Ehemann zeigt keinerlei Neigung, sich um seine Kinder zu kümmern.

Renée liebt ihn dennoch, das ist das höchst Erstaunliche an dieser ungewöhnlichen Beziehung. Jedenfalls ist das zumindest in den ersten Jahren ihrer Ehe so. Renée vergeht nicht vor Scham und Verzweiflung angesichts eines solchen Wüstlings. Sie flieht nicht zu ihren Eltern zurück, um die Scheidung einzureichen, sie hält aus an der Seite ihres Mannes und toleriert seine Ausschweifungen und perversen Neigungen. Manchmal ist sie dabei und sieht zu, wie er andere junge Frauen foltert und missbraucht. Und eines Tages nimmt sie sogar aktiv daran teil oder ist selbst eins der gequälten Opfer, weil der Marquis sie dazu zwingt.

Der erste große Skandal ereignet sich am 3. April 1768, einem Ostersonntag. Die junge Bettlerin Rose Keller läuft in zerfetzten Kleidern und mit blutigen Striemen am ganzen Körper durch die Straßen von Autreuil und schreit:

»Der Marquis de Sade hat mich töten wollen. Er hat mich ein Dutzend Mal ausgepeitscht und mir währenddessen die Beichte abgenommen, nur durch einen Zufall konnte ich fliehen!«

Nun schaltet sich auch die Kirche ein, und de Sade wird festgenommen und eingesperrt. Aber nach einem Monat ist er wieder frei, weil Rose Keller die Anklage zurückzieht. De Sades einflussreiche Schwiegermutter hat ihr ein extrem hohes Schmerzensgeld gezahlt. Auch jetzt bleibt seine Ehefrau noch bei ihm und verzeiht ihm alles. Sie ist ihm nicht hörig, liebt ihn aber aufrichtig und will ihn nicht verlieren. Angesichts seiner immer exzessiveren Straftaten ist das kaum zu verstehen.

Im Juni 1772 reist de Sade nach Marseille und besorgt sich dort mithilfe seines Dieners Latour vier Prostituierte. Nachdem sie mit Lust steigernden Drogen gefüllte Pralinen gegessen haben, zieht er sie nackt an Ketten hoch und peitscht alle vier lange und heftig aus. Anschließend begeht er Analverkehr mit ihnen, was damals als Todsünde galt und mit dem Tod bestraft wurde. Ein Arzt, der gerufen werden muss, weil die Verletzungen so schwerwiegend sind, rät den schrecklich zugerichteten Frauen, Anzeige zu erstatten. Daraufhin wird gegen de Sade und seinen an der Orgie beteiligten Lakaien Anklage wegen versuchten Mordes erhoben. In Abwesenheit werden beide noch im selben Jahr zum Tode auf dem Schafott verurteilt.

Der Marquis entkommt nach Italien, wird dort jedoch verhaftet und eingesperrt. Seine Frau reist ihm nach, und mit ihrer Hilfe kann er fliehen und unbemerkt auf seinem Schloss seinen Exzessen weiter frönen. Hier vergewaltigt und foltert er ein als Küchenhilfe eingestelltes 15-jähriges Mädchen bis zur Bewusstlosigkeit. Die Eltern zeigen ihn an. Er kommt in ein dunkles Verließ im Staatsgefängnis von Vincennes, später in die Bastille.

Seine Frau versorgt ihn mit allem, was er braucht. Sie erreicht durch ständige Eingaben ein Wiederaufnahmeverfahren, in dem das Todesurteil gegen ihn aufgehoben wird. In dieser Situation beginnt auch de Sade, seine Frau zu lieben. Er ist ja davon überzeugt, dass Menschen nie zueinander finden und dass jeder in seinem Ich wie in einem Kerker schmachtet. Aber nun spürt auch er die enge Bindung zu Renée.

1781 geht sie ins Kloster von Saint-Aure, um ihm keinen Grund mehr für tobsuchtartige Eifersuchtsausbrüche zu geben. De Sade glaubt tatsächlich, seine Frau betrüge ihn mit anderen Männern, während er qualvolle Jahre in einer engen Kerkerzelle verbringen muss. Er malt sich aus, wie sie sich anderen zu all den perversen Spielen ausliefert, die er zuweilen auch mit ihr getrieben hat. Aber Renée will im Kloster Buße tun für ihre Sünden. Sie liebt de Sade immer noch und bringt ihm Kerzen, Kleidung und Nahrung ins Gefängnis, und vor allem Schreibutensilien.

De Sade lebt seine übermächtige sexuelle Fantasie nun auf dem Papier aus. Wie im Wahn schreibt er ganze Romane herunter und erschafft in ihnen eine Welt, in der die Tugend unterliegt und das Laster triumphiert. Renée schmuggelt die Texte aus dem Gefängnis. Im Jahr 1785 schreibt er unter anderem *Die 120 Tage von Sodom,* 1791 *Die Geschichte der Justine oder die Nachteile der Tugend* und 1797 *Die Geschichte der Juliette oder die Vorteile des Lasters* – allesamt Bücher, die zunächst anonym erscheinen, dann als Pornographie verboten, heute aber wieder aufgelegt werden.

Renée de Sade findet in diesen Jahren Trost im religiösen Klosterleben. Sie besucht ihren Ehemann immer seltener und löst sich innerlich immer mehr von ihm. Als der Marquis 1790 durch eine Amnestie freikommt, reicht Renée die Scheidung ein. Ein erneutes Zusammenleben mit ihm erscheint ihr unerträglich.

Die Revolutionäre beschlagnahmen sein Schloss La Coste und nehmen ihn wieder in staatlichen Gewahrsam. Sie schicken ihn in die Irrenanstalt Charenton, wo er 1814 stirbt. Seine Frau, die sich für ihn aufgeopfert und ihn die Hälfte ihrer 27 Ehejahre nur hinter Gittern gesehen hat, überlebt ihn nicht. Sie stirbt bereits 1810.

Heftige Leidenschaft in den Schranken der Tugend

Madame Marie-Jeanne Roland und François Buzot (1792–1793)

Zunächst scheint es so, als sei der am 17. März 1754 auf der Île de la Cité in Paris als Tochter eines Juweliers geborenen Marie-Jeanne die zeitgemäß übliche, eintönige Rolle als liebende Gattin, Hausfrau und Mutter vorherbestimmt, ganz im Geiste von Jean-Jacques Rousseau, den sie bewundert und dessen Lehren einen großen Einfluss auf sie ausüben. Niemand ahnt in ihrer unbeschwerten Jugendzeit, dass das für die damaligen Verhältnisse ungewöhnlich gebildete Mädchen einmal Grenzen überschreiten, nach der politischen Macht greifen und zur einflussreichsten Frau der Französischen Revolution werden wird.

Mit vier Jahren kann sie schon lesen. Als junges Mädchen, von allen Manon genannt, verschlingt sie in ihrem Studierzimmer alle Bücher, die sie bekommen kann. Sie liest Plutarch, Rousseau, Diderot und Voltaire und entwickelt schon früh ein feines Gespür für soziale Ungerechtigkeiten. Sie findet die Welt sehr ungerecht. Als sie den Königshof in Versailles besucht, ist sie empört über den Prunk, in dem der große Hofstaat lebt.

In ihren Memoiren, die sie kurz vor ihrem tragischen Tod schreibt, beschreibt sie sich selbst als hübsches, schlankes

Mädchen »mit stark betonten Hüften, einem prächtigen vollen Busen und schönen geraden Schultern«. Ihre dunklen Augen, ihr schwarzes Haar und ein auffallend frischer Teint machen sie begehrenswert.

Sie ist nicht nur überdurchschnittlich begabt und gebildet, sondern auch sehr tugendhaft. Als ein Lehrling ihres Vaters sich ihr unsittlich nähert, ist die unaufgeklärte und sexuell völlig unerfahrene junge Frau zutiefst schockiert und flüchtet vorübergehend in ein Kloster.

»Im Alter von 14 bis 16 Jahren wollte ich einen höflichen Mann«, schreibt sie, »von 16 bis 18 einen geistreichen Mann, und seit meinem 18. Lebensjahr will ich einen wahren Philosophen, so dass ich, wenn ich so weitermache, mit 30 einen menschgewordenen Engel brauche, und so werde ich niemals etwas bekommen.«

Im Alter von 22 Jahren lernt sie im Pariser Elternhaus den 42-jährigen Jean-Marie Roland kennen, einen Inspektor der Manufakturen. Er ist ein arbeitsamer, ebenso penibler wie dickköpfiger Mensch. Seine raue, oft brüske Art und seine hagere, ungelenke Erscheinung mit einer ungewöhnlich gelben Gesichtsfarbe schrecken die Tochter des Hauses zunächst ab. Aber dann findet sie allmählich Gefallen an ihm. Er sei eine ehrliche und sensible Seele, schreibt sie ihrer Freundin Sophie, und ein aufgeklärter, gerechter Geist. »Die Größe seiner Gefühle und die Kenntnisse, die er besitzt, heben ihn vorteilhaft hervor. Er ist wahrhaftig und offen.«

Es ist nicht das Gefühl, das da spricht. Zwei Verstandesmenschen treffen aufeinander, die beide gelehrte Gespräche mögen und nach Gelegenheiten suchen, ihren ständigen Wissensdurst zu stillen. Keine Liebe auf den ersten Blick, aber eine sich in vier Jahren der Bekanntschaft immer mehr entwickelnde gegenseitige Zuneigung und Achtung. Am 27. Januar 1780 feiern sie Hochzeit, ein Jahr darauf wird die Tochter Eudora geboren.

Madame Roland wohnt mit ihrem Gatten in Le Clos de la Patière, einem kleinen, beschaulichen Weingut der Familie im Süden Frankreichs. Roland arbeitet seit Jahren an der Neuausgabe der Enzyklopädie Diderots mit. Madame Roland wird seine Zuarbeiterin und Sekretärin. Sie unterwirft sich völlig dem Willen ihres Mannes. Als er in eifersüchtigem Besitzdenken von ihr fordert, ihre Freundinnen in Amiens weniger häufig zu sehen, fügt sie sich. »So sehr hatte ich ausschließlich das Glück meines Partners im Auge«, schreibt sie einige Jahre später, »dass ich eines Tages merkte, dass zu meinem Glück etwas fehlte.«

Als 1789 die Revolution über Frankreich hinwegfegt, entdeckt sie ihre Leidenschaft für die Politik. Schwungvoll und aggressiv verfasst sie eine Reihe patriotischer Schriften. Sie ist eine glühende Anhängerin der Revolutionäre, mit feurigen, radikalen Parolen muntert sie sie auf, in ihrem Tun fortzuschreiten und die umwälzenden Geschehnisse voranzutreiben. Sie träumt von einer freien Republik.

Im Winter 1791 wird ihr Mann nach Paris gerufen, um in der Nationalversammlung die finanziellen Interessen der Kommune zu vertreten. Endlich wieder in Paris, kann Madame Roland nun noch aktiver werden. Sie versammelt ihren ersten Zirkel um sich, zu dem sie allerdings keine weiteren Frauen zulässt. Die Benachteiligungen und Ungerechtigkeiten, unter denen die Frauen in der Gesellschaft leiden, sind nie ein Thema. Madame Roland ist zu sehr von den Lehren Rousseaus durchdrungen. Man diskutiert die politischen Tagesereignisse und fordert die volle Souveränität des

Volkes. Unter den Besuchern sind vor allem junge, demokratisch gesinnte Abgeordnete, die sich Girondisten nennen und sich von der anderen Revolutionspartei, den radikalen Jakobinern, abgrenzen. Der Salon der Rolands wird zum Hort dieser gemäßigten Gruppe.

Madame Roland hasst Robespierre und vor allem Danton, dem sie alle Übel der Schreckensherrschaft der Jakobiner zuschreibt. Als im August 1792 die Monarchie untergeht und die Republik ausgerufen wird, erhält Madame Rolands Gatte die Ernennung zum Innenminister. Von nun an wirkt sie hinter den Kulissen und beeinflusst die Politik ihres Mannes, wo sie nur kann. Sie wird zur eigentlichen Führerin der Girondisten, von denen kaum einer älter als 35 ist. Sie sind alle hitzköpfig und unbesonnen und attackieren die Jakobiner ohne großen politischen Instinkt und taktisches Kalkül. Statt die jungen Draufgänger zurückzuhalten und eine Verständigung mit dem starken Mann ihrer Gegner, dem Justizminister Danton, zu versuchen, gießt Madame Roland mit ihrem leidenschaftlichen Temperament noch Öl ins Feuer und beschleunigt damit ihren Untergang.

Einem der jungen Girondisten ihres Zirkels ist sie besonders zugetan. Es handelt sich um den 32-jährigen François Buzot, einen hoch gewachsenen, aufrechten, mutigen, intelligenten jungen Mann mit hitzigem Temperament. Wie sie ist der Rechtsanwalt und Abgeordnete aus dem normannischen Evreux ein Liebhaber der Philosophie, und wie sie ist er von großer Tugendhaftigkeit. Seine Prinzipienstrenge begeistert sie.

»Buzot ist der sanfteste Mensch von der Welt zu seinen Freunden und der hartnäckigste Feind der Gauner«, schreibt sie über ihn. »Er hat ein edles Gesicht und eine elegante Figur.«

Marie-Jeanne Roland. Gemälde von Heinsius, 1792.

Sie verliebt sich in ihn und gerät in große Gewissensnot, als sie spürt, dass ihre Liebe erwidert wird.

Als Buzot 1792 in den Konvent gewählt wird und nun wieder fast täglich zu den Zusammenkünften in ihrem Hause erscheint, kann sie ihre brennende Leidenschaft zu ihm kaum noch zügeln. Ihrem Ehemann bleibt das nicht verborgen, und er stellt sie zur Rede. Ehrenhaft und offen gesteht sie ihm ihre Liebe zu Buzot, versichert aber, sie sei rein platonisch. Sexuellen Lustbarkeiten würde sie sich nicht hingeben. Roland fällt voller Eifersucht in tiefe Verzweiflung. In ihren Memoiren schildert sie seine Verletztheit:

»Mein Mann, in der Liebe wie in der Eigenliebe äußerst empfindlich, ertrug den Gedanken an die geringste Veränderung in seinem Reich nicht; seine Gedankenwelt verdüsterte sich, seine Eifersucht erzürnte mich, das Glück floh uns; er betete mich an, ich brachte mich ihm zum Opfer, und wir waren unglücklich.«

Roland lässt nichts unversucht, seinen Rivalen zu verleumden. Allen Freunden und Bekannten erzählt er von dem frevelhaften Ehebruch, der ja in Wahrheit noch gar keiner ist.

Madame Roland ringt sich zu dem Entschluss durch, ihrem Mann die Treue zu halten und ihren ehelichen Pflichten nachzukommen. Aber ihr Herz gehört fortan Buzot. Um dem Konflikt zu entfliehen, beschließt sie Ende Mai 1793, für einige Zeit nach Le Clos auf das Weingut abzureisen, nur um den Geliebten nicht mehr sehen zu müssen. Doch sie wird krank, noch bevor sie fahren kann.

In Paris überschlagen sich die Ereignisse. Die Nationalgardisten umstellen den Konvent, um den Ausschluss der Girondisten zu erzwingen. Das Revolutionskomitee verfügt die Verhaftung Rolands, aber der alte Mann verlässt rechtzeitig die Stadt und verbirgt sich bei Freunden in Rouen, wo er sich einige Monate später das Leben nimmt.

Madame Roland könnte ebenfalls rechtzeitig fliehen, doch sie tut es nicht. Sie wird verhaftet und in die berüchtigte, düstere »Abbaye« im Stadtteil Saint Germain geworfen. Vier Wochen später schreibt sie aus dem Gefängnis an Buzot:

»Ich will nicht sagen, dass ich ihnen entgegenging, aber sehr wahr ist, dass ich nicht vor ihnen geflohen bin.«

In den fünf Monaten, die sie im Gefängnis verbringen muss, schreibt sie ihre Memoiren. »Tod, Qualen und Schmerz gelten mir nichts«, bekennt sie, wohl wissend, dass das Schafott auf sie wartet. Sie zeigt sich äußerst gefasst. Sie empfindet keine Trauer, sondern, für die Augenzeugen unfassbar, sogar Freude. Der Kerker ist für sie die Lösung ihrer Probleme, ein guter Schutzwall vor der Leidenschaft für Buzot. Sie muss nicht mehr zwischen Liebe und Pflichterfüllung entscheiden, ist Rolands Eifersucht und Verzweiflung entzogen, aber auch der unerträglichen Angst, dem Charme Buzots zu erliegen und sich ihm ganz hinzugeben.

Die Ereignisse hätten ihr verschafft, schreibt sie an ihren Geliebten, »was ich nicht ohne eine Art Verbrechen hätte erlangen können. Wie lieb sind mir die Ketten, wo es mir freisteht, Dich ungeteilt zu lieben und mich ohne Unterlass mit Dir zu beschäftigen! Hier ist jede andere Verpflichtung vertagt. Ich schulde mich nur noch dem, der mich liebt und so sehr verdient, dass man ihm gut ist.«

Hinter unüberwindlichen Mauern von ihm getrennt, entfaltet sich ihre Liebe zu Buzot in einem Maße, edel, tragisch und heroisch, dass die geistige, platonische Verbindung ihr mehr Erfüllung bringt, als es jede sinnliche Vereinigung mit dem geliebten Mann vermocht hätte. Sie schreibt ihm schöne, herzergreifende Briefe, die zu den schönsten Liebesbriefen zählen, die je geschrieben worden sind. Erst 70 Jahre nach ihrem Tod werden sie veröffentlicht.

»Sage mir«, schreibt sie ihm am 3. Juli 1793, »kennst Du süßere Augenblicke als diese, die man in der Unschuld und Anmut einer Herzensneigung verbringt? … Kennst Du Süßeres? Kennst Du Wertvolleres, als dem feindlichen Schicksal, dem Tod überlegen sein und in seinem Herzen die Kraft finden, das Leben bis zum letzten Hauch gefällig und schön zu machen? … Du machst mir meine Gefangenschaft hold und teuer.« Dem geliebten Buzot ist mit einigen seiner Freunde die Flucht nach Caen gelungen. Von hier aus versuchen sie, den Widerstand gegen den Konvent in Paris neu zu organisieren. Aber Ende Juli wird die kleine Armee der Girondisten, die nun den Status der Volksvertreter verloren haben und nichts weiter sind als vogelfreie Rebellen, vernichtend geschlagen.

Es folgt ein blutiger Herbst, in immer kürzeren Abständen rollen die Karren mit den Verurteilten zur Place de la Concorde. Am 16. Oktober wird Marie Antoinette hingerichtet, weitere Prominente folgen.

Madame Roland hat beschlossen, den Hungertod zu sterben. An Buzot, dessen Aufenthalt sie nicht kennt, richtet sie ihre »letzten Gedanken« in der Hoffnung, dass sie ihn irgendwann erreichen werden:

»Und Du, den ich nicht zu nennen wage! – Du, den man eines Tages besser kennen wird, dann, wenn man unser gemeinsames Unglück beklagt; Du, den die heftigste aller Leidenschaften nicht davon abhielt, die Schranken der Tugend zu achten, kann es Dich betrüben, wenn Du mich dorthin vorangehen siehst, wo wir uns ohne Sünde lieben können und wo nichts uns daran hindert, vereint zu sein? … Ich werde dort auf Dich warten … Heftet das hartnäckige Unglück Dir aber einen Feind an die Fersen, dann dulde es nicht, dass eine gedungene Hand sich gegen Dich erhebt, stirb frei, wie Du zu leben gewusst hast, und dieser hochherzige Mut, der meine Rechtfertigung ist, möge sich in Deiner letzten Tat erweisen.«

Dieser offene Brief hat Buzot nicht mehr erreicht. Trotzdem handelt er so, wie sie es sich gewünscht hat. Am 20. Juni 1794 nimmt er sich in Saint-Emilion bei Bordeaux das Leben. Madame Roland verzichtet jedoch auf den Freitod, als sie hört, dass ein Prozess gegen 21 Girondisten demnächst beginnen soll. Sie hofft, ihren Freunden als Zeugin noch einmal nützlich sein zu können. Aber sie wird nicht geladen, und Ende Oktober werden alle 21 guillotiniert.

Kurz darauf wird die nun 39-Jährige selbst in die Conciergerie gebracht. Ihr Prozess ist eine reine Farce. Sie wird der Komplizenschaft der nach Caen geflohenen Abgeordneten angeklagt. Briefe von ihr an diese Männer gelten als sicherer Beweis. Sie hat eine Verteidigungsrede ausgearbeitet. Unter dem Vorwand, sie missbrauche die Redefreiheit, wird sie zum Schweigen gebracht. Als ihr das Todesurteil vorgelesen wird, antwortet sie:

»Sie halten mich für würdig, das Los der großen Männer zu teilen, die Sie ermordet haben; ich werde versuchen, den Mut, den sie gezeigt haben, aufs Schafott zu tragen.«

Ein Augenzeuge berichtet von ihrer letzten Stunde: »Sie stand aufrecht und ruhig im Karren, bekleidet mit einem weißen, von rosafarbenen Sträußen übersäten Stoff; keine sichtbare Zerrüttung. Ihre Augen warfen lebhafte Blicke, ihr Teint war frisch und strahlend; ein anmutiges Lächeln lag auf ihren Lippen. Trotzdem war sie ernst und spielte nicht mit dem Tod.«

Als sie an der Freiheitsstatue auf der Place de la Révolution vorbeigefahren wird und ihre schulterlangen schwarzen Haare im Wind wehen, ruft sie:

»Oh, Freiheit, welche Verbrechen begeht man in deinem Namen!«

Kurz darauf rollt ihr Kopf in den Sand.

»Und alle meine Tage sind Träume …«

Elmira Royster und Edgar Allan Poe (1825–1849)

Sind es ihre großen, dunklen, träumerischen Augen, die ihrem Antlitz einen derartigen Liebreiz verleihen? Oder sind es die beiden bezaubernden Grübchen neben dem sinnlichen Mund, den vollen, fein geschwungenen Lippen? Die 1810 im US-Staat Virginia geborene Elmira Royster ist wunderschön. Selbst eine kleine Bleistiftskizze macht das deutlich, die Elmira im Alter von etwa 15 Jahren zeigt und von dem Mann stammt, für den sie zur großen Liebe seines Lebens wird: Edgar Allan Poe.

Nicht nur Elmiras anmutige Erscheinung und ihr zarter, wohlgeformter Körper machen sie zu einem der auffallendsten und begehrtesten Mädchen von Richmond, der Stadt, in der sie lebt. Die feinfühlige, empfindsame und musisch begabte junge Frau, die hervorragend Klavier spielt, ist auch das, was man »eine gute Partie« nennt. Ihre Eltern zählen zu den wohlhabendsten Familien von Richmond. Die Roysters gehören der reformierten evangelischen Kirche an. Als strenge Presbyterianer lehnen sie die bischöfliche Verfassung der anglikanischen Kirche ab. Das tun viele Familien in Richmond. So auch John und Francis Allan. Sie sind mit den Roysters befreundet und teilen ihre Weltanschauung. Und sie sind ebenso wohlhabend. Der aus Schottland eingewanderte John Allan ist ein reicher Kaufmann, der mit vielen Gütern handelt, vornehmlich Tabak. Ihm fehlt nur eines: Kinder. Da seine Frau Francis keine bekommen kann, entschließt er sich, einen dreijährigen Knaben aus der Nachbarschaft an Kindes statt anzunehmen, der auf den Vornamen Edgar hört und gerade Vollwaise geworden ist.

Edgar ist am 19. Januar 1809 in Boston als Sohn der wenig angesehenen und in ärmlichen Verhältnissen lebenden Wanderschauspieler Elisabeth und David Poe zur Welt gekommen. Seine Mutter stirbt am 8. Dezember 1811 an Tuberkulose. Und nur wenige Tage später folgt ihr der Vater nach. Die Ursachen seines Todes sind nie ganz geklärt worden. Als Edgar im Dezember 1811 in das Haus von John und Francis Allan kommt, erhält er den zusätzlichen Familiennamen Allan, so dass er von jetzt an Edgar Allan Poe heißt. Aber zu einer förmlichen Adoption können sich seine Zieheltern nicht entschließen.

Dennoch erhält Edgar eine gute Erziehung und Ausbildung. Er wird über die Maßen verwöhnt und bereits im Alter von fünf Jahren von einem Privatlehrer unterrichtet. Im Sommer 1815 erfordern John Allans geschäftliche Interessen einen längeren Aufenthalt in England. In London besucht Edgar, ausgestattet mit einem extravaganten Taschengeld, fünf Jahre lang mehrere Schulen. Aber er fühlt sich einsam und unglücklich und nie richtig zugehörig zur Familie Allan. Diese kehrt im Juli 1820 wieder in die Vereinigten Staaten zurück, heim ins exklusive Richmond. Hier setzt Edgar seine Ausbildung fort und schreibt seine ersten Gedichte. Seine Begabung für Sprachen wird offenbar, die Noten in Latein und Französisch sind hervorragend.

Als er 16 ist, begegnet er zum ersten Mal der ein Jahr jüngeren Elmira Royster. Er ist überwältigt von ihrer bezaubernden Erscheinung und verliebt sich sofort in sie. Sie musizieren oft zusammen. Wenn Elmira Klavier spielt, begleitet er sie mit der Flöte. Auch Elmira ist von dem attraktiven jungen Mann mit der auffallend blassen Hautfarbe, den seidenweichen, schwarzen, bis zu den Ohren reichenden Haaren und den ruhelosen dunklen Augen beeindruckt. Edgar trägt stets maßgeschneiderte Anzüge und wird von Jagdhunden begleitet, wenn er das Haus verlässt.

Bald fühlen beide, dass sie füreinander bestimmt sind. Sie wollen für immer zusammen bleiben und verloben sich heimlich. Dass es zu sexuellen Kontakten gekommen ist, erscheint angesichts der sittenstrengen Erziehung eher unwahrscheinlich. Auch sind die Stimmen nie verstummt, die behaupten, Edgar Allan Poe sei schon in seiner Jugend impotent gewesen. Die Roysters sehen in dem hoffnungsvollen Jüngling aus reichem Hause jedenfalls eine gute Partie. Denn sicherlich wird er einmal Alleinerbe des Millionenvermögens von John Allan werden. Gegen eine Heirat haben Elmiras Eltern deshalb nichts einzuwenden. Aber zuvor soll Edgar seine Ausbildung abschließen. Er will Sprachen studieren, Französisch, Italienisch, Spanisch. Zur Übernahme des Geschäfts seines Ziehvaters zeigt er nicht die geringste Neigung.

Als der 17-Jährige im Februar 1826 von Elmira Abschied nimmt, um auf der Universität von Charlottesville mit dem Studium zu beginnen, schenkt er ihr eine kostbare Perlmuttschatulle. In Silber sind ihre beiden Initialen eingraviert. Sie küssen sich unter Tränen und versprechen sich die Treue. Elmira erwidert Edgars Gefühle ebenso leidenschaftlich. Wenn er nach Abschluss des Studiums nach Richmond zurückkehren wird, soll die Hochzeit stattfinden. Sie will dem Mann ihres Herzens eine gute Ehefrau sein und ihm viele Kinder schenken.

Edgar Allen Poe. Zeitgenössischer Holzstich.

Aus Charlottesville schreibt der Bräutigam seiner geliebten Elmira einen leidenschaftlichen Liebesbrief nach dem anderen. Aber er bekommt keine Antwort. Das macht ihn rasend und unglücklich. Er findet keine Erklärung für Elmiras Schweigen. Warum wendet sie sich, da sie vorübergehend getrennt sind, von ihm ab? Tiefe Depressionen befallen ihn. Verzweifelt sucht er Trost im Alkohol und im Glücksspiel und beginnt einen wüsten Lebenswandel. Als das Semester endlich beendet ist und er voller Sehnsucht nach Richmond zurückkehrt, ist Elmira nicht mehr da. Sie ist fort, sagt man ihm. Mit einem anderen Mann, den sie inzwischen geheiratet hat, einem reichen Kaufmann mit dem Namen Alexander Barrett Shelton.

Für Edgar Allan Poe bricht eine Welt zusammen. Er ist zutiefst verletzt und kann nicht glauben, was seine Freunde ihm berichten. Aber es ist wahr. Man hat ihm seine Elmira genommen. Schuld daran ist sein Ziehvater John Allan. Sein Verhältnis zu Edgar hatte sich in den letzten Jahren rapide verschlechtert, weil Edgar dessen außereheliche Eskapaden verurteilt und die Partei seiner betrogenen Mutter ergriffen hatte. Deshalb ist John Allan nun nicht mehr bereit, Edgar zu seinem Nachfolger zu machen. Er will ihn sogar enterben und verstoßen und tut dies später auch tatsächlich. In seinen Augen hat sich Edgar zu einem liederlichen, haltlosen Menschen entwickelt. Seine Alkoholexzesse und seine immer größer werdenden Spielschulden sind seiner Ansicht nach ein untrügliches Zeichen dafür. Als die Schulden die Summe von 2500 Dollar erreicht haben, weigert John Allan sich, sie zu übernehmen, so dass Edgar gezwungen ist, die Universität zu verlassen. Und der hartherzige, selbstgerechte Mann berichtet auch den Roysters von Edgars verwerflichem Lebenswandel. Er lässt kein gutes Haar an seinem Adoptivsohn und prophezeit ihm ein schlimmes Ende. Vater Royster ist entsetzt und beschließt sofort, der unheilschwangeren Beziehung seiner Tochter zu diesem augenscheinlichen Versager und Taugenichts ein Ende zu bereiten. Er fängt alle Briefe Edgars an Elmira ab und vernichtet sie. Elmira wird schnell mit einem reichen Mann mit bestem Leumund verheiratet.

Edgar Allan Poe flieht immer mehr in die Welt des Wortes. Er sucht Rettung, indem er aufschreibt, was seine Seele bedrückt. Er verfasst melancholische, romantische Gedichte über die verlorene Liebe und eine transzendente Welt der Träume. Vielleicht in Gedenken an Elmira überschreibt er ein Gedicht mit *To one in Paradise* (»An die Eine im Paradies«). Der Erzähler des Gedichts lebt in Trance, weil seine Seele sich danach sehnt, mit der seiner großen Liebe im Paradies vereint zu werden. »Und alle meine Tage sind Träume …« heißt es in der letzten Strophe:

»And all my days are trances,
And all my nightly dreams
Are where thy dark eye glances,
And where thy footstep gleams –
In what ethereal dances,
By what eternal streams.«

Im Jahr 1827 publiziert Edgar Allan Poe in Boston in einer Auflage von nur 50 Exemplaren seinen ersten Gedichtband *Tamerlan und andere Gedichte.* Nach der Absolvierung des Militärdienstes folgt 1829 ein zweiter Gedichtband nach. Am 16. Mai 1836 heiratet er seine erst 13-jährige Kusine Virginia Clemm, geht 1837 nach New York und ein Jahr später nach Philadelphia. Inzwischen schreibt er auch Prosa, weil damit mehr Geld zu verdienen ist. Er wird zum Erfinder der Detektiverzählung. *Die Morde in der Rue Morgue,* die erste moderne Detektivgeschichte, erscheint 1841 und wird zu einem großen Erfolg. Dann schreibt er Schreckensgeschichten wie *Der Untergang des Hauses Usher.* Am 29. Januar 1845 erscheint im Evening Mirror, New York, sein wohl berühmtestes Gedicht *Der Rabe.*

Neben seiner Trunksucht und Spielleidenschaft, die ihn physisch und psychisch zerrütten, belastet ihn in den Jahren 1842 bis 1847 die schwere, unheilbare Krankheit seiner Frau. Als sie 1847 stirbt, erleidet er einen Nervenzusammenbruch. Nach einem Selbstmordversuch und einer überstandenen Choleraerkrankung verfällt er körperlich immer mehr. Edgar Allan Poe beschließt, nach Richmond zurückzukehren, der Stadt seiner Kindheit und großen Liebe. Denn er hat erfahren, dass auch Elmira Shelton nach dem Tod ihres Mannes wieder dort lebt, zusammen mit ihrem Sohn in der vornehmen Grace Street in einer hochherrschaftlichen Villa mit großem Garten. Elmira hat das ganze Vermögen ihres begüterten Mannes geerbt. In einem Testament hat er verfügt, dass sich die Einkünfte der Witwe auf ein Viertel des Vermögens reduzieren, wenn sie sich wieder verheiratet.

Doch das Geld ist nicht der Grund, warum Edgar Allan Poe die Frau seiner Träume wiedersehen will. Er liebt sie noch immer. Im Juli 1849 sucht er sie in ihrem Hause auf und fragt sie, ob sie ihn heiraten wolle. Elmira, inzwischen 39 Jahre alt, ist zu Tränen gerührt und erbittet Bedenkzeit. Die fromme, prinzipientreue und noch immer hübsche Frau hat von dem ausschweifenden Lebenswandel ihres inzwischen berühmt gewordenen Verehrers erfahren. Aber als Edgar hoch und heilig schwört, das Trinken fortan aufzugeben, willigt sie am 25. August 1849 nach mehrmaligen Besuchen Edgars endlich ein, denn Elmira fühlt, dass sie sich noch immer zu diesem Mann hingezogen fühlt. Sie verzichtet auf drei Viertel ihres Vermögens und stimmt einer Trauung zu, die am 17. Oktober 1849 stattfinden soll. An Edgars Tante Maria Clemm schreibt sie: »Ich hoffe, die Vorsehung wird ihn schützen und auf den Pfad der Wahrheit leiten, damit sein Fuß nicht ausgleite.«

Edgar ist überglücklich. Auch er schreibt an seine Tante: »Ich glaube, sie liebt mich hingebungsvoller, als ich es jemals erfahren.« Er will noch einmal nach New York und Philadelphia reisen, um einige geschäftliche Angelegenheiten abzuwickeln. Herzlich verabschiedet er sich am Abend des 26. September 1849 von Elmira. Er fühlt sich nicht wohl und fiebert. Besorgt fühlt Elmira ihm den Puls. Nur ungern lässt sie ihn ziehen. Aber er wird ja in wenigen Tagen zurück sein.

In Baltimore macht Edgar Zwischenstation. Auf dem Weg zum Hotel wird er von zwei zwielichtigen Gestalten verfolgt. Sie zerren ihn in eine finstere Hafenkneipe, setzen ihn unter Alkohol und Drogen und rauben ihn aus. Dann lassen sie ihn halb nackt auf der Straße liegen. Am nächsten Morgen findet ein Spaziergänger den Bewusstlosen. Im Krankenhaus beantwortet er die Fragen der Ärzte mit wirren Worten. Deshalb sind bis heute Zweifel an seiner Darstellung geblieben. Am 7. Oktober 1849 verstirbt Edgar Allan Poe im Hospital. Kurz darauf wird er auf dem Friedhof in Baltimore beerdigt.

Elmira erfährt erst davon, als Edgar Allan Poe schon unter der Erde ist. Ein zweites Mal hat das Schicksal die Heirat mit dem geliebten Mann verhindert. Er bleibt für sie als Partner unerreichbar. Elmira überlebt ihn um 39 Jahre. Sie stirbt am 11. Februar 1888.

Ausbruch aus der Ehe

George Sand und Casimir Dudevant
(1822–1836)

Die großen, dunklen, etwas verschleierten und unergründlichen Augen, die einmal Chopin betören werden, sind vor allem der Grund, warum sich die Männer von der jungen Frau angezogen fühlen. Sie hat tatsächlich etwas von der Morgenröte, die ihr Vorname Aurore verheißt. Erst später wird sie ihn in George ändern.

Am 1. Juli 1804 in Paris geboren, wächst sie auf dem 400 Hektar großen Landgut Nohant unter der Obhut von zwei Frauen auf, die einander nicht mögen, sich sogar verachten, ihrer Großmutter und ihrer Mutter. Der Vater hat sich bereits im Alter von 30 Jahren bei einem Reitunfall das Genick gebrochen. Aurores Kindheit und Jugend sind geprägt von dem Konflikt der beiden Frauen, unter dem sie sehr leidet. Von der Großmutter hat sie die Liebe zu den schönen Künsten, insbesondere zur Literatur und Musik, von der Mutter die Natürlichkeit und Unbekümmertheit.

Mit 13 Jahren kommt Aurore als Internatsschülerin in ein Pariser Kloster. Aber als sie nach drei Jahren der Oberin erklärt, sie wolle Nonne werden, hat die Großmutter, die sich hauptsächlich um die Erziehung und Ausbildung der Enkelin kümmert, keinerlei Verständnis für deren religiöse Schwärmereien und nimmt sie von der Schule. In Nohant lebt Aurore so frei, wie es sich eine 16-Jährige nur wünschen kann. Sie reitet gern und viel, galoppiert über die Felder und fühlt dabei, alles sei wie weggewischt, »alles Leid, man denkt nicht mehr«. Oft vergleicht sie, die von kleinem und zierlichem Wuchs mit dunklem Teint und wundervollem kastanienbraunen Haar ist, sich mit einer wilden Blume. Als die Großmutter Weihnachten 1821 stirbt, wird die 17-jährige Aurore Alleinerbin des Landgutes Nohant.

Die gebildete und zu Extravaganzen neigende junge Frau wünscht sich das, was sich die meisten Mädchen ihres Alters wünschen, einen lieben und verständnisvollen Mann und alsbald Kinder. Und schon im darauf folgenden Jahr glaubt sie, ihm bei Freunden ihres Vaters begegnet zu sein. Er heißt Casimir Dudevant und ist ein 26-jähriger schlanker, eleganter Mann mit fröhlichem Gesichtsausdruck, unehelicher Sohn eines Barons und Obersten aus der Gascogne und von ihm als Alleinerbe eingesetzt. Er ist zwar gerade dabei, von der Militärakademie Saint-Cyr seinen Abschied zu nehmen, aber seine militärischen Allüren legt er auch danach nicht ab. Aurore beginnt, für ihn zu schwärmen und sich in ihn zu verlieben. Aber Liebe auf den ersten Blick ist es nicht, auch keine Leidenschaft, die zwischen dem jungen Paar entbrennt. George Sand schildert den Beginn dieser Liebe später als eine »stille Kameradschaft«. Dennoch geht alles sehr schnell. Bereits am 17. September 1822 heiraten sie.

Die Baronin Aurore Dudevant träumt ein romantisches Märchen von dauerndem Eheglück. Doch die Realität sieht anders aus. Sie erkennt schon nach kurzer Zeit, wie verschieden ihre Charaktere und Neigungen sind. Ernüchtert schreibt sie einer Freundin:

»Ich glaube, es ist nötig, dass in der Ehe einer der beiden auf sein eigenes Selbst völlig verzichtet und nicht nur seinen

Willen aufgibt, sondern auch auf seine eigene Meinung verzichtet … Da aber auf männlicher Seite die ganze Macht liegt und da die Männer zu einer solch selbstlosen Zuneigung ohnehin unfähig sind, so sind notwendigerweise wir diejenigen, denen Gehorsam ziemt.«

Casimir teilt keine ihrer Interessen. Er gähnt nur, wenn sie ihm aus ihren Büchern vorliest, und verlässt den Raum, wenn sie Klavier spielt. Er hat derbere Leidenschaften wie die Jagd, und er liebt Saufgelage mit seinen Freunden. Die Zimmer im Landgut räumt er alle um, er gestaltet den Garten neu und verkauft die alten Pferde. Nichts ist mehr so wie früher, wie sie es liebte. Wenn Casimir mit ihr schläft, auf ihr liegt und sie stürmisch nimmt, empfindet sie dabei keine Lust. Als sie schwanger wird und den kleinen Maurice zur Welt bringt, genießt sie zwar ihr Mutterglück, aber bald darauf stellen sich Langeweile, Melancholie und Depression wieder ein, sie fühlt sich zunehmend krank und unpässlich.

Casimir entgeht nicht, dass seine Frau unglücklich ist, unausgefüllt und unbefriedigt. Er macht sich Sorgen und schlägt einen Familienurlaub in den Pyrenäen vor. Und hier geschieht es im Juli 1825 zum ersten Mal. Aurore verliebt sich in den jungen, hübschen Staatsanwalt Aurélien de Sèze aus Bordeaux. In ihm entdeckt sie den Schöngeist, den sie in Casimir vergeblich gesucht hat. Während ihr Mann seiner Jagdleidenschaft frönt, reitet sie mit Aurélien durch die Berge und verbringt einsame, romantische Stunden mit ihm. Aurélien spricht schwärmerisch von Liebe, sie aber auch von Tugend. Gewissensbisse plagen sie, sie will eine gute Ehefrau sein und beichtet Casimir auf 18 Seiten ihr Liebesverhältnis, das rein platonischer Natur sei, wie sie versichert.

Dem Bekenntnis folgt eine künftige »Charta« ihrer Ehe voll guter Vorsätze. Den kurze Zeit gehegten Gedanken, eine Ehe zu dritt zu führen, verwirft sie wieder. Schließlich kommt es zum Abschied von Aurélien. Er schwört, sie sein Leben lang zu lieben und zu achten wie eine Mutter, wie eine Schwester. Casimir gestattet ihr, schriftlichen Kontakt mit Aurélien zu halten, und einige Jahre gehen Briefe zwischen Bordeaux und Nohant hin und her. Dann schläft die Beziehung ein.

Das Liebeserlebnis hat Aurore verändert, der erste Schritt zum Ausbruch aus der Ehe ist getan. Sie bleibt nun nicht mehr niedergeschlagen im Hause sitzen, wenn Casimir zu seinem Jagdvergnügen und den ausgedehnten Saufgelagen aufbricht. Sie geht selber aus und ist bald Mittelpunkt eines Kreises junger Männer in der nahen Kreisstadt La Châtre. Einer von ihnen ist Stéphane Ajasson de Grandsagne, ein junger Mann mit blassem Gesicht und angeschlagener Gesundheit, aber besonders hübsch. Im Dezember 1827 fährt sie nach Paris, angeblich, um spezielle Ärzte aufzusuchen. Doch sie dürstet nach Liebe und trifft sich dort mit Stéphane. Entschlossen wirft sie alle Bedenken über Bord und gibt sich ihm hin. Genau neun Monate später wird sie von der kleinen Tochter Solange entbunden.

Im Sommer 1830 lernt sie im Alter von 26 Jahren bei ihren Freunden den schüchternen, zierlichen, zerbrechlichen und fast femininen 19-jährigen Jurastudenten Jules Sandeau kennen, von dem sie sich sofort stark angezogen fühlt, wie später von allen weichen Männern, die zu schwach erscheinen, um allein leben zu können, und ihren mütterlichen Beschützerinstinkt wecken. Sie verliebt sich Hals über Kopf in den blonden Milchbart, nennt ihn bald »meinen kleinen Jules« und beschreibt ihn als »liebenswert und leicht wie der Kolibri der duftenden Savannen«.

Die Begegnung mit ihm ist entscheidend für ihr weiteres Leben. Jules wohnt nicht weit entfernt vom Landgut Nohant und schleicht sich regelmäßig nachts herüber in Aurores Zimmer und teilt mit ihr das Bett. Sie erlebt eine bisher nicht gekannte aktive sexuelle Lust und schreibt einem ihrer Freunde überschwänglich:

»Und in dieser Nacht war er da, in meinem kleinen Zimmer, in meinen Armen, glücklich, besiegt, umarmt, gebissen, seufzend, weinend und lachend. Es war eine Raserei der Lust, wie wir sie, glaube ich, nie erlebt hatten ... Mir ist ganz schwach, mein Körper ist von blauen Flecken und den Spuren seiner Zähne bedeckt. Ich kann mich kaum aufrecht halten. Eine verrückte Freude erfüllt mich ... Ich will, dass er diese Nacht wieder kommt. Zweimal ist nicht zu viel.«

Nun steht es für sie fest: Sie will unabhängig sein und das verhasste Dasein als Ehefrau und Hausfrau beenden. Sie will selbst Geld verdienen und fängt an zu schreiben. Denn sie stellt schnell fest, dass die Ideen »plötzlich Leben gewannen und sich in logischer Folge aneinander reihten«, sobald sie die Feder in die Hand nimmt. Im Dezember 1830 entdeckt sie im Schreibtisch ihres Mannes sein Testament. Auf dem Umschlag steht »Erst nach meinem Tode zu öffnen«. Sie reißt ihn trotzdem auf und entdeckt, wie sehr Casimir sie verachtet und als pervers empfindet. Jetzt fasst sie den Entschluss, ihn zu verlassen und nach Paris zu gehen. Da er Nutznießer ihres Erbes ist, soll er ihr dafür eine monatliche Rente von 3000 Franc zahlen. Unter diesen Umständen wäre sie bereit, den Schein einer Ehe aufrechtzuerhalten. Casimir weigert sich zunächst, willigt dann aber ein. Die Kinder bleiben zunächst bei ihm in Nohant.

George Sand. Gemälde von Charpentier, 1839.

In Paris erscheinen ihr die schönen Kleider und Schuhe, die sie aus Nohant mitgebracht hat, auf ihren Erkundungstouren durch die Stadt bald unzweckmäßig. Aus zunächst rein praktischen Erwägungen kauft sie sich Männerkleidung. Sie lässt sich Hosen und Weste fertigen und einen knöchellangen Überrock aus grauem Tuch, bindet sich eine Krawatte um, zieht feste Stiefel an und setzt sich einen grauen

Hut auf. Die Hosenfrau ist geboren. Zusammen mit Jules Sandeau nimmt sie sich eine kleine Mietwohnung am Quai Saint-Michel mit Blick auf Notre-Dame und die Seine. Und zusammen mit ihrem Liebhaber schreibt und publiziert sie im Dezember 1831 den Roman *Rose et Blanche* unter dem Pseudonym Jules Sand.

Bald darauf entsteht in wenigen Wochen der Roman *Indiana,* an dem Jules keinen Anteil hat. Sie ändert den Vornamen ihres Pseudonyms in George und nennt sich fortan George Sand. Die im Mai 1832 erscheinende Geschichte der schönen, mit einem ungeliebten Mann verheirateten Kreolin wird auf Anhieb ein Erfolg und macht die 28-Jährige über Nacht berühmt. Sie hat im Grunde die Geschichte von Casimir und Aurore Dudevant geschrieben, aber es ist ebenso die Geschichte vieler Paare. Die Frauen erkennen sich darin selbst wieder, ihre unglücklichen Ehen und unerfüllten Hoffnungen und Sehnsüchte. Nie zuvor ist ihre Unterdrückung und die Missachtung ihrer Gefühle so deutlich und offen ausgesprochen worden. *Indiana* macht Mut zum Widerstand.

Der Aufstieg von George Sand zur gelobten, umjubelten Schriftstellerin ist schwindelerregend. Sie erkennt schnell, dass der Traum vom gemeinsamen Leben und Arbeiten mit Jules Sandeau nicht zu verwirklichen ist, und trennt sich von ihm. Sie gibt ihm Geld und schickt ihn mit der Postkutsche nach Italien. Ihr wird bewusst, dass sie nun nicht nur in der ehelichen, sondern auch in der nichtehelichen Liebe gescheitert ist.

In dieser schweren persönlichen Krise entsteht *Lélia,* die Geschichte einer nach Liebe dürstenden Frau, deren Sehnsucht unerfüllt bleibt, weil sie zur sinnlichen Liebe nicht fähig ist. Es ist die Autorin selbst, die sich in dieser Frau widerspiegelt, die ihre eigene Unfähigkeit, in der Ehe Lust und Befriedigung während der körperlichen Vereinigung zu empfinden, mit schonungsloser Offenheit wiedergibt. Damit bricht sie alle Tabus.

Ausgerechnet jetzt, wo sie mit »blutendem, geöffnetem Herzen« die schwierige Phase ihres Lebens zu meistern versucht, fällt sie im April 1833 einem berüchtigten Frauenhelden in die Hände. Es ist der charmante Dichter Prosper Mérimée, der ihr ganz unverblümt vorschlägt, nur der sexuellen Lust wegen seine Geliebte zu werden. Sie lässt sich darauf ein und erleidet ein Fiasko, an dem das ganze literarische Paris lebhaften Anteil nimmt. Zutiefst gedemütigt zieht sie sich zurück.

In diesen Tagen entdeckt sie ihre Liebe zu einer Frau, der man lesbische Neigungen nachsagt. Aus der Begegnung mit der bewunderten Pariser Schauspielerin Marie Dorval entsteht eine berühmte Frauenfreundschaft. George Sand findet in der zarten, schlanken Frau die Erfüllung ihres Frauenideals, sie ist sinnlich und ekstatisch, erfahren in der körperlichen Liebe. Marie zeigt ungehemmt ihre Gefühle und leidenschaftlich ihre Lust. Sie treffen sich nun regelmäßig und tauschen in langen Gesprächen ihre Geheimnisse aus. Wenn sie sich nicht sehen können, schreibt George Sand herzliche Briefe an »die geliebte Seele«, »die Lieblichste von allen«.

Aber dann, auf einem Diner, geschieht es: Die skandalumwitterte Autorin lernt den exzentrischen blonden, sechs Jahre jüngeren Dichter Alfred de Musset kennen, den Schwarm aller Frauen. Eine Aura von Dekadenz und Weltschmerz umgibt ihn, den jungen »Dandy«, der das Leben nur in Überdosen ertragen kann und mit viel Wein, viel Opium und vielen

Frauen vergeudet. Er lächelt zunächst über die mit Reitpeitsche und einem Dolch am Gürtel erscheinende Frau in Männerkleidung. Aber nachdem die bronzefarbene Schönheit ihn, nur mit einem Seidenneglige und türkischen Pantoffeln bekleidet, empfangen hat, verfällt er ihr ganz und wird ihr Geliebter.

»Ich habe mich verliebt«, schreibt sie an ihren Freund, den Kritiker Sainte-Beuve, »und diesmal sehr ernstlich, in Alfred de Musset. Es ist dies nicht mehr eine Laune, es ist ein tief empfundenes Gefühl ... Ich bin glücklich, danken Sie Gott für mich.« Zwei extravagante Menschen stürzen in einen Liebestaumel.

Nach einigen im Januar 1834 gemeinsam in Venedig verbrachten Wochen erleidet aber auch diese Beziehung Schiffbruch. Musset kann sich nicht an die fast zwanghafte Arbeitswut der Schriftstellerin gewöhnen, mit der er am liebsten den ganzen Tag im Bett verbringen möchte, und sie kann seine Alkoholexzesse und sein Nichtstun kaum noch ertragen. Sie passen einfach nicht zueinander. George Sand ist verzweifelt und wird krank. Musset tröstet sich mit Freudenmädchen, dann bekommt er schwere Tobsuchtsanfälle und erkrankt an Nervenfieber.

Ein junger, schöner italienischer Arzt, Pietro Pagello, kommt an das Krankenlager, und in der Verwirrung ihrer Gefühle verliebt sich George Sand in ihn.

»Werde ich Deine Gefährtin oder Sklavin sein?«, schreibt sie ihm hingebungsvoll. »Begehrst Du mich oder liebst Du mich? Wenn Deine leidenschaftliche Begierde befriedigt ist, wirst Du mir dann danken? Wenn ich Dich glücklich gemacht habe, wirst Du es mir sagen?« Eifersüchtig reist Musset nach stürmischen Auseinandersetzungen Ende März nach Paris zurück. Im Sommer 1834 folgt sie ihm nach, zusammen mit Pagello, der wie unter einem Bann steht. Sie wandert mit ihm zu Fuß durch die Schweiz. Dann gibt sie ihm 1500 Franc und trennt sich von ihm. Ganz Paris lästert darüber. George Sand schneidet sich die Haare ab, schickt sie mit einem Liebesbrief an Musset und lässt sich, bleich und leidend, von Delacroix porträtieren.

Sie lernt Franz Liszt kennen, der sich sogleich in sie verliebt, und Heinrich Heine. Er bewundert sie, nennt sie aber auch eine »Emancimatrice«, eine nicht übersetzbare Wortschöpfung aus »emanzipiert« und »Gebärmutter«.

So kann es nicht weitergehen, das ist ihr bewusst. Die Selbstzerfleischung muss ein Ende haben. Sie hat Sehnsucht nach ihren Kindern, und sie ist ja immer noch verheiratet. Im März 1835 bricht sie überstürzt nach Nohant auf, um reinen Tisch zu machen. Casimir Dudevant hat das mit ihr getroffene Übereinkommen längst gebrochen. Er wohnt und lebt zwar auf ihrem Landgut, zahlt ihr aber die vereinbarte Rente nicht. Es kommt zu Streit und Handgreiflichkeiten. Als Dudevant seine Frau schließlich mit einem Jagdgewehr bedroht, reicht sie Klage gegen ihn ein, um die endgültige Trennung von ihm zu erreichen.

Es wird ein peinlicher Prozess mit großem Eklat. Die sensationslüsterne Presse scheut nicht vor der Publikation schlüpfriger Details zurück. Casimir bezichtigt seine Frau des mehrfachen Ehebruchs und reicht dem Gericht eine lange Liste ihrer Liebhaber ein.

»Madame Dudevant gibt sich das Äußere eines jungen Mannes«, trägt er dem Gericht vor, »sie raucht, flucht und trägt Männerkleidung. Sie hat alle weiblichen Tugenden verloren.«

Es ist nicht einfach für die 31-jährige George Sand, ihre Vorstellungen durchzusetzen. Sie beansprucht Nohant allein für sich und das Sorgerecht für ihre Tochter Solange. Casimir soll das Sorgerecht für den Sohn Maurice erhalten sowie die Einkünfte aus einem Hotel in Paris, das George Sand ebenfalls geerbt hat.

Sie nimmt sich den berühmten und redegewandten Louis Michel de Bourges als Anwalt. Kurz darauf wird sie die unterwürfige Geliebte dieses verheirateten, 37-jährigen, schmächtigen, kränklichen und kahlköpfigen Mannes mit einem seltsam verformten Schädel, den er aus Furcht vor Erkältungen mit drei Tüchern umknotet. Die Pariser zerreißen sich das Maul über die neue skandalöse Liaison.

Der beredsame, äußerlich so wenig anziehende Mann übt eine große Macht über George Sand aus, weil es ihm gelingt, sie sexuell in einer Weise zu befriedigen, wie es zuvor noch keinem Mann gelungen ist. Sie explodiert geradezu vor Sinnenlust, bietet sich ihm immer wieder an wie eine Dirne und wird ihm hörig. Aber der verheiratete Mann wird der ausgefallenen Ausschweifungen bald überdrüssig. »Du störst meine Ehe und meinen inneren Frieden!«, wirft er ihr vor. Es gelingt ihm zwar, den Prozess für sie in zwei Instanzen zu gewinnen. Aber im Sommer 1837, nach mehr als zwei unmäßigen und zügellosen Jahren, endet auch diese Beziehung.

George Sand ist nun auch äußerlich endlich frei von den Fesseln einer zumindest auf dem Papier 13 Jahre währenden Ehe, innerlich war sie es längst. Sie widmet sich nun ganz dem Schreiben und veröffentlicht mehrere bedeutsame Bücher. Berühmte Männer besuchen sie: Honoré de Balzac und Gustave Flaubert und die Musiker Liszt, Berlioz und Meyerbeer.

Es vergeht noch einige Zeit, bis für George Sand an der Seite von Frédéric Chopin eine neue, mehrjährige tiefe Liebesbindung entsteht, jenes Gleichmaß der Gefühle, nach dem sie sich immer gesehnt hat. Der 28-jährige Pole mit dem aristokratischen Geschmack und dem kastanienbraunen Haar hat sie tief beeindruckt. Doch sie gefällt ihm zunächst gar nicht.

»Was für eine unsympathische Frau ist doch diese George Sand!«, äußert er sich gegenüber seinen Freunden. »Ist's denn wirklich eine Frau? Ich möchte es bezweifeln.«

Dennoch entsteht eine tiefe Freundschaft, in der Sex keine Rolle mehr spielt. Sie zwingt den großen, kränkelnden Komponisten, der mit ihr die schöpferischsten Jahre seines Lebens verbringt, zu sexueller Enthaltsamkeit. 1847, zwei Jahre vor Chopins Tod, stirbt auch diese Liebe.

Danach vertieft sich noch eine weitere Freundschaft, es ist die zu Gustave Flaubert. Sie schreiben sich herrliche Briefe. Am 8. Juni 1876 stirbt die phänomenale Frau, der das Bild einer männerverzehrenden Liebenden anhängt wie kaum einer anderen, im Anschluss an eine Darmoperation nach qualvollem Todeskampf.

Ihr ausgeprägtes Liebesleben hat ihr umfangreiches Werk, das aus 180 Bänden und Zehntausenden von Briefen besteht, maßgeblich geprägt. Franz Blei, ein Autor des 20. Jahrhunderts, hat es so ausgedrückt:

»Sie hat ihre Geliebten ins Fleisch gebissen und hat auch das Blut gesaugt, aber es wandelte sich ihr noch im Munde zu Tinte. So konnte sie nie sagen, wie das Blut schmeckt, und machte aus der Liebe Literatur.«

Unechtes Glück

Romy Schneider und Harry Meyen
(1965–1979)

Berlin wird für sie zur Stätte einer neuen, starken Liebe. Als Romy Schneider im April 1965 in die ehemalige Hauptstadt kommt, die seit vier Jahren durch eine schreckliche Mauer in Ost und West getrennt ist, ahnt sie davon noch nichts. Romy, geboren am 23. September 1938, hat schon einige Lieben hinter sich, seit sie 1953 als 15-Jährige mit ihrem ersten Film *Wenn der weiße Flieder wieder blüht* zum Filmstar avanciert ist und 1955 bis 1957 mit ihren Sissi-Filmen in nur drei Jahren den Aufstieg zum Ruhm geschafft hat. Aber alle diese Lieben sind unerfüllt geblieben.

Als sie 1956/57 *Robinson soll nicht sterben* und *Monpti* dreht, verliebt sie sich in ihren Partner Horst Buchholz, der ihre Liebe auch erwidert. Aber Romys Mutter Magda Schneider ist strikt gegen diese Verbindung. Eine Sissi, die sich einen Liebhaber zulegt, verträgt sich nicht mit ihrem mütterlichen Ehrgeiz. Magda Schneider, selbst eine beliebte Schauspielerin, fürchtet, dass Romys erste Liebelei die Karriere ihrer Tochter frühzeitig beenden könne. Deshalb verlangt sie von Romy, jeden Kontakt zu dem jungen Schauspieler abzubrechen. Die 19-jährige Tochter gehorcht schweren Herzens.

Wenige Wochen später verliebt sie sich Hals über Kopf in einen Freund der Familie. Der Mann ist 26 Jahre älter als Romy und heißt Curd Jürgens. Es ist gerade so, als erliege Romy dem unwiderstehlichen Bedürfnis, ihr Herz verschenken zu müssen. Und zu einem älteren Mann fühlt sie sich besonders hingezogen, vielleicht, weil er etwas von dem hat, was sie an ihrem Vater Wolf Albach-Retty so geschätzt hat: Charme und Weltoffenheit. Sie liebt ihren Vater sehr, obwohl er sie in den vier Jahren, in denen sie isoliert wie ein Waisenkind in einem Internat lebte, nicht ein einziges Mal besucht hat. Und auch ihre Mutter kam nur wenige Male. Als sie 1953 das Internat verlässt, ist sie ein unglückliches 15-jähriges Mädchen, voller Gefühle, die sie bedrücken, und voller Kummer. Auch jetzt packt sie wieder der Liebeskummer. Denn Curd Jürgens macht ihr schmerzlich klar, dass es mit einer Liebe zwischen ihnen nichts werden kann. Er will nicht herhalten für die unerfüllten Träume eines jungen, hübschen Mädchens. Romy ist todunglücklich. Zum ersten Mal denkt sie an Selbstmord. Er erscheint ihr als einziger Ausweg aus ihrem Leid. Offenbar soll es ihre Bestimmung sein, nicht lieben zu können oder zu dürfen und auch nicht geliebt zu werden.

Die Liebe zu Alain Delon macht sie nur für kurze Zeit glücklich. Romy, längst erwachsen geworden und zur Frau gereift, trifft ihn in Paris während der gemeinsamen Filmarbeiten zu Arthur Schnitzlers *Liebelei*. Der ungekämmte junge Bursche in Bluejeans und buntem Sporthemd, der Rebell und Proletarier, der mit einem schicken Rennauto durch Paris rast, wird Romys ganz große Liebe. Seinetwegen verlässt sie Deutschland und zieht zu ihm an die Seine. Am 22. März 1959 wird Verlobung gefeiert. Doch schon am Anfang ist das Ende dieser Beziehung unausweichlich. Während Romy keine Rollenangebote mehr bekommt – Deutschland hat ihr ihren Fortgang nach Frankreich nie verziehen –, steigt Alain Delon zum Weltstar auf. Er dreht Film um Film fernab von seiner Braut – und er betrügt sie mit einem jungen Mädchen namens Nathalie, das er später auch heiratet. Als Romy im Dezember 1963 in die gemeinsame Pariser Wohnung kommt, findet sie neben einem Rosenstrauß einen Zettel von Alain vor: »Ich bin mit Nathalie nach Mexiko. Alles Gute, Alain«. Er lässt Romy einfach sitzen. Vor aller Welt bleibt sie als Opfer zurück. »Nach der Liebe mit Alain war ich verbraucht, verloren, geschunden«, sagt sie im April 1965 gegenüber der Illustrierten *Quick*, der sie ihre Lebenserinnerungen erzählt.

In diesem Zustand kommt sie am 1. April 1965 nach Berlin. Grund ist die Eröffnung eines neuen Restaurants im Europa-Center. Es gehört ihrem Stiefvater Herbert Blatzheim, von ihr kurz »Daddy« genannt, den ihre Mutter Magda Schneider nach der Scheidung von Wolf Albach-Retty geheiratet hat. Viele prominente Schauspieler und Künstler sind eingeladen. Unter ihnen ist auch Harry Meyen, ein talentierter Schauspieler und Bühnenregisseur von Boulevardstücken. Er zählt zu den kulturellen Größen Berlins und befindet sich auf dem Höhepunkt seines Erfolges, als er Romy Schneider vorgestellt wird.

Eigentlich heißt er Harry Haubenstock. 1924 wurde er als Sohn eines jüdischen Kaufmanns geboren, der in einem Konzentrationslager umkam. Harry ist blond und blauäugig, und für Romy ist es Liebe auf den ersten Blick. Sie ist fasziniert von dem gut aussehenden, 14 Jahre älteren, kultivierten Mann, der ihr charmante Komplimente macht. Romy sieht in ihm den Mann, der sie beschützen und ihr Kraft geben kann. Und Harry ist hingerissen von dieser blühenden, sinnlichen Frau. Sie werden schnell ein Paar. Es sind nicht nur die sexuellen Vereinigungen, die sie verbinden und erfüllen – sie lieben sich aufrichtig und innig. Aber es gibt einige Probleme. Harry Meyen ist mit der Schauspielerin Anneliese Römer verheiratet. Aus diesem Grund fällt die deutsche Sensationspresse, die ihr den Weggang nach Frankreich nie verziehen hat, sofort über Romy Schneider her. Empört hält sie ihr vor, sie sei nur aus ihrem Pariser Exil zurückgekehrt, um in der Bundesrepublik für einen neuen Skandal zu sorgen und eine Ehe zu zerstören. Kübel voller Schmutz werden über die 27-jährige Romy ausgegossen. Ihre gekränkte Mutter trägt erheblich dazu bei, indem sie sich selbst direkt an Zeitungen und Magazine wendet, um ihnen zu erklären, sie habe immer vor dieser Verbindung mit einem 14 Jahre älteren und verheirateten Mann gewarnt. Es sei ganz in ihrem Sinne, das Harry Meyens Ehefrau die Scheidung verweigere.

Im September 1965 dreht Romy Schneider in Madrid mit dem Regisseur Jules Dassin und seiner Ehefrau Melina Mercouri den Film *Halb elf in einer Sommernacht.* Für Romy ist es ein schrecklicher Monat. Sie hat schlaflose Nächte und schlimme Träume und lebt nur von den Telefonanrufen mit Harry Meyen, die dann und wann kommen. Sie hat beschlossen, Harry zu gefallen und deshalb abzunehmen. Durch strenge Diät verliert sie einige Pfunde. Und Romy schmiedet Pläne. Sie will Theater spielen, Harry Meyen soll für sie Regie führen. Da ist er endlich, der »starke« Mann, den sie bisher vergeblich gesucht hat. Er fehlt ihr sehr, und sie bekniet ihn, zu ihr nach Spanien zu kommen, weil sie es ohne ihn nicht mehr aushält. Harry fliegt zu ihr und gesteht, wie sehr auch sie ihm gefehlt habe.

Hier in Spanien kommen sie überein, Anneliese Römer mit viel Geld zur Einwilligung in die Scheidung zu überreden.

Romy Schneider und Harrry Meyen. Foto, undatiert.

Harry Meyen besitzt nicht so viel. Doch Romy ist bereit, die nötige Summe aus ihrem Vermögen aufzubringen. Für Harry kann es keinen schöneren Liebesbeweis geben. Und Romy ist glücklich, dass sie auf diese Weise den Weg freimachen kann für die neue Liebe, die nun endlich ein ganzes Leben andauern soll. Vielleicht mag ihr auch der Gedanke gekommen sein, dass sie den Mann, den sie liebt, praktisch kauft. Sie bezahlt für ihr Glück, das nun zum Greifen nahe scheint. Ist das eine gute Basis für eine dauerhafte Liebe und Ehe?

Als Harry Meyen im Mai 1966 endlich von Anneliese Römer geschieden wird und frei ist für Romy, ist sie bereits schwanger. Sie muss, strahlender und schöner denn je, wieder einmal nach Paris und Nizza zu Dreharbeiten für den Terence-Young-Film *Spion zwischen zwei Fronten* mit Christopher Plummer und Yul Brynner. Harry Meyen erhält eine Nebenrolle. An der Seite von Gert Fröbe spielt er einen fanatischen SS-Offizier der Gestapo. Noch während der Dreharbeiten gibt sie am 13. Juli 1966 ihre Verlobung mit Harry Meyen bekannt. Bereits zwei Tage später heiraten sie im Rathaus von Saint Jean Cap Ferrat an der Côte d'Azur. Romy hat in Saint-Tropez eine große Villa gemietet. Sie freut sich auf ihr Kind, listet alle Vornamen auf, die sie ihm geben will, und schreibt dem Ungeborenen einen Brief, in dem sie ihm alles mitteilt, was sie bewegt.

Aber schon ziehen die ersten dunklen Wolken am Himmel ihrer Liebe auf. Harry fühlt sich in dem riesigen Haus nicht wohl. Ständig erscheinen irgendwelche Bekannte und Freunde Romys zu Gesprächen oder Partys und schwatzen in seinen Augen wertloses Zeug daher. Diese Oberflächlichkeiten gehen ihm auf die Nerven. Er hasst es, den Filmschauspieler an Romys Seite spielen zu müssen. Er eigne sich nicht dazu, sagt er öffentlich in einem Interview. »Ich ärgere mich über jeden Tratsch, über halbe Wahrheiten und ganze Lügen und vor allem über das Gefühl, von der Kamera verfolgt zu werden wie ein Hase vom Gewehrlauf.« Romys Freundeskreis empfindet er als hohl und überflüssig. Während eines Abendessens in ihrem Hause zwingt er Romy vor allen Gästen dazu, diese zu bedienen. Er demütigt Romy, indem er eindringlich demonstriert, wer der Herr im Hause ist. Mit dieser Machtrolle kompensiert er ein wenig die Misserfolge, die sich in seinem Beruf zunehmend einstellen. Hier in Frankreich ist er ohne Angebote. Er will zurück nach Berlin.

Romy hat jedoch in Paris in der Avenue Hoche eine schicke Wohnung für sie beide einrichten lassen, voller Bücher und Gemälde. Hier möchte sie mit Harry leben und glücklich sein. Und weiterhin Filme machen. Das soll sie nun alles aufgeben? Wegen ihres Mannes, der ihr klar macht, dass ihr Platz in Berlin ist, an seiner Seite?

Sie tut es und beugt sich seinen Wünschen. Sie hat eine andere Vorstellung von einer harmonischen Beziehung, aber Harry besteht auf seinen Überzeugungen von einer Partnerschaft. Und dazu gehört, dass Romy sich unterordnen muss. Sie äußert sich dazu öffentlich: »Ich lasse mich gerne von meinem Mann führen. So wollte ich es einmal, den anderen ein Leben lang besitzen. Durch Harry bin ich ruhiger und ausgeglichener geworden. Er gibt mir Sicherheit im Leben, die ich brauche. Immer kontrolliert er zum Beispiel, ob ich meine Sätze richtig formuliere und nicht Leuten ständig ins Wort falle. Harry muss man einfach mögen, weil er einen zauberhaften jüdischen Humor besitzt, mit norddeutscher Logik. Zum zweiten Mal in meinem Leben ist mir das Richtige passiert. Meyen ist mir so überlegen, er gibt mir eine ganz neue Sicherheit. Ich brauche einen Mann, der bestimmt, was mir gut tut, und nicht irgendeinen Jungen.«

Am 3. Dezember 1966 wird David-Christopher im Berliner Virchow-Krankenhaus geboren, eine schwere Geburt, die Romy alles abverlangt. Sie ist völlig erschöpft, aber glücklich. Nun kann ein neues Leben in ihrem schönen bürgerlichen Haus im vornehmen Wohnviertel Grunewald beginnen. Ein Leben als Ganztagsmutter und Hausfrau. Das ist Harrys Wunsch gewesen. Und Romy ist bereit, ihn ihm zu erfüllen, ohne sich einzugestehen, dass sie sich damit von allem abkapselt, was bisher ihr Leben ausgemacht hat. Auch in der Erziehung ihres Sohnes gesteht sie Harry Meyen die führende Rolle zu. »Ob sich mein Leben verändert hat?«, antwortet sie auf die neugierige Frage eines Reporters. »Sagen wir anders: Ich habe endlich eins! Wir leben in unserer Wohnung im Grunewald. Unsere Abende sind David. Ist das nicht toll, so ein kleiner Bursche? Ich bin in diesen Burschen vernarrt. Gegen ihn bin ich machtlos. Deshalb habe ich auch mit Harry ein Abkommen getroffen. Er erzieht den Kleinen, und ich gebe mir Mühe, den Jungen nicht allzu sehr zu verwöhnen. Jetzt fängt mein Leben überhaupt erst an.«

Im Januar 1967 berichtet sie in einem Brief an ihren schwer erkrankten Vater über ihren »entzückenden Hosenscheißer«, der schon ein hübscher Dickkopf sei. Und am Schluss fragt sie: »Hab' ich das gut gemacht mit meinem Buam?« Als der Vater wenige Wochen später stirbt, ist ihr Schmerz groß. Sie hat ihn angebetet, ohne ihn richtig gekannt zu haben.

Romy fügt sich in ihre neue Rolle ein, ein Rückzug auf ganzer Linie. Sie ist nicht mehr die Romy von früher. In einem Interview bekennt sie: »Als ich meinen Mann kennen lernte, wusste ich, dass ich mit ihm zusammenbleiben möchte, mein ganzes Leben lang. Bei Harry bin ich endlich geborgen. Ich bin ruhiger geworden. Ich habe nicht mehr denselben krankhaften Ehrgeiz wie früher. Ich habe jetzt neun Monate keinen Film mehr gemacht, aber ich habe dennoch nicht mehr das Gefühl der Leere wie sonst in Drehpausen. Ich kann mir sogar vorstellen, irgendwann mal mit dem Filmen aufzuhören.« Und Harry Meyen erklärt zur gleichen Zeit: »Wir kamen mal zu Curd Jürgens, bevor wir geheiratet haben, und er begrüßte uns mit: ›Einer von euch muss runter vom Ross!‹ Er meinte, einer von uns beiden müsse den Beruf aufgeben. Für mich wäre das ausgeschlossen. Mein Beruf ist ein so wesentlicher Bestandteil meines Lebens. Die Position, als ›Mann von Romy Schneider‹ rumzulaufen, kann ich mir nicht vorstellen. Daran würde unsere Ehe sofort scheitern.«

Romy steht ganz unter dem Einfluss ihres selbstgefälligen, überheblichen und krankhaft empfindlichen Ehemanns. Für ihn hat sie ein neues Leben angefangen, für ihn verzichtet sie auf alles, was bisher ihr Dasein bestimmt hat.

Harry Meyen will sie ganz für sich, will sie nach seinem Willen formen. Sie lässt es zu und scheint eine glückliche Gefangene zu sein. Aber ihr Glück ist nicht echt. Die Harmonie, die das Paar nach außen vermittelt, gibt es in Wirklichkeit nicht. Nachdem Harry Meyen fast zwei Jahre lang alle Filmprojekte für sie abgelehnt hat, erhält sie Ende 1967 ein Angebot, in dem englischen Film *Otley* mitzuwirken. Es ist nur eine kleine Rolle, doch Romy sagt nach einigem Zögern zu und begibt sich Anfang 1968 mit ihrem Sohn David nach London. Der Öffentlichkeit versichert sie sofort, sie werde keinesfalls zu viel arbeiten, das wäre auf die Dauer für das Privatleben nicht gut. Ein Zirkusleben wolle sie nicht mehr führen. »Mein Leben ist jetzt bequemer«, sagt sie, »und nicht mehr so hektisch … Ich wollte immer ein Weltstar werden, aber so weit bin ich nicht gekommen.« Ist sie tatsächlich ein anderer Mensch geworden? Ist das Filmen für sie zur Nebensache geworden?

Im Frühjahr 1968 ist es nur noch die Liebe zu ihrem Sohn David, die sie aufrechterhält. Sie hat sich zwei Jahre lang ihrem Ehemann untergeordnet und ist mehr und mehr enttäuscht worden. Harry Meyen hat keinen Erfolg mehr, all seine schönen Pläne zerrinnen im Nichts. Er hat zu trinken begonnen, nicht nur ein wenig, sondern in rauen Mengen. Der Alkohol wird sein ständiger Begleiter. Sein Umfeld zieht sich von ihm zurück, seine Arroganz wird als unerträglich empfunden. Romy ist darüber betrübt, gibt es nach außen aber nicht zu. Da erhält sie einen Anruf aus Paris. Am Apparat ist Alain Delon.

Er habe eine wunderbare Rolle für sie, schwärmt er. Sie könne an seiner Seite in Jacques Derays Kriminalfilm *Der Swimmingpool* spielen. Romy greift sofort und mit beiden Händen zu. »Ich begann, langsam fett zu werden«, erklärt sie gegenüber der Presse. »Mein einziger Auslauf war, mit dem Kinderwagen im Grunewald spazieren zu gehen. Nach einer Weile spürte ich, dass ich mein wahres Ich unterdrückte.«

Am 12. April 1968 landet sie auf dem Flughafen von Nizza. Sie geht die Gangway hinunter und wirft sich dem unten wartenden Alain Delon in die Arme. Sie küssen und umarmen sich – ein gefundenes Fressen für die Pressefotografen. Die Bilder gehen um die Welt. Romy habe sich verändert, versichert Alain Delon, inzwischen von seiner Frau Nathalie geschieden. »Als ich sie kennen lernte, war sie noch so jung …, jetzt ist sie eine Lady geworden … Dass wir einmal verlobt waren, ist doch längst vergessen.« Aber dann fügt er hinzu: »Und nun werden wir uns wieder lieben – genauso wie es im Drehbuch steht!« Und Romy gesteht den Reportern: »Es ist eigentlich irre, da wollte ich mich ganz ruhig auf den Herbst in Berlin vorbereiten, zu Harrys Geburtstag rote Grütze kochen, und jetzt sitze ich hier an der Côte d'Azur und dreh' auf einmal mit Alain Delon einen Film! … Die Rolle hat mich gereizt. Alain und ich spielen ein Liebespaar, das wir längst nicht mehr sind. Bei Harry habe ich Ruhe und Sicherheit gefunden.« Als sie auf die heißen Liebesszenen mit Alain Delon angesprochen wird, beteuert sie schnell: »Für diese Art Szenen ist es besser, die Haut eines Freundes statt die eines Fremden zu berühren.«

Gegenüber der Öffentlichkeit verbirgt sie, wie sehr ihre Ehe schon in Gefahr geraten ist. Sie spielt noch immer die gereifte Frau, deren Privatleben sie glücklich macht und die froh darüber ist, wieder ihren Beruf ausüben zu können. Auch Harry Meyen gibt sich entspannt. Er habe das Drehbuch vorher gelesen, sagt er, es sei gut. Dass Romy Nacktszenen spiele und ihr schöner Körper auf der Leinwand von jedem zu bewundern sein wird, finde er nicht schlimm. Ebenso wenig die Tatsache, dass Alain Delon seine Frau so herzlich begrüßt und so stürmisch geküsst habe. »Das ist doch eine Sache, die gelaufen ist. Zu Ende. Nur noch glänzende Publicity.« Doch innerlich kocht Harry Meyen voller Eifersucht. Er erfährt von den erotischen, sehr sinnlichen Sexszenen zwischen Delon und seiner vor der Kamera sichtlich erregten Ehefrau. Selbst die Filmcrew ist von der »heftigen Knutscherei«, wie Romy es unbekümmert ausdrückt, überrascht.

Der Film wird ein großer Erfolg. Das französische Kino hat Romy Schneider wieder entdeckt, und sie sich selbst auch. Ihr wird klar, dass sich ihr neuer, wahrer Aufstieg nur in Frankreich vollziehen kann. Sie hat keine Lust mehr, nach Deutschland zurückzukehren und dort den leidenschaftlichen Erörterungen ihres Mannes zuzuhören, den endlosen Diskussionen »über die Kunst, das Leben, die Kunst im Leben oder auch das Leben in der Kunst«. Romy interessiert sich nicht mehr für seine Pläne und zweifelhaften Bühnenprojekte, die immer wieder scheitern. Sie will ihm nicht mehr glauben, wenn er ihr angetrunken klar machen will, dass sie bei der Wahl ihrer Rollen ohne ihn nicht auskommen könne und dass sie jetzt nicht einfach machen könne, was ihr passt. Gegenüber der Öffentlichkeit gibt Romy sich noch immer artig: »Lieber würde ich nicht filmen, als Konzessionen auf Kosten meines Privatlebens zu machen«, erklärt sie der Presse. »Ich bin am Wochenende immer bei meinem Mann Harry Meyen und meinem Sohn David. Oder sie kommen dorthin, wo ich gerade drehe.«

Im Frühjahr 1969 steht ihr Entschluss fest: Sie will sich ohne Ehemann in Frankreich niederlassen. Um Harry Meyen die Trennung nicht allzu schwer werden zu lassen, lässt sie auch den Sohn in Berlin. Mit 30 beginnt für sie ein neues Leben. Endlich will sie hier in Paris nach ihren eigenen Bedürfnissen leben. Sie will aktiv sein und filmen. Claude Sautet bietet ihr eine Rolle in *Die Dinge des Lebens* an, in dem sie die Geliebte Michel Piccolis spielen soll. Während der Dreharbeiten ist sie innerlich zerrissen. Sie weiß längst: Ihre Ehe ist nur noch eine Illusion. Und sie macht sich selbst für das Scheitern verantwortlich. In den Armen anderer Männer sucht sie Trost und Zuflucht. Und Sex. Sie hat längst aufgehört, Harry Meyen zu lieben. Claude Sautet verliebt sich in sie. Wenn er mit ihr drehe, gesteht er, werde er »buchstäblich verrückt nach ihr. Sie ist sich der Macht ihres Körpers und der ungemein ausgeprägten Sinnlichkeit bewusst, die von ihrer Person ausgeht.«

Dann und wann fährt sie nach Berlin zurück. Aber sie bleibt nicht lange, ist quasi nur zu Besuch. Sie weiß, sie wird diesen Mann, der immer mehr unter Depressionen leidet, verlassen und ihm auch den Sohn wegnehmen. Sie wird ihren Sohn zu einem vaterlosen Kind machen, wie sie es selbst vor langer Zeit gewesen ist. Doch es fällt ihr schwer, eine endgültige Entscheidung zu treffen. Betrübt verfolgt sie, wie Harry Meyen sich immer mehr zugrunde richtet. Den Alkohol mischt er jetzt mit Beruhigungsmitteln. Auch Romy beginnt zu trinken, vielleicht aus Kummer, vielleicht aus Mitleid. In ihren depressiven Phasen schluckt sie, wie ihr Mann, Unmengen Optalidontabletten. Schließlich macht sie ihm den Vorschlag, zu ihr nach Paris zu ziehen. Harry Meyen hat keine andere Wahl. Er muss ihr folgen, wenn er sie nicht ganz verlieren will. In einem Interview sagt er: »Wir wollen uns aussprechen. Sollte Romy ganz in Paris bleiben, dann wird es wohl eine Trennung geben. Aber jetzt denken wir noch nicht daran. Scheidung? Diese Frage ist im Augenblick nicht aktuell. Ich versuche jetzt erst einmal, mit Romy in Paris zu leben.«

Einige Monate hält er es aus bei ihr in Paris. Dann kehrt er nach Deutschland zurück und lässt sich in Hamburg nieder, wo er wieder arbeiten will. Er mietet eine Wohnung im Harvestehuder Weg 27, hält nach außen aber ebenfalls den Schein echten Glücks aufrecht: »Wir können auch getrennt sein – wir mögen es gar nicht so sehr, ständig beieinander zu hocken. Ich glaube nicht, dass man, auch wenn man miteinander verheiratet ist, die Karriere des anderen stören darf. Sie ist nun einmal im Film und ich bin im Theater zu Hause.« Romy äußert sich bereits klarer und eindeutiger. Sie habe es nicht mehr gut gefunden, dass Harry immer am Drehort gewesen sei und dauernd gesagt habe: »Das machst du falsch, du bist zu impulsiv, du bist zu emotional!« Am Anfang ihrer Ehe habe sie gedacht, dass sie dem Beruf und der Ehe gerecht werden könne. »Inzwischen weiß ich, das ist unmöglich. Und das ergibt natürlich Spannungen, die Harry und ich immer wieder ausgleichen müssen, über die wir reden müssen, was für beide nicht immer einfach ist.«

1970 dreht sie vier weitere Filme und 1971 mit Alain Delon und Richard Burton *Das Mädchen und der Mörder.* 1972 beginnen die Dreharbeiten zu Luchino Viscontis Film *Ludwig II.*, in dem Romy wieder die österreichische Kaiserin Elisabeth spielt, die mit der Sissi von einst jedoch nicht mehr das Geringste gemein hat. Jetzt steht es endgültig fest: Ihre Ehe ist zerrüttet. Vorhaltungen und Zusammenstöße häufen sich, der Alkohol ist allgegenwärtig. Zum ersten Mal bricht Romy während der Dreharbeiten vor Erschöpfung zusammen. Als es ihr wieder besser geht, fährt sie nach Deutschland und holt ihren Sohn zu sich in ihre Wohnung nach Paris-Neuilly. *Ludwig II.* wird ein Riesenerfolg. Und Romy Schneider avanciert zum Liebling der französischen und deutschen Presse.

Romy versucht, Harry Meyen zu einer offiziellen Trennung zu bewegen. Aber er lebt noch immer in einer Fantasiewelt und erklärt der Öffentlichkeit: »Wir leben gezwungenermaßen getrennt. Wie wollen Sie sonst eine moderne Schauspielerehe führen, wenn meine Frau in Paris einen Film nach dem anderen dreht und ich in Hamburg ihre Filme synchronisiere und mich auf Theaterinszenierungen und Fernsehspiele vorbereite?« Er könne seiner Frau doch nicht den Beruf verbieten und sie als Hausfrau an den Kochtopf verbannen. Romy antwortet öffentlich: »Aber er hat alles getan, um mich nur zu bremsen … Er wollte immer Professor Higgins spielen, und ich sollte seine ›Fair Lady‹ sein, und damit konnte ich nicht leben … Es war Zeit. Wir waren völlig in der Sackgasse, in einem Trott, aus dem wir nicht herauskamen … Und abends gab's zu viel Kartoffelsalat und Fernsehen. Es wurde langsam ein Vor-sich-Hindämmern.«

Romy hat wieder unbändige Lust am Leben und sieht ihre einzige Chance in der Scheidung. Für sie ist sie jetzt unabwendbar, und sie ist bereit, dafür zu zahlen. Harry soll 1,4 Millionen Mark erhalten. Aber er ist nicht bereit, auf das Sorgerecht für seinen Sohn David zu verzichten. Ein heftiger, unversöhnlicher und langer Kampf vor Gericht beginnt. Die deutsche Öffentlichkeit ist gegen Romy Schneider eingestellt. Dazu beigetragen hat auch, dass sie gemeinsam mit 350 Frauen im *Stern* bekannte, schon einmal abgetrieben zu haben. Ein Gerichtsverfahren wird gegen sie eingeleitet, dann jedoch eingestellt, weil man andernfalls gegen Tausende deutscher Frauen hätte vorgehen müssen. Als sie sich im *Stern* nackt und ungeniert fotografieren lässt, bringt ihr das weitere verbale Angriffe der Presse ein. In Frankreich dreht sie 1973/74 insgesamt sechs Filme, darunter *Trio infernal,* erneut mit Michel Piccoli. In den letzten Jahren hat sie fast 500 Millionen Franc verdient. Davon fordert Harry Meyen ungefähr die Hälfte, 210 Millionen Franc, weil er seine eigene Karriere dem Erfolg seiner Frau geopfert habe. Außerdem ist er nach wie vor nicht bereit, auf das Sorgerecht für seinen Sohn zu verzichten. Ein Großteil der Deutschen steht hinter ihm.

Schließlich ist Romy entschlossen, so viel zu zahlen, dass sie nicht nur ihre Freiheit wiedererlangen, sondern auch David behalten kann. Am 5. Juli 1975 wird die Ehe aufgrund beiderseitigen Verschuldens geschieden. Keiner von beiden ist vor Gericht anwesend, nur ihre Anwälte sind erschienen. Kurz darauf verkündet Romy öffentlich, wie sehr ihr die Freiheit in dieser Ehe gefehlt habe. Das sei mit ein Grund für ihr Scheitern gewesen. Man sei einander immer fremder geworden. Nun nutzt sie ihre Freiheit für diverse, manchmal recht verworrene Liebesaffären. Sammy Frey und Jean-Louis Trintignant sind ebenso unter den Liebhabern wie Bob Evans und der Theaterschauspieler Bruno Ganz. Er ist verheiratet, und seine Frau droht mit einem Skandal. Das hindert Romy aber nicht daran, mit ihm Urlaub in Marokko zu machen und weiterhin mit ihm zu schlafen. Zurückgekehrt nach Paris, verlässt sie ihn. Und dann keimt, ganz im Stillen, eine neue Liebe für Daniel Biasini, den sie später heiraten wird.

Als Romy im Frühjahr 1979 mit ihrem jetzt zwölf Jahre alten Sohn David in Mexiko Urlaub macht, erhält sie am 14. April eine erschütternde Nachricht. Wenige Stunden zuvor hat sich Harry Meyen in seiner Hamburger Wohnung mit einem weißen Schal an einer Feuerleiter neben seinem Balkon erhängt. Er wusste keinen anderen Ausweg mehr, nachdem alle Versuche, ein Comeback in Hamburg und mit zwei Operninszenierungen auch in Salzburg zu starten, gescheitert waren. Kleine Gastrollen im Fernsehen hielten ihn mühsam über Wasser, doch Film- und Fernsehgesellschaften ließen von ihm ab, weil er des Öfteren betrunken zu den Aufnahmen erschien. Auch das Theater verlor jedes Interesse an ihm. Mehrere stationäre Entziehungskuren brachten keinen Erfolg. Die Abfindung, die er von seiner Ehefrau erhielt, war noch auf seinem Konto. Nichts davon hat er angerührt. Die Trennung von Romy hat Harry Meyen nie überwunden.

»Ich hab's geahnt«, sagt Romy, als sie von Harrys Selbstmord erfährt. Und sie fügt hinzu, dass sie diesen Mann einmal sehr geliebt habe. Sie fliegt nach Hamburg, um an seinem Begräbnis teilzunehmen. Der Sarg ist noch offen, als sie eintrifft, so dass sie Harry ein letztes Mal sehen kann, als er am 21. April 1979 auf dem Hamburger Friedhof Öjendorf beigesetzt wird. Sein Tod nimmt sie sehr mit, und auch die

Schuldgefühle stellen sich wieder ein. Diejenigen, die ihr die Abkehr von Deutschland nie verziehen haben, ereifern sich nun erneut: Sie habe ihren Mann verlassen, ihm seinen Sohn genommen und ihn in den Tod getrieben. Nur ihretwegen habe er sich schließlich das Leben genommen. Romy beginnt wieder, sich selbstzerstörerisch in ihrem eigenen Elend zu vergraben. Die Tragödie ihres Lebens erreicht ihren Höhepunkt, als sie 1981 auch ihren Sohn David durch einen schrecklichen Unfall verliert. Nach seinem Tod schreibt sie diese Zeilen nieder:

»Ich habe den Vater begraben –
Ich habe den Sohn begraben –
Ich habe beide nie verlassen.
Und sie mich auch nicht.«

Im Juni 1981 wird Romy Schneider auch von Daniel Biasini geschieden. Sie ist jetzt 43 Jahre alt. »Mein Leben lang habe ich mein Geld in Männer investiert«, beklagt sie sich verbittert. »Jetzt zeigt es sich: Das hat sich nicht gelohnt!«

Am Nachmittag des 29. Mai 1982 bringt die Zeitung *France-Soir* die Schlagzeile: »Romy hat Selbstmord begangen!«. Eine Autopsie ihrer Leiche wird nicht vorgenommen, so dass alle, die Romy geliebt und verehrt haben, weiterhin glauben können, sie sei vielleicht doch eines natürlichen Todes gestorben. Das Gegenteil ist nie bewiesen worden. Wenigstens im Tode lässt man ihr ihren Frieden.

»Er kräftigte das Herz, das zu brechen drohte …«

Clara Schumann und Johannes Brahms (1853–1896)

Jahrzehntelang geht eine deutsche Frau in gewisser Weise von Hand zu Hand, wird ausgetauscht, wechselt den Besitzer und wird dadurch noch bekannter, als sie ohnehin schon ist: Clara Schumann, geborene Wieck, zierte bis zur Einführung des Euro den deutschen Hundertmarkschein. Sie ist, am 13. September 1819 als Tochter des Klavierlehrers Friedrich Wieck in Leipzig geboren, eines jener musikalischen Wunderkinder, zu denen auch Mozart zählt. Bis zum vierten Lebensjahr spricht sie kein einziges Wort und kann auch gesprochene Worte nicht hören, aber sie spielt schon Klavier und lernt Melodien mühelos.

Als Clara Wieck sechs Jahre alt ist, trennen sich ihre Eltern, und sie wird fortan von ihrem autoritären und strengen Vater Friedrich erzogen. Er unterrichtet sie täglich im Klavierspiel und hat sich vorgenommen, eine große Virtuosin aus ihr zu machen. Als Sprachstörung und Taubheit im Alter von acht Jahren verschwinden, komponiert Clara bereits eigene Werke. 1828 tritt sie zum ersten Mal im Leipziger Gewandhaus auf. Zwei Jahre später gibt sie dort ihr erstes Konzert als Solistin und geht mit ihrem Vater auf Tournee durch Europa. Im Alter von 18 Jahren verlobt sie sich mit Robert Schumann, der ebenfalls Schüler von Friedrich Wieck ist. Sie kennt ihn bereits seit acht Jahren und heiratet ihn 1840 mithilfe eines Gerichtsbeschlusses gegen den Willen ihres Vaters, der sie daraufhin enterbt.

Obwohl Clara Schumann acht Kinder zur Welt bringt, unternimmt sie weiterhin Konzertreisen und wird überall stürmisch gefeiert. Ihre dunklen, leicht exotischen Augen verleihen ihrem Gesicht etwas Trauriges und Wehmütiges. Robert Schumann, selbst ein genialer Komponist, respektiert und bewundert ihre Kunst, möchte aber auch, dass sie zu Hause bei ihm und den Kindern ist. Aufgewühlt und innerlich zerrissen erlebt er körperliche und geistige Zusammenbrüche. In Düsseldorf erhält er die Stelle eines städtischen Musikdirektors, bedarf aber alsbald der Pflege. Die Nervenkrankheit, wahrscheinlich das Endstadium einer Syphilis, schreitet fort, die nächtlichen Halluzinationen nehmen zu. Er sinkt immer häufiger in geistige Umnachtung, begeht einen Selbstmordversuch und weist sich dann 1854 selbst in eine Heilanstalt ein, wo er zwei Jahre später stirbt.

Während dieser schweren Zeit steht Clara ein anderer Mann zur Seite. Es ist der 20-jährige Johannes Brahms. 1833 in Hamburg geboren und dort in Armut aufgewachsen, hat auch er schon frühzeitig eine außergewöhnliche musikalische Begabung erkennen lassen. Mit 15 gibt er sein erstes Solokonzert. Als Clara und Robert Schumann im Frühjahr 1850 in Hamburg mit überwiegend eigenen Werken gastieren, sitzt er in der Oper unter den Zuhörern und ist begeistert. Er schickt seine ersten Kompositionen an Schumann ins Hotel, erhält sie aber ungeöffnet zurück. Brahms lässt sich jedoch nicht entmutigen und blickt, anders als Schumann in seiner Jugend, voller Selbstvertrauen in die Zukunft. Er ist, wie viele andere auch, davon überzeugt, dass er

Links: Johannes Brahms. Foto, 1865.
Rechts: Clara Schumann. Zeitgenössisches Bild.

es als kreativer, überdurchschnittlich begabter Musiker zu etwas bringen wird.

Durch Vermittlung einiger Freunde gelingt es ihm im Sommer 1853, das Ehepaar Schumann kennen zu lernen. Er besucht die beiden in ihrem Düsseldorfer Haus und bleibt dort vier Wochen. So hat der erst 43-Jährige, aber schon alte, müde und kranke Schumann Gelegenheit, die Kompositionen von Johannes Brahms zu hören. Sie beeindrucken ihn sehr. Brahms erhält ein Empfehlungsschreiben für mehrere Leipziger Verlage von ihm.

Als Robert Schumann kurz darauf versucht, sich das Leben zu nehmen, kehrt Brahms sofort nach Düsseldorf zurück und opfert praktisch die nächsten beiden Jahre seines Lebens für die Familie Schumann. Er mietet sich ein Zimmer im selben Haus, überwacht den Schulunterricht und die

Musikstunden der älteren Kinder, übernimmt die Führung des Haushaltsbuchs und tritt in die Fußstapfen des Hausvaters. Mühsam hält er sich mit Klavierstunden über Wasser und leiht sich Geld von Freunden.

Schon in dieser Zeit entbrennt in Clara die Liebe zu diesem sympathischen jungen Mann mit den schönen, blonden Locken und der klaren, hohen Stirn. Nach dem Tod ihres Ehemanns schreibt Clara in einem Brief an ihre Kinder über Brahms:

»Er kam, um als treuer Freund alles Leid mit mir zu tragen; er kräftigte das Herz, das zu brechen drohte, er erhob meinen Geist, erheiterte, wo er nur konnte, mein Gemüt, kurz er war mein Freund in vollstem Sinne des Wortes.«

Schnell erkennt sie seine Genialität. Dankbar dafür, an dem Denken und Schaffen dieses außerordentlichen Mannes teilhaben zu können, der bald zum führenden Instrumentalkomponisten seiner Zeit aufsteigen wird, spornt sie ihn immer wieder an und inspiriert ihn zu neuen Kompositionen. Sie unterstützt auch seinen unersättlichen Lesehunger und schenkt ihm viele Bücher.

Auch Brahms selbst beginnt, die bereits weltberühmte, 14 Jahre ältere Frau leidenschaftlich zu verehren. Seine Beziehung zu ihr ist von Anfang an mehr als eine verliebte Schwärmerei, sie beeinflusst sein Leben nachhaltig. Im Juni 1854, als Robert Schumann aus eigenem Entschluss in eine Heilanstalt geht, schreibt Brahms an seinen Freund, den Geiger Joseph Joachim:

»Ich muss oft mit Gewalt halten, dass ich sie nicht ganz ruhig umfasse und gar –: ich weiß nicht, es kommt mir so natürlich vor, als ob sie es gar nicht übel nehmen könnte. Ich meine, ein Mädchen kann ich gar nicht mehr lieben …«

Was sich in diesen zwei Jahren im Hause Schumann im Einzelnen abgespielt hat, wird die Welt nie erfahren. Clara verhehlt nicht, was Brahms für sie bedeutet. Und auch Brahms leugnet nie die innige Liebe, die sie füreinander empfinden. Auf seinen Wunsch werden fast alle Briefe später vernichtet. So kann bis heute nicht eindeutig belegt werden, ob es während der Zeit, in der Schumann in der Anstalt ist, auch eine sexuelle Vereinigung gegeben hat.

Sicherlich fühlen sich beide auch erotisch angezogen, aber ob die nüchterne und pflichtbewusste Clara tatsächlich Ehebruch begangen und sich ihrem leidenschaftlichen Verehrer hingegeben hat, bleibt ungewiss. Ihre Ehe mit Schumann hat sie zu dieser Zeit sicherlich schon als Enttäuschung empfunden. Die Freundschaft mit Brahms ist sehr vielschichtig. Wahrscheinlich ist es bei einer tiefen, rein platonischen Liebe geblieben, die ihre Kraft aus einem gegenseitigen musikalischen und geistigen Geben und Nehmen schöpft. Clara inspiriert Brahms für vieles in seinem Schaffen, sie wird sein »freundlichster, bester Genius«.

Nach dem Tod von Robert Schumann im Juli 1856 lädt Clara ihren Freund und seine Schwester Elise dazu ein, zusammen mit ihr und den beiden ältesten Söhnen eine vierwöchige Ferienreise an den Rhein und in die Schweiz zu unternehmen. Brahms sagt sofort zu. In dieser Zeit vom 14. August bis 13. September sprechen sie über ihre gemeinsame Zukunft. Clara hegt die Hoffnung, nun mit Johannes ein gemeinsames Leben führen zu können. Er soll praktisch den Platz ihres verstorbenen Mannes einnehmen, und sie ist eifersüchtig, wenn Brahms sich für andere Frauen interessiert. Sie macht Besitzansprüche geltend und überschüttet ihn, manchmal wie eine Mutter, mit Anweisungen, Ermahnungen und Bitten.

Aber als sie ihn fragt, ob er sie heiraten wolle, erlebt sie eine herbe Enttäuschung. Er scheut vor dem Ehebund zurück und ringt sich zu dem Entschluss durch, dass es für beide besser sei, sich sofort zu trennen und unabhängig voneinander ihre Karriere zu verfolgen.

Bereits am 21. Oktober 1856 reist Brahms wieder aus Düsseldorf ab. Clara beginnt, traurig und verletzt, eine neue Rundreise durch die Konzertsäle Europas, um das Geld für den Unterhalt und die Ausbildung ihrer Kinder zu verdienen. Ihre Tochter Eugenie schreibt später in ihren Erinnerungen, die gewaltsame Trennung habe der ausgeprägten Männlichkeit von Brahms entsprochen und in seiner Natur gelegen, vielleicht auch in der Natur der Sache.

»Sicher aber ist, dass er, um seinem Lebensschiff eine andere Richtung zu geben, einen schweren Kampf kämpfte und dass das Bewusstsein, meiner Mutter damals wehegetan zu haben, ihn noch oft bedrückt hat und sich, da das Unrecht nicht wieder gutzumachen war, in schroffem Wesen äußerte.«

Die Briefe, die Brahms zwischen 1856 und 1860 an Clara schreibt, sind noch immer von heftiger Sehnsucht erfüllt. Aus seiner ungeduldigen Leidenschaft wird eine treue, liebevolle Anhänglichkeit, die die Jahre überdauert. Er vertraut ihr wie keinem anderen Menschen und lässt sich von ihr in praktischen Dingen wie Gehaltseinkünften, Auftrittshonoraren und Geldanlagen beraten. Er schickt einfach sein ganzes Geld an Clara, die es zur Bank bringt und für ihn anlegt. Die Veröffentlichungen seiner Kompositionen bringen ihm ein kleines Vermögen ein. Clara ist sein Seelentrost, seine Erfolge und Misserfolge tut er ihr als Erster kund. Als man ihn in Hamburg bei der Besetzung eines Dirigentenpostens zweimal abweist, lehnt sie sogar ein Engagement in dieser Stadt ab.

Gelegentlich kommt es auch zu Spannungen und Abkühlungen in der Beziehung. Brahms ist oft schroff und schonungslos aufrichtig, verbindliche Umgangsformen hat er nie gelernt. Doch die grundsätzliche musikalische Übereinstimmung ist immer wieder die Basis, zu der beide zurückfinden. Er schickt ihr seine Manuskripte und bittet um ihre Meinung. Es ist für Brahms von unschätzbarem Wert, dass eine Künstlerin von ihrem Ruf und Ansehen öffentlich für ihn eintritt. Zehn seiner Werke werden von ihr uraufgeführt. Sie macht mehr Reklame für ihn, als sie es für den jungen Robert Schumann je getan hat. Und sie versucht auch, Brahms in seiner Eigenschaft als Pianist zu fördern, und tritt mit ihm gemeinsam in Konzerten auf. Ihr ist es stets, als werde seine Musik nur für sie geschrieben. Am 19. März 1874 schreibt er ihr: »Ich liebe dich mehr als mich und irgendwen und was auf der Welt.«

Die musikalische Wahlverwandtschaft bleibt bis zum Lebensende bestehen. Mit 72 Jahren hat Clara ihren letzten Konzertauftritt mit Brahms' *Variationen für zwei Klaviere.* Als sie nach mehreren Schlaganfällen am 20. Mai 1896 im Sterben liegt, drückt Brahms seine tiefsten Gefühle in seinem letzten großen Vokalwerk *Vier ernste Gesänge* aus. Es erklingt zum ersten Mal in kleinem Freundeskreis unmittelbar nach Claras Beisetzung. Zu dem von Clara so erhofften dauerhaften Zusammenleben mit Brahms ist es nie gekommen, insoweit blieb die Liebe unerfüllt. Aber auch aus der Ferne dauerte die Beziehung bis in den Tod. Nur elf Monate nach Clara Schumann starb auch Johannes Brahms.

Elisabeth, Kaiserin wider Willen

Sisi und Franz Joseph (1853–1898)

Im Alter von erst 18 Jahren wird Franz Joseph 1848 Kaiser von Österreich. Seine Mutter, Erzherzogin Sophie, ist der Meinung, dass er möglichst früh heiraten soll, damit alsbald ein Thronfolger geboren wird. Also geht sie unter den Dynastien Europas auf Brautschau. Ihre Schwester Ludovika, verheiratet mit Herzog Max in Bayern, hat einige attraktive Töchter. Die älteste Tochter Helene, genannt Nené, scheint eine gute Wahl zu sein. Sie ist nicht nur hübsch, sondern ähnelt dem Kaiser auch charakterlich. Beide würden sicherlich gut zusammenpassen. Sophie ist sich ziemlich sicher: Franz Joseph wird an dieser Braut Gefallen finden, dem Herzenswunsch seiner Mutter entsprechen und sie zur Frau nehmen.

Die Aufregung im kleinen, romantischen bayrischen Schloss Possenhofen ist groß, als im Sommer 1853 ein kaiserlicher Brief aus Wien eintrifft, mit dem die 19-jährige voll erblühte und noch unberührte Nené zum Geburtstag des Kaisers nach Bad Ischl eingeladen wird. Nené ist außer sich vor Freude. Franz Joseph ist in ihren Augen ein attraktiver, gut aussehender Mann, verlässlich und charakterfest. Eine bessere Partie gibt es für sie in ganz Europa nicht. Sie wird, denkt sie, als künftige Kaiserin von Österreich an seiner Seite sicherlich eine glückliche Frau werden. Nené ist schlank und hoch gewachsen, hat ein hübsches Gesicht mit großen, etwas melancholisch blickenden dunklen Augen. Aber wird auch der Kaiser, der tagtäglich von den schönsten Frauen umgeben ist, sie ebenfalls hübsch finden? Sie ist fest entschlossen, die Probe in Bad Ischl zu bestehen und das Herz ihres Cousins zu erobern.

Da Herzog Max sie auf keinen Fall nach Bad Ischl begleiten und Ludovika auch nicht allein mit Nené reisen will, fasst Ludovika einen schnellen Entschluss. Sie nimmt ihre 16-jährige Tochter Elisabeth, genannt Sisi, mit, die so gern reist und ein großes Interesse an der Natur hat. Als Franz Joseph an einem Nachmittag bei einem Tee-Empfang seinen beiden Cousinen zum ersten Mal begegnet und sie freundlich begrüßt, sinkt Nené vor ihm verlegen in einen tiefen Hofknicks. Dann stehen sich beide stumm und abwartend gegenüber, keiner weiß, was er sagen soll. Die ernste Miene des Kaisers erhellt sich plötzlich, als er Sisi sieht. Er blickt in ihre leuchtenden Augen und lächelt. Ihre Natürlichkeit fasziniert ihn, er hat nur noch Augen und Ohren für die jüngere Schwester, die munter und unbefangen drauflosplaudert. Es ist Liebe auf den ersten Blick. Franz Josef ist hingerissen von diesem bezaubernden Mädchen. Für Nené ist die Situation äußerst peinlich, der Kaiser beachtet sie gar nicht mehr.

Auf dem Ball am Vorabend des Geburtstags soll der Kaiser sich beim Gesellschaftstanz offiziell für seine Braut entscheiden. Als die beiden hübschen bayrischen Prinzessinnen den Saal betreten, Nené in einem eleganten weißen Seidenkleid und die kindlich-mädchenhafte Sisi in einem schlichten rosa Musselinkleid, geht ein Raunen durch den Saal. Die Musik beginnt, und der Kaiser geht zielsicher direkt auf Sisi zu und bittet sie mit einer kurzen Verbeugung zum Tanz. In diesem Augenblick entscheidet sich Sisis Schicksal. Glückstrahlend hält Franz Josef sie im Arm, überschüttet sie mit Blumen. In nur wenigen Stunden hat er seine Entscheidung getroffen. Jeder im Saal weiß nun, wer die künftige Kaiserin von Österreich sein wird. Die Sensation ist perfekt. Der junge Kaiser hat sich gegen die Wünsche seiner Mutter entschieden, er hat sein Herz sprechen lassen.

Die lustige und ungezwungene Sisi weiß gar nicht, wie ihr geschieht. Niemand hat sie gefragt, ob sie die Frau des Kaisers werden will. Über Nacht steht sie im Mittelpunkt der Gesellschaft, unreif und in der Liebe völlig unerfahren. Ja, der fesche Kaiser gefällt ihr schon. Ihn hat die Liebe wie der Blitz getroffen, das ist ihr bewusst. Aber wie soll sie so schnell echte Gefühle für ihn entwickeln? Sie weiß nicht, ob sie lachen oder weinen soll. Ihr bleibt gar nichts anderes übrig, als dem Kaiser ihr Jawort zu geben.

Schon am nächsten Tag, dem 18. August 1853, findet offiziell die Verlobung statt. In den folgenden Tagen weicht sie unsicher zurück, wenn Franz Josef sie stürmisch in die Arme nimmt, an sich drückt und küsst. Sie braucht Zeit, um zu empfinden, dass auch Franz Josef ihr nicht mehr gleichgültig ist. Hier im Salzkammergut hat alles so wunderbar begonnen, warum soll es nicht so weitergehen? Ich werde schon die richtige Frau für ihn sein, sagt sie sich. An seiner Seite werde ich das große Glück erleben, das Glück, das eigentlich für ihre Schwester Nené bestimmt war.

Aber schon als am 24. April des nächsten Jahres in Wien die Hochzeit stattfindet und eine riesige Menschenmenge ihr zujubelt, fühlt sie sich mit ihren 16 Jahren vollständig überfordert. Sie ist in jeder Hinsicht unaufgeklärt. Die vielen Menschen, die sie umringen, machen ihr Angst. Sie weiß nicht, wie sie sich verhalten soll. Und was sie in der Hochzeitsnacht erwartet, weiß sie auch nicht. Auch davor hat sie Angst, sie fürchtet, nun von ihrem Mann vergewaltigt zu werden. Doch als der vor Leidenschaft glühende Kaiser sie erschöpft und zitternd im Bett liegen sieht, verhält er sich rücksichtsvoll. Er will seine junge Frau nicht schockieren und zieht sich zurück. Die Ehe wird erst in der dritten Nacht vollzogen.

Statt mit seiner bezaubernden jungen Frau auf Hochzeitsreise zu gehen, erledigt der Kaiser pflichtbewusst seine Regierungsgeschäfte. Seine Arbeit steht stets an erster Stelle, bis spätabends sitzt er am Schreibtisch und brütet über den Akten. Schon in den Flitterwochen ist Sisi viel allein, nur den ständigen Nörgeleien ihrer Schwiegermutter ausgesetzt, mit der sie sich überhaupt nicht versteht. Sophie will aus dem unfertigen Mädchen nach allen Regeln des Protokolls so schnell wie möglich eine Kaiserin nach ihren Vorstellungen machen. Sie kommandiert sie ständig herum und bevormundet sie, so dass Sisi bald von der »bösen Frau« zu sprechen beginnt. Sie fühlt sich einsam, und wenn der Kaiser abends endlich zu ihr zurückkommt, bricht sie in Tränen aus und beschwert sich über seine Mutter.

Franz Josef liebt seine Sisi sehr, aber er liebt auch seine Mutter und kann sich nicht vorstellen, dass sie nicht alles tun würde, damit Sisi am Kaiserhof glücklich wird. Er ist irritiert, als Sisi sich weigert, mit ihm in der offenen Kutsche durch Wien zu fahren. Sie hasst es, von den Menschen begafft zu werden, sie will sich nicht zur Schau stellen. Die Welt, in die sie so plötzlich versetzt worden ist, gefällt ihr nicht. Das höfische Zeremoniell ist ihr zuwider. Sie fühlt sich, umgeben von fremden Menschen, wie in einem goldenen Käfig. Sie ist unglücklich und wird immer launischer und gereizter. Ihr

Mann ist nicht da, wenn sie ihn braucht. Er sagt ihr zwar immer wieder, wie sehr er sie liebe, aber dann ergreift er Partei für seine Mutter.

Die Situation wird auch nach der Geburt zweier Töchter nicht besser. Als ihre kleine Tochter auf einer Reise nach Budapest stirbt, zu der sie den Kaiser wegen der unruhigen politischen Lage in Ungarn überredet hat, bricht sie zusammen und fällt in eine lang anhaltende Trauer. Dann wird endlich der heiß ersehnte Thronfolger Rudolf geboren. Ihre Schwiegermutter Sophie sorgt jedoch dafür, dass er ihr sofort entzogen wird. Sie will ihn selbst erziehen, schließlich soll ein echter Habsburgerkaiser aus ihm werden. Sisi protestiert vergeblich, die Wegnahme ihres Kindes versetzt ihr einen schweren seelischen Schock.

Franz Josef verschließt vor allem die Augen. Er will sich nicht eingestehen, dass die Frau an seiner Seite, die er über alles liebt, unglücklich ist. Sie beginnt, sich innerlich von ihm abzuwenden, und meidet seine Nähe, besonders im Schlafzimmer. Die körperliche Liebe bedeutet ihm sehr viel. Doch Sisi gibt immer häufiger irgendein Unwohlsein vor und zieht sich allein zurück. Sie will die Qual einer Schwangerschaft nach der letzten schweren Geburt nicht noch einmal durchstehen.

Nun wird auch dem Kaiser klar: Ihre Ehe ist gestört, sogar erheblich. Er sieht, wie aus der blühenden Sisi eine matte, schwache und kränkelnde Frau geworden ist, der die Ärzte dringend einen Klimawechsel empfehlen. Schweren Herzens stimmt Franz Josef einem längeren Aufenthalt auf der Insel Madeira zu. Die Kaiserin reist mitten im Winter 1860 allein in den Süden – damit sorgt sie in Wien natürlich für Getuschel. Die Zeitungen sind voll davon, einige sprechen sogar

Kaiser Franz Josef I. und Kaiserin Elisabeth von Österreich mit ihren Kindern. Zeitgenössische Darstellung.

von einem Skandal. Sisi genießt ihren Aufenthalt in der schönen Natur, der den Kaiser 42 000 Gulden kostet. Langsam kommt sie wieder zu Kräften, doch an den Kaiserhof will sie nicht zurückkehren. Aber der Kaiser drängelt. In fast jedem Brief schreibt er ihr, wie sehr er sie liebe und vermisse.

Kaum ist sie wieder in den kalten Räumen der Hofburg, fällt sie wieder in ihren alten Zustand zurück. Ihre Schwiegermutter belastet sie nervlich so sehr, dass sie sogar an Flucht denkt. Nur weg aus Wien! Sie meidet jeden Kontakt, auch den zu ihrem Mann. Franz Josef ist schockiert. Hat er vielleicht doch die falsche Frau geheiratet? Die Ärzte raten zu einem weiteren Aufenthalt im Süden und schlagen Korfu vor.

Als Sisi am 6. August 1861 nach Korfu aufbricht, ist es beschlossene Sache, dass ihr diesmal jemand aus ihrer Familie auf Korfu Gesellschaft leisten soll: ihre Schwester Nené, die inzwischen ebenfalls verheiratet ist und auch schon Kinder hat. Es gibt ein freudiges Wiedersehen. Sisi vertraut ihrer Schwester ihren Kummer an.

»Ich verstehe unter Liebe ganz etwas anderes als Franz Josef«, sagt sie. »Ich hätte ihn nicht heiraten dürfen. Du wärst sicherlich glücklicher an seiner Seite und in seinem Bett geworden.«

Nené reist wieder ab, doch Sisi denkt gar nicht daran, ihre herrliche »Blumeninsel« zu verlassen. Auch als Franz Josef selbst nach Korfu kommt, um seine Frau heimzuholen, weigert sie sich weiterhin, in das verhasste Wien zurückzukehren. Man einigt sich auf einen Kompromiss. Sie wird den kommenden Winter in Venedig verbringen, zusammen mit ihren Kindern. Anfang November 1861 nimmt sie dort ihre Kinder in Empfang, aber die Stadt ist kalt und grau und gefällt ihr gar nicht. Tagsüber nimmt sie kaum mehr zu sich als zwei Orangen und einige Gläser Milch. Trotzdem wird sie immer dicker, denn in ihrem Gewebe lagert sich als Folge des extremen Fastens Wasser an. Zurück in Wien, verfällt sie wieder in ihre alte Lethargie.

Nach dem deutsch-österreichischen Krieg 1866 kommt es zu einer Annäherung zwischen Sisi und Franz Josef. Sie gibt ihre Zurückhaltung ihm gegenüber auf und ist wieder bereit, das Bett mit ihm zu teilen. Bald ist sie erneut schwanger und reist nach Budapest, um den erwarteten Sohn dort zur Welt zu bringen. Er soll ganz und gar als Ungar aufwachsen. Die Wiener Bevölkerung ist brüskiert. Doch es wird kein Sohn, sondern eine Tochter. Diesmal lässt Sisi sich das Kind nicht wegnehmen. Sie hat beschlossen, nie mehr in die Hofburg zurückzukehren.

Die nächsten Jahre verbringt die Kaiserin viel auf Reisen. Ihre kleine Tochter nimmt sie stets mit. Paris, Rom, Berlin, das Fernweh liegt ihr im Blut. Teilweise reist sie inkognito durch Europa. An Franz Josef denkt sie kaum noch. Sie hat von der Affäre gehört, die man ihm mit der reizenden Katharina Schratt nachsagt. Und als sie wieder einmal in Wien ist, lernt sie die dralle Schauspielerin auch kennen und protegiert sie sogar. Für einige Zeit entsteht ein merkwürdiges Dreiecksverhältnis. Aber Sisi hat sich längst eingestanden, dass sie ihren Mann gar nicht mehr liebt.

Als sich ihr einziger Sohn, der Kronprinz Rudolf, im Januar 1889 im Schloss Mayerling erschießt und ein Jahr später auch ihre Schwester Nené stirbt, flieht Sisi in ihrem Kummer wieder in ein rastloses Reisen, abgemagert bis zum Skelett. Franz Josef macht sich Sorgen um seine Frau, aber sie haben sich einander schon längst nichts mehr zu sagen.

Am 10. September 1898 verlässt Sisi in Genf ihr Hotel »Beau Rivage«, um am See entlangzugehen. Auf dem Spaziergang wird sie von dem italienischen Anarchisten Luigi Lucheni überfallen und erstochen. Die Ärzte können sie nicht retten, sie stirbt um 14.40 Uhr, ohne das Bewusstsein wiedererlangt zu haben. Als der Kaiser in Wien die Todesnachricht erhält, innerlich längst gebrochen, bleibt er lange an seinem Schreibtisch sitzen, den Kopf in beide Hände gestützt, und seufzt dann laut: »Mir bleibt halt nichts erspart auf dieser Welt!«

»Hat er nun, oder hat er nicht?«

Charlotte von Stein
und Johann Wolfgang von Goethe
(1775–1786)

Tatsächlich, der heißblütige, kokette 26-jährige Dichter und Rechtsgelehrte, dieser liebenswürdige und verführerische Goethe, von Liebe hin und her getrieben und gerade von Lili Schönemann entlobt, kommt nach Weimar! Charlotte von Stein hat es vom jungen Herzog Karl August erfahren, bei dem sie Hofdame ist und der den von ihm verehrten Goethe nach Weimar eingeladen hat. Dessen im Mai 1774 vollendeter Roman *Die Leiden des jungen Werther* hat Frau von Stein so heftig erregt, dass sie über ihren Pyrmonter Badearzt Dr. Zimmermann Erkundigungen über den Mann einholt, der derart Ergreifendes und Empfindsames zu schreiben versteht.

Der Freund warnt sie vor dem bezaubernden »großen Genie«, vor dem leidenschaftlichen, immer neue Abenteuer suchenden Eroberer junger Mädchenherzen. Der »furchtbare Mensch« könne jeder Frau, auch ihr, »gefährlich« werden, schreibt er an Charlotte. Sie lächelt, als sie das liest. Mir nicht, denkt sie, mir nicht. Eine Frau von 33 Jahren, die nach elfjähriger Ehe mit dem sieben Jahre älteren Oberstallmeister Josias von Stein sieben Kinder geboren hat und vom Leben nichts mehr erwartet, hat ihre Gefühle im Griff. Ihr kann der flatterhafte, unbeherrschte Charmeur nichts anhaben. Sie wird kühl bleiben, wenn sie ihn trifft, und auf der Hut. Ist der ruhelose Mann nicht eher zu bedauern?

Es ist dunkel und kalt in Weimar, als Goethe am 7. November 1775 um fünf Uhr früh mit einem Reisewagen in der Stadt eintrifft. Er logiert im Elternhaus seines Reisebegleiters, des jungen August von Kalb. Die ersten drei Abende verbringt er bei seinem Dichterkollegen Wieland. Dann jedoch möchte der Herzog ihn mit der Familie seines Oberstallmeisters von Stein bekannt machen. Und so steht Goethe Charlotte von Stein am 11. November 1775 erstmals von Angesicht zu Angesicht gegenüber. Goethe sieht ihr in ihre großen, schwarzen Augen, bewundert ihre schwarzen Haare und den dunklen »italienischen« Teint und ist wie vom Schlag getroffen. Die reife, sieben Jahre ältere Frau ist nicht nur sehr hübsch und attraktiv, sie ist die verlorene Geliebte aus der Vergangenheit, zu der er sich sofort magisch hingezogen fühlt und die ihm wie aus einem früheren Leben entgegenkommt. Er glaubt an die »Seelenwanderung« und ist sich sicher: Wir zwei haben uns vor Jahrhunderten schon einmal geliebt!

Kurz darauf tanzen und scherzen sie auf einem Hofball bereits ausgelassen und fröhlich wie zwei alte Freunde miteinander. Und am folgenden Tag lässt er ihr einen kleinen Zettel mit den tiefsinnigen, schnell mit dem Bleistift hingekritzelten Worten zukommen, die seine Gefühle offenbaren: »Hier durch Schnee und Frost eine Blume. Wie durch Eis und Sturmwetter des Lebens meine Liebe.« Am Ende ihrer Beziehung werden es, obwohl sie sich fast täglich sehen, 1700 solcher Briefe und Zettel sein.

Einige Tage nach dem Ball lädt Charlotte von Stein Goethe in das Besuchszimmer ihres Hauses in der Kleinen Teichgasse in Weimar ein. Sie führen lange, geistreiche Gespräche

Johann Wolfgang von Goethe. Zeichnung nach Juel, 1779.

miteinander und kommen einander immer näher. Vielleicht ist es auch Charlottes Mütterlichkeit, der Goethe bei keiner Frau widerstehen kann. Einer Freundin in der Heimat teilt er brieflich mit, Frau von Stein sei »eine herrliche Seele, an die ich geheftet und genistelt bin«.

Am 6. Dezember 1775 begrüßt Charlotte ihn erneut in winterlicher Landschaft auf ihrem Schloss Kochberg südlich von Weimar zu einem »vertraulichen Beisammensein«. Sie sitzen gemütlich am Kamin, trinken Punsch und haben Zeit,

Charlotte von Stein. Pastellminiatur nach einem Selbstbildnis.

über alles zu sprechen, was ihre Seelen bewegt. Goethe öffnet sein Herz. Er fühlt, dass diese Frau, an der ihm nichts fremd ist, ihn ganz versteht. Mit ihr kann er auch über die dunkelsten Seiten seines ihm häufig selbst unbegreiflichen Charakters reden, über seine »überspannte Sinnlichkeit« und sein brausendes Blut, den überreizten, ruhelosen Drang, sich ausleben zu müssen.

Sie erklärt ihm, dies sei eine Art Katharsis für ihn, ohne die sein überreicher Geist sich selbst zerstören würde. Goethe fühlt sich besänftigt und erlöst, als er das hört. Er findet sein inneres Gleichgewicht wieder und spürt die große Macht, die Charlotte über ihn hat. Sie weist ihm wie ein strahlender Stern neue Wege des Lebens und auch des Dichtens. In ihr glaubt er alles zu finden, was er je gesucht und begehrt hat. Eine geradezu kosmische Liebe erfüllt ihn.

»Ich habe keine Namen für uns«, schreibt er einige Wochen später, »die Vergangenheit, die Zukunft, das All.«

Nun erhält auch er »süße Zettelgen«, die ihn peinigen, »weil sie so lieb sind«. Am 28. Januar 1776 gesteht er Charlotte von Stein in einem Brief, dass er leide, weil er sie »so lieb habe. Adieu Gold«. Und tags darauf:

»Sollst mich auch ein Bissgen lieb haben. Es geht mir verflucht durch Kopf und Herz, ob ich bleibe oder gehe.« Und dann wieder:

»Lieber Engel ... Ich liege zu Deinen Füßen, ich küsse Deine Hände.«

Sie habe all sein Vertrauen, schreibt er. Und sie soll, so Gott will, »auch nach und nach all seine Vertraulichkeit haben.« Er sehe immer nur ihre großen, dunklen Augen. Sie sei die »Einzige unter den Weibern, die mir eine Liebe ins Herz gab und die mich glücklich macht«.

Welche Frau empfängt nicht gern derart feurige Briefe? Von ihrem Mann hat Charlotte sicherlich nie solche Briefe erhalten. Liebe hat es zwischen den Eheleuten nicht gegeben. Ihr Verhältnis ist von gegenseitiger Achtung geprägt. Sie ist ihrem Mann dankbar, dass er sie, ein bettelarmes 22-jähriges Hoffräulein der Herzogin Anna Amalia, 1764 geheiratet hat. Ein Glücksfall für sie, den sie ihm nie vergessen hat. Aber sie liebt ihn nicht, sie ist ihrem Ehemann entfremdet und führt ein weitgehend unerfülltes Leben. Doch sie muss, streng im christlichen Glauben erzogen, aus gesellschaftlichen Gründen Rücksicht nehmen auf ihren Mann und ihre Kinder. Sie darf sich nicht gehen lassen und dem in seiner Offenheit geradezu entwaffnenden Werben des aufregenden Dichters nicht erliegen, obwohl sie es in ihrem Innern möchte.

Sie beginnt, Goethes Liebe zu erwidern. Aber als »Dame von Welt« setzt sie seiner Leidenschaft enge Grenzen. Dies bleibt über all die Jahre hinweg so, die sie in Weimar zusammen sind und in denen sich Goethe langsam vom »Stürmer und Dränger« zum »klassischen« Dichter entwickelt. Fast täglich lebt sie ihm Mäßigung vor, lehrt ihn in anmutiger Würde, seine wilden Triebe zu bändigen. Sie schränkt ein, lockt dann wieder und hält Goethe gekonnt auf Distanz, nicht ohne sich in der Rolle der angebeteten Frau zu gefallen. Manchmal muss sie sich seinen stürmischen Gefühlen gewaltsam entziehen.

»Ich kann mir die Beziehung – die Macht, die diese Frau über mich hat, anders nicht erklären als durch Seelenwanderung«, schreibt Goethe an Wieland. In seine Briefe an Charlotte streut er immer wieder Gedichte ein, *Wanderers Nachtlied* zum Beispiel und *An den Mond*.

Am 14. April 1776 verfasst er ein Gedicht, in dem Charlotte als Geliebte zum ersten Mal literarisch in Erscheinung tritt.

»Warum gabst Du uns die tiefen Blicke,
unsre Zukunft ahnungsvoll zu schaun«,

beginnt es. Und in der dritten Strophe spricht er es ganz deutlich aus:

»Sag', was will das Schicksal uns bereiten?
Sag', wie band es uns so rein genau?
Ach, Du warst in abgelebten Zeiten
meine Schwester oder meine Frau.«

Goethe hat dieses Gedicht, das er seiner Charlotte sandte, nie veröffentlicht. Es taucht erst in seinem Nachlass auf und wird später den *Versen an Lida* zugeordnet, hinter der sich Charlotte verbirgt.

Im Mai 1780 schenkt sie ihm als Unterpfand ihrer Zuneigung einen Ring. Goethes Gefühle schlagen erneut hohe Wellen. Er bittet Charlotte, in diesen Ring die Initialen »C. v. S.« eingravieren zu lassen. Sie erfüllt ihm den Wunsch, worauf er ihr am 14. Juni schreibt:

»Ihren Ring erhielt ich gestern und dancke Ihnen für das schöne Zeichen. Er ist ein Wunderding, er wird mir bald zu weit am Finger, bald wieder völlig recht.«

Goethe revanchiert sich durch eine einmalige Geste. Nachdem er im Juli 1780 in die Freimaurerloge »Anna Amalia zu den drei Rosen« aufgenommen worden ist, hat er ein Paar Handschuhe erhalten, einer der geheimnisvollen Riten des Bundes. Jeder Freimaurer kann sie als Zeichen seiner unwandelbaren Hochachtung vor dem weiblichen Geschlecht ein einziges Mal vergeben. Goethe schenkt seine Handschuhe Charlotte.

Seine Liebe zu Charlotte erreicht 1781 einen Höhepunkt. Denn jetzt, nach sechs Jahren, gesteht auch sie ihm endlich ihre Liebe. Nun habe er sein »Noviziat« als ihr »Heiliger« wohl endlich überstanden, schreibt er ihr feierlich und inbrünstig und fühlt sich mit ihr »durchaus verheiratet«, da »weder Hohes noch Tiefes« ihn mehr von ihr trennen könne. Er schenkt ihr einen schön geschliffenen Achat, eine Darstellung der »Psyche« mit dem Schmetterling auf der Brust. Mit diesem Stein versiegelt Charlotte von jetzt an ihre Briefe an Goethe. Sie ist nun für ihn, für alle sichtbar, seine »Psyche«, seine »Anima«, sein »Morgen- und Abendstern«.

In einem seiner Briefchen an sie steht der Satz:

»Die Melonen wollen wir zusammen verzehren und uns zusammen noch einer süßeren Kost erfreuen, die Sommer und Winter das Schmackhafteste ist!«

Ist mit dieser noch süßeren Kost die sexuelle Erfüllung des langen Liebesbundes gemeint? Hat Charlotte sich ihrem Geliebten nun auch körperlich hingegeben? Eine Frage, über die sich die Goetheforschung jahrhundertelang gestritten und die Köpfe zermartert hat und die letztlich in Klaus Tudykas Ein Personen-Stück *Mann von Stein* ihre scherzhafte, auf Eugen Roth zurückgehende Pointierung findet:

»Doch ungern leuchten wir hinein
in die Affäre Frau von Stein,
wo sich die Welt den Kopf zerbricht:
Hat er nun oder hat er nicht?«

Heute ist man sich so gut wie einig: Er hat wohl nicht. Ob dabei ein sexueller Defekt Goethes eine Rolle gespielt hat, eine durch das Vorspiel, besonders durch Küssen ausgelöste vorzeitige Ejakulation, wie der Psychoanalytiker Kurt R. Eissler zu wissen glaubt, wird sich nicht eindeutig beweisen lassen. Goethe hat darüber nie etwas gesagt oder auch nur angedeutet. Allerdings wird die gesamte Zeit des Zusammenseins mit Charlotte von Stein in seinen Schriften nur spärlich erwähnt, Goethe hat sie gleichsam ausgeklammert.

Trifft diese Annahme eines sexuellen Problems tatsächlich zu und hat er deshalb nach Techniken außerhalb des Geschlechtsverkehrs gesucht, ist das zumindest eine plausible Erklärung dafür, dass die um die peinlichen Probleme wissende Geliebte jeden Beischlaf und sogar leidenschaftliche Küsse verweigert hat.

Wahrscheinlicher aber ist, dass Charlotte von Stein das Ideal einer Beziehung zwischen Mann und Frau wohl nur noch in einer körperlosen, rein seelischen Zuwendung der Gemüter gesehen hat. Letztlich ist es unerheblich, ob die zwischen beiden bis 1786 andauernde Harmonie einer glücklichen, tiefen Seelenliebe oder auch einer sexuellen Vereinigung zu verdanken ist.

Nach neun Jahren seiner platonischen Liebe zu Charlotte wird Goethe langsam bewusst, dass da etwas fehlt, dass ein Ganzes aus Geist und Körper besteht. In ihm ist nicht nur ein Teil, nicht nur die »Geistesehe«, er braucht auch die sinnliche Wärme, er sehnt sich auch nach der leidenschaftlichen Umarmung und Verschmelzung. In seinem *Tasso* schreibt er sich seine Sehnsüchte vom Herzen. Plötzlich fühlt er sich wie ein zwanghaft gespaltener Mensch. Jetzt erkennt er, dass Charlotte »in der Liebe nicht mit Pfeilen, sondern mit Netzen siegt«, wie er vorausahnend schon 1775 geschrieben hat. Nun möchte er ihren geradezu hypnotischen Liebeszauber brechen, den »Zauberfaden« durchtrennen, nun will er seine »Ganzheit« wiederfinden.

Am 3. September 1786, um drei Uhr nachts, schleicht er sich im Schutze der Dunkelheit davon, nur mit einem Jagdranzen und Mantelsack als Gepäck und unter dem Pseudonym Jean Philipp Möller. Charlotte ahnt nichts davon, er hat ihr nicht die leiseste Andeutung gemacht. Goethe bleibt sich treu: Den Frauen, die er verließ, hat er nie in die Augen sehen können.

Er flieht nach Italien, um sich, wie er an den Herzog Karl August schreibt, »von den physisch moralischen Übeln zu heilen, die mich in Deutschland quälten und mich zu letzt unbrauchbar machten«. Erst zwei Wochen später meldet er sich aus Verona bei Charlotte, gibt seinen Aufenthaltsort jedoch nicht preis. Dann schreibt er ihr aus Rom, erkundigt sich aber mit keinem Wort danach, ob und wie sie mit ihrem Verlassensein zurechtkommt.

Charlotte ist zutiefst verletzt und erleidet einen seelischen Schock. Sie begreift die Flucht des geliebten Mannes allein als Flucht vor ihr, als einen unglaublichen Treue- und Vertrauensbruch. Vor dem Weimarer Hofkreis ist sie kompromittiert, die ersten Wochen und Monate sind ein Martyrium für sie. Sie vergräbt sich weinend und trostlos in ihrem Haus, um die hämischen Fragen der Nachbarn und der Weimarer Gesellschaft nicht beantworten zu müssen.

Bald erhält sie auch keine Nachrichten mehr von Goethe. Ihr wird klar, dass nach zehn Jahren der Erfüllung und des harmonischen Zusammenlebens mit dem berühmten Dichter dieser einmalige Zauber ihres Lebens nun vorbei ist, dass aus dem Glück Unglück geworden ist. Den Jahren der großen, tiefen Liebe folgen nun Demütigungen, Leid und Trauer, eine Katastrophe im Leben der Baronin von Stein.

Fast zwei Jahre bleibt Goethe in Italien. Die Reise wird für ihn zum Wendepunkt seines Lebens, seines Dichtens und auch seines Liebens. In Rom findet er eine neue Geliebte, Faustina, die Tochter des Wirts der »Osteria della Campagna«, wo Goethe sie mehrmals trifft. Faustina ist Mutter eines kleinen Jungen und bereits Witwe. Voll sinnlichem Feuer weicht sie seinen intimen Annäherungsversuchen nicht aus und gibt sich ihm mehrmals hin. Schon nach ihrer ersten Begegnung ist »Begierde dem Blick, Genuss der Begier« gefolgt, schreibt Goethe in einem seiner schönsten römischen Gedichte.

Als er am 18. Juni 1788 wieder in Weimar eintrifft, hat er seine Einheit und Sicherheit wiedergefunden. Frau von Stein empfängt ihn betont frostig, beachtet ihn kaum. Beide verlangen die miteinander ausgetauschten Briefe und Zettel zurück. Während Charlotte die ihrigen sofort verbrennt, bewahrt Goethe seine Briefe auf, vielleicht mit dem Gedanken, Literatur daraus zu machen. Dazu kommt es jedoch nicht, sie werden erst 16 Jahre nach seinem Tode veröffentlicht.

Als Goethe in den frühen Morgenstunden des 12. Juli 1788 an der Ilm entlang durch den Park spazieren geht, beginnt ein neuer Stern für ihn zu leuchten. Eine 23-jährige Frau tritt plötzlich auf ihn zu und fragt, ob sie den »Herrn Geheimrat« vielleicht einen Augenblick sprechen könne. Es ist Christiane Vulpius, die herzliche, erdverbundene Frau, die er später heiratet und die dem 16 Jahre Älteren mit bedingungsloser Hingabe von allen Frauen seines Lebens am längsten zur Seite stehen wird. Wie ein Rausch ergreift es den Dichter, seine Hexameter dichtet er nun in ihren Armen.

Charlotte von Stein erfährt erst ein halbes Jahr später von diesem Verhältnis mit dem »vulgären Blumenmädchen«, wie sie Christiane Vulpius gekränkt bezeichnet. Dass sie als standesbewusste Hofdame nun endgültig durch eine »Fabrikarbeiterin« verdrängt worden ist, verwindet Charlotte bis an ihr Lebensende nicht. Goethe und Charlotte meiden sich fortan sorgsam. Erst nach etwa zehn Jahren entsteht, leise und allmählich, ein neues Altersverhältnis zwischen beiden.

Das unzüchtige Modell

Hendrickje Stoffels und Rembrandt Harmensz van Rijn (1649–1663)

Unter normalen Umständen wäre die Frau vollständig in Vergessenheit geraten und ihr Name wäre der Nachwelt überhaupt nicht bekannt geworden. Aber es sollte anders kommen. Die junge Hendrickje Stoffels tritt im Jahre 1649 als einfache Magd in den Hausstand des genialen niederländischen Malers Rembrandt ein und beeinflusst 14 Jahre lang intensiv dessen Leben. Zu echter Berühmtheit allerdings gelangt Rembrandt erst nach seinem Tod, und damit wird auch Hendrickje Stoffels bekannt.

Ihr genaues Geburtsdatum ist unbekannt. Vermutlich erblickte sie um das Jahr 1625 in Holland das Licht der Welt. Aber man weiß, dass sie eine recht hübsche Frau mit einem runden Gesicht, vollen Wangen, großlidrigen Augen und einer kräftigen Nase war. Rembrandt hat sie mehrmals porträtiert. Und wenn das 1654 auf Holz entstandene Ölgemälde, das heute in der National Gallery in London hängt, tatsächlich Hendrickje Stoffels darstellt, wie weitgehend angenommen wird, wissen wir auch etwas über ihre Figur und ihren Körper. Das Gemälde zeigt eine etwas dralle und rundliche junge Frau, die halb entblößt in einem Fluss badet und mit gesenktem Blick knietief im Wasser steht. Ihr weißes, bis zu den Brüsten weit ausgeschnittenes Hemd hat sie mit beiden

Händen bis zu den Hüften hochgerafft, wodurch der Blick auf ihre vollen, leicht gespreizten Schenkel freigegeben wird. Das anmutige Bild entbehrt nicht einer gewissen Sinnlichkeit, ähnlich den herausfordernd enthüllten barocken Frauenkörpern von Peter Paul Rubens. Der Betrachter dieser halb nackten Frau im Fluss spürt, dass das, was der Künstler in Ölfarben festgehalten hat, von einer Nähe spricht, die nur auf dessen intimer Nähe zu seinem Modell beruhen kann.

Als Rembrandt am 15. Juli 1606 in Leiden als neuntes Kind des Müllers Harmen Gerritsz und der Bäckerstochter Cornelia (Neeltje) van Suytbroeck in einem bescheidenen Haus das Licht der Welt erblickt, liegt nichts ferner als der Gedanke, dass dieser Spross einmal einer der bedeutendsten Maler der Menschheitsgeschichte werden wird. Da die Mühle auf einer kleinen Anhöhe am Ufer des Flüsschens Rihn steht, nennt sich die Familie fortan »van Rijn«, und der Sohn erhält den Vornamen Rembrandt. Seine besondere Begabung wird allerdings schon frühzeitig offenbar. Während seine Brüder sämtlich einen handwerklichen Beruf ergreifen, sehen die einfachen Eltern für ihn eine akademische Laufbahn vor. Sieben Jahre lang erhält er eine sorgfältige humanistische Erziehung. Am 20. Mai 1620 schreibt Rembrandt sich als Student an der philosophischen Fakultät der hoch angesehenen Universität Leiden ein.

Doch es sind nicht die Geisteswissenschaften, die ihn wirklich interessieren. Er fühlt die Schöpferkraft eines bildenden Künstlers in sich, eines Malers. Schon nach kurzer Zeit verlässt Rembrandt die Universität. Um seinen künstlerischen Neigungen nachzugehen, beginnt er eine dreijährige Lehre in der Werkstatt des Malers Jacob Isaaksz van Swanenburgh. Danach nimmt sich in Amsterdam der bekannte

Meister Pieter Lastman seiner an. 1625 kehrt Rembrandt nach Leiden zurück und gründet mit Jan Lievens eine eigene Ateliergemeinschaft. Bald erhält er die ersten Aufträge. Neben einer Vielzahl bestellter Porträtarbeiten sind es vor allem Selbstbildnisse und Darstellungen von Freunden und Verwandten, die Rembrandt nicht als bloße Abbilder auf die Leinwand bannt, sondern als eigenwillige, fein erfasste Spiegelungen eines besonderen seelischen Zustandes. Bald werden die Aufträge so zahlreich und lukrativ, dass Rembrandt, vor allem durch die Vermittlung des Amsterdamer Kunsthändlers Hendrick Uylenburgh, immer bekannter wird und 1632 in dessen Haus in der Breestraat übersiedelt.

Hier lernt er Uylenburghs reiche Kusine Saskia kennen, die er 1634 heiratet. Er tritt in die Lukasgilde ein, gründet sein eigenes Atelier und arbeitet fortan als freier Maler in Amsterdam. Das repräsentative Patrizierhaus, das er im Januar 1639 in der an das Amsterdamer Judenviertel angrenzenden vornehmen Breestraat 4–6 erwirbt, demonstriert seinen gesellschaftlichen Aufstieg. Saskias in die Ehe eingebrachtes Vermögen ermöglicht ein sorgenfreies, sogar üppiges Leben, zumal sie sehr gut mit Geld umzugehen weiß. Diese Eigenschaft fehlt Rembrandt gänzlich. Aus der Ehe gehen vier Kinder hervor, aber nur der jüngste Sohn Titus überlebt. Kaum ein Jahr nach ihrer letzten Niederkunft stirbt Saskia im Juni 1642. Rembrandt vollendet sein wohl bekanntestes Bild, die *Nachtwache.*

Damit Kind und Haushalt weiterhin versorgt sind, engagiert Rembrandt die Witwe Geertje Dircx als Haushälterin. Mit der derben und resoluten Frau teilt er nicht nur den Tisch, sondern alsbald auch das Bett. Er schenkt ihr Saskias gesamten Schmuck. Als sie nach ein paar Jahren erkennt, dass Rembrandt gar nicht daran denkt, sie zu heiraten, verklagt sie ihn bei Gericht wegen eines angeblichen Eheversprechens. Sie fordert, dass er sie entweder heiratet oder ihr eine lebenslange Rente zahlt. Rembrandt wird tatsächlich zu einer jährlichen Abfindung von 200 Gulden verurteilt, aber die Klägerin darf nichts aus ihrem Besitz verpfänden. Als sie es später dennoch tut, nimmt Rembrandt Rache an der »unverschämten Person«. Er kann so viel belastendes Material gegen sie vorbringen, dass sie verhaftet und zu elf Jahren Zuchthaus verurteilt wird.

Nach der Trennung von Geertje Dircx im Jahr 1649 muss Rembrandt sich nach einer neuen Haushälterin umsehen. Er findet sie in der 24-jährigen attraktiven Hendrickje Stoffels, der Tochter eines Sergeanten. Sofort fühlt er sich zu ihr hingezogen und verliebt sich in sie. Die fast 20 Jahre jüngere selbstbewusste Frau wird zum ruhenden Pol seines Lebens. Er vertraut ihr nicht nur die Verwaltung seines Vermögens an, sondern benutzt sie fortan auch als Modell und malt einige hervorragende Porträts von ihr. Sie ist die Mutter für seinen Sohn Titus und wird – noch jungfräulich – alsbald auch noch seine Geliebte. Ihr stämmiger Körper und ihre leidenschaftlichen Umarmungen fordern Rembrandts ganze Manneskraft. Sie genießt die Wildheit, das ungestüme Verlangen dieses Mannes und gibt sich ihm ganz hin. Trotz seiner Unberechenbarkeit und häufigen Stimmungsschwankungen spürt sie, wie sehr er sie mag und begehrt und wie gut er es mit ihr meint. Aus der anfänglichen Bewunderung für den großen Künstler und Meister wird tiefe, aufrichtige Liebe. Sie will ihn als Ehemann haben und ihm viele Kinder gebären. Sie träumt von einer glücklichen ehelichen Zweisamkeit und hofft jeden Tag, dass Rembrandt sie zum Traualtar führt.

Hendrickje Stoffels. Gemälde von Rembrandt, 1657/58.

Doch obwohl sie wie ein Ehepaar zusammenleben, ist Hendrickje bald klar, dass Rembrandt sie nicht heiraten wird. Er möchte wohl, aber er kann nicht. Wenn er es nämlich tut, verliert er sein gesamtes Hab und Gut. Seine verstorbene Ehefrau Saskia hat testamentarisch verfügt, dass er im Falle einer Wiederverheiratung sein gesamtes Vermögen an Saskias Verwandte übereignen müsse. Und die folgende Mittellosigkeit läge auch nicht in Hendrickjes Interesse. Zudem wäre es Rembrandt auch gar nicht möglich, die bei Saskias Tod amtlich geschätzten und festgelegten 20 350 Gulden aufzubringen.

Also leben sie weiterhin in »wilder« Ehe zusammen, was Hendrickjes Glück immer mehr trübt. Im strenggläubigen Holland dieser Zeit werden Menschen, die in Sünde leben, gesellschaftlich geächtet. Rembrandts Aufträge gehen zurück, sein bisher guter Ruf ist beschädigt. Es kommt zu finanziellen Engpässen. Die Kirche verurteilt ein derart »liederliches Leben« als Unzucht und verbietet außereheliche Verhältnisse. Der Kirchenrat lädt Hendrickje auch vor. Aus Angst und Scham geht sie jedoch nicht hin. Zwei weitere Aufforderungen befolgt sie ebenfalls nicht, denn inzwischen ist sie schwanger und erwartet von Rembrandt ein Kind.

Einer gestrengen vierten Vorladung im Juli 1654 kann sie sich jedoch nicht mehr entziehen. Sie erscheint vor dem Kirchengremium und zeigt sich als reuige Sünderin, die ihre Verfehlungen freimütig eingesteht. Sie gibt zu, mit Rembrandt »Hurerei« getrieben zu haben. Die Kirchenväter verwarnen sie, ermahnen sie zu tätiger Buße und erlegen ihr auf, das Bett ihres Herrn künftig nicht mehr aufzusuchen. Jeder sexuelle Kontakt mit Rembrandt wird ihr untersagt.

Ob sie sich daran gehalten hat, ist nicht bekannt. Im Oktober 1654 gebiert sie eine gesunde Tochter, die den Namen von Rembrandts Mutter Cornelia erhält und in der Oude Kerk von Amsterdam getauft wird. Rembrandt erkennt das Kind sofort als sein eigen an. Hendrickje bleibt im Haus und ist nun die Mutter zweier Kinder, denn auch der inzwischen 13-jährige Sohn Titus aus Rembrandts erster Ehe muss noch versorgt werden.

Rembrandts Auftragslage wird immer schlechter, und es ist immer weniger Geld in der Haushaltskasse. Seit Jahren frönt Rembrandt seiner Sammlerleidenschaft. Auch jetzt hört er nicht auf, Kunstwerke aller Art zu kaufen. Er sammelt alles, was alt und kostbar ist. Bilder, Geschirr, Waffen, Schmuck, exotische naturkundliche Fundstücke und altertümliche Geräte aller Art, die ihn nicht selten zu neuen Gemälden anregen. Bald hat er eine einzigartige Kunstsammlung beisammen. Aber um die kostbaren Stücke zu finanzieren, muss er immer häufiger Darlehen aufnehmen. Die Schulden werden beständig größer.

Als die Gläubiger mit Schuldgefängnis drohen, sieht Rembrandt sich im Juli 1656 gezwungen, Konkurs zu beantragen. All sein Besitz wird verkauft, seine geliebte Kunstsammlung kommt unter den Hammer. Und am 1. Februar 1658 wird auch sein Haus in der Breestraat für 11 218 Gulden versteigert. Er darf jedoch bis 1660 darin wohnen bleiben. Danach zieht er in ein kleineres Haus in der Roozengracht. Da er zahlungsunfähig ist, darf er auch seine eigenen Bilder nicht mehr verkaufen.

Hendrickje Stoffels hält die ganzen Jahre über zu ihm. Sie teilt seine Not und verlässt ihn nicht. Im Jahr 1660 hat sie sogar eine rettende Idee. Zusammen mit dem inzwischen volljährig gewordenen Titus, dessen mütterliches Erbteil ihm erhalten geblieben ist, gründet Hendrickje eine Kunsthandlung, in der Rembrandt als einfacher Angestellter arbeitet. Er malt wieder, vornehmlich Historienbilder, während Hendrickje versucht, seine Werke zu verkaufen, um den immen-

Rembrandt Harmensz van Rijn. Selbstbildnis, nach 1660.

sen Schuldenberg zu verringern. Alles Finanzielle und Geschäftliche liegt in ihren Händen. Und auch das familiäre Zusammenleben in dem bescheidenen Heim in der Roozengracht unterliegt ihrer umsichtigen Führung.

Der alternde Rembrandt erträgt seinen sozialen Niedergang mit stoischem Gleichmut. Immer mehr zieht er sich zurück und wird zum vereinsamten Sonderling. Hendrickje, fülliger geworden, aber immer noch schön, registriert die Veränderung des geliebten Mannes mit Sorge und stiller Trauer. 14 Jahre lebt sie nun schon an seiner Seite. Ihre Hoffnungen und Wünsche sind unerfüllt geblieben. Doch sie bleibt weiterhin bei ihm. Am 24. Juli 1663 verstirbt sie plötzlich und unerwartet, eine Woche nach Rembrandts 57. Geburtstag. Zum zweiten Mal entreißt das Schicksal ihm die Frau seines Herzens. Er erträgt es voller Gram. Zusammen mit seiner Tochter Cornelia lebt er in den kleinen Zimmern in der Roozengracht in Armut und Not. Eines Tages bricht er sogar Cornelias Spardose auf, um sich etwas zum Essen zu kaufen.

Im September 1668, kurz nach der Vermählung mit Magdalena van Loof, stirbt auch Rembrandts Sohn Titus im Alter von nur 27 Jahren. Seine Frau bringt im Frühjahr 1669 eine Tochter zur Welt, die auf den Namen Tina getauft wird. Doch Großvaterfreuden sind Rembrandt nur wenige Monate vergönnt. Am 4. Oktober 1669 verlischt auch sein Lebenslicht. Er hinterlässt nichts als einige alte Kleider aus Leinen und Wolle, ein paar Bilder, Pinsel und Farben und eine Staffelei. Als Rembrandt am 8. Oktober in der Westerkerk in Amsterdam beigesetzt wird, nimmt die Stadt kaum Notiz davon. Nur ein Mitglied der Malergilde erweist ihm die letzte Ehre.

»Wir lieben uns, aber wir können nicht miteinander leben!«

Elizabeth Taylor und Richard Burton (1962–1976)

Zunächst ist sie ein Kinderstar. 1932 in London geboren, bekommt sie schon mit drei Jahren Ballettunterricht und tritt mit ihrer Ballettgruppe vor der königlichen Familie auf. Nach dem Umzug nach Los Angeles hat sie im Alter von zehn Jahren ihr Filmdebüt und erhält ein Jahr später einen Exklusivvertrag von MGM. Nach Auffassung der Filmleute ist das bildhübsche Mädchen mit den violetten Augen und dem perfekten Gesicht zu klein. Man empfiehlt ihr ein Streckbett. Nach der schmerzhaften Tortur behält sie einen dauerhaften Rückgratschaden zurück. Mit 16 glänzt Elizabeth Taylor schon in Liebhaberinnenrollen. Ihre ehrgeizige Mutter plant und überwacht ihre Karriere, und schon früh wird das wohlgeformte Mädchen, das später zwei Jahrzehnte lang als schönste Frau der Welt gefeiert werden wird, auf Rosen gebettet und von ihren Bewunderern umjubelt.

Die erste Heirat kommt sehr früh. Liz ist erst 18, als sie mit dem Hotelerben Nicholas Hilton eine Ehe eingeht, die nur neun Monate hält. Die Hochzeit wird in zwei MGM-Filmen vermarktet. Zwei Jahre später heiratet Liz einen 20 Jahre älteren britischen Filmstar, Michael Wilding, dem sie zwei Söhne schenkt. Aber auch diese Ehe ist nicht glücklich und zerbricht 1956 nach vier Jahren.

Um den Filmproduzenten Mike Todd heiraten zu können, tritt Liz 1957 zum jüdischen Glauben über. Diese Beziehung scheint ihr das ersehnte Glück zu bringen. Todd verwöhnt sie, wie es alle Männer ihr gegenüber tun, aber er ist stark genug, um nicht abhängig zu werden von ihr, ihrem Erfolg und ihrem vielen Geld.

Sie reift in ihrer Persönlichkeit und auch in ihrem beruflichen Können. Für ihre Filme *Das Land des Regenbaums, Die Katze auf dem heißen Blechdach* und *Plötzlich im letzten Sommer* wird sie jeweils für den Oscar nominiert. 1957 kommt die Tochter Elizabeth zur Welt, aber schon ein Jahr darauf stirbt Mike Todd beim Absturz seines Privatflugzeugs. Liz kann das Alleinsein nicht ertragen und findet Trost bei dem Sänger Eddie Fisher, der ihr Trauzeuge war und mit der bekannten Sängerin Debbie Reynolds verheiratet ist. Die Öffentlichkeit ist entrüstet über diese Liebesaffäre kurz nach dem tragischen Unglück. Liz heiratet Fisher, dreht mit ihm zusammen *Telefon Butterfield 8* und erhält für die überzeugende Darstellung eines Callgirls ihren ersten Oscar.

Dann spielt sie 1962 in dem in Rom gedrehten amerikanischen Monumentalfilm *Kleopatra* die Titelrolle. In Bezug auf Kosten, Ausstattung und Aufgebot der Stars bricht er alle Rekorde. Den Antonius spielt der vielseitige und ausdrucksstarke britische Theaterschauspieler Richard Burton, im Filmgeschäft bisher eher unerfahren. Er stammt aus einer Waliser Bergarbeiterfamilie und hat zwölf Geschwister. In der Kindheit ist ihm Hunger nicht fremd gewesen. Aber er hat sich hochgekämpft und beginnt mit 16 Jahren ein Studium in Oxford, spielt im Studententheater und steht eines Tages auf der Bühne des Old Vic in denkwürdigen Shakespearerollen. Eigentlich heißt er Richard Walter Jenkins.

Aber aus Dankbarkeit für seinen Lehrer Philip Burton, der ihm das Stipendium verschafft und ihm geholfen hat, sein sprachliches Talent zu entfalten und den walisischen Akzent auszumerzen, nimmt er dessen Nachnamen an. 1949 ist Richard Burton zum ersten Mal im Film zu sehen. Als er 1952 sein Hollywooddebüt gibt, erhält er für seine Rolle in *Meine Cousine Rachel* auf Anhieb eine Oscar-Nominierung.

Die Rolle des Antonius nimmt er nur an, weil er Geld braucht. Ein bisschen reizt ihn jedoch auch die Zusammenarbeit mit Liz Taylor, der er einige Jahre zuvor schon einmal begegnet ist. Nach dem Zusammentreffen schreibt er in sein Tagebuch:

»Sie war, wie ich fand, die selbstverliebteste, schönste, fernste Frau, die ich je gesehen hatte. Ihre Brüste waren apokalyptisch, sie würden noch ganze Reiche zu Fall bringen, bevor sie verwelkten. Ihr Körper war wirklich ein Wunderwerk der Gestaltung.«

Als sie sich jetzt bei den Dreharbeiten gegenüberstehen, der 30-jährige Superstar aus Hollywood und der 37-jährige walisische Querkopf, ehrgeizig, offenherzig und temperamentvoll, verlieben sie sich heftig ineinander. Richard ist arrogant, aber auch verletzlich, feinfühlig und warmherzig, das fasziniert Liz. Gegen ihre offene, fast etwas vulgäre Erotik ist er machtlos. Sie schlafen und trinken miteinander und werfen sich unbequeme Wahrheiten an den Kopf. Während der Liebesszenen der beiden in *Kleopatra* hält die gesamte Crew den Atem an. Jedem ist klar: Das ist nicht gespielt, das ist echt. Antonius und Kleopatra sind zu einem wirklichen Paar geworden, für beide ist es die große Leidenschaft.

Während der jahrelangen Dreharbeiten erkrankt Liz schwer an einer Lungenentzündung. Sie ist dem Tode nahe,

Elizabeth Taylor und Richard Burton. Szene aus »The Sandpiper«, 1965.

und Richard sitzt nächtelang bangend und hoffend an ihrem Bett. Die Narbe des Luftröhrenschnitts, der ihr das Leben gerettet hat, trägt sie seitdem mit Stolz. Nach ihrer Genesung lässt sie sich sofort von Eddie Fisher scheiden, und Richard trennt sich nach 14-jähriger Ehe von seiner Frau Sybil, mit der er zwei Töchter hat. Beide glauben, ihre große Liebe und den Partner fürs Leben gefunden zu haben. Zwei Jahre leben sie wie Mann und Frau zusammen, dann heiraten sie am 15. März 1964.

Doch es dauert nicht lange bis zum ersten großen Krach. Qualvolle Alkoholexzesse, oft verbunden mit Handgreiflichkeiten, und übersteigerte Versöhnungsszenen lösen einander ab. Über 45 Millionen Euro gibt Richard allein für Schmuck aus. Der Höhepunkt ist ein herzförmiger Cartier-Diamant für 2,5 Millionen Euro. Das Paar beleidigt und beschimpft sich wüst, dann fallen beide übereinander her und lieben sich fast animalisch.

Von den acht Filmen, die sie gemeinsam drehen, sind einige sehr erfolgreich. In dem Oscar-prämierten Streifen *Wer hat Angst vor Virginia Woolf?* (1966), der die zerstörerische Seite der Leidenschaft zeigt, spielen sie sich im Grunde selbst. Ein Jahr später brillieren sie zusammen in ihrer eigenen Produktion in Shakespeares *Der Widerspenstigen Zähmung*. Wie in diesem Stück ist ihr Kampf zwischen Mann und Frau zugleich ein Sinnbild für ihre Liebe, die immer mehr zu einer Hassliebe wird. Die Fetzen fliegen, und die Gläser klirren.

»Wir lieben uns«, bekennt Liz, »aber wir können nicht miteinander leben!«

1974 lassen sie sich scheiden, nachdem beide schon neue Liebesverhältnisse eingegangen sind. Aber sie kommen nicht voneinander los. Ein Jahr später heiraten sie in Botswana ein zweites Mal. Wieder machen sie Schlagzeilen – also doch eine Liebe fürs Leben? Nein, sie irren sich erneut. Die zweite Ehe hält nur ganze zehn Monate. Dann kommt die Erkenntnis: Es geht nicht mehr, sie zerfleischen sich zu sehr. 1976 werden sie ein zweites Mal geschieden.

Noch im gleichen Jahr wird der US-Anwalt und Politiker John Warner Liz Taylors sechster Ehemann. 1982 wird auch diese Ehe geschieden. Mit dem Tode von Richard Burton im August 1984 fällt der letzte Vorhang in der ebenso glanzvollen und triumphalen wie chaotischen und dramatischen Liebe dieser beiden Menschen. Gewisse Ehen, hat Gerhart Hauptmann einmal gesagt, halten nur in der Weise zusammen wie ineinander verbissene Tiere. Elizabeth Taylors und Richard Burtons Ehe hielt trotzdem nicht, zweimal nicht. Ihr Scheitern zählt zu den berühmtesten Liebes(w)irrungen des 20. Jahrhunderts.

Liebe, Leidenschaft und Wahnsinn

Sofia und Leo Tolstoi
(1844–1910)

Ist ein lüsterner und ausschweifend lebender Mann, über den Maxim Gorki schrieb, er hasse die Frauen und nichts gefalle ihm mehr, als sie zu misshandeln, überhaupt zu tiefer und aufrichtiger Liebe fähig? So wie Genie und Wahnsinn oft dicht beieinander liegen, sind auch Liebe und Hass nicht weit voneinander entfernt. Leo Tolstoi war ohne Frage ein großes, weltbekanntes dichterisches Genie, in einigen Phasen seines Daseins dem Irrsinn nahe. Und zweifellos sah er in den Frauen nur Objekte zur Befriedigung seines ausgeprägten Geschlechtstriebs. Aber vielleicht hat er die einzige Frau in seinem Leben, mit der er je verheiratet war, wirklich geliebt, zumindest in der ersten Zeit seiner Ehe. Einige Eintragungen in seinem Tagebuch lassen darauf schließen. Für die Frau jedoch war er ganz gewiss die große und einmalige Liebe. Allerdings auch ein schmerzlicher und tragischer Irrtum, der im Wahnsinn endete.

Graf Leo Nikolajewitsch Tolstoi entstammt einem alten russischen Adelsgeschlecht. Er ist bereits reich, als er am 9. September 1828 das Licht der Welt erblickt. Die Eltern sterben früh, weibliche Verwandte erziehen den neunjährigen Knaben. Sein Vater vererbt ihm nicht nur den Aristokratentitel, sondern auch das prächtige Landgut Jasnaja Poljana im Regierungsbezirk Tula, südöstlich von Moskau gelegen, mit

330 Leibeigenen. In den Jahren 1844 bis 1847 studiert Tolstoi an der Universität Kasan orientalische Sprachen und Jura.

Während seiner Zeit in der Armee genießt er das Leben in vollen Zügen. Er taumelt von einer Orgie zur anderen und holt sich junge, hübsche Frauen reihenweise auf sein Lager. Darunter sind oft auch leichtlebige Dirnen, die seine speziellen sexuellen Wünsche befriedigen müssen. Von ihnen holt er sich Geschlechtskrankheiten. Kaum auskuriert, stürzt sich der Graf erneut in ausschweifende Abenteuer.

»Das Drängen des Geistes und die Macht des Fleisches sind zwei Extreme in mir«, bekennt er in seinem Tagebuch.

Er beginnt zu schreiben. Seine ersten Bücher lassen sein großes ehrzählerisches Talent erkennen und machen ihn schon frühzeitig international berühmt. Er unternimmt Reisen nach Westeuropa und trifft dort mit anderen Künstlern und Schriftstellern zusammen, unter anderem mit Charles Dickens.

Nach Jasnaja Poljana zurückgekehrt, beschließt Tolstoi, sein maßloses Dasein als Wüstling zu beenden. Aber kaum ist er dort, schwängert er eine seiner Bäuerinnen. Dass sie verheiratet ist, stört ihn nicht. Da sie seine Leibeigene ist, betrachtet er sie als eine Frau, mit der er machen kann, was er will. Sie gebiert ihm einen Sohn und ist ihm vier Jahre lang, von 1858 bis 1862, nicht nur als Magd auf seinem Gut, sondern auch als gefügige Sexsklavin in seinem Bett zu Diensten. Dann überkommt ihn plötzlich der Wunsch zu heiraten. Er beginnt nach hübschen jungen Mädchen Ausschau zu halten, die dafür geeignet scheinen.

1862 begegnet er der 18-jährigen Tochter eines befreundeten deutschstämmigen Arztes. Sie heißt Sofia Andrejewna Bers und ist unerfahren und voller Träume und Illusionen.

Der 34-jährige Tolstoi begehrt sie sofort. Er kann es kaum erwarten, sie zu besitzen. Voller Leidenschaft schreibt er ihr einen glühenden Brief, in dem er sogleich um ihre Hand anhält. Sofia ist außer sich vor Freude und Glück, dass ein so berühmter Mann sich für sie interessiert, und sagt begeistert Ja. Sie kennt seine Werke, liebt seine Romane und die radikale Wahrheit, die in seinen Worten liegt. Schon in den ersten Tagen verliebt sie sich in ihn, himmelt ihn geradezu an. Das große Glück, so scheint es, ist ihr begegnet. Und sie ist entschlossen, es mit beiden Händen und übervollem Herzen zu fassen.

Ihre Mutter wünscht, dass die Hochzeit erst in einigen Monaten stattfinden möge, damit genug Zeit zur Beschaffung der Aussteuer bleibe. Aber Tolstoi findet, Sofia habe genug Kleider, und drängt auf die Hochzeit. Sie soll schon sieben Tage später stattfinden. Damit sie weiß, was für einen Mann sie heiratet, gibt er ihr seine Tagebücher, in denen er seine intimen Bekenntnisse und gedanklichen Exzesse festgehalten hat. Sofia, halb noch ein Kind, ist entsetzt. Sie liest alle Details über Tolstois Liebespraktiken mit der drallen Bäuerin und muss auch erfahren, dass ihr zukünftiger Ehemann bereits einen Sohn hat.

Am Hochzeitstag wartet sie zunächst vergeblich auf ihren Bräutigam. Tolstoi kommt viel zu spät, weil er kein sauberes Hemd finden kann. Dann verschwindet er mit seiner jungen, noch unberührten Frau sofort auf sein Landgut, um dort die Flitterwochen mit ihr zu verbringen. Er hat ihr von Jasnaja Poljana erzählt, von den geräumigen 36 Zimmern, den wunderschönen Gartenanlagen und den ausgedehnten Ländereien. Aber als sie ankommen, müssen sie sich mit zwei dreckigen, dunklen Pavillons begnügen, in denen es keinen einzigen Teppich gibt, dafür aber umso mehr Ratten. Alle anderen Räume hat Tolstoi verspielt, auch dieses Laster hat ihn ergriffen. Sofia ist enttäuscht. Sie sieht, wie Tolstois ehemalige Geliebte zum Scheuern der Fliesen vor ihr auf dem Boden herumkriecht. Der kleine dreijährige Bastard ist ständig um sie herum.

Sofia erregt ihren Mann ungeheuer. Sie ist nicht nur attraktiv, sondern auch intelligent und temperamentvoll. Voller Verlangen entkleidet er sie und streichelt ihren wohlgeformten Körper, verwöhnt ihn mit zärtlichen Küssen, was sie sehr genießt. Der dann folgende, eher rohe und brutale Akt gefällt ihr weniger. Aber sie erduldet alle Handlungen ihres Mannes. Sie gibt ihm Sex, um Liebe zu erhalten. Und er gibt ihr Liebe, um Sex zu bekommen. Tolstoi widmet ihr in seinem Tagebuch Einträge voller Liebe und gibt sie ihr zu lesen, was sie sehr beglückt.

»Ich bin verliebt wie nie«, schreibt er. »Sie wirkt wie ein vom Pfeil getroffener Vogel.«

Aber bald muss Sofia auch Zeilen lesen, aus denen Hass und Unverständnis sprechen, abstoßende Worte voller Feindschaft, die sie zur bloßen sexuellen Dienerin erniedrigen. Erschrocken und bekümmert schreibt sie in ihr Tagebuch:

»Er liebt mich nur nachts, nie tagsüber.«

Und erstmals kommt ihr der Gedanke, dass die Ehe mit diesem Mann, dessen sexuelle Begierden sie kaum stillen kann, ein Fehler war. Traurig und desillusioniert stellt sie fest:

»Die Leidenschaft der körperlichen Liebe steht der wahren, der großen Liebe im Wege.«

Immer wieder wird sie schwanger, insgesamt 16 Mal. Sie gebiert 13 Kinder. Dreimal treibt sie ihre Leibesfrucht ab, weil sie nicht noch mehr Kinder haben will.

Sofia fühlt sich völlig überfordert, denn sie muss auch noch die kaum leserlichen neuen Werke ihres Ehegatten in Reinschrift übertragen, unter anderem die 1400 Seiten des in den Jahren 1865 bis 1869 fertig gestellten großen Nationalepos *Voyna i Mir. Krieg und Frieden* ist ein ungeheures historisches und geschichtsphilosophisches Riesengemälde Russlands, das im Kampf gegen Napoleon steht. Sofia bekommt es als Erste zu lesen und ist überwältigt von Tolstois Genie.

Häufigem Kummer und Streit folgen immer wieder leidenschaftliche, wilde, meist im Bett endende Versöhnungen. Nach ersten Jahren des Glücks wird das Leben an der Seite dieses intoleranten, widersprüchlichen und in sich zerrissenen Mannes zur Hölle für Sofia. Tolstoi verfällt immer öfter in Depressionen. Er stürzt in eine fürchterliche Lebenskrise, als er 1878 versucht, *Anna Karenina* zu beenden, diesen schönen, fast feministischen Eheroman. Wie kann ein Mann wie er, der Frauen im Grunde verabscheut, ein solches Buch schreiben?

Einmal mehr erkennt Sofia die einsame Größe ihres Mannes und versucht, ihm zu helfen, die geistige und seelische Krise zu überwinden. Tolstoi ist seines Daseins überdrüssig geworden und will sich das Leben nehmen. Er beginnt, all das, was er bisher geschrieben hat, zu hassen, und verfasst nun moralische Schriften, in denen er wie ein Guru frohe Botschaften verkündet. Er will eine neue Religion gründen, den Tolstojismus, und alles Privateigentum abschaffen. Als Anhänger der Ideen von Jean-Jacques Rousseau verurteilt er jede Kultur und Zivilisation, weil sie seiner Meinung nach das natürliche Menschentum verfälschen. Er wird zum spirituellen Prediger und zum überzeugten Vegetarier. Er hört auf, sich zu waschen, und trägt nur noch armselige Bauerngewänder. Freigiebig verschenkt er sein ganzes Vermögen an seine Kinder und seine Frau, die nun auch noch die Verwaltung des großen Gutes am Halse hat.

Sofia und Leo Tolstoi. Foto, undatiert.

»Mein Mann hat absolut alles auf meine Schultern geladen«, vertraut sie ihrem Tagebuch an, »die Kinder, das Gut, das Haus, seine Bücher, die wirtschaftlichen Angelegenheiten, den Verkehr mit den Leuten und mit seinen Verlegern, und dann verachtet er mich mit kritischer und egoistischer Gleichgültigkeit, weil ich das alles tue.«

»Sex ist Sünde!«, predigt Tolstoi nun fanatisch und ruft zu spartanischem und keuschem Leben auf. Das hält ihn allerdings nicht davon ab, seiner Sofia nach wie vor beizuwohnen, ihr weitere Kinder zu machen und auf seinem Gut uneingeschränkt wie ein Pascha zu herrschen, mit allen Annehmlichkeiten und aristokratischen Privilegien. Dennoch gewinnt seine Lehre immer mehr Anhänger. Seine wirren Reden werden von immer mehr Menschen ernst genommen.

Der Zar allerdings heißt nicht gut, was Tolstoi verkündet. Er lässt ihn verfolgen und ab 1882 ständig polizeilich überwachen. Einige seiner Werke werden in Russland verboten. Die orthodoxe Kirche exkommuniziert den Schriftsteller im Frühjahr 1901, denn dieser behauptet öffentlich, die Lehre Christi sei verfälscht worden »zu plumpem Hokuspokus mit Waschungen, Ölungen und Körperbewegungen, dem Verschlucken von Brotstückchen und dergleichen« und von der Lehre selbst sei nichts übrig geblieben.

Als Tolstoi nun auch noch auf die Rechte an all seinen Werken verzichten will, stellt Sofia sich ihm entgegen und bezeichnet ihn als verrückt. Tolstoi tobt und ist außer sich vor Zorn, unterliegt aber in diesem jahrelangen Kampf. Sofia schafft es, die Rechte an den vor 1881 veröffentlichten Werken zu bewahren. Folgerichtig lehnt Tolstoi den ihm zugedachten Nobelpreis für Literatur ab.

Sein störrischer Egoismus und sein tiefer Hass gegenüber seiner Frau sind inzwischen so groß geworden, dass er 1906 den Ärzten verbietet, seine an einem Gebärmuttertumor erkrankte Frau zu operieren. Als auch noch eine schwere lebensbedrohliche Bauchfellentzündung hinzukommt und der verzweifelte Chirurg mit einem Krankenbett nach Jasnaja Poljana eilt, um Sofia dort sofort zu operieren, will Tolstoi den Eingriff erneut verhindern. Doch der Arzt setzt sich darüber hinweg und rettet ihr das Leben.

Ein unheimlicher, ehrgeiziger Mann namens Tschertkow wird zum ersten Jünger Tolstois. Er gewinnt immer größeren Einfluss auf Tolstoi, der ihn auf platonische Weise liebt. Seinem Bestreben, Tolstoi ganz für sich zu haben, steht Sofia im Wege. Folglich lässt Tschertkow nichts unversucht, beide gegeneinander aufzustacheln. Als Tolstoi 1908 Tschertkow seine persönlichen Tagebücher aushändigt, all die vertraulichen und häufig beleidigenden Aufzeichnungen über das intime Zusammenleben mit Sofia, fühlt sie sich verraten und ausgeliefert und fällt in tiefe Verzweiflung. Schon zuvor hatte sie in ihrem Tagebuch notiert: »Ich glaube, ich verliere langsam den Kopf.«

Ihr ganzes Leben hat sie Tolstoi geopfert, sie hat geglaubt, mit ihm glücklich werden zu können. Nun wird ihr großer Irrtum zu einem tiefen, schwarzen Loch, in das sie fällt, nun beginnt sich ihr Geist tatsächlich zu verwirren.

Tschertkow will Testamentsvollstrecker von Tolstois Werk werden und bringt den Dichter dazu, ein Testament aufzusetzen, in dem er seine Frau und seine Kinder enterbt und Tschertkow alle Rechte an seinem Werk einräumt. Jetzt verfällt Sofia völlig in Hysterie. Sie erleidet paranoide Anfälle und fühlt sich verfolgt und von Feinden umzingelt. Fortan schreit sie Tolstoi nur noch an, verfolgt ihn, quält ihn und wird zur unerträglichen Folter für ihn. Fast unbekleidet läuft sie über schneebedeckte Felder, wirft sich in vereiste Gräben und droht damit, sich zu vergiften.

»Sie ist ein Mühlstein an meinem Hals«, notiert er verbittert in seinem Tagebuch. »Ich muss lernen, mit dem Mühlstein am Hals nicht zu ertrinken.«

Zwei Jahre lang erträgt Tolstoi den Verfall seiner Frau. Dann ergreift der inzwischen 82-Jährige am 10. November 1910 die Flucht, um fortan in asketischer Einsamkeit leben zu können. Er besteigt einen Zug in den Süden seines Landes. Als Sofia wahrnimmt, dass ihr Mann sie verlassen hat, stürzt sie sich in einen eiskalten Teich, versucht, in einen tiefen Brunnen zu springen, und schlägt sich mit einem Hammer auf die Brust.

Tolstois Flucht bleibt der Welt nicht verborgen. Am 12. November bringt die New York Times die Schlagzeile »Tolstoi quits home!« – »Tolstoi verlässt sein Haus!«. Fünf Tage nach seinem hastigen Aufbruch beginnt Tolstoi, Blut zu spucken. Er erkrankt an einer beidseitigen Lungenentzündung und bekommt hohes Fieber. Die Reise muss in dem kleinen Dorf Astapowo unterbrochen werden, wo Tolstoi im Bahnwärterhäuschen untergebracht wird. Er lässt Tschertkow rufen, aber weder seine Frau noch seine Kinder.

Doch Sofia erfährt, wo sich Tolstoi befindet, und reist sofort nach Astapowo. Aber man lässt sie nicht zu ihm. Sie steht draußen im Schnee, guckt durch die Scheiben eines Fensters und sieht zum letzten Mal Tolstois Gesicht, seinen langen Bart, seine eingefallenen Wangen. Er erwacht noch einmal aus dem Fieber und stammelt mit letzter Kraft: »Jetzt ist Schluss! Und das ist gut!« Unversöhnt mit der Kirche stirbt er am 20. November 1910 kurz nach sechs Uhr früh.

Nach Tolstois Tod tritt eine merkwürdige Veränderung bei Sofia ein. Sie wird wieder völlig normal und beginnt, ihre Memoiren zu schreiben. Sie verwaltet die Besitztümer der Familie und besucht jeden Tag das Grab ihres Mannes. In einem vier Jahre dauernden Prozess gegen Tschertkow obsiegt sie und erhält das Eigentum an Tolstois Papieren und Schriften zurück. Sofia überlebt ihren Mann um neun Jahre. Ihre Kinder verhindern, dass sie an der Seite ihres Ehemannes begraben wird.

Sinnliche Liebe von Frau zu Frau

Virginia Woolf und Vita Sackville-West (1922–1941)

Ihre Eltern Julia und Leslie Stephen geben der am 25. Januar 1882 geborenen Tochter den Vornamen Virginia, die »Jungfräuliche«, ohne zu ahnen, dass dieser Name bestimmend für das weitere Leben ihres Kindes sein wird, denn mit einem Mann wird sie nie intim. Eine Schulausbildung erhält sie, anders als ihre Brüder, nicht, sie wird zu Hause unterrichtet und für die Ehe erzogen. Virginia ist schlank und hoch gewachsen, hat ein hübsches Gesicht und große, bezaubernde Augen. Sie ist sehr intelligent, schüchtern, introvertiert, hypersensibel und gesundheitlich sehr anfällig.

Als sie 15 Jahre alt ist, versucht ihr wesentlich älterer Stiefbruder, sie zu vergewaltigen. Dieses Erlebnis schockiert sie zutiefst und verursacht eine tiefe Abneigung gegen körperliche Berührungen und das männliche Geschlecht. Nach dem Tode der Eltern führt Virginia mit ihren Geschwistern einen gemeinsamen Haushalt. Das Haus im Londoner Stadtteil Bloomsbury wird zu einem beliebten Treffpunkt für junge Literaten, Verleger, Künstler, Philosophen und Wissenschaftler. Sie nennen sich die »Bloomsbury Group«.

Einer von ihnen ist der jüdische Literaturkritiker Leonard Woolf. Er bewundert Virginia und lobt ihre Artikel, die sie für die Frauenbeilage des *Guardian* schreibt. Sie weiß, dass er homosexuell ist. Aber gerade deswegen heiratet sie ihn 1912 im Alter von 30 Jahren. Leonard verzichtet ihretwegen auf eine Karriere im Kolonialdienst. Die Ehe verläuft ohne jeden sexuellen Kontakt, ganz im Sinne der jungen Schriftstellerin. Der fürsorgliche Ehemann ermöglicht es ihr, ihren Inspirationen nachzugehen und ohne materielle Sorgen ihre schriftstellerischen Arbeiten fortzusetzen. Doch sie kann nicht schlafen, leidet an permanentem Kopfweh und hat keinen Appetit mehr.

Eine große innere Unruhe überfällt sie, sie ahnt, dass sie krank ist und an Schizophrenie leidet. Die Krankheit tritt in Schüben auf. Wenn sie vorüber sind, ist sie wieder die fröhliche, kreative Frau und die charmante, allseits bewunderte Gastgeberin. Aber wenn die Anfälle kommen, verliert sie jede Freude am Leben, jammert und klagt und sieht keinen anderen Ausweg mehr, als sich umzubringen. Ein erster Selbstmordversuch scheitert und 1913 auch ein zweiter, nachdem sie nach psychischen Zusammenbrüchen und schweren Depressionen von ihren Ärzten wiederholt in eine psychiatrische Klinik eingewiesen worden ist. Doch ihr Zustand bessert sich nicht, eher im Gegenteil.

In den gesunden Phasen arbeitet Virginia wie besessen. Ihr erster Roman *Voyage out (Die Fahrt hinaus)* erscheint 1915. Von nun an hält sie in einem Tagebuch alles fest, was sie bewegt. Ihr Mann kauft eine Druckpresse für sie und gründet 1917 für sie den Verlag Hogarth Press, der neben zeitgenössischer englischer und amerikanischer Literatur auch Werke von Sigmund Freud auf Englisch herausbringt. Fortan erscheinen dort auch Virginias eigene Werke. Ihr Roman *Mrs. Dalloway* wird ein großer Erfolg. Die Kritik sieht in ihm einen Meilenstein der modernen Erzählkunst und vergleicht die Autorin mit James Joyce und Marcel Proust.

Virginia Woolf. Foto, undatiert.

Dann kommt der 14. Dezember 1922, der Tag, der Virginias Leben verändert. Sie lernt die zehn Jahre jüngere Schriftstellerin Vita Sackville-West kennen, eine außerordentlich vitale, lebenslustige und schöne Frau, die dem englischen Hochadel entstammt und auf einem südenglischen Schloss aufgewachsen ist. Virginia Woolf verliebt sich sofort in sie. Vita weckt in ihr die sinnlichen Triebe. Ihr Ehemann ist ebenso wie Leonard Woolf homosexuell. Vita hat zwar zwei Söhne von ihm, aber das hält sie nicht davon ab, ihre erotischen Interessen dem eigenen Geschlecht zuzuwenden. Zwischen Vita und Virginia entsteht eine leidenschaftliche Liebesbeziehung. Zum ersten Mal erlebt Virginia die Freuden der körperlichen Liebe, und es stört sie nicht, dass es eine Frau ist, die sie ihr verschafft. Sie spricht offen mit ihrem Mann darüber, der ihr gleichermaßen von seinen gleichgeschlechtlichen erotischen Abenteuern erzählt.

Auch Vita ist in leidenschaftlicher Liebe zu Virginia entbrannt. Für beide ist ihr Liebesverhältnis mehr als ein Abenteuer.

»Ich bete Virginia an«, schreibt sie. »Ich bin selten von jemandem so eingenommen gewesen … Ich habe richtig mein Herz verloren.«

Vita trägt sich mit dem Gedanken, sich scheiden zu lassen, um für immer und ganz mit Virginia Woolf zusammenleben zu können. Eine Art Ehe mit Virginia, würde ihr das nicht das höchste Glück verschaffen? Virginia notiert am Anfang der Beziehung in ihrem Tagebuch:

»Vita kommt morgen zum Lunch, was ein großer Spaß sein wird und eine große Freude … Auch gefällt mir ihre Präsenz und große Schönheit. Bin ich in sie verliebt? Aber was ist Liebe?«

In der Folge schreibt sie sich alles von der Seele, was sie in der Beziehung zu Vita empfindet, höchstes Glück und schmerzvolles Leid, schwierige Machtkämpfe und völlige geistige und körperliche Übereinstimmung und die Sehnsucht nach ihren intimen Berührungen. Dann wieder das Gefühl, doch völlig verschieden zu sein und vielleicht nicht zueinander zu passen. Mit ihrem 1928 erscheinenden Roman *Orlando* setzt Virginia ihrer Geliebten ein Denkmal. Sie zeichnet Vitas Leben in einer Fantasiegestalt über mehrere Jahrhunderte und abwechselnd in männlichen und weiblichen Rollen nach.

Vita ist einerseits geschmeichelt, andererseits spürt sie aber auch, dass sich Virginia mit diesem Buch innerlich bereits von ihr entfernt hat. Ihr großer Traum von einem gemeinsamen Zusammenleben wird wohl nicht in Erfüllung gehen. »Ich will nicht nur als Astralleib geliebt werden«, klagt sie. Auch über die 30er Jahre bleiben die beiden Frauen zwar noch freundschaftlich verbunden, aber die große Liebe ist vorbei. Sie sehen sich kaum noch, zumal Virginias Wahnvorstellungen und psychotische Ängste wieder zunehmen.

»Diesmal werde ich nicht wieder gesund werden«, teilt sie ihrem Mann Leonard in einem Abschiedsbrief mit. »Ich höre Stimmen, und ich kann mich nicht konzentrieren. Darum tue ich, was mir in dieser Situation das Beste scheint.«

Am 28. März 1941 stopft sie sich ihre Manteltaschen mit Steinen voll, geht hinunter zum Fluss, der hinter ihrem Landhaus in Sussex vorbeifließt, und ertränkt sich.

Als Vita Sackville-West die Nachricht von Virginias Tod erhält, ist sie schockiert und zutiefst betrübt. In ihrem herrlichen, von ihr selbst gestalteten Garten von Sissinghurst Castle, der zu den schönsten und romantischsten von ganz England zählt, verbringt sie viele einsame Stunden in stillem Gedenken an ihre einstige Geliebte und Freundin. Vita überlebt sie um zwei Jahrzehnte und stirbt erst 1962 im Alter von 70 Jahren auf ihrem Schloss in Kent.

Die Liebe besiegt längst nicht alles

Nachwort

»Omnia vincit Amor«, Amor, der Gott der Liebe, besiegt alles. Zu dieser Erkenntnis kam der römische Dichter Vergil schon vor über 2000 Jahren (Elogen 19, 69). Wäre es nicht schön, wenn wir am Ende dieses bunten Bilderbogens über das Liebesleben illustrer Persönlichkeiten der gleichen Überzeugung wären?

Die ausgewählten 44 Porträts der prominenten Paare zeigen jedoch, dass die Liebe längst nicht alles besiegt. Nur allzu oft schafft sie Leid, nur allzu oft führt die Leidenschaft zu Irrtum und Unglück. Die vorgestellten Beispiele aus über 2000 Jahren menschlichen Liebens beweisen das eindringlich, wobei die Gründe und Ursachen für das Scheitern der Liebe vielfältig sind.

Wenn Vergil sich geirrt hat und die Liebe, wie wir gesehen haben, tatsächlich nicht alles besiegt – was ist ihr dann zu Eigen? Welche hervorstechende Eigenschaft können wir ihr zusprechen?

Nun, es ist wohl so, dass eine altbekannte Erkenntnis zutreffender ist und nach all den geschilderten Irrungen und Wirrungen in den Liebesbeziehungen berühmter Paare viel eher den Nagel auf den Kopf zu treffen scheint. Platon *(Gesetze* 731 E) hat sie schon vor fast 2500 Jahren niedergeschrieben:

»Liebe macht blind.«

Anhang

Quellenhinweise

Buchveröffentlichungen

Ingrid Bergman, Alan Burgess, *Mein Leben,* Ullstein Verlag, München, 1980

Josef Bieker, Ulrike Romeis, Ulrich Wollheim, *Auf Annette von Droste-Hülshoffs Spuren,* Eller & Richter Verlag, Hamburg, 1994

Irmela Brender, *Vor allem die Freiheit,* Beltz Verlag, Weinheim und Basel, 1987

Johann Brouwer, *Johanna die Wahnsinnige,* Diederichs Verlag, München, 1996

Evangeline Bruce, *Napoleon und Josephine,* Scherz Verlag, Bern/München/Wien, 1996

Elsa von Eckartsberg, *Ich trage das Glück in meinem Herzen,* Scherz Verlag, Bern/München/Wien, 1994

Elzbieta Ettinger, *Hannah Arendt. Martin Heidegger. Eine Geschichte,* Piper Verlag, München, 1994

Joachim C. Fest, *Hitler,* Ullstein, Frankfurt/M./Berlin/Wien, 1973

Julie Gilbert, *Erich Maria Remarque und Paulette Goddard,* List Verlag, München, 1997

Franz Josef Görtz, Hans Sarkowicz, *Erich Kästner. Eine Biographie,* Piper Verlag, München, 1999

Dietmar Grieser, *Das späte Glück,* Almathea Signum Verlag, Wien, 2003

Sigrid-Maria Größing, *Zwei Bräute für einen Kaiser,* Mittelbayrische Druck- und Verlagsanstalt, Regensburg, 1999

Gerald Grote, Michael Völkel, Karsten Weyershausen, *Das Lexikon der prominenten Selbstmörder,* Schwarzkopf & Schwarzkopf Verlag, Berlin, 2000

Klaus Günzel, *Die deutschen Romantiker,* Artemis & Winkler, Zürich, 1995

Heinrich Heims, *Adolf Hitler – Monologe im Führerhauptquartier 1941–1944,* Herausgeber Werner Jochmann, Albrecht Knaus Verlag, Hamburg, 1980

Hans Egon Holthusen, *Rilke,* Rowohlt Taschenbuch Verlag, Reinbek, 1988
Hans-Christian Huf (Hrsg.), *Quo vadis. Verräter, Skandale und Prozesse,* Lübbe Verlag, Bergisch Gladbach, 1998
Micaela Jary, *Ich weiß, es wird einmal ein Wunder gescheh'n,* Edition q, Berlin, 2001
Nathalie Kaufmann, *Das kleine Buch der großen Toten,* Ullstein, München, 1998
Jochen Klaus, *Charlotte von Stein,* Artemis & Winkler Verlag, Zürich, 1995
Wolfgang Klien, *Er sprach viel und trank nicht wenig. Goethe – Wie berühmte Zeitgenossen ihn erlebten,* Langen Müller Verlag, München, 1999
Eduard Korrodi (Hrsg.), *Goethe im Gespräch,* Manesse Verlag, Zürich, 1944
Wolfgang Kossak, *Ehebruch,* Ueberreuter Verlag, Wien, 2000
Arnold Lazarus, *Fallstricke der Liebe,* Klett-Cotta, Stuttgart, 1992
Christa Maerker, *Marilyn Monroe – Arthur Miller,* Rowohlt Verlag, Berlin, 1997
Toni Moi, *Simone de Beauvoir,* Fischer, Frankfurt/M., 1997
Rosa Montero, *Leidenschaften,* Europa Verlag, Hamburg/Wien, 2000
Paul Noack, *Elisabeth Christine und Friedrich der Große,* Klett-Cotta, 2002
Anäis Nin, *Das Leben in seiner größten Intensität. Die Tagebücher 1931–1934,* Nymphenburger Verlag, München, 2003
Wilfred von Oven, *Wer war Goebbels?,* Herbig Verlag, München, 1987
Bernard Pascuito, *Romy,* Langen Müller Verlag, München, 2003
Sibylle Peine, *Ohne Furcht ins Weite hinaus,* Benziger Verlag, Solothurn/Düsseldorf, 1995
Fritz J. Raddatz, *Taubenherz und Geierschnabel,* Beltz Quadriga Verlag, Weinheim/Berlin, 1997
Nancy B. Reich, *Clara Schumann,* Rowohlt Verlag, Reinbek, 1993
Viktor Reimann, *Dr. Joseph Goebbels,* Molden, Wien, 1976
Ralf Georg Reuth, *Goebbels,* Piper Verlag, München, 1990
Ines Rieder, *Wer mit wem?,* Wiener Frauenverlag, Wien, 1994
Rainer Maria Rilke, *Jahreszeiten,* Insel Verlag, Frankfurt/M./Leipzig, 1994
Katie Roiphe, *Rätselhafte Alice,* Europa Verlag, Hamburg/Wien, 2000
Helma Sanders-Brahms, *Gottfried Benn und Else Lasker-Schüler,* Rowohlt Verlag, Berlin, 1997
Gustav Sichelschmidt, *Dichter und ihre Frauen,* Droste Verlag, Düsseldorf, 1994

Barbara Sichtermann, *Paare,* Gerstenberg Verlag, Hildesheim, 2000
Barbara Sichtermann, *Frauen,* Gerstenberg Verlag, Hildesheim, 2001
Anna Maria Sigmund, *Die Frauen der Nazis,* Ueberreuter Verlag, Wien, 1998
Ulrich Suerbaum, *Das Elisabethanische Zeitalter,* Reclam Verlag, Stuttgart, 1991
Klaus Thiele-Dohrmann, *Hetären, Kurtisanen, Mätressen,* Droemersche Verlagsanstalt, München, 1997
Birgit Weißenborn (Hrsg.), *Ich sende Dir ein zärtliches Pfand. Die Briefe der Karoline von Günderrode,* Insel Verlag, Frankfurt/M., 1992
Charlotte Marlo Werner, *Goethes Herzogin,* Droste Verlag, Düsseldorf, 1996
Christa Wolf (Hrsg.), *Der Schatten eines Traumes. Karoline von Günderrode,* Deutscher Taschenbuch Verlag, München, 1997
Stefan Zweig, *Sternstunden der Menschheit,* Fischer Verlag, Frankfurt/M., 1953

Zeitungen, Zeitschriften, Dokumentationen:

»*Der Mythos Lady Diana und seine Hintergründe*«, Neue Arbeiterpresse, Nr. 865, 11.9.1992
»*Nackte Kinder*«, Tages-Anzeiger – Das Magazin, 2.3.1996
»*Alles (und mehr) über Alice*«, Neue Zürcher Zeitung, 12.6.2003
»*Der Präsident und seine Sklavin Sally*«, Hamburger Abendblatt, 14.7.2003
»*Ein Mann gegen die Wirklichkeit*«, Frankfurter Allgemeine Zeitung, 9. 5. 2004
»*Geheime Liebschaften – Prinzessin Diana und die Männer*«, zweiteilige ZDF-Dokumentation von Ruprecht Eser, ausgestrahlt am 6. und 13.7.2004
»*Der Rottweiler wird gesellschaftsfähig*«, Frankfurter Allgemeine Sonntagszeitung vom 13.2.2005

Internet-Quellen:

www.asn-ibk.ac/bildung/faecher/geschichte/maike/frauen
www.br-online.de/wissen-bildung/kalenderblatt
www.hinter-dem-spiegel.de
www.itp-arcados.net
www.monticello.org/plantation/lives.html
www.onlinekunst.de
www.prinzessin-diana.de

Bildnachweis

Seite 33: picture-alliance/akg-images
Seite 41: picture-alliance/akg-images
Seite 42: picture-alliance/akg-images
Seite 49: picture-alliance/akg-images
Seite 51: picture-alliance/akg-images
Seite 61: picture-alliance/akg-images
Seite 68: picture-alliance/akg-images
Seite 69: picture-alliance/dpa
Seite 79: picture-alliance/akg-images
Seite 81: picture-alliance/dpa
Seite 97: picture-alliance/akg-images/VISIOARS
Seite 99: picture-alliance/akg-images/Cameraphoto
Seite 113: picture-alliance/dpa
Seite 121: picture-alliance/akg-images/Bianconero
Seite 135: picture-alliance/dpa
Seite 145: picture-alliance/dpa
Seite 155: picture-alliance/Picture Press/CAMERA PRESS/Bryn Colton
Seite 175: picture-alliance/dpa
Seite 184: picture-alliance/dpa
Seite 185: picture-alliance/akg-images
Seite 195 links: picture-alliance/akg-images
Seite 195 rechts: picture-alliance/dpa
Seite 199: picture-alliance/akg-images
Seite 211: picture-alliance/akg-images
Seite 223: picture-alliance/akg-images
Seite 230: picture-alliance/akg-images
Seite 250: picture-alliance/akg-images
Seite 263: picture-alliance/akg-images
Seite 269: picture-alliance/akg-images/Stefan Moses
Seite 275: picture-alliance/dpa
Seite 281: picture-alliance/akg-images/Cameraphoto
Seite 290: picture-alliance/akg-images
Seite 293: picture-alliance/akg-images
Seite 313: picture-alliance/akg-images
Seite 319 links: picture-alliance/akg-images
Seite 319 rechts: picture-alliance/dpa
Seite 327: picture-alliance/dpa
Seite 331 links: picture-alliance/KPA/HIP/The British Library
Seite 331 rechts: picture-alliance/dpa
Seite 334: picture-alliance/dpa/dpaweb
Seite 347: picture-alliance/akg-images
Seite 351: picture-alliance/dpa
Seite 363 links: picture-alliance/KPA Honorar & Belege
Seite 363 rechts: picture-alliance/KPA Honorar & Belege
Seite 375: picture-alliance/akg-images
Seite 383: picture-alliance/dpa
Seite 393: picture-alliance/akg-images
Seite 404: picture-alliance/dpa
Seite 419 links: picture-alliance/akg-images
Seite 419 rechts: picture-alliance/dpa
Seite 429: picture-alliance/dpa
Seite 434: picture-alliance/akg-images
Seite 435: picture-alliance/akg-images
Seite 447: picture-alliance/akg-images
Seite 450: picture-alliance/dpa
Seite 455: picture-alliance/KPA/HIP/Jewish Chronicle Ltd
Seite 463: picture-alliance/dpa
Seite 469: picture-alliance/dpa

Personenregister